受浙江大学文科高水平学术著作出版基金资助

 经纬文库

主编：赵鼎新　朱天飚　执行主编：郦菁

嵌入式自主性与工业进步

Embedded Autonomy

States and Industrial Transformation

[美] 彼得·埃文斯 (Peter E. Evans)　著

朱天飚　周雪莲　译

浙江大学出版社

·杭州·

图书在版编目(CIP)数据

嵌入式自主性与工业进步 /（美）彼得·埃文斯(Peter E. Evans) 著；朱天飚，周雪莲译. --杭州：浙江大学出版社，2025.1
书名原文：Embedded Autonomy：States and industrial transformation
ISBN 978-7-308-23274-6

Ⅰ. ①嵌… Ⅱ. ①彼… ②朱… ③周… Ⅲ. ①工业技术－技术进步－研究－世界 Ⅳ. ①F414
中国版本图书馆 CIP 数据核字(2022)第 245946 号
浙江省版权局著作权合同登记图字：11－2022－115

Copyright 1995 by Princeton University Press All rights reserved. No part of this book may be reproduced or transmitted in any form or by any means, electronic or mechanical, including photocopying, recording or by any information storage and retrieval system, without permission in writing from the Publisher.

嵌入式自主性与工业进步

（美）彼得·埃文斯(Peter E. Evans) 著　朱天飚　周雪莲 译

策划编辑	袁亚春　陈佩钰
责任编辑	陈佩钰(yukin_chen@zju.edu.cn)
责任校对	宁　檬
封面设计	程　晨
出版发行	浙江大学出版社
	（杭州市天目山路 148 号　邮政编码 310007）
	（网址：http://www.zjupress.com）
排　　版	浙江大千时代文化传媒有限公司
印　　刷	杭州捷派印务有限公司
开　　本	710mm×1000mm　1/16
印　　张	17.75
字　　数	290 千
版 印 次	2025 年 1 月第 1 版　2025 年 1 月第 1 次印刷
书　　号	ISBN 978-7-308-23274-6
定　　价	88.00 元

版权所有　翻印必究　　印装差错　负责调换

浙江大学出版社市场运营中心联系方式：(0571)88925591；http://zjdxcbs.tmall.com

总　序

"习坎示教,始见经纶。"这是近百年前马一浮先生所作之词,意在申明浙江大学"求是""求真"之宗旨,并期待教育应如流水静深,言传身教方能培养经世济国的"经纶之才"。而在21世纪的第三个十年开始之际,我们必须面对一个截然不同的世界,这也许是信仰教育救国的中国学术前辈难以预料的。

20世纪建构的政治价值和制度正面临着各种困境,文艺复兴后产生的各种近代思潮受到前所未有的冲击,宗教势力特别是宗教极端主义在全球很多地区发生了回归。欧美的主导价值-政治秩序不断受到移民问题、族裔冲突、宗教/价值观撕裂、阶级矛盾、疫病持续等多方面的挑战,世界地缘政治格局正在重组;环境危机、资本金融化和新兴技术的飞速发展对既有政治经济秩序带来多重的冲击,而国际犯罪和全球流行病也在不断挑战民族国家的权力边界与治理框架。概而言之,国际关系、政治治理模式、国家合法性基础乃至国家与社会方方面面的关系都面临着重塑。这种种的不确定性,使得既往社会科学的定见和浮泛经验很难提供新的教谕,遑论培育我们时代的经纶之才。某种程度上,我们的社会科学对于急遽变动的现实是失语的,或者继续坚持着某种一管之见的启蒙思想,或者停留在过去的安稳幻觉之中,或者梦想回归某种时空倒错的"传统",或者把急就章当作新时代的宏大方案。

在此种背景下,"经纶文库"秉承"求是""经纶"之精神,力图尝试打破学科间的僵化藩篱,引介一批国外优秀的社会学作品,涵盖历史社会学、政治社会学等领域,并推介国内若干高质量原创作品,以期对现实有所诊断,对学术发展有所借鉴;同时,涵育一个开放和多元的学术交流平台,促进公共讨论,培育能坚持理性精神、直面新时代的社会科学。"经纶文库"亦获得由浙江大学社会科学研究院与浙江大学联合设立的"浙江大学文科高水平学术著作出版基金"的支持。

"经纶文库"将秉持两种重要的精神。一是所选作品多有内在的历史维度,而无论其是否进行严格意义上的历史研究。对于长时段历史的观照使得这些作品秉持更为宏大的视野,关注宏观的结构和思潮的变迁。这一方面使得作品拥有更长久的学术生命,不随流行议题的流转而消退;另一方面也是重新建立过去、当下和未来之间联系的一种思想实验。在这个意义上,这些作品把历史作为一种对话的方法,期待经由历史来认识当下,并窥探通往未来的道路。二是文库作品往往关注当代主导中西方社会政治经济和思想秩序中的结构性变化,并以切实的实证经验研究来诊断和回应现代性的迫切危机。其中的主要议题将包括但不限于:国家建构的历史与当下挑战、社会运动的结构性变化、精英联盟(或联盟破裂)的机制与政治后果、发展型国家的过去与未来、政治/经济理念的建构与流变、国家-社会关系的变迁等。这些作品将提供难得的比较视角,使读者更深入地理解现代性如何以多元形态展开,以及当下中国问题的普遍性和特殊性。

这就是我们时代的经纶之术。这既是20世纪初精英教育精神的延续,也是对新的时代的回应。我们希望,这一努力能成为更广泛意义上的公共讨论的催化剂,以延引和启发更多的读者,来共同认识和回应当下的困境,创造新的时代。

是为序。

赵鼎新 朱天飚
2021年12月30日

前　言

书籍是奇妙的作品。首先,它要花很长的时间来写,如果成书是唯一的回报的话,那就需要更久。对于那些幸运的作者而言,写作过程本身所带来的收获足以应付其作品需要长时间完成并需要最终结果的问题。我是这类作者之一。通过研究信息技术产业,我为自己找到了一个完美的理由去探索新的领域并获取艰深的知识。计算机公司令我着迷,国家官僚机构也一样神秘。最终,为了确保有一个成品,我不得不挥别写作,但过程令这项研究一切皆有所值。

有人假设研究和写作仅是出书的手段,但这并非事实。同样,将作者身份与产权等同起来的传统认知最多只是一种易于接受的假想而已。从我写作这本书的情况来看,从始至终,我都依赖着比我更了解计算机和国家的人的睿智和慷慨帮助。按理来说,他们应当成为这本书的"产权人"。但就像其他书籍一样,这本书说明了知识产权在某种程度上有近似被盗取的情形。大多数为这本书贡献了想法和见解的人无法控制它的最终形态。许多人可能根本不同意我对他们现实情况的解读。即使鸣谢他们的帮助,也只表示他们被牵涉其中,而我则是这本书的唯一责任人。

相对而言比较容易的是鸣谢学术界的那些帮助者。遍布全文的文献和注释是这个鸣谢的开始,我将试着在这里进行补充。尽管如此,再细致的一篇鸣谢恐怕也无法反映出被此书采用的那些想法的本源。即使是这个本源问题也只被武断地限制在我真正写作这本书的十年间,许多贡献者恐怕还是会被尽我所能组织的鸣谢名单所遗漏,包括那些在办公室楼道里与我随意交谈的师生,那些谈话引出了解决问题的办法;也包括那些讲座里不知名的提问者,他们提出了我以前没有考虑过的要点;还包括那些反对者,在我没有意识到的情况下,他们的视角重塑了我的想法。

当然，再完整的贡献者名单也无法免除我对这本书的责任。对于那些一起造就这本书的各种观点和观察来讲，我是一个独特的过滤器。我从追寻的事实中滤出不同观点，选择一些而放弃另一些。从这个角度上看，这确实是"我的"书。但是，这里不是理清作者身份与产权的复杂关系的地方。我所能做的就是简单记录下那些贡献者，来补充书中的注释和文献。这些记录既分散又具体，一直让我铭记在心。

记录这些贡献是一件复杂的事情，因为这本书只体现了我对国家与产业转型的最新研究的努力。这本书包含的很多想法曾以文章的形式提出过，因此也曾经历过学术批判的洗礼。特别是，本书的第 2 章和第 3 章源自我 1989 年和 1992 年有关国家的文章（Evans 1989b，1992b）。我希望这本书能使这些早期的构想更加紧凑和清晰。第 5 章到第 7 章源自我 1986 年至 1992 年出版的关于巴西、印度和韩国的计算机产业的一系列文章（Evans 1986a，1989a，1989c，1992a；Evans and Tigre，1989a，1989b）。这些文章里的有些细节在这本书里被压缩了，论点也变得更集中，但基本分析保持了一致。众多编辑人员和评论者以及更多的同事和实践者都阅读了这些文章并加以评论，他们为塑造这本书做出了贡献。

最难记录的是那些分散的知识的影响力，但我可以说，国家与社会结构委员会（the Committee on States and Social Structures）在这本书的成书过程中发挥了重要的作用。这个委员会先后落户于社会科学研究协会（the Social Science Research Council）和罗素·塞奇基金会（the Russell Sage Foundation），它在几年的时间里帮助我酝酿出如何把国家与社会连接起来的想法，之后我才将其诉诸信息技术产业的研究。虽然这个委员会的所有成员都对我的思考有所帮助，但是最值得一提的是阿尔伯特·赫希曼（Albert Hirschman）。从我的本科时代起，他就是我的榜样，他对经济发展中制度因素的分析简洁而深刻。

我还要向各种机构里的同事们表示感谢，他们一直容忍我为了这个研究项目而来去匆匆。从布朗大学（Brown University）到加州大学圣地亚哥分校的国际关系与太平洋研究学院［Graduate School of International Relations and Pacific Studies (IRPS) at the University of California, San Diego］，再到新墨西哥大学（the University of New Mexico）和加利福尼亚大学伯克利分校（the University of California, Berkoly），我从未缺少过知识的激励和学界的支持。这些机构提供了很多具体形式的帮助。布朗大学的比较发展研究中心（the Center for the Comparative Study of Development）提供了早期的基础保障。圣地亚哥的同事们很热情地将我纳入一个环太平洋研究资助项目，使我能够在韩国开展田野调查。新墨西哥大学的拉丁美洲研究所（the Latin American Institute）资助了我在那里的研究和写作。伯克利的国际与区域研究项目（the International and Area Studies Program）以及拉丁美洲研究中心（the Center for Latin American Studies）资助了我最后阶段的研究和写作。我还要感谢一个绝不允许学者来去匆匆的机构。我在斯坦福行为科学高等研究中心（the Center of the Advanced Study in the Behavioral Sciences at Stanford）度过了非常愉快且富有收获的一年，那些关于多样国家结构的想法就是在那个时候形成的。美国国家科学基金会（National Science Foundation）和约翰·西蒙·古根海姆纪念基金会（John Simon Guggenheim Memorial Foundation）为此提供了资金支持。

虽然美国的机构和同事在我的研究中发挥了重要的作用，但我还是要将自己的大部分感谢给予那些在巴西、印度和韩国的机构和同事。和我的学术生涯一样，这本书的研究始于巴西。巴西分析与计划中心（the Centro Brasileiro de Análise e Planejamento，简称 CEBRAP）在 1984 年提供的一笔学术奖金使我得以沉浸于信息产业研究。它还为我提供机会，使我认识了后来成为我最重要的合作伙伴保罗·蒂格雷（Paulo Tigre）。廷克基金会（the Tinker Foundation）为保罗和我的持续合作提供了资源。安东尼奥·博特略（Antonio Botelho）也是这项研究的重要贡献者。后来来自廷克基金会的一笔研究资助还将克劳迪奥·佛里希塔克（Claudio Frischtak）带入这个团队，本书的第 5 至 8 章反复采用了他对高科技产业的敏锐分析。待在 CEBRAP 的十年间，我认识了巴西信息产业方方面面的人物。从最初的年轻蓄须者（barbudinhos），到本土企业主，从 IBM 公司（国际商业机器公司）以及其他主要跨国公司的行政主管，到信息产业特别秘书处（SEI）的那些高负荷工作的员工，再到地方政客，所有人都热情地给一个无知的北美人解释巴西信息产业这个复杂世界里所发生的事情。有些人还曾反复这样做。马里奥·迪亚斯·瑞普（Mario Dias Ripper）不仅让我了解了他关于信息产业如何演变的原创想法，甚至还邀请我阅读并评论他的有关书稿。伊凡·达·科斯塔·马克斯（Ivan da Costa Marques）则以不同的角色多次出现：首先作为一个小型私营企业主，其后作为巴西计算机系统公司（COBRA）的总裁，然后是作为巴西信息产业的历史学家。他一直愿意和我分享他的见解。同样慷慨的还有其他很多人，包括西蒙·施瓦茨曼（Simón Schvartzman），他的故事引出了本书的第7章。

我对韩国案例感兴趣归功于我在布朗大学的两位学生金恩美（译音，Eun Mee Kim）和金明秀（译音，Myong Soo Kim）。我在韩国做田野调查期间，首尔庆南大学远东研究所（the Institute for Far Eastern Studies at Kyungnam University）成为我生活上和学术上的家。研究所的研究人员和行政人员不仅使我感到愉悦和轻松，而且还忍耐我乒乓球技术拙劣。我要特别感谢李洙勋（译音，Lee Su-hoon）促成了那次访问。

同样，韩国的企业行政主管和政府官员们在帮助我这样一个好问但缺乏信息的外来者了解当地产业发展之谜的过程中，都非常地亲切和富有耐心，不过，是金（现已改姓"朴"）美京（译音，Kim Mi Kyoung）和柳锡津（译音，Lew Soek-jin）娴熟的助理工作使我的田野调查成为可能。包括崔秉善（译音，Choi Byung Sun）、崔章集（译音，Choi Jang Jip）、金炳周（译音，Kim Byung Kook）、金斗燮（译音，Kim Doo-sub）、林玄镇（译音，Lim Hyun-chin）和文正仁（译音，Moon Chung-in）在内的不少韩国同事不仅慷慨地款待我，而且还帮助我形成了对韩国的国家—社会关系的理解。我要特别感谢首尔大学的金光雄（译音，Kim Kwang Woong），在其帮助下我的田野调查才得以完成。在我离开后，姜文求（译音，Kang Mungu）、尚仁俊（译音，Sang In-jun）和赵海子（译音，Jon Hae-ja）的优秀研究使我能够分析和更新所获得的资料。

我在印度的田野调查得到了印美教育与文化专门委员会的印美学术奖金项目（the Indo-American Fellowship Program of the Indo-U. S. Subcommission on Education and Culture）的资助。在德里期间，美国印度研究所（the American Institute for Indian Studies）给予了我非常大的帮助。包括姆里纳尔·达塔-乔赫里（Mrinal Datta-Chaudhuri）、阿斯霍克·德赛（Ashok Desai）、维杰·凯尔卡（Vijay Kelkar）和库尔迪普·马瑟（Kuldeep Mathur）在内的印度同事都非常乐于帮助我，他们不仅使我对这个国家的复杂性有所认识，而且还帮助我将这些复杂性与更具普遍性的理论问题联系起来。另外，我还非常幸运地联系到了包括埃斯瓦兰·斯里德哈兰（Eswaran Sridharan）和C. R. 苏布拉马尼安（Subramanian）在内的研究者，他们在信息技术产业方面的大量研究已经包含了我所研究的主要部分。在这里，我必须第三次提到那些公务繁忙的企业家和国家官员，我惊奇地发现他们都愿意拿出时间与我分享自己的经历。我还要特别感谢阿斯霍克·帕塔萨拉蒂(Ashok Parthasarathi),他对印度案例的第一稿进行了全面批判。

当我的工作从调研转向写作时,还有一个广泛的读者群对书稿进行了评论和重塑。迪克·鲁施迈耶(Dietrich Rueschemeyer)向来睿智的判断帮助我避开了许多明显的错误。终稿还得益于蒂达·斯科波尔(Theda Skocpol)对早期书稿富有洞察力的阅读。伊芙琳·胡博(Evelyne Huber)和约翰·斯蒂芬斯(John Stephens)对反复修改而成的前言和结论起到了关键作用。彼得·卡岑斯坦(Peter Katzenstein)努力帮我改进连接国家和计算机产业的论点。在整个研究过程中,巴巴拉·斯托林斯(Barbara Stallings)一直鼓励我,并为最后的研究成果提供了具有明确指向性的评论。迈克尔·布诺维(Michael Burawoy)的帮助远超过作为同事的责任,他阅读了多个版本的书稿,提供了大量评论;作为一位资深论文导师,他运用所有技巧激励我完成工作。

在其他评论者和批评者中,我要特别感谢以下这些人:爱丽丝·阿姆斯登(Alice Amsden)、普拉纳布·巴德汉(Pranab Bardhan)、马丁·卡诺依(Martin Carnoy)、克里斯·蔡斯-邓恩(Chris Chase-Dunn)、沃利·古德弗兰克(Wally Goldfrank)、马克·格拉诺维特(Mark Granovetter)、罗恩·赫林(Ron Herring)、查默斯·约翰逊(Chalmers Johnson)、阿鲁·科利(Arul Kohli)、乔尔·米道尔(Joel Migdal)、迈克尔·罗金(Michael Rogin)、罗伯特·韦德(Robert Wade)、约翰·沃特伯里(John Waterbury)和约翰·兹斯曼(John Zysman)。他们都贡献过新的想法并帮助我将书稿变得更连贯、更具说服力。我常常能够成功地拒绝朋友们的修改建议,但是在他们的建议被采纳的情况下,这本书的读者应该有充分的理由感到庆幸。

与那些同事一样,我的学生们也在这本书的演变中扮演了重要角色。特别感谢的是伯克利社会学专业的学生们。当我为准备终稿而试着连续推迟提交日期的时候,他们一边忍受着被忽略的感觉,一边持续成为这本书最出色的"实验读者"和新想法的不尽来源。我在第10章采用的帕特里克·赫勒(Patrick Heller)的喀拉拉邦(Kerala)案例是一个最明显的例子。另外,一些学生也曾为终稿的研究和形成直接有过付出。布莱恩·副克(Brian Folk)出色地整合了欧洲信息产业方面的资料。尹永敏(译音,Young-min Yun)更新了我对韩国案例的理解。莎娜·科恩(Shana Cohen)完成了数不清的任务,包括对第5至8章的有益评论。约翰·塔尔博特(John Talbot)辛苦地阅读和校正了书稿的几个版本。贝丝·伯恩斯坦(Beth Bernstein)的坚定努力使书稿的最终版本能被出版社所接受。

  还有些感谢是超越这本书的。在写作这本书的那些年里,路易丝·兰菲尔(Louise Lamphere)作为我的妻子,是我心智健康的一个核心源泉。虽然她全身心投入工作,比我更加繁忙,但我总是知道:当我需要的时候,我会拥有她的爱和支持。我的三个儿子,本杰明(Benjamin)、亚历山大(Alexander)和彼得·布雷特(Peter Bret),也是我获得爱的源泉,他们同时还是希望的源泉。每当我被我们这代人所造就的令人怀疑的世界弄得心灰意冷的时候,他们的热情、机智和创造超出预期之事的能力使我感到未来毕竟不至于那么糟。这就是我将这本书献给他们的原因。

目 录

第一章 国家与产业转型 ... 1
国家与经济转型 ... 2
全球背景 ... 4
论　点 ... 9
研究策略 ... 16

第二章 比较制度研究 ... 19
新功利主义观 ... 20
新功利主义正统学说的衰退 ... 23
重返比较制度传统 ... 26
对新功利主义模型的制度主义修订 ... 30
比较制度差异 ... 33
比较制度主义的目标 ... 37

第三章 国家 ... 40
扎伊尔：掠夺性国家的典范 ... 42
发展型国家的典范 ... 45
发展型国家的差异 ... 48
　韩　国 ... 48
中间型国家 ... 51
　巴　西 ... 51
　印　度 ... 57
结构类型与发展动力 ... 62

第四章 角色与产业部门 ... 65
角　色 ... 68

产业部门的差异……………………………………………… 72
　　　　采矿业……………………………………………………… 74
　　　　钢铁业……………………………………………………… 77
　　　　纺织业……………………………………………………… 81
　　　　汽车业……………………………………………………… 83
　　产业部门差异的启示…………………………………………… 86
　　信息技术产业的挑战…………………………………………… 87

第五章　推动与管制……………………………………………… 91
　　不断变化的信息技术产业……………………………………… 95
　　国家介入的根源………………………………………………… 97
　　　　印　度……………………………………………………… 98
　　　　巴　西……………………………………………………… 99
　　　　韩　国……………………………………………………… 102
　　温室建设和监护制度…………………………………………… 103
　　　　印　度……………………………………………………… 105
　　　　巴　西……………………………………………………… 108
　　　　韩　国……………………………………………………… 118
　　结构、角色和信息技术………………………………………… 119

第六章　国有企业与高科技培育………………………………… 121
　　造物主选项……………………………………………………… 123
　　高科技培育……………………………………………………… 136
　　　　韩国的培育模式…………………………………………… 136
　　　　与巴西和印度的比较……………………………………… 144
　　国家角色的演变………………………………………………… 150

第七章　本土企业的崛起………………………………………… 153
　　起　点…………………………………………………………… 154
　　巴西：从小型计算机到金融自动化…………………………… 158
　　印度：硬件设计和软件出口…………………………………… 166
　　韩国：利用制造能力…………………………………………… 172
　　全球产业中的温室企业………………………………………… 178

第八章　新国际化………………………………………………… 181
　　新旧国际化……………………………………………………… 182
　　巴西：结盟或附属……………………………………………… 185

印度：软件业的模糊性 …………………………………… 190
　　韩国：制造业出口的困境 …………………………………… 198
　　国际化和国家介入 …………………………………………… 205

第九章　信息产业的经验教训 …………………………………… 208
　　信息技术产业的角色和结构 ………………………………… 210
　　本土产业的崛起与国际化 …………………………………… 214
　　信息技术产业与新功利主义的国家观 ……………………… 219
　　产业结果和社会影响 ………………………………………… 224

第十章　反思嵌入式自主性 ……………………………………… 226
　　发展型国家的未来 …………………………………………… 228
　　嵌入式自主性的差异 ………………………………………… 233
　　　　喀拉拉邦 ………………………………………………… 234
　　　　奥地利 …………………………………………………… 239
　　对中间型国家的启示 ………………………………………… 242
　　掠夺者和助产士 ……………………………………………… 246

参考文献 …………………………………………………………… 249

第一章
国家与产业转型

有一个关于两只狮子的巴西笑话一直都很流行,它为我们提供了一种看待国家的视角。两只从动物园里逃出来的狮子各奔东西。一只藏在公园的树丛里,但很快就因饥饿吃人而被捕获。另一只则在逃数月,最终被抓回动物园时,它看上去毛发光亮、身材肥壮。先被抓的那只好奇地问它:"你在哪里找的这样好的隐藏地?"逃跑成功的那只回答道:"在一个政府部门里。我每三天吃掉一个官僚,没人发现。"继续问:"那你是怎么被抓的?"沮丧地回答:"我吃了一个在早间休息时做咖啡的服务员。"

这个笑话的寓意很清楚:官僚什么都不做,也从不被人记起;其他的官僚甚至更关心自己的早间咖啡,而不是他们的同事所做的任何事。这个笑话之所以流行是因为它强化了一种信念,即第三世界的国家组织没做什么有价值的事情。它流行还因为这个笑话使官僚由掠食者变成了被掠食者。向狮子看齐,听众常有的那种作为国家受害者的自我感知可以被颠倒过来。

对于那些没什么幽默感的人来说,上述内容意味着国家影响他们个人生活日常的权力能够强大到令人不安的地步。就像安尼塔·德赛(Anita Desai 1991,3-4)说的那样,"这个时代,无论是政治家和官僚所制定的法律还是他们的突发奇想都无处不在且极有威力,就像神明所具有的力量。在一个部长签署一份执照、分配一所房子或者授予一份养老金之前,你必须取悦上至部长下至每个经手相关文件的办事员"。这不是对独裁或专制压迫的悲叹,而是对第三世界国家组织的控诉,控诉它们对寻常百姓采取的那种"公事公办"的态度。

人们将自己与逃跑的狮子看齐是自然的,但在他们找到一个更平等的方式来躲避这个霍布斯世界之前,国家都是解决秩序问题的关键。如果没有国家,市场以及其他现代社会的主要机制都无法运行。我们花费宝贵的时间在官僚们的办公桌前排队并不是因为我们是受虐狂。我们排队是因为我们需要国家所提供的东西。我们需要可预期的规则及其背后的具体组织结构。无论多么不完美,我们都需要对总体利益而非个人利益做一些组织层面的思考。我们需要的不只是敬请买方来维持交换的过程。我们还需要下水道系统、道路和学校等"公共品"。

拆解国家或使其消亡的努力可能会导致不良后果。共产主义革命者曾为创造一个使国家消亡的体系而战,但结果是创造了比绝对主义时代还强大的国家机器。20世纪末的资本主义自由市场的倡导者也曾强烈呼吁将国家拆解,使国家无力成为实现分配性正义的工具,但仍然无法降低国家的整体重要性。

从最穷的第三世界国家到最发达的福利资本主义典范,它们在20世纪的历史上为数不多的共同点之一就是,作为制度和社会行为者的国家拥有越来越大的影响力。[①] 这不是说现有国家给了我们所需求的。我们经常白白排队。国家对于现代社会生活的不可消除的必需性与国家运作时展现出的、恼人的缺陷形成的矛盾,成为挫败感的主要来源。做梦将官僚吃掉是一种应对办法。研究分析是什么因素使一些国家机制比另一些更有效可能无法提供很多即时的满足感,但从长期看,这样做更有用。

几乎像假装管理国家一样,研究分析国家也是一个自视甚高的工作,因此对这种工作有所限制是非常重要的。我的界限范围狭窄而清晰。我只聚焦于国家的一种任务,即推动产业发展。经验性讨论的焦点甚至更加具体,即本土信息技术(information technology,简称IT)产业的发展。另外,我主要关注一类具体的国家,即新兴工业体(newly industrializing countries,简称NICs)。在这类国家里,经验性叙事主要来自20世纪七八十年代的巴西、印度和韩国。即使有这些限制,自视甚高的情况仍然存在。这项研究的根本目的在于理解国家的结构和角色、国家与社会的关系以及国家如何对发展做出贡献。

我计划在本章做四件事。在本章的开始,我将简单说明承担经济转型的责任如何日益成为国家角色的核心。然后我将国家层面的经济转型放入一个全球劳动分工的背景里。第三节简单展示随后几章将逐渐得出的论点。最后,我将试着解释分析背后的概念路径和调研策略。

国家与经济转型

像韦伯(Weber)定义的那样,国家仍是"那些声称控制其境内土地

---

① 例如见:Boli-ennett (1980)。

和人民的强制性联合体"①,但是,韦伯的定义并没有简化对国家所作所为的分析。使这种分析变得易于梳理的第一步是区分国家扮演的不同角色。发动战争和确保国内秩序是传统的任务。在当代,促进经济转型和确保最低福利水平是紧随其后的任务。

现实主义者(realists)告诉我们,国家作为无政府世界里的主权实体必须首先关心自己的军事生存条件。② 吉尔平(Gilpin 1987,85)简洁地写道:"现代民族国家首先是一种发动战争的机器,是国际无政府状态下集体生存危机的产物。"很多历史分析都清楚地指出,国家发动战争的任务远胜于其他任务,它驱动了现代国家的构建。③ 发动战争的任务也使国家最容易将自己看成社会利益的全权代理人。

对外发动战争是国家垄断暴力的一个理由;对内规避霍布斯式混乱是另一个。这里,国家再一次把自己展现成社会普遍利益的执行者。就像当代索马里公民痛苦证实的那样,一个国家分裂时所发生的情况至少部分地支持了上述说法。但是,这种说法也掩盖了国家角色的其他侧面。

当国家保障主权和内部秩序时,就像查尔斯·梯利(Charles Tilly 1985)说的那样,它也是在为自己导演一场"保护骗局"(protection racket)。古典马克思主义分析提醒我们,国家就是统治其服务的社会的工具。为特权阶级的利益而采取的国家行动反映并强化了社会力量的非均衡性。当国家组织对内行使其对暴力垄断的权力时,它就不再自动与整个民族利益保持一致。所有的国家都希望把自己刻画为正在执行一项有益于社会整体规划④的形象,但是保持这一形象需要持续的努力。⑤

古代和现代的国家都曾扮演过发动战争和保障国内秩序的经典角色。在现代,第三种角色逐渐变得引人注目。随着人们更多地从经济的角度来定义政治生存和国内和平,国家开始对经济转型负责。经济成功与发动战争的能力从来都有联系;经济失败意味着地缘政治的最终衰落。现在,国家的经济角色已远不只是为军事目的服务的工具。除了作

---

① Skocpol(1985,7)。关于韦伯对国家的原始讨论,见 Weber 1968[1904-911],第 10 至 13 章。
② 对于"新现实主义视角"(neorealist approach)最具影响力的版本的简单总结,见 Waltz(1979,第 2 章)。
③ 见 Tilly(1985);Mann(1984,1986,1993);Giddens(1987)。
④ 因此实现类似于葛兰西(Gramsci 1971)所说的"霸权"(hegemony)。
⑤ 相比于 Rueschemeyer and Evans(1985)。

为实现军事生存和维护国内秩序这些传统目标的工具,它本身还是合法性的一个来源。

国家参与经济转型有以下两个方面。首先,它意味着与资本积累的过程紧密相连。创造财富已不再被认为只是自然和市场的职能;有效的治国之道也涉及其中。激发企业家精神以及帮助创造新的生产能力要更多参与公民事务,而不只是简单地激发忠诚感和强化良好举止。国家扮演着我称其为"转型角色"(transformative role)所需的能力也相应地更大了。

一旦国家与资本积累过程紧密相连,其对经济困难所负的责任就再难轻易地转嫁于自然和市场。如果市场关系的不平等结果无法被说成是"自然的",那么国家就要为剥夺和压迫而负责。国家介入分配和福利方面产生的冲突就更清楚明白了。[①]

福利和增长很容易缠在一起。促进增长经常被描述成解决分配问题的一种替代方案。将生产能力的总体积累与国家利益相提并论,使得国家更易于赢得全权代理人的角色。流行的说法是:变大的饼的一小块好于变小的饼的一大块。当然,在现实中,一块饼变小的速度往往快于整张饼变大的速度,利益受损者要问的是:转型服务于谁。尽管如此,长期来看,增长仍是提供福利的前提。即便对福利国家而言,寻找新的方式来创造增长也是当务之急。

随着国家越来越多地参与经济转型,国际系统日益被看成是一种劳动分工的系统,而不仅是一个主权政治实体的系统。[②]内部成就与外部环境的联系则变得紧密而直接。经济转型的各种可能性和标准都依赖于国际劳动分工。转型不可避免地要从全球视角来定义。

全球背景

现代国家必须使其经济愿望和活动与全球劳动分工相适应。有些国家生产棉花,有些制作衣服,有些则出产高级时装,有些挖掘铁矿石,有些制造汽车,而有些则卖保险。就像一些"世界体系"(world-system)学者费尽全力想让我们理解的那样,在全球市场的生产系统中,每个国

---

① 相比于 Rueschemeyer and Evans(1985)。
② 当然对于沃勒斯坦(Wallerstein)来说,单一的劳动分工与多样的文化和政治单位使"世界经济体"(world economies),如现代资本主义世界体系,区别于"微型体系"(mini-systems)以及"世界帝国"(world-empires)。见 Wallerstein(1974b, 391)。

家的位置对其政治及其人民的福利都有着重大影响。①

像所有差异化事物一样，国际劳动分工既可以被看成增加福利的基础又可以被视为一个等级体系。那些强调增加福利的论点来自比较优势理论：如果每个国家都集中生产自己最擅长的东西，所有国家都会变得更好。②每个国家的经济活动与其资源和生产要素禀赋相适应，从而获得最大收益。试图制造别的国家更擅长的产品只会减少每个参与者的福利。

较贫穷的国家总是对上述论断表示怀疑。从亚历山大·汉密尔顿③(Alexander Hamilton)到弗里德里希·李斯特④(Friedrich List)，再到劳尔·普利维什⑤(Raul Prebisch)，这些学者都质疑道：在国际劳动分工中的位置可能是发展的原因影响的，而不只是结果。⑥

即使对于那些占据不那么理想位置的国家来讲，也无人否认：相互关联的全球经济比一个自给自足的系统要进步。就像比较优势理论主张的那样，也没有人会否认国家应该做它们最擅长做的事情。但是，当代的理论构建为以下执着的信念提供了支持，即努力获得更理想的位置是一个国家为发展而斗争的重要部分。

贸易理论的一些新发展提示我们：不同产业部门的利润率可以系统地、持续地不同。就像保罗·克鲁格曼(Paul Krugman 1987，230)说的那样，"在规模经济和市场准入障碍一直维持着不完全竞争的情况下，一些产业可以创造持续的额外回报"。但是，利润率的差别只是成败关键的一部分。

阿尔伯特·赫希曼(Albert Hirschman 1977)的观点很有说服力。他认为，占据国际劳动分工的一个具体位置既有动态影响也有静态影响。一些产业部门创造了一个有利于发展的"多维共谋"理论(multidimensional conspiracy)：催生创业能量，创造经济其余部分的积

---

① 最近的一个对世界体系理论的全面概述，见 Chase-Dunn (1989)。
② 对比较优势理论的一个简洁易懂的总结，见 Todaro (1977, 277)。
③ 汉密尔顿(Hamilton 1817)的《制造业报告》(*Report on Manufactures*)仍然是对国家所支持的"进口替代工业化"(import-substituting industrialization)的一个经典辩护。
④ 李斯特(List 1885)提出了德国人的质疑：阐述比较优势的李嘉图构想(Ricardian formulations)代表的是英国的利益，而不是"客观的"经济学。
⑤ 普利维什(Prebisch 1950)和拉丁美洲经济委员会(Economic Commission for Latin America, 简称 ECLA)一派的经济学家从当代第三世界的视角最早提出了对比较优势的质疑。
⑥ 这当然是依附理论(见 Cardoso and Faletto 1979)和世界体系理论的观点。沃勒斯坦提出了最为广泛的论述。在他看来，在世界体系里占据不同的生产位置会带来一整套的社会政治差别，从劳工控制种类到统治精英的分化程度，再到国家组织的效力。见 Wallerstein (1974a, 1974b)；Chase-Dunn (1989)。

极溢出效应,将不同的政治利益组织塑造为一个发展联盟等(Hirschman 1977,96)。在国际劳动分工中的位置之所以值得争取不仅因为它会带来更高的利润率和更快的资本积累,而且还因为它能够帮助实现与最广义的"发展"相关的社会目标和福利目标。

创造有利于发展的"多维共谋"的能力并不是一个产品所固有的,而是取决于这个产品如何在产业部门可能性(sectoral possibilities)的全球序列中找到合适的位置。就像弗农(Vernon)和韦尔斯(Wells)等"产品周期"(product cycle)理论家展示过的那样,产品也是有发展轨道的。[1] 产品有上升期和回落期,国家抓住产品的不同时期,会获得不同的收益。纺织品为18世纪的英格兰提供了"多维共谋",但在20世纪末的印度没有成功。汽车和钢铁在20世纪前半期支撑了美国的"多维共谋",但20世纪下半期的巴西没有成功。一个时期的多维共谋可能成为另一个时期的"落后产业部门"。

从这个角度看,"发展"不再只是一个本土的转型轨迹。它还被本土生产能力和不断变化的全球产业部门序列这两者之间的关系所定义。"发达"国家是那些占据了拥有最大收益和最具活力的产业位置的国家。退却到较少收益的位置或者在"商品链"(commodity chain)上占据不理想的链条都会降低进步性变革的可能性。[2] 只要国际劳动分工继续将国家分为不同等级,忧虑发展就是忧虑在这个等级上的位置。

如果我们认可,国家经济发展需要融入全球经济并且在全球经济中有些位置比另一些更具活力和收益更多,我们就不得不提出另一个问题:在国际劳动分工中的位置已被结构性地决定了还是仍有国家变动的余地?简单地说就是,国家能否有意识地改变其在国际劳动分工中的位置?

对比较优势理论的传统解读坚定不移地站在结构性的一边。那些所作所为与自己的生产禀赋不一致的国家,只能使自己承担浪费并失去贸

---

[1] 见 Vernon(1966)和 Wells(1972)。"产品周期"的想法从弗农和韦尔斯的更加"经济主义的"(economistic)版本已经发展到库尔思(Kurth 1979)和康明斯(Cumings 1987)的全面社会政治架构。

[2] "位置"并不必然等于产业部门或产品。一种"商品链"的观点认为,任何产业部门的生产和商品化过程都包含一系列相互关联的位置,其中有些位置比另一些更理想。见 Gereffi(1991);Gereffi and Korzeniewicz(1990,1993);Hopkins and Wallerstein(1986)。这里,关键不是生产什么,而是在生产中扮演什么角色。差别在于重点不同,因为对现有"链条"的分配仍取决于产业部门。有些产业部门所参与的商品链并不具有高收益链条;另一些则提供多种可能性。虽然如此,这个商品链的视角仍是一个不错的提醒:归根结底,重要的不是产业部门本身,而是与其相关的一系列生产角色。

易中的潜在收益。如果拥有铜矿而买铜,那将无比愚蠢。如果气候适合种植高级咖啡,那就应该利用这个优势。在全球经济里,无论是享受优待的还是处于劣势地位的产业部门都无关紧要。国家必须做它最擅长的事情。不这样做就是自我毁灭。国际劳动分工展示的是一种结构性规则。

在一个国际贸易以未加工的原材料为主的世界里,这种传统解读最为合理。当制成品主导了全球贸易,甚至服务都越来越多地被看作"贸易品"时,对于制造和销售什么的选择是不能从对自然资源禀赋的简单认识中推导出来的。坚持原有的比较优势并不比构建比较优势更合理。用威廉·克莱恩(William Cline)的说法就是,"制成品的贸易似乎越来越反映出这样一种商品交换,即一个国家与另一个国家一样有可能……发展比较优势……"[①]在一个大部分附加值都与自然资源相去甚远的全球化经济里,全球劳动分工所展示的不仅是一种外部制约,也为能动者提供了机遇。

构建比较优势的想法,在一定程度上是传统理论的一种自然延伸。李嘉图的原始版本强调自然禀赋。赫克歇尔(Hecksher)和俄林(Ohlin)的改进版则强调劳动力和资本相对稀缺的情况,这些劳动力和资本都是发展的结果而不是既定国家的固有特点。构建比较优势的想法所引入的社会和制度因素显然都是发展的结果。克莱恩并不是真的在说,"一个国家与另一个国家一样有可能"在一个具体产品上发展出比较优势,他的意思是,一个对自然资源禀赋或生产要素相对稀缺性的简单评估不能告诉我们谁将在化学品或计算机或名牌牛仔裤上拥有竞争优势。还要对社会和政治制度进行分析。

迈克尔·波特(Michael Porter)的著作更清楚地说明了这一点。为什么瑞士专业制造纺织设备,而意大利在注模机上有比较优势?为什么丹麦是医药出口的领导者,而瑞典在重型卡车制造方面有比较优势(Porter 1990,1,149,162,314)?事后来看,这些不同的专业化生产或许能追溯至禀赋的历史差异,但优势的出现取决于以下三组因素,即:本土企业间竞争与合作关系的复杂演进、各种政府政策以及许多其他社会和政治制度。

社会学家和历史学家早就认为社会和制度禀赋与国家在国际劳动分工中的位置是有因果联系的。罗伯特·布伦纳(Robert Brenner)对早期现代东、西欧不同角色的经典分析(1976)就是一个很好的例子。他

[①] Wade(1990,355)所引。

指出,东欧对商品粮的专业化生产源于东欧农民无力抵御严厉的劳动力控制,而在西欧,更有政治权力的农民将自己投入提高生产力的技术变革当中,从而推动了农业向各种产品的转化。莫里斯·谢特林(Maurice Zeitlin 1984)更侧重于用国家和政治来解释智利是如何在20世纪的前30年将自己降级成原材料生产者的,但论点与上面类似。① 迪特·桑哈斯(Dieter Senghaas 1985)对19世纪和20世纪的丹麦在国际劳动分工中位置的演变做了分析,并强调了社会和政治因素对国家战略的促进作用,这反过来又重建了国家在全球系统中的位置。

在一个构建的比较优势世界里,包括国家在内的社会和政治制度塑造了国际专业化生产。② 国家介入必须被看成是那些决定一国在国际劳动分工中位置的社会政治因素之一。

具有强烈变革愿望的国家,从定义上来看,就是在寻找参与"领航"产业以及离开"滞后"产业的方法。吉尔平(Gilpin 1987,99)认为:"无论是对还是错,每一个国家都希望尽可能接近'产品周期'的创新端,因为此处被认为具有最高的产品'附加值'。"这些国家不只是希望能创造有着更高利润率的国内产业部门,它们还希望能通过"高科技产业"创造出相应的职业和社会结构。它们希望能创造出一个有利于发展的多维共谋。

即使如吉尔平所说,国家决心改变自己在国际劳动分工中的位置,欲望和能力仍须被清楚地分开。构建新型比较优势也许可能,但不会容易。即使可以改变,国际等级结构仍然顽固。③ 在结构内做明确的改变尝试很可能是无效的,甚至适得其反。没有必需的国家能力来支撑愿望,只能导致失败,甚至削弱现有比较优势的基础。努力重塑全球经济中的参与位置是有吸引力的,不仅仅是因为它们可能会成功,也因为它们揭示了国家做事的限度。

---

① 两位作者都强调他们的论点与世界体系分析之间的对比,后者认为阶级关系和国家性质是国家经济在国际劳动分工中位置的结果而不是其决定因素。特别是见 Zeitlin(1984, 217-7)和 Brenner(1977)。

② 显然,反向论证也是可能的。在同一篇将产业看作"有利于发展的多维共谋"的文章里,赫希曼(Hirschman 1977)也使用了"微观马克思主义"(micro-Marxism)这个词语来描述产业专门化塑造社会政治制度的想法。"微观马克思主义"的启示当然值得探索(参见 Evans 1986b;Shafer 1990, 1994;Karl forthcoming)。然而,在一个制造业和服务业而不是初级生产为主导的世界里,单一产品很少能够决定一国经济的状态。使"产业决定"论合理所需要的专业化程度越来越难以找到。

③ 例如见 Arrighi and Drangel(1986)。他们发现,在第二次世界大战之后,只有几个国家实际上改变了它们由世界体系概念所定义的国际劳动分工中的一般位置(即在边缘和半边缘或半边缘与中心之间移动)。

如果制度禀赋和行动者的操作可以重塑一个国家所生产的产品种类，并且如果生产不同种类的产品对发展有广泛的影响，关于国家如何以及是否可能有助于本土新产业部门的出现的各种论点，对理解国家、国家发展和最终的国际劳动分工本身，就变得至关重要了。本书的目的就是展示这样一个论点。

论　点

对国家干预"多少"的无效辩论必须被那些对不同介入类型及其效果的争论所取代。国家应该是"统制经济"还是"自由放任"、"干预"还是"不干预"，这些对比重点关注的是偏离理想型竞争性市场的程度。它们混淆了基本的问题。在当代世界，退出和介入不是非此即彼的选项。国家的介入是既定的。恰当的问题不是"介入多少"，而是"以何种类型介入"。

关于国家介入的差异性的观点必须建立在对特定国家历史的考察之上。我选择了产业转型挑战最突出的一组国家。本书的重点是"新兴工业体"，它不能被狭义地定义成"亚洲四小龙"①，而应广泛地包含那些足够大或足够先进、能够支持全方位工业生产的发展中国家。它们是典型的好案例，因为它们不像边缘化原料出口国那样被彻底限制，又比先进工业国更渴望实现转型。

在这一组案例中，我主要关注巴西、印度和韩国。乍一看这不像是三个能够相互配合的案例。20世纪70年代初，巴西是"依附性发展"(dependent development)的原型，它的快速工业化受以下两个因素的共同驱动，一个是跨国公司(transnational corporations)的投资，另一个是对耐用消费品的需求，后者依赖于日益加剧的分配不平等。印度是一个拥有7.5亿人口的"多民族次大陆"(multinational subcontinent)，其中大多数人仍然依赖以自给自足而闻名的农民经济。在韩国，农民不再占大多数，出口导向被认为是工业发展的唯一可靠基础。但不可否认的是，在这三个案例中，国家都介入了产业转型。对于理解"以何种类型介入"是一个比"介入多少"更重要的问题，它们是极好的三联体案例。

国家介入的差异性还必须被置于特定的领域。我选择观察每个案例中的信息技术产业在20世纪七八十年代的演变。②信息技术产业

---

① 韩国、新加坡、中国香港和中国台湾。
② 虽然大部分分析集中在20世纪七八十年代，但这一时期实际上始于20世纪60年代末的印度，一直到90年代初。

(也被称为"informatics"或计算机产业)是各国明显的兴趣点,因为它是一个最有可能引发有利于21世纪发展共谋的产业。这是一个特别好的例子,因为它为以下论点提供了一个非常有力的结论,即国家介入能够影响其在国际劳动分工中的位置。

信息技术产业本身是令人着迷的,但运用产业视角的目的是能够对一般概念进行具体调查。本书的目的不是将信息技术产业理论化,而是使关于国家结构、国家—社会关系及其如何塑造产业转型的可能性的总体思路变得清晰。

我的起始前提是,介入的差异性取决于国家本身的差异性。国家与国家并不类似。它们的内部结构和与社会的关系都大不相同。不同的国家结构产生了不同的行动能力。结构界定了国家能够扮演角色的范围。而结果取决于角色是否适应情境以及这些角色扮演得如何。

我们应该如何描述国家结构以及国家—社会关系的差异性?我的策略是从构建两个植根于历史的理想类型开始:掠夺性(predatory)国家和发展型国家(developmental states)。第3章阐述了这两种类型的基本特征。掠夺性国家以牺牲社会为代价进行汲取,即使从狭义的资本积累的视角来看,它也是在削弱发展。发展型国家不仅主持了产业转型,而且似乎可以认为,它在引发这一转型的过程中发挥了作用。

将不同类型的国家与不同的结果相联系是一个起点,但如果这两个理想类型只是将适当的标签贴在不同的结果上,它们就不会帮到我们很多。进一步探索的诀窍在于将发展影响和国家的结构特征联系起来——与国家的内部组织以及国家—社会关系联系起来。幸运的是,掠夺性国家和发展型国家之间存在明显的结构性差异。

掠夺性国家缺乏阻止在职官员追求个人目标的能力。个人关系是凝聚力的唯一来源,个人最大化优先于追求集体目标。与社会的联系就是与在职官员个人的联系,而不是选民和作为一个组织的国家的联系。简而言之,正如韦伯所定义的那样,掠夺性国家的特点是缺乏官僚体系。

发展型国家的内部组织更接近于韦伯式官僚制。严格筛选的精英和长期职业回报创造了忠诚度和整体一致性(corporate coherence)。整体一致性使这些官僚机构具有某种"自主性"(autonomy)。但它们并不像韦伯建议的那样与社会隔开。相反,它们嵌入在一系列具体的、将国家和社会连在一起的社会关系里,并且为反复协商目标和政策提供了制度化渠道。自主性和嵌入性这个组合的任何一方都无法单独获得成功。一个只有自主性的国家将缺乏情报来源并且缺失依靠分散的私营部门实施政策的能力。如果没有坚实的内部结构,紧密的连接网络将使国家无法解决"集体行动"(collective action)的问题,也无法超越私营部门的个体利益。只有当自主性和嵌入性结合在一起时,国家才能被看成是发展型的。

我将整体一致性和联系性(connectedness)这个明显矛盾的组合称为"嵌入式自主性"(embedded autonomy),它为国家成功地介入产业转型提供了潜在的结构基础。不幸的是,少有国家能够自豪地认为自己的结构已接近理想类型。我们有理由认为韩国是嵌入式自主性的一个例子,但是,正如第3章所示,巴西和印度无疑是中间型案例,它们只表现出部分的、不完美的嵌入式自主性。它们的结构虽不明确阻止有效的国家介入,但也无法预示国家介入的发生。

结构赋予了国家介入的潜力,但潜力必须转化为国家行动才能起作用。我用"角色"(roles)来讨论国家介入的模式。我要用一些新术语来表达巴西、韩国和印度在信息技术产业中的作为。用传统方式标记国家角色太容易使我们陷入以下的舒适区,即国家介入的参数都是已知的而且我们只需要担心"介入多少"的问题。新词汇都应该是信号旗,经常性地提醒我们问题应该是"以何种类型介入"。我最终选择了四个词——在第4章有更详细的解释。前两个是"监护人"(custodian)和"造物主"(demiurge),代表监管者和生产者传统角色的变化。第二对词我称之为"助产士"(midwifery)和"培育者"(husbandry),更多地关注国家机构和私有企业团体之间的关系。

监护人的角色突出了监管者的传统角色的一个方面。所有国家都制定和执行规则,但规则制定的主旨各不相同。有些规则主要是促进性的,旨在提供刺激和激励。其他监管模式采取相反的方针,旨在阻挠或限制私人行为者的主动性。"监护人"这个词语表明监管的努力偏向管制而非促进。

正如成为监护人是展现监管者角色更寻常一面的一种方式,成为造物主①是展现生产者角色更寻常一面的一种特定方式。所有国家都扮演生产者的角色,承担交付某些产品的直接责任。至少可以说,国家承担着与基础设施建设有关的生产者角色,这些基础设施具有集体性或公

---

① 由于"造物主"原来的用法是物质事物的创造者,因此对于直接从事生产活动而不让私人资本染指的国家来说,这个词是一个适当的标签。我认为,第一位将这个词用于国家的是卢西亚诺·马丁斯(Luciano Martins 1977),他用其描述巴西国家经济发展银行。对于这个词的不同用法,参见 L. Frischtak(1992)。

共性特征,如道路、桥梁和通信网络。造物主的角色建立在一个有关私人资本限度的更强假设上。从发展的角度看,它假定私人资本无法成功地维持商品生产的必要范围。因此,国家成为"造物主",创建企业并在正常的"私人"商品市场上进行竞争。

承担助产士的角色也是对怀疑私人资本活力的一个回应,但这是另一种回应。本土企业家阶层的能力是可塑的,而不是给定的。国家试图帮助新的企业家群体成长或引导现有群体从事更具挑战性的生产,而不是自己来取代私人生产者。各种技巧和政策都可以用。建立关税"温室"以保护幼稚产业免受外部竞争是一种;提供补贴和奖励是另一种;帮助当地企业家与跨国资本谈判,甚至只是提示某一产业部门的重要性也是其他可能的方式。无论具体的技巧是什么,促进都是与私人资本连接的主要模式,而不是管制。

即使私有企业群体被引导着识别有前途的产业,全球变革仍将继续挑战本土企业。培育者的角色包括劝说和帮助私人企业家团体以期应对这些挑战。像助产士一样,它可以采取多种形式,从简单的提示到复杂的行动,如建立国家组织来承担像研发这样的风险互补的任务。培育者的技巧与助产士的技巧相交叉。

大多数国家在同一产业部门综合运用多个角色,其结果取决于这些角色是如何组合的。从对角色本身的描述来看,我对信息产业的期望是显而易见的。试图取代私人资本或紧盯着资本所有者以防做出一些不受欢迎的事,都不如努力创造与企业家或潜在企业家相互促进的关系更有用。助产士和培育者的组合应该比监护人和造物主的组合做得更好。

巴西、印度和韩国信息技术产业的演变为这一基本论点提供了很好的例证。角色组合在各国各不相同。这些不同至少在某种程度上是国家结构和国家—社会关系的不同所造成的。不同的角色组合与效果差异的联系是可预期的。

正如第 5 章和第 6 章所示,韩国与其他两个国家的主要区别是,韩国有企业基础,这些企业在先前助产士角色的推动下具备了广泛的相关工业能力。这使国家很容易地转向推动和支持的组合,即我所说的培育者角色。巴西和印度没有充分发挥助产士的角色,陷入了限制性规则制定(restrictive rule-making)的困境,而且对国有企业(state-owned enterprises)进行了大量投资用以直接生产信息技术产品。它们努力扮演监护人和造物主的角色,付出了极大的政治代价,并且消耗了有限的国家能力,这使它们很难再通过扮演培育者的角色来支持那些它们曾帮助创建的本土产业。

这三个国家之间的相似之处就像它们的差异性一样具有启发性。在每一个案例中,关于本土信息技术产业的设想都始于那些相信本土信息生产价值的人,他们设法在国家机构中找到具有影响力的位置。他们的想法最终变成了旨在带动本土生产的政策和制度。这三个国家的所有初始国家政策都始于"温室政策",为当地企业家提供了免受跨国竞争影响的试验空间。温室是扮演助产士角色的重要组成部分。在扮演助产士的角色上这三个案例都有所收获。正如第 7 章所示,20 世纪 80 年代中后期的本土工业全景反映了 20 年来的深刻变化。

到 20 世纪 80 年代末,韩国的工业是规模最大的和最强的,本土生产商可以声称他们在这三个国家里取得了重大的成功。巴西建立了一批新的多元化信息公司,它们是本土产业界的重要行动者。它们管理着一个价值数十亿美元的本土产业。本土企业家掌控着成熟的组织,雇用了数千名技术熟练的专业人员。本土技术专家(técnicos)[①]展现出技术和勇气,甚至在金融自动化产业中设法将他们的才能转化为具有国际竞争力的产品。印度可以吹嘘本土硬件公司的早期设计的成功以及某些软件工程越来越多地参与国际市场的景象。在韩国,信息技术产品的生产已成为该国整体工业战略的基石。韩国财阀[②](chaebol)与世界领先的内存芯片厂商正面交锋,并获得胜利,至少在一段时间内成为全球个人电脑(personal computer,简称 PC)市场的一股强劲力量。

所有这三个国家的产业都有严重的缺陷,但它们确实表明,发展中国家既可以是信息技术产品的消费者,也可以是生产者。总的来说,这三个国家的成就令人印象深刻,20 世纪 60 年代末的常规分析定不会认为它们有真正参与全球主导产业的机会。

如果我在 1986 年或 1987 年停止关注这三个国家的信息技术产业,那么上面的描述就是故事的全部了,细节上虽很复杂,但总的经验教训仍相对简单。某些国家和某些角色肯定比另一些更有效,但国家组织可以发挥重要作用,即使是在被公认为极难攻克的一个产业里。

不过,20 世纪 80 年代后期的趋势使这个故事有了转折,这与第 8 章的讨论有关。如果说民族主义的工业化是 20 世纪 70 年代的主题,那么显然,80 年代末上演的是一种新的国际化。这种新国际化的标志是

---

① Técnico 翻译为具有技术特长的专业人士。
② 财阀是占据韩国工业经济的大型集团企业。

跨国资本和本土资本结成的新关系，IBM 公司（国际商业机器公司）在印度的新合资企业就是这种关系的一个缩影。[①] 伴随着上述新的关系而来的是对全球经济联系性的重视，即更多开放进口和更多关注出口。

简单的解读是，这是"帝国反击战"的一个例子[②]，即标新立异的民族主义愿望在全球经济的压力下被带了回来。事实上，新的国际化不是对早期民族主义政策的简单否定。在某些方面，它是对过去的一个证明。IBM 公司的经历提供了典型的例子。它在 20 世纪 90 年代的扩张逐渐建立在与本土企业联盟的基础上。这在一定程度上是因为该行业的性质在全球范围内发生了变化，但也因为当地的温室创造了巴西、印度和韩国的企业，它们的组织力量、人力资本和经验使其成为合理的合作伙伴。新的国际化在一定程度上是成功助产的结果。

从我的论点来看，这一变化最令人感兴趣的是它对国家及其创造的产业支持者之间矛盾关系的启示。本土企业团体最初是被诱惑的参与者，然后成为心怀感激的客户，最后变成强大到吸引跨国盟友的行动者。国家对外国进入的抵制成为本土资本在最初的联盟谈判中的王牌，但一旦谈判成功，达成联盟关系，企业和国家之间的关系就又发生了变化。国家的影响力因此而削弱。实际上，企业是用因国家保护本土市场而获得的租（rent）换取跨国公司盟友的专有技术和全球市场影响力为其带来的租。本土企业家和跨国公司的新联盟使国内资本与国家之间的旧联盟难以为继。

如果等式的一边是对国家行动的政治支持在不断减少，另一边是国家行动日益与发展无关，那么恰好相应的变化程度将使等式保持平衡，但对新国际化的分析并不这么认为。新联盟很容易退化为事实上的子公司。就像印度的软件或韩国的个人电脑克隆（PC clones）一样，新的出口为全球劳动分工的流动开辟了道路，但也有可能成为低回报的死胡同。持续的培育是至关重要的，但如果在一个产业里，众多企业都更感激跨国联盟而不是国家支持的话，以前国家干预模式的政治存续性就会遭到怀疑。

我开始调查信息产业时试图了解国家举措如何重塑当地的工业，而后着迷于这一国家努力的成功如何削弱维持其介入的政治可能性。20世纪 80 年代盛行的新功利主义（neo-utilitarian）观点预言，国家介入会

---

① IBM 实际上在 1992 年回归，但这一举动显然在 20 世纪 80 年代末就开始了。
② 伊曼纽尔·阿德勒（Emanuel Adler 1986，1987）在谈论巴西时使用了这个词语。

在有创租能力的官员和急于从中获利的私人行为者之间形成一种经济上停滞、政治上稳定的共生关系。我的发现与此相反。国家介入与经济活力相关联,结果是引发政治争论而不是共生关系。

在第9章中总结的产业层面的论点最终将下述的愿景和设想结合在一起:愿景即国家举措如何能够推动产业转型,设想则是国家引发的产业转型如何重新界定未来国家行动的政治可能性。这一产业层面的论点反过来又为我对国家结构和国家—社会关系的社会层面分析提出了明显的问题。如果为一个特定的产业成功培育出新的企业团体,能够在国家和其帮助创立的支持群体之间建立一种新的政治关系,那么同样的逻辑不应该更普适吗?

第10章对国家—社会关系演变的重新审视表明,同样的基本动力确实更普遍地适用。有证据表明,韩国在嵌入式自主性的支持下推进的转型事业可能削弱了自己的政治基础。如果这是真的,未来的国家介入将需要对国家—社会关系进行某种形式的重建。

在最初的表述中,嵌入式自主性暗示国家不是与社会总体有着紧密的联系,确切地说,是与产业资本有这种关系。从其他社会群体的角度来看,这是一种排他性的安排。嵌入性可否被建立在与多个社会群体的联系中呢?通过比较而获得的证据表明,有时是可以的。重建国家—社会关系的一种方法就是将与其他社会团体的联系涵盖在内,比如与劳工团体的联系。通过观察一些完全不同的案例,如喀拉拉邦(Kerala)的农业共产主义和奥地利的欧洲社会民主主义,第10章探讨了这种可能性。这些案例表明,从长期看,广义的嵌入性可以为转型提供更可靠的基础。这个具有启发性的证据促使我们进一步探索嵌入式自主性的潜在变化。

本书的论点主要可以概括为以下三点。首先,发展的结果取决于国家结构的一般特点和国家所追求的角色。其次,国家介入可以与转型联系在一起,即使是在常规观点认为成功可能性很小的信息技术领域。最后,对国家和产业转型的分析不能停止于新工业景观的出现。成功的转型改变了私人资本的性质,使有效的未来国家介入依赖于国家—社会关系的重建。

当然,现在还没有理由相信上述任何一点。其最终的合理性取决于上述论点在多大程度上符合案例的细节。案例描述的方式则取决于本研究的构思和实施方式。下面将对我如何进行调查研究做一个明确的讨论。

研究策略

本书采用我所谓的"比较制度研究法"(comparative institutional approach):谓其"制度"是因为这种方法超越了对个人功利的计算,而在浸没这些计算的各种持久关系中寻求解释;谓其"比较"是因为它聚焦于跨历史案例的具体变化,而不是通用的解释。[1]

对国家进行比较制度分析需要拒斥还原论(reductionism)。国家不能沦为公职人员利益的集合体、政治力量的向量总和或对阐述经济必要性的某些逻辑的简明表达。国家是社会的历史产物,但这并没有使它们成为其他行为者社会博弈中的棋子。它们必须被看成是有存在权利的机构和行为者,在被经济和社会变迁进程所塑造的同时也影响着这个进程。[2] 在第2章,我尝试对比了比较制度方法与我所称的"新功利主义"方法的不同特征,后者曾在20世纪70年代末和80年代的国家研究中占据统治地位,而现在似乎正步入衰落。

在比较制度研究里,国家被视为一个植根于历史的机构,而不单是各种战略个体的集合。国家与社会的互动受限于各种制度化的关系集合。经济成果是社会和政治制度的产物,而不仅仅是对当前市场状况的反应。研究的目的是理解不同的结果,而不是强迫各种案例变成一个通用的模子或被置于一个一维的秤上。

"制度主义"(institutionalism)再次成为时髦词语,也成了一个有诸多含义的术语,[3]但在分析国家在经济发展中的作用时,"比较制度研究法"有具体的定义。它历史悠久,从韦伯到经济史学家波拉尼(Polanyi 1944)、格申克龙(Gerschenkron 1962)和赫希曼(Hirschman 1958, 1973, 1977, 1981),再到政治经济学家如约翰逊(Johnson 1982)、巴德汉(Bardhan 1984)、贝茨(Bates 1989)、阿姆斯登(Amsden 1989)和韦德

---

[1] 几年前,我和约翰·斯蒂芬斯(Evans and Stephens 1988a,1988b)提议使用我们称为"新比较历史政治经济学"(the new comparative historical political economy)的方法。这里所采用的方法根本上是相同的,但"比较制度"的叫法避免了与以下当代概念的混淆,即将"新政治经济学"(the new political economy)等同于对政治问题进行新自由主义式的经济分析。如在布坎南(Buchanan)和图洛克(Tullock)的学术论述中即是如此。
[2] 从根本上讲,这就是 Evans, Rueschemeyer and Skocpol(1985)所提出的分析国家的视角。
[3] 马奇(March)和奥尔森(Olsen)1984年所著的那篇文章是"制度主义"复兴的一个标志。鲍威尔(Powell)和迪马乔(DiMaggio)的1991合集为归入"制度主义"旗下的当代社会学观点提供了一个很好的总结。

(Wade 1990)[①],以及社会学家如卡多佐(Cardoso)和法莱图(Faletto 1979)、汉密尔顿(Hamilton 1982)、谢特林(Zeitlin 1984)、戈尔德(Gold 1986)、伊芙琳·斯蒂芬斯和约翰·斯蒂芬斯(Stephens and Stephens 1986)以及塞德曼(Seidman 1994)。[②]

比较制度研究法暗含着一种收集证据的策略。显然,其中一个中心目标是在更大的制度背景下收集那些由此产生的、反映具体国家政策和社会反应的证据,展示该背景如何有助于界定利益、愿望和战略。与此同时,展现不同案例的差异性需要钻研细节。无论焦点是在社会还是在国家内部,比较制度研究的核心方法论都是在分析特定群体和组织的行动时将制度影响的主张做实。最重要的是,比较制度研究法必须避免把国家当成一个物化的整体。

这一章充满了"国家能够"或"国家想要"这样的说法。其他章节也是一样。这种提法必须被看作是隐喻性的简写。做研究的目的是弄清这些提法背后的意义。在实践中,"国家想要"是因为国家机构内部的某些团体有自己的行动规划。这并不意味着这个规划仅仅是他们个人经历或个人最大化策略的反映。这其实意味着他们的规划很可能遭到了国家内部其他团体的反对,而"国家想要"的定义是内部政治冲突和持续变动的结果。对国家政策的调查涉及探索其具体的来源和支持,而不是将结果归因于某种单一的意志。

认真地将国家看作一个非物化的机构,就需要把各种证据组合起来。我的研究始于"二手证据"(secondary evidence),即那些对巴西、印度、韩国和其他案例里的国家与社会所进行的学术分析,其他国家为前三个案例提供了比较视点。为世界银行等组织工作的研究人员的分析也是宝贵的资源。各种政府文件和统计证据还对这些二手证据进行了补充。然而,最重要的是社会学方法论专家们所称的"关键线人访谈"(key informant interviews)。

在现实中,"国家结构"和"国家—社会关系"成了国家机构和组织之间的关系、这些机构和具体公司之间的关系以及个人间关系的历史模式,只有通过与具体国家管理人员和私营部门主管交谈才能使我们得出

---

① 从教育背景看,政治经济学家包括政治科学家[约翰逊(Johnson)和贝茨(Bates)]、经济学家[巴德汉(Bardhan)和阿姆斯登(Amsden)]和一个社会人类学家[韦德(Wade)]。
② 其中两位虽非正式社会学家,也被包括进这份社会学家名单,即作为正式历史学家的法莱图(Faletto)和拥有政治科学教育背景的伊芙琳·胡博·斯蒂芬斯(Evelyne Huber Stephens)。

正确评价。

　　对很多现任和前任政府官员的采访是我理解这些国家内部运作方式的主要来源,也是在第5、6章中描述国家角色的起点。显然,访谈对象的叙述是有偏见和自利的,但偏见和私心本身也是重要证据。此外,高级官员不仅仅描述了他们参与的事件,还提供了理论。将来自同一官僚职位的理论与另一个并列,是了解国家角色的出现和衰落的最好方式。

　　在观察社会时避免物化也很重要。国家通过与特定公司和个人的联系而与"经济精英"(economic elites)或"资产阶级"(the capitalist class)发生关系。转型事业的成功与失败取决于它们改造特定企业的策略。对国家政策后果的调查,特别是侧重于特定产业的后果,必须看具体公司及其战略如何与国家行动产生共鸣。

　　对信息技术产业的理解意味着要从讨论整个产业的整体演变的文献开始。这些文献令人望而却步,似乎同样令人惊讶的是,聚焦于巴西、印度和韩国信息政策演变的学术文献也非常之多。此外,每个国家的管理机构和行业协会还收集和发布有关该产业发展的数据。专门的商业新闻报道具体公司和产品的日常变化。具体公司的年度报告和不定期出版物则提供更多的细节。

　　如同了解国家一样,在了解社会时最有用的信息来源是与个人的讨论。在建构第5、6章时,高管们对公司面临的竞争问题和国家政策影响其战略的方式的描述,是对国家管理者们的各种视点的重要补充,也是对第7、8章中矩阵解释的重要补充。和政府官员一样,高管们也为国家和工业如何运作提供了理论和解释。虽然他们的理论也带有偏见和私心,但仍为这个产业的发展提供了宝贵的观察视角。

　　总的结果是一个抽象和一般性的论点融入具体证据的整体组合。如果这个组合具有说服力,那不是因为每个证据或论点里的每一个环节都是无可辩驳的,而是因为整体上看是有道理的。我希望这一论点是有说服力的,但最终,我对说服反对者和挑起争论同样感兴趣。如果接下来的章节可以促使读者停止争论国家干预的"多"与"少",并开始讨论不同结构和角色的相对功效,那我就达到了目的。如果我的工作能够激起别人开始对国家和社会相互塑造的过程进行具体的研究,那就更好了。

第二章
比较制度研究

1991年秋,在世界银行和国际货币基金组织的年会上,世界银行副行长及董事总经理阿提拉·卡拉斯曼诺鲁(Attila Karaosmanoglu)语惊四座。他说:"东亚新兴工业体和它们的成功模仿者提供了一个有力的论据,说明活跃的、积极的政府角色可能是实现工业快速增长的一个决定性因素……那些可复制和可转移的经验应当公开并与世人分享。"[1]

卡拉斯曼诺鲁的论述令人惊讶的不是它的内容,很多社会科学家和知识渊博的东亚观察家在此之前就发表过相同的观点。令人惊讶的是这种观点的来源。十几年来,世界银行的高层一直都是以下观念最有影响力的传播者,即发展中国家应当"弄对价格"(get their prices right),重新依靠市场,并废除现有的国家干预机制。他们承认"活跃的、积极的政府角色"可能是"实现工业快速增长的一个决定性因素"是如此出人意料。这是一个重要的信号,表明世界银行意识到,人们对国家在发展中的作用的认知发生了根本转变。

从业者和政策制定者对于将"弄对价格"作为一种解决发展问题的灵丹妙药越来越失望。在卡拉斯曼诺鲁发表演讲的时候,世界银行在发展贷款上的一个重要合作伙伴指出,世界银行过于强调市场机制。日本海外经济协力基金(Overseas Economic Cooperation Fund)的一份备忘录(1991,10)认为,"由于市场机制本身的一些固有局限性,市场机制无法很好地处理各种问题。其结果是,政府对这些领域进行干预,变得不可或缺"。

对国家的"新自由主义式"攻击已过了其巅峰时期。"新自由主义"(neoliberalism)的政治霸权论以及为其提供理论依据的"新功利主义"的理论霸权论日渐式微。它们一起把持了20世纪70年代末及80年代大部分时候的辩论基调,但到了80年代末,很显然,该有些新的内容出现了。

---

[1] 据1991年10月7日的《金融时报》(*Financial Times*)报道。

当过于简单化的、以自我为中心的新功利主义的魅力褪去时，用一种制度主义的替代方案来填补任务的空白变得尤为迫切。本章的宗旨即为概述其中一种替代方案的要素。在我看来，可以从韦伯和一些制度经济学家如波拉尼、格申克龙和赫希曼的研究入手开始讨论。波拉尼敏锐地感知到市场在多大程度上依赖国家行为。韦伯给出了一个强有力的假说，即怎样的内部组织能够给予国家构建市场和促进增长的能力。格申克龙和赫希曼清楚地表明，国家—社会关系和内部结构一样重要，尤其是那些连接国家和企业精英的关系。

各种当代的见解必须要被囊括进对早期传统研究的梳理中，包括新功利主义理论的修正主义分支所提供的见解。受东亚新兴工业体的非凡发展成就激发而形成的那些研究，在制度主义视角的当代复兴中尤为重要。阿姆斯登（Amsden 1989）和韦德（Wade 1990）是极好的典范。用早期研究的远见卓识综合归纳近期的研究，可以为带有巨大启发性的比较制度研究提供基础。

有两件事需要从一开始就强调一下。首先，我要明确地否认对以下这种国家主义的同情，即对国家的专属善行和效能有着乌托邦式的信仰。重振复兴对国家的无限信仰作为一种解决不发达问题的方法，既不可能也不可取。毕竟，这种天真的国家主义是一种建立在许多可疑假设之上的信仰。国家很难具备富有前瞻性的分配技巧以实现这个愿景。在与狭隘利益的纠缠中取得默示自由（implied freedom）也是如此。有时候国家能为发展目标而行事，但它们终究是不完美的工具。

其次，新功利主义视角对于国家有其当代的理解，否认这个贡献是不可取的。具有讽刺意味的是，新自由主义对国家的批评主要集中在国家作为一个行为者上，由此帮助激发了各种研究工作，而这些工作最终却为一种新的研究方法提供了基础。回顾过去，新功利主义分析论或许是比较制度政治经济学复兴的一个前提。新功利主义既优雅又猛烈地清除了人们对国家天然至能至善抱有的不切实际的幻想，迫使每个人都更仔细地观察国家做了些什么以及为什么这么做。因而，对新功利主义观的分析是理解新比较制度组合之根源的一个好起点。

新功利主义观

很容易理解，20 世纪 70 年代初对国家幻想的破灭是各具地方特色的。在非洲，即使是有同情心的观察家也无法忽视这片土地上大部分国家所上演的对后殖民主义希望的无情践踏。① 对于拉美人而言,他们曾面临危机深重的经济停滞,而臃肿的国家机构是理解上述问题根源的显而易见的对象。② 不幸的是,评论家们没有试着去区分哪些是国家能够做、哪些是它们不能做的,进而关注那些能够提高国家性能的制度变化,他们仅仅是将国家妖魔化。

贪婪的政客和官僚只是副产品。真正的罪魁祸首是国家本身。政府官员要么扼杀企业家精神,要么把它转变成非生产性的"寻租"(rent-seeking)活动。发展的第一步就是要摆脱它们。抛弃国家作为一个可能的发展促进者的身份,使得深重的悲观主义或"对市场的盲目崇拜"成为主要的替代选择。毫不奇怪,市场成了答案。这种思想学说后来成为众所周知的"新自由主义",它还衍生出一系列旨在完全依赖市场力量的政策。

新自由主义基本上不是一种知识创新。部分是因为,它只是回归信仰市场这一更早的准则。然而,当代版本的新自由主义得到一套分析工具的支持,它将过去为依赖市场而作的辩护进行了重要的现代化转变。

新古典经济学(neoclassical economics)一直认为"国家的存在对经济增长是必要的"(North 1981,20),但这种国家是最小化的国家。在其最小化的新古典形态中,国家被视为一个外生的"黑盒子",其内部功能并不是一个适当的或值得的经济分析对象。然而,新功利主义政治经济学家确信,国家行为的负面经济后果十分重大,因此不能盖上这个黑盒子。为了阐明其运作方式,他们采用"个体优化的标准工具"(standard tools of individual optimization)来分析国家本身(Srinivasan 1985,41)。经济学家们如詹姆斯·布坎南(James Buchanan)致力建立一种"新功利主义"的国家模式。在此模式下,在职官员的行为从逻辑上讲很难与公共利益保持一致。③

在职官员和支持者之间的交换关系是国家行为的根本。为了生存,

---

① 例如参见 Dutkiewicz and Williams(1987)。
② 赫尔南多·迪·索托(Hernando de Soto)的《另一条道路》(*The Other Path*)(1989)大概是最广为人知的对国家幻想破灭的土著宣言。
③ 新功利主义思想的核心是由诺贝尔奖获得者詹姆斯·布坎南以及他的合作者托里森(Tollison)和图洛克创建的"公共选择理论"(public choice theory)(参见 Buchanan, Tollison and Tullock 1980)。尼斯卡宁(Niskanen 1971)也是一位抨击国家的先锋,而奥斯特和索维尔(Auster and Silver 1979)则为这一流派提供了一个鲜明的案例。"新古典政治经济学"(neoclassical political economy)的新近复出(参见 Collander 1984)代表了一个相似但不那么极端的视角。

在职官员需要政治上的支持者,而后者又必须得到足够的激励,以防止他们转而支持其他潜在的官员。在职官员可以通过补贴、贷款、就业、合约或提供服务等方式直接向支持者分配资源,或者利用他们的规则制定权限制市场力量的运作能力,为偏爱的团体创租。外汇配给、通过颁发执照限制准入、对进口设立关税或数额限制,都是创租形式。在职官员还有可能将一部分租金占为己有。事实上,有假设认为"竞争公职,在一定程度上就是为了竞争租金"(Krueger 1974,293)。"直接非生产性寻利"(directly unproductive profit-seeking)活动的回报远远高于生产性活动,经济效率和活力因而下降。

为摆脱这些危害,国家的行动范围应该缩小到最低限度,而且市场机制应当尽可能地替代官僚控制。易受"市场化"影响的国家职能的范围在不断变化,有些作者甚至思考这样的可能性,即使用"奖励"和其他激励手段劝服"海盗船长"(privateers)和其他普通百姓,让他们至少部分地提供国防服务(Auster and Silver 1979,102)。

毫无疑问,新功利主义观捕捉到了大多数国家运转的一个重要方面,对某些国家而言甚至是主要方面。"寻租",在概念上最初等同于"腐败",一直是第三世界国家运作中一个广为人知的方面。可以确信的是,有些国家消耗了它们攫取的盈余,鼓励私人行动者从生产性活动转向非生产性寻租,而且无法提供公共品。同样不存在任何疑问的是,所有国家都在某时犯过某些罪行。然而,新功利主义者的独特贡献没有聚焦在第三世界国家的经验现实上。他们的长处在于提供了一个分析框架,使这些现实能够被解释,并且展示了如何用一套尽量简化的关于国家如何运作的假设来推导出这些现实。

新功利主义的抨击埋葬了新古典经济学家关于国家作为一个中立仲裁者的说法。事实上,国家政策"反映社会既得利益"(Collander 1984,2)的假设部分地重温了马克思对于描绘国家政策的偏向性的一些最初见解。通过质疑国家能否有效追求公共目标(集体行动)以及遵守命令(委托—代理关系),新功利主义者把国家的一致性从韦伯式的"强制联合体"(compulsory association)变成了某种有问题的且非给定的东西。新功利主义对于部分国家机器被利益集团"俘获"的关注,迫使人们重新审视国家作为全社会的代理人的诉求,并重点关注国家—社会关系。

作为对一种行为模式的解释,无论其在一个特定国家机构中占据主导地位与否,新功利主义对重新评价国家的制度性根本上都是一种宝贵的激励。在它的激进追随者手里,新功利主义演变成一个单因果的主导理论,适用于所有国家,然而它难以解释的部分远比能够阐明的要多。此外,尽管精致且表面严密,新功利主义观本身有着严重的理论缺陷。过大的野心和缺陷相结合,使得新功利主义几乎不可避免地走向衰退。

新功利主义正统学说的衰退

新功利主义政治经济学的态度既是悲观的又是乌托邦式的,悲观在于否认"公共精神"(public spirit)的实际重要性(参见 Toye 1991b,322),而乌托邦式则在于假设"看不见的手"是一个轻松的替代品。乌托邦的一面赋予了它魅力,但也将其置于逻辑上或经验上都难以防守的境地。它关于国家的极端观点,虽然精致,但终究在逻辑上是站不住脚的。它对市场重建社会的能力所持的乌托邦信念也同样如此。

新功利主义认为国家是一个追求个体最大化(individual maximizers)的集合,这种观点不仅仅质疑国家提供公共品的可能性。它使得新功利主义经济学家要求的那种有限国家成为不可能。新功利主义认为,有效的经济需要一个传统的、新古典式的国家,一个"守夜人国家",它的行为"很大程度上,如果不是全部的话,受到限制,以保护个体权利、人员和财产并履行自愿协商的私人契约"(Buchanan, Tollison and Tullock 1980, 9)。这样的国家如何能从追求最大化的个体中产生?如果官员主要是对个体的租感兴趣,那么就难以解释为什么他们不都成为"自由职业者"(free-lance)。

新功利主义逻辑对于是什么阻碍了个体在职官员团结一致完全没有提供任何见解。即使我们忽略这个逻辑困境并且假定国家以某种方式解决了自己的集体行动问题,仍存在另一个逻辑问题。为什么那些垄断暴力的人要甘当守夜人?为什么不试着无限扩大创租范围?总之,严格遵守新功利主义的逻辑,难以解释国家作为一个集体行动者存在的原因,并且守夜人国家理论上不可能存在。

新功利主义对市场的定义同样是有问题的。他们倾向于从新古典经济学的竞争性市场产生短期配置效率的主张跨向更强大的主张,即竞争性市场足以产生某种结构转型,而结构转型是发展的核心。而对于边际最大化必然朝着取得长期最优化方向移动的可能性,新古典经济理论是持不可知论的。

如果需要新的活动、新的生产方式以及新的企业家精神以切实提高福祉,那么边际收益最大化可能会导致生产能力停滞在"局部最大值"(local maximum)。在当前实践中进行增量变化可能不比维持现状更具吸引力,难以通过增量调整达到一个与当前实践相差甚远且"看得见的"优越位置。正如斯里尼瓦桑(Srinivasan 1985,39)指出的那样,如果一个系统是在偏离长期均衡点的地方运行,竞争均衡理论的那些迷人特征则完全无法保证,"在现行价格既定的前提下,生产者的利润最大化行为和消费者的福利最大化行为,将会以某种方式引导经济走向竞争均衡"①。

即使我们假设市场能够带来结构变化以及配置效率,市场是变化的独立行动者这一新功利主义观点的理论基础仍然是有问题的。新功利主义者往往超越古典政治经济学(classical political economy)的主张,否认文化规范和其他各种社会关系对维持交换的重要性(参见Colclough 1991,21)。毕竟,亚当·斯密(Adam Smith)将《道德情操论》(*The Theory of Moral Sentiments*)视为对《国富论》(*The Wealth of Nations*)的自然补充。

没有理由认为交换关系在本质上比其他各种社会关系更重要。对交换的实际过程的详细研究(相对于对结果的分析总结)发现,市场只有在受到其他各种社会网络支持时才能良好运行,这些网络由多价的个体关系组成。事实上,格拉诺维特(Granovetter 1985)认为,"新古典模型中的匿名市场(anonymous market)在经济生活中几乎是不存在的"。相反,涂尔干(Durkheim)在"契约的非契约要素"(noncontractual elements of contract)这一看似简单的标题下总结道,交换的长期顺利进行需要集中的、深度发展的信任以及文化上的共识作为媒介。交换可以加强其他形式的关系,但无法在它们缺席的情况下单独存在。

正式的组织将交换关系"内部化",提供信息传递的强制规范,从而降低"交易成本",这或许可以部分地替代多价的非正式关系。正如威廉姆森(Williamson 1975)和其他人所强调的,现代经济的两个特征地位不相上下,一是将交换关系内化到庞大的正式组织中,另一个是互不联系的追求最大化的个体之间的公平交易。正式的等级结构可能最好被看作建构一系列关系的动力,从而使内部文化得以在其中生根发芽,而不是用来削减非正式网络和规范的作用。尽管如此,无论强调的是正式的组织关系或非正式的网络,结论都是交换关系必须融入其他类型的社

---

① 类似的视角请参见 Nelson and Winter(1982)。

会结构所提供的营养文化中。

认为市场必须依赖其他类型的社会关系对新功利主义处方有重要的启示。将交换关系从其他社会结构的负累中"解放"出来的努力是"反常的",因此很可能遭到牵涉其中的所有人的抵制。只要解放仍在进行,它就带有破坏制度支撑的高风险,这些制度支撑保障了交换在其正常环境下有效地进行。

在实践中施行新自由主义政策所遇到的矛盾,与新功利主义理论所面临的一样严重。有一个问题是如何应对在发展中经济体的许多关键领域内有效市场缺失的问题。迈克尔·利普顿(Michael Lipton 1991, 27)指出,分析了农业市场的问题,"正如没有免费的午餐,也没有免费的市场,市场是昂贵的。农业风险和信息是如此结构化,以致国家日渐参与是[实现更加自由的市场的]一个前提条件"。如果市场需要被社会建构,那具体由谁来建构?国家不能下命令去做,但国家恐怕仍很关键。对市场的追寻又回归到了国家。

分析家如卡勒(Kahler 1990)曾指出新自由主义政策处方的"正统悖论"。施行新自由主义的正统理论意味着要对现有的商业实践进行激进的变革。谁会实行这些变革?按照新功利主义理论,理性政客们应该坚定不移地反对改变那些让他们得以创租的规则。然而,在制定政策时,新自由主义者别无选择,只能假设国家在某种程度上愿意并能够执行那些削减其创租能力的政策。如果在职官员按照新功利主义理论期望的方向行事,这种情况绝不应该发生。总之,如果新功利主义理论家提出的政策有机会被执行,那么他们关于国家的理论就是错的。

当然,新自由主义的政策处方在20世纪80年代日益占据支配地位,但付诸实践则喜忧参半,尤其考虑到维持其理论观点的魅力。首先,愈发难以忽视"正统悖论"。当自由化、私有化以及其他与新自由主义相关的政策被实施时,实际上是国家的管理者成了"变革团队"的核心,使变革成为可能(参见 Waterbury 1992),这令新功利主义的国家理论更加难以为继。其次,就解决滞胀和效率低下的问题而言,实施新自由主义政策并不是什么"灵丹妙药"。如果将发展中世界视为一个整体,自20世纪80年代末回望,其盛行"国家主义的"(statist)20世纪五六十年代几乎并未出现新功利主义理论所预示的灾难。20世纪80年代的正统改革家们可以宣称改革成功,但是,总体而言,绩效的变化是模糊的而非特别正面的。可以认为提高市场交换的影响力对增长是必要的,但很难说这就足够了。①

实践结果强化了理论反响,即新功利主义分析无论如何都是不完整的。谈论"治理"和"制度建设"变得流行,甚至世界银行都开始关注这样一种可能性,即其成员国的问题可能不仅源自糟糕的政策,或许还和需要很长时间才能纠正的制度缺陷有关。② 因此,时任世界银行副行长卡拉斯曼诺鲁的演讲并不像刚读时可能感到的那样离经叛道。它只是新功利主义正统理论全面且不可避免的衰退的一种表现。

"衰退"是一个相对的词语。新自由主义在20世纪80年代末仍然是一个强大的政治目标。国家仍不被信任。对市场的乌托邦式信仰仍是乐观政治辞令的迷人基础。由于新功利主义的理论化工作缺乏一个学理上令人信服的继任者,新自由主义的政策处方保留了其合法性和魅力,尽管存在明显的问题。需要做的是,以一个连贯的、系统的回应来填补新功利主义范式的漏洞。如何形成这样的回应并不那么明确,但解决方案的各个枝节已开始慢慢聚拢。

重返比较制度传统

由于无法调和"方法论个人主义"(methodological individualism)与承认制度影响,新功利主义必然无法塑造一个逻辑上成立的国家形象。③ 新功利主义的假设,即国家行为可以被概念化为个体动机的简单集合,阻碍了他们探究国家的真实面目。国家管理者并不脱离实体地追求最大化。他们的决定依赖于制度背景,这一制度背景由复杂的、历史上出现过的互动模式所组成,而这些互动模式嵌入社会结构,并且被在其中活动的个体当作常态。④ 这些模式有一个优先于"个人利益"的现实存在。它们界定了竞争性个人目标的优先顺序以及追求这些目标所

---

① 如果从整体层面来看,比较"国家主义的20世纪60年代"与"市场导向的20世纪80年代"的绩效,很难说"新自由主义革命"为发展带来了巨大影响。相反,20世纪50年代和20世纪60年代发展中国家的绩效看起来十分显著。克利克(Killick 1986, 105, 表1)认为,在20世纪50年代和20世纪60年代之间,发展中国家的增长绩效超过了早期工业化国家历史上的以及当时的绩效。另外,在拉丁美洲和非洲,20世纪70年代和20世纪80年代广泛的市场导向改革所带来的任何积极效应则被其他因素全面压倒了。
② 卡拉格(Callaghy 1989, 133)引用世界银行1988年针对经济调整借贷的报告,将其看作重新强调制度建设的一个例子。
③ 参见 Evans and Stephens(1988a)。它是这种批评的一个更全面的版本。
④ 参见 Powell and DiMaggio(1991),它是对制度的新近研究的优秀汇编。

需的手段范围。

缺乏比较的视角也是个体决策的反社会逻辑的自然后果。只要个体选择能够通过一组简单通用的动机假设来预测，并且只要个体选择的集合足以预测组织的结果，一个关于国家管理者如何行动的通用理论就会产生。如果源于历史的制度模式界定个人利益且限制这些利益被追求的方式，那么"一刀切"式的判断就行不通了。国家行动及其对发展的影响则取决于它们所处的环境。从背景差异着手进而寻找潜在规律的比较分析是继续研究的唯一出路。

如果要为新功利主义的国家模型找一个继任者，那么在比较历史条件下分析国家的悠久研究传统则是一个合乎逻辑的选择。从方法论上讲，这是一个认真对待制度的传统。从理论上讲，它比新功利主义所提供的"政治的经济理论"（economic theory of politics）更贴近经典政治经济学的精神（Toye 1991b, 324）。涉及国家的本质和作用，这一传统还提供了可对比的、本质性的假设。它一直以来都在批判下列观点，即把交换当作一种只需要最低限度制度支持的"自然"活动，并且它将广泛的政府行为视为启动和维持市场交换的根本。

50年前，卡尔·波拉尼（Karl Polanyi 1957［1944］,140）认为"向开放和持续开放自由市场之路源于集中组织和干预的不断增加"。根据波拉尼所说，从一开始，市场的命运就不仅与其他类型的社会关系彼此相连，而且还与国家的形式和政策相互交织。一个有效的国家不单单是市场的附属，它是市场关系形成的基本前提。

从波拉尼的视角出发，打开了通向恢复更早时期的韦伯的见解之门。通过观察已建立的市场社会，韦伯指出，大型资本主义企业的运作依赖某种秩序的存在，而这种秩序只有现代官僚国家才能提供。如韦伯所言（Weber 1968［1904-1911］,1395, n. 14），"资本主义和官僚制找到了彼此，并且亲密做伴"。韦伯对于这种亲密关系的假设是基于一个官僚国家机构的概念，它是新功利主义观的镜像。韦伯的官僚们通过执行任务并对实现国家机构的整体目标做贡献来满足他们的个人利益。而运用公权力追求私人利益是前官僚制的典型特征。现代官僚国家的优越性在于其取代个人主义逻辑的能力。

对于韦伯而言，国家对那些在市场上运作的人是有用的，这恰好是因为国家在职官员遵守一套完全不同于功利主义交换的逻辑。在韦伯看来，国家支持市场和资本主义积累的能力取决于官僚机构能否成为一个凝聚的实体，其中的个体将追求集体目标作为实现个人私利最大化的最佳途径。整体一致性要求个体在职官员在某种程度上与周围社会的需求相隔离。相应地，隔绝（insulation）赋予在职官员独特且报酬高的能力所强化。通过招聘精英及提供能够获得长期职业回报的机会，官僚机构集聚专业技能，这成为其有效性的核心。

韦伯观点的益处在于，它不再讨论何种政策可能会支持市场，转而开始思考国家应当拥有怎样的制度结构以成为私有企业团体的有效配对。成功的政策有着结构性基础。官僚制结构为国家官员创建了一套激励机制，并且为国家管理者受到的激励与资本主义增长所需的政策创造了亲密关系。

如果韦伯是正确的，那么在不改变国家结构本身的情况下对国家机构施加不同的政策是行不通的。政策和行为上的真正改变取决于建立新的国家结构的可能性。同时，韦伯式视角还带来一个强大的比较性假说，即国家机构的结构差异应当可以预测发展效果的差异。由此，我们应当可以不再对发展型国家下同义反复的定义，即发展型国家就是那些引起发展的国家，而是可以将发展绩效的差异置于持续的结构性对比之上。

虽然韦伯清楚哪种国家结构对市场增长是最好的补充，但是他将资本主义积累的稳健性和活力视为理所当然。只要国家提供一个稳定的规则框架，那么投资回报率就是可预测的，私人机构自会做好其他的事。他没有解决国家如何超越强化投资者的自然倾向的问题，以及国家如何应对私有企业力量无法形成的问题。韦伯的国家是私人资本的重要辅助，但它本身并不是转型的推动者。

思考国家如何超越简单地为私人资本提供一个稳定的环境意味着要更密切地关注国家和社会的关系，尤其是那些国家和企业团体之间的关系。制度经济学家如格申克龙和赫希曼的研究提供了关于国家与社会关系的一种见解，是对韦伯思想的有益补充。

格申克龙（Gerschenkron 1962）对欧洲后发国家的研究中并未将企业能力视为理所当然，而是更直接地关注国家和资本之间的关系。[①] 在他看来，后资本主义发展的特点是发展所需的经济活动的规模与私营经济网络的有效范围脱节。与已经工业化的国家竞争，意味着要掌握生产技术，但其资本需求远超过当地企业家所能积累的。为解决这一矛盾，国家必须不仅要提供一个适当的环境，还要积极地参与组织金融市场。

---

① 在19世纪晚期的俄罗斯案例中尤为明显。

按格申克龙的说法,国家仍在应对风险,但提供一般可预见的环境已不够。由于同时缺乏能够在现代技术要求的规模下承担风险的个体资本家以及能够将大的风险分散到广泛资本所有者身上的私人机构,国家必须充当投资银行家,汇集必要的资金并鼓励它们应用到转型活动中。

赫希曼侧重于研究第三世界的"后后"发展国家("late late" developers),他将格申克龙所强调的国家行为对新的生产活动是一种潜在激励又向前发展了一步。他认为,资本不是主要的缺失要素。阻碍产业转型的是缺乏一种企业家精神,简单理解就是缺乏能够"感知投资机会并将其转化为实际投资"(Hirschman 1958,35)的企业家。那些拥有投资资源的人难以做出决定是否将其财富投入到新的生产活动中。"最大限度地诱导决策"成为经济发展的关键(44)。

在可能刺激决策的机构中,国家是一个显眼的候选人。要扮演这个角色,国家需要做的不只是提供一个可预测的环境或聚集大量可用的资金。赫希曼将国家视为"失衡"激励的潜在来源,失衡激励使得私人资本更难避免做决策,从而促使他们更具创业精神。

格申克龙和赫希曼建议国家的作为必须超越韦伯所设想的。他们的想法对韦伯关于国家结构的观点也有所启示吗?他们没有否认一个能胜任的、一致的官僚结构的重要性,但他们确实认为韦伯提出的超然脱离是不够的。格申克龙所说的代理企业家精神以及赫希曼强调的私人主动性的微妙触发需要的不只是可预测的、客观的规则制定。在一个"格申克龙式"或"赫希曼式"的转型过程中,一项资本积累事业的形态必须是要去发现的,几乎是要去发明的,而国家必须是其发明过程的参与者。[①] 降低感知风险是不够的。必须有选择地刺激、补充和加强企业家精神。这反过来要求国家与私人经济主体建立更亲密的联系,更"嵌入"社会而非与之隔绝。[②]

格申克龙和赫希曼没有探讨他们提出的国家行为模式所暗指的国家—社会关系的形式,但他们的研究指出了用国家—社会关系的分析对韦伯式内部结构假说进行补充的必要性。国家所试图激励的国家与企业团体之间的关系是怎样被构建的?这是格申克龙和赫希曼给未来从事比较制度研究的人们留下的一个难题。

---

① 格申克龙(Gerschenkron)/赫希曼(Hirschman)视角与"新熊彼特式"(neo-Schumpeterian)增长方式(如 Nelson and Winter 1982)密切相关。
② 参考 Granovetter(1985)对"嵌入性"(embeddedness)的讨论。

关于国家能否很好地在它们认为必需的地方发挥作用,格申克龙和赫希曼不如韦伯乐观。比较制度传统的遗产不是新功利主义对市场的乌托邦式信仰的"国家主义"镜像。是否有任何既定的国家能够弥补私人经济主体的不足并且推动转型进程仍然是一个悬而未决的问题。赫希曼(Hirschman 1958,65)在这点上特别坚定,明确主张"私人企业家无法或不愿意做某些我们想要看到被做的工作,这一事实本身并不能确保政府就能做好这些工作"。

比较制度传统详细地说明了推动经济转型需要国家履行哪些职责,并且给出了一些建议,即国家需要拥有哪些制度特征以便有机会发挥这些作用。这一传统的后续问题是,我们能否更明确地界定与有效国家行为相联系的内部组织的特征以及外部关系的形式?我们能否可以找到具体的历史案例来阐释它们的不同?难以置信的是,20世纪80年代末出现的各种各样的对新功利主义框架的"制度主义修订"(institutionalist revisions),完全支持了上述目标。

对新功利主义模型的制度主义修订

新功利主义的国家模型只是更大的"战略行为者"(strategic actor)或"理性选择"(rational choice)模式传统的一部分,这些传统在20世纪七八十年代持续演化。随着演化的进行,产生了一些观念,完全颠覆了新自由主义政策革命的意识形态原则。

在那些精确的理性选择模型遇到明确的经验数据的领域,人们很快就发现,在缺乏制度观点补充的情况下,原子式个体动机的逻辑是不足够的。美国政治学的学者如肯尼斯·谢普瑟(Kenneth Shepsle 1987)和特里·莫(Terry Moe 1987)意识到,在多数投票规则理论上产生的混乱与美国政治实践的稳定特征(甚至可以说是僵化)之间存在着什么。"制度",就其历史上共生的、习以为常的实践和结构这个意义而言,无疑是答案所在。[1]在对发展感兴趣的经济史学家之间可以看到一个平行的演化,道格拉斯·诺斯(Douglass North)的研究就是一个突出的例子。

因为关注产权,诺斯的早期研究(如 North and Thomas 1973)被看作是对新功利主义把自由市场作为发展的关键这一观点的辩护。"新制

---

[1] 参见鲍威尔和迪马乔(Powell and DiMaggio 1991, 5-6)在政治学"理性选择"(rational choice)传统的追随者中有关制度主义崛起的讨论。

度经济学"(new institutional economics)(North 1986)因此被视为新功利主义视角的附属品而非替代品。然而,到了20世纪80年代末,很显然,诺斯开始致力与新功利主义思想大相径庭的研究。

在诺斯的后期研究中,广义的制度分析走到了舞台中央。诺斯的话使其听起来更像是一个社会学家而不是经济学家,他强调"非正式约束的普遍性",注意到"在我们与他人的日常交往中,无论是在家庭内部,还是在外部社会关系中,或在商业活动中,治理结构完全是被行事准则、行为规范和习俗所界定"(North 1990,36)。继而他认为,"制度框架"是"经济相对成功的关键"(69)并且哀叹"我们已经为不加批判地接受新古典主义理论付出了巨大的代价",因为"分配被假定发生在一个无摩擦的世界里,也就是说,一个制度要么不存在要么不重要"(131)。这位诺贝尔奖得主的研究曾一度被视为是对新功利主义视角的强化,而现在的反传统观点则是一个重要的风向标,表明潮流正在发生变化。然而,不幸的是,诺斯只为替代性研究方法提供了一些模糊的材料。他对"制度框架"的讨论是建立在少数几个例证之上的,其中大部分都与产权有关。①此外,由于他认为文化规范是首要的而组织形式是衍生的,他不倾向于关注组织结构如何产生差异。诺斯拒绝新功利主义将国家视为利维坦(leviathan)的观点,并认为那"显然不是故事的全部",但他也未对国家结构的差异如何对产业变化产生影响提供任何具体的分析。

诺斯的研究为比较制度政治经济学提供了道德支持,但没有提供一个明确的实证例子示意如何去做。幸运的是,其他人构建了一个更切实的修正方案。如果要寻找一种分析典范,能够抛开新功利主义的假设,代之以更制度化的成熟视角,并仍然保留其分析视角,那么没有研究能够比得上罗伯特·贝茨(Robert Bates)对非洲农业的系列探讨。

贝茨1981年出版的《热带非洲的市场与国家》(*Markets and States in Tropical Africa*)迅速成为政府干预给发展中国家带来极大危险的一个经典表述。贝茨的书很合新功利主义之意,但它是纯粹的政治经济学,而非简单的经济逻辑对政治制度的应用。贝茨明确表示,他观察到的结果是在一个特定的、基于历史的制度背景下产生的,并不是一个关于国家如何运作的不可避免的通用逻辑。尽管如此,他对国家行动后果的描绘与新功利主义的视角十分一致。

---

① 例如,美国居民住房市场的运作常被用以说明什么是一个"有效的"制度框架(North 1990,61-63)。

在贝茨看来,新近独立的非洲国家的政府官员,从殖民政权那继承了强大的经济控制工具,利用这些工具使包括自己在内的城市精英变得富足。他们的政策毁掉了农民提高农业产出的积极性,从而破坏了发展进程。为寻求政治生存与个人致富的结合,他们创造了租金天堂,为有效的资源配置制造了官僚障碍,并且最终造成了农民经济疲弱——唯一能够推动未来发展的经济部门。废除国家权力且给农民自由利用市场的机会似乎是一种方案,就像一个简单的新功利主义模型可能建议的那样。

1989年出版的《超越市场奇迹》(Beyond the Miracle of the Market)一书使贝茨的研究又回到了非洲农业,虽然他在书里探讨了类似的话题,但主旨不同。他先是批判所谓的"新古典复兴""未能适当地应对制度"以及"未能分析政治"Bates 1989, 3,继而在研究官僚干预农业市场的结果时,提供了一个非常不同的分析。他认为只有"严密地实行行政管制"才有可能保障重建农业经济所必需的资本投入。行政监管和控制生产投入证明是确保出口作物品质的最佳方式,而且行政施加的约束是在从事加工时捕捉规模经济的最佳途径(75—1)。国家干预不是农业生产的敌人,它能促进其发展。

这并不是说在贝茨后来的研究中国家已经成为发展的主要动力。相反,他的论点的核心围绕着国家和私人力量间的互动。最初,主要是那些与国家相关联的制度禀赋,"塑造了经济利益形成的方式",同时塑造了决定这些利益是否得以实现的政治条件(152)。后来,有能力的利益集团促成了某些国家战略,并同时抑制了其他战略。

研究肯尼亚农业的演进时,贝茨指出,例如当国家经济干预控制了大型农产品加工设施的出现时,在同时形成的政治制度下,小规模生产者通过他们的政治代表使加工者"遭受了经济掠夺"(86-87)。① 这一论点并不简单表明国家协助创造了阶级。社会利益一旦凝结,反过来就会成为塑造国家未来发展战略的关键。在肯尼亚的案例中,"富裕的经济作物生产者"(147)是至关重要的私人力量。他们的政治影响力对建构国家介入的支持形式至关重要。肯尼亚的领导人"将国家与初期上等阶

---

① 除虫菊案例是一个典型的案例(Bates 1989, 87)。在这个案例中,除虫菊小种植者"争取更高、更快速的作物运输报酬",而政治家则急于"成为他们的发言人"。这个案例尤为有趣是因为,就像贝茨本人指出的那样(Bates 1989, 86),它与一般性的"奥尔森式"(Olsonian)逻辑(参考 Olson 1965)相冲突,而在贝茨1981年那本书中,这种逻辑支配着其大部分论点。

层(incipient gentry)的财富聚焦在一起"(39),这一事实是肯尼亚农业发展的关键。

这里有必要重申一下我们所谓的"成熟的、比较制度的贝茨"的重要特征。第一,国家不是作为一个自然实体来被分析的,因此其经济影响难以从官僚制的固有偏好中推测出来,贝茨将国家看成一个具有历史偶然性的产物,其性质取决于特定的制度禀赋和周围社会结构的特征。第二,在一定的历史条件下,国家介入积累过程可能是促进增长和转型的一个重要因素。正如贝茨在结论中所述(Bates 1989,150),"官僚体制和组织并不必然站在市场的对立面。相反,它们经常被置于努力支持市场和释放市场力量的境地"。第三,国家和社会相互构建。利益和阶级在逻辑上并不优先于国家及其政策。国家帮助界定私人利益,并在阶级和利益集团的成长中发挥重要作用。一旦阶级和利益集团相结合,它们将对后续的国家战略产生强有力的约束。

贝茨的研究展现了一个美好组合的前景,既将理性选择传统的研究制度化,又复兴比较制度传统,同时还将简单化的、自我为中心的新功利主义国家观扔进历史的故纸堆。事实上,事情并不那么简单。在修正主义削弱早期新功利主义思想的同时,比较制度主义传统在多种新路径上都遭遇国家问题,这使"比较制度研究法"的定义变得复杂化。

比较制度差异

尽管有缺陷,新功利主义国家观仍是对早期无法解决国家面临的问题而给出的一系列不同对策的一部分。20世纪五六十年代的发展政策或许是基于一个隐含的假设,即国家是仁慈且有能力的,但这一假设完全没有被明确地理论化。[1] 六七十年代的多元主义者与马克思主义者之间的理论争论主要集中在国家是如何被社会控制的,而非国家作为一个行为者本身。[2] 80年代则出现了一种要"把国家找回来"的研究趋势。[3]

到20世纪80年代末,无论国家是否仁慈、有能力或有过失,已经不

---

[1] 托伊(Toye)提出(1991b,329),"四十年前很少会有发展经济学家相信欠发达地区的国家会毫无保留地关心社会福利的最大化"。"仁慈国家的假设"是基于"纯外交需求或'改革者愿望'"而采用的"一个便利的神话"。
[2] 对马克思主义理论中国家定义变化的回顾,参见 Carnoy(1984)。
[3] 参见以下书中斯科波尔(Skocpol)所写的序言:Evans, Rueschemeyer and Skocpol(1985)。

再可能不对国家进行分析,但即使是在那些采用制度研究方法的人们中间也存在着强烈的分歧。有些人专注于扩展韦伯、格申克龙和赫希曼的经典模型以解释当代发展的成功。[1] 其他人更关心的是了解国家主动权是如何被它们所处的社会结构所削弱的。连接两者的共同点在于,他们都将国家与社会的关系放在了分析的中心位置。

乔尔·米道尔(Joel Migdal)的《强社会与弱国家》(*Strong Societies and Weak States*)是后一种研究的最佳代表,其中,国家—社会关系被视为削弱国家介入的对应物。对米道尔(Migdal 1988,39)而言,第三世界国家仍然很"弱",即使它们已"深入社会成为可怕的存在"并且"严重影响着社会和经济变化的进程"。它们弱小是因为"分散的社会碎片一直很强大"(137),在地方层面保留了挫败国家行动的能力。埃及纳塞尔的(Nasser)土地改革改造了埃及社会,是米道尔最好的例子之一。尽管纳塞尔"通过改革成功地消灭了强大的大地主阶级并引起了极大的反响"(189),以及使得"国家实际上改造了社会"(195),纳塞尔仍无法取代富农和中农的地方势力以及从政治上代表他们利益的地方"强人"。

米道尔显然不是一个新功利主义者。他当然没有假设国家是追求利益最大化之个人的简单集合。但像一个新功利主义者那样,他认为国家任务的逻辑从根本上讲与国家外部的社会关系的逻辑是处于紧张状态的,但他用完全不同的方式来展示这种对立关系,并且得出相应的不同结论。米道尔所说的对立关系是指国家与社会,而非国家与市场。对新功利主义者而言,国家在职官员就"寻租"项目与个体精英合作的能力致使国家成为严重威胁市场的一股力量。而对米道尔而言,地方精英的社会力量仅从定义上来看就是对国家力量的一种削弱。由于关注社会控制,米道尔认为地方掌权者的基本目标在根本上是与国家的基本目标相对立的。地方精英想要保留自己的掌控领域;而国家希望扩大自身的范围。两者都不会赢。

这种国家与社会关系的"零和"博弈与之前概述的经典比较制度政治经济学形成了对比。韦伯、格申克龙或赫希曼的潜在假设使国家与社会的互动有一个共同的目标。产业精英和国家都对转型感兴趣,任何一方都无法单独完成这一目标,且每一方对这一任务都有各自的贡献。

---

[1] 例如参见 Rueschemeyer and Evans(1985)引用的文献及其随后对"发展型国家"的讨论。通过专注于将第三世界作为经验焦点的研究,我自然忽略了那些重新涌现的关于发达工业国家的国家作用的文献,它们所运用的比较制度主义方法缘起于卡岑斯坦(Katzenstein)的1978年经典并持续至今。对这类文献的新近回顾,参见 Zysman(1993)。

为什么共享目标这一理念从米道尔对国家与社会关系的看法中消失了?他专注于社会控制而非经济转型是其中一个原因。共享目标要求"正和"结果,如增加产量。米道尔对这些结果不感兴趣。米道尔很少谈论实业家(格申克龙和赫希曼必然研究的对象),或者积累导向的乡土精英(如贝茨的"初期上等阶层")。他关注的"地方强人"和传统的乡土精英不太可能对共享目标感兴趣。

通过关注那些首要利益既狭隘又保守的社会群体,并通过强调以社会控制作为结果,米道尔突出了国家与社会关系的零和方面。尽管如此,即使在米道尔的案例中,也有共享目标占主导地位的时候。对纳塞尔与"富农和中农"关系的描述是最好的例子。纳塞尔的反地主政策给了富农和中农将自己发展成为强大的乡土阶层的空间。与此同时,这一群体对纳塞尔的经济议程也做出了重要贡献。根据米道尔(Migdal 1988, 204-205)的研究,土改后在富农和中农的领导下,农业产出和生产率的增长速度超过了埃及人口的增长速度。这一趋势逆转了旧政权下产出和生产率下降的形势。

这种共享目标最终可能演变成国家与农民"强人"之间关于是否要开展进一步的农业转型的斗争,但最初这是一种相互强化的关系。国家帮助形成了一个社会群体,其经济目标反过来促进了国家自身的发展议程。[①]

共享目标的出现取决于历史性时刻,但也取决于分析家的安排。对米道尔而言,非洲农业集中体现了国家与社会在社会控制方面的斗争,但贝茨却能发现共享目标存在的可能性。[②] 米道尔对东亚国家与社会之间关系的观点与近期其他学者对东亚发展的比较制度分析的对比,更好地阐释了分析家观点的重要性。当米道尔研究东亚时,他看到的是"大规模社会混乱"(massive societal dislocations)导致了"强国家"。在米道尔(Migdal 1988, 262)看来,"在没有外部因素首先创造出灾难性的前提下",国家是不会"强"的。"严重削弱社会控制的大规模社会混乱",是出现一个强国家的"必要条件"(269)。

在不否认"社会混乱"帮助设定东亚战后参数的情况下,其他分析家

---

① 在其最近的研究中,米道尔(Migdal 1994)沿着更加明确确认共同目标可能性的方向行进,将"零和"关系视为一种偶然而非常规的关系。
② 确切地说,贝茨和米道尔关注的是不同的案例。米道尔以塞拉利昂为主要例子,而贝茨明确表示肯尼亚的国家—社会关系与西非的其他国家都不同。尽管如此,拿贝茨早期对西非的分析与米道尔对塞拉利昂的描述相对比,差异是显著的。

将注意力聚焦在随后出现的共享目标的性质上。爱丽丝·阿姆斯登(Alice Amsden 1989)对韩国的案例研究,即是阐释这一观点的众多研究中的一个。① 阿姆斯登认为共享目标的构建和实施是建立在国家与新生产业集团的共生关系之上的。国家对这些共享目标的贡献是至关重要的,但它们仍然需要积极参与发展的社会方面的合作伙伴。

阿姆斯登认为东亚的"后工业化"(late industrialization)模式②所要求的国家干预,超越了格申克龙"投资银行家式"的或赫希曼"失衡投资式"的国家干预。③ 在阿姆斯登看来(Amsden 1989,143),"第一次工业革命是建立在自由放任主义上的,第二次是建立在幼稚产业保护上的。在后工业化时期,补贴政策是基础,包括保护和财政奖励。补贴的分配使得政府不仅要成为一个格申克龙(Gerschenkron 1962)所设想的银行家,更要成为一个企业家,利用补贴来决定生产什么、何时生产以及生产多少"。此外,国家必须"对接受公共支持的利益集团设立绩效标准……国家要求公司达到某些绩效标准以直接换取补贴"(145-146)。激励与绩效的结合不仅塑造了现有的产业经营行为;它还能诱使国家本身成为一系列的企业集团,充当产业转型这一共享目标的社会一方。

阿姆斯登对东亚的审视,带着我们从新功利主义绕了一圈又回到本章开头世界银行副行长卡拉斯曼诺鲁打破常规地对"积极政府"的认同。像阿姆斯登和韦德这样的精确分析为卡拉斯曼诺鲁坚信"一个更加活跃、积极的政府角色是快速工业发展的决定性因素"提供了经验基础。

事实上,直到 20 世纪 90 年代初,作为一个机构,世界银行才觉得它必须认真对待比较制度主义者的观点。它关于"东亚奇迹"的主要报告试图将世界银行定位在介于新古典主义观点和"修正主义者"阿姆斯登/韦德的观点之间的某一位置。该报告承认(World Bank 1993,vi)"在某些经济体,主要是在东北亚地区,一些选择性的干预措施促进了增长"。

---

① 当然,阿姆斯登和韦德只是利用比较制度研究法对东亚进行分析的一股新兴力量的其中两个典范。另外还有从哈格德(Haggard 1990)到康明斯(Cumings 1987),再到汉密尔顿和比加特(Hamilton and Biggart 1988)的一系列研究。哈格德采用一种突出政治制度的作用的分析,从而修正了传统的新古典经济学对于东亚经济增长的解释;康明斯关注这个区域的政治历史;汉密尔顿和比加特则强调这一区域国家间的文化和制度差异。(也可参见随后第 3 章中引用的研究)
② 应当注意,阿姆斯登所谓的"后工业化"(late industrialization)是指 20 世纪中期的工业化,赫希曼为区别于格申克龙的 19 世纪和 20 世纪早期的"后工业化",称其为"后后工业化"(late late industrialization)。
③ 关于她和格申克龙的差异的延伸讨论,参见 Amsden(1992)。

它也明确地肯定了韦伯式官僚机构(157-159)的价值。①

这是否意味着比较制度主义的目标已实现？几乎没有。尽管新功利主义在处理国家问题上处于理论困境，但是没有任何其他理论框架可以声称其拥有那种赋予新功利主义模型魅力的涵盖性和简洁性。对比较制度主义传统的新近贡献，证实了对这样一种替代的追求，但它们同时也突出了其间必然面临的挑战。

比较制度主义的目标

任何一种关于国家的比较制度主义政治经济学都必须同时明确阐明国家的内部结构以及国家—社会关系的特征。韦伯的"官僚制假说"(bureaucracy hypothesis)依然是内部结构分析的出发点。国家—社会关系的问题必须沿着贝茨分析所建议的方向，在更动态的形式下进行新的思考。他的分析使国家的各种社会对手具有不断变化的特征，而国家政策则是特征中的一个内生因素。

韦伯的最初主张，即官僚制国家结构赋有优势，受到当代分析家的持续支持。在这点上，米道尔、阿姆斯登、韦德是一致的。在强调"混乱"是"强国家"出现的必要条件的同时，米道尔谨慎地指出(Migdal 1988，274)，存在一个"独立的官僚机构"(independent bureaucracy)是其中的一个充分条件。阿姆斯登和韦德都认为，国家官僚在产业转型中发挥重大作用。甚至世界银行都认同这点。

然而，这里有一个重要的警告。韦伯倾向于将官僚机构的日益强势看成是不可避免的。而诸如米道尔等人的分析使得官僚制形式看起来越发难以实现并且更加脆弱。让有效的官僚组织在广大第三世界国家生根是项艰巨的任务。如果(当)真正的行政机构得以建立(时)，相对于它的膨胀和强化而言，瓦解和衰败出现的可能性是一样的。如果转型需要一个有效的官僚机构，那么完全无法保证供给将与需求匹配。比较制度研究法将新功利主义的国家形象颠倒过来，认为，是官僚机构的稀缺而非普及削弱了发展。

不幸的是，这种共识仍然很少反映在政策辩论和流行解释(例如第1章援引的那些)中。"官僚制"对公民和决策者而言仍是一个贬义词。

---

① 世界银行继续否认旨在促进特定产业增长的国家干预的价值，然而，这种立场代表了一种明确的倒退，即从询问"多少"到询问"哪种"国家介入能够奏效。此外，随后的批评质疑这种有限的观点在长期能否站得住脚。参见 Rodrik(1994，12-1)。

它是创业进取和有效治理的对立面——暮气沉沉的和没有效率的,或是新功利主义国家形象所假定的特权者为自我牟利的一个集合,还可能被认为是这两者的恶性结合。它很少被视为韦伯所设想的一套增强能力的结构和规范,如果有的话。"官僚制"作为一个通用术语,相当于"国家的组织机构"。在"官僚化"的程度上,国家间不被视为差异很大。在这一概念性问题下,极度缺乏的是关于现有国家结构与韦伯"官僚制"理想类型之差异的系统性比较证据。

为发挥比较制度研究法的潜力,必须对韦伯式假说进行跨机构和跨国家的探索。正如本研究所做的那样,审视这些卷入特殊产业部门的国家机构,是为以下观点提供更多经验支持的一种途径,即官僚制的稀缺而非过度阻碍了发展。关键是要界定国家组织方式的差异,然后将这些差异与发展结果的差异相关联。提供这些实证的关联不容易,但至少这一论点的逻辑是明晰的。

国家—社会关系的问题更为复杂。同时存在两种明显冲突的态度。一种是"隔绝"的态度。对韦伯而言,与社会隔绝是官僚制正常运作的一个必要的先决条件。[①] 米道尔赞同,认为国家机构中的地方"执行者"和外界"强人"之间的关系削弱了国家实施发展计划的能力。贝茨(在他的第一本书里)和新功利主义者走得更远,将国家—社会关系的发展与寻租者对国家机构的"捕获"相等同。

从逻辑上讲,强调隔绝是有道理的。除非对其余国家机构的忠诚在某种程度上优先于与其他社会群体的关系,不然国家将无法运作。面对社会,韦伯假说中设想的那种一致的、有凝聚力的官僚机构必须有一定程度的自主性。但问题在于它看到了隔绝的好处而忽略了孤立的代价。

"共享目标"是格申克龙、赫希曼、阿姆斯登和韦德观点的核心,其整体构想是团结对发展至关重要的关键社会群体。这个观点直觉上也讲得通。毕竟,在我们所谈论的资本主义社会中,没有私人行为者的合作就无法实现投资或生产。因此下列想法是不合理的,即当国家与社会的关联程度最小时,国家能够最有效地运作。同样不合理的是,市场能够在与其他社会关系隔绝的情况下运作。正如在现实中,市场只有当它们"嵌入"到其他形式的社会关系中时才能运转一样,为了有效运行,国家也必须"嵌入"其中。

[①] 对"隔绝假说"(insulation hypothesis)的新近阐述,参见,例如,Haggard(1990)或 Haggard and Kaufman(1992)。

国家与社会结构相互塑造这一事实,令自主性和嵌入性如何能够有效地结合起来这一问题变得更加复杂。有组织的社会群体希望从转型中获益,其存在增强了维持一个转型的官僚制国家的期望;有效的官僚机构增强了潜在的实业家或"初期上等阶层"成为有组织的社会群体的期望。相反,当安于现有既得利益的地方掌权者通过松散的网络主导社会时,一致的、有凝聚力的国家机构就难以生存,而缺乏一个一致的国家机构使得市民社会难以超越地方性忠诚的松散网络进行自我组织。

有很多不同的方式来切入这种互惠关系。在本研究中,我从国家结构和国家—社会关系入手,研究它们对随后社会变迁的影响,更具体地是研究它们对产业组织的影响。其他人可能会选择从社会结构开始,然后试着解释特殊形式的国家组织以及国家—社会关系的出现。

无论采取什么策略,最终的目标是相同的。捕捉国家—社会关系的动态变化并用韦伯式"内部组织假说"将它们放在一起,这是比较制度研究法面临的基本挑战。分析式归纳必须立足于具体的历史证据分析。我们需要研究国家结构、国家—社会关系和发展结果的共变。是什么将那些体现新功利主义噩梦的国家与那些能够合理地宣称发展性的国家区分开来?转型的共享目标是如何实现的?涉及怎样的国家角色?成功达成共享目标是如何改变国家与其私人合作者的关系的?运用比较历史证据来回答这些问题将利用新功利主义衰退所带来的机会,形成更加令人满意的关于国家在发展进程中的地位的观点。

第三章
国　家

1978年底在扎伊尔的班顿杜省,一个政府收税员被杀了。不难相信,人们对扎伊尔税收征管的不满已经到了十分危险的境地。扎伊尔官场的贪婪是富有传奇色彩的,同时,国家最明显的代表——军队,"依靠欺压普通民众为生","由于某些未知的原因,蒙博托政权一直无法按期给军队发工资"(Kabwit 1979,394,399)。

自1965年约瑟夫·蒙博托·塞塞·塞科(Joseph Mobutu Sese Seko)取得对扎伊尔的控制权后,他和扎伊尔国家机构中的小集团系统性地掠夺扎伊尔数量庞大的铜、钴和钻石,攫取了巨额个人财富,这些财富明显可见地不仅用于其享受国内的奢华生活,而且还体现在拥有多个欧洲公寓以及不可估量的瑞士银行账户存款上。他们征税的结果是,扎伊尔人甚至不能指望他们的政府提供最低限度的基础设施。例如,在蒙博托统治的15年后,道路网"支离破碎"(Kabwit 1979,402)——据一项估算,曾经九万英里的道路网只剩下了六千英里(*New York Times*, 1979年11月11日)。在蒙博托治下的前25年,扎伊尔的人均国民生产总值以每年2%的速度下降(World Bank 1991,204),逐步将这个资源丰富的国家拖向世界国家等级的最底层,民众的境遇和比利时殖民统治时一样悲惨,甚至更差。

不幸的是,对班顿杜省的民众而言,政府的镇压效率大大超过了其修路效率。国家对收税员死亡的回应是,派遣两个分队的士兵杀害了700名当地居民。而后有14人作为收税员死亡的"罪魁祸首"被绞死(*New York Times*,1978年6月3日,第3页)。

扎伊尔国家不仅是对其公民的一种挑战,也是对以下理论的一种挑战,即将国家机器的不同结构和行为与国家发展的不同轨迹相连接的理论。我们需要理解这是一种什么类型的国家。其内部结构能被称为官僚制吗?如何描绘其与社会的关系?任何对国家角色变量的一般理解都必须要考虑这种掠夺性的极端类型。

理解另一个极端同样重要。蒙博托式的国家是对新功利主义国家模型所预测的那种扭曲的现实示范,与此同时,"东亚新兴工业体"为延伸韦伯、格申克龙和赫希曼的比较制度论点提供了实证基础,并且给诸如阿姆斯登和韦德这样的分析家一个机会对"发展型国家"进行制度性描绘。[1]

将"掠夺性"和"发展型"国家并列,重点关注的是其所带来的发展结果的差异。一些国家攫取了大量本应用于投资的盈余,却提供很少的"公共品",其结果是在实际上阻碍了经济转型。控制这些国家的人在毫不顾及公民福祉的情况下实施掠夺,就像食肉动物毫不顾及猎物福祉一样。其他国家通过加大对从事转型投资的激励及降低风险,在私人精英中培育企业家的长远视角。这些国家或许也难避免为了当权者及其友人而非全体公民的利益利用社会盈余的情况,但总体来说,它们的行为推动而非阻碍了转型。

没人会反驳存在这一差异。挑战在于如何将显著的结果差异与不同的国家结构和国家—社会关系相连接。在这些极端案例中,成功地连接绩效与结构使我们得以尝试在其他较为模糊的案例中进行类似的连接,诸如巴西和印度这样的中间型国家,它们在推动产业转型方面有着不连贯但偶尔引人注目的成功。

对比具体的历史案例为我们提供了机会,以致可以对第 2 章遇到的概念问题提出一些新的疑问。掠夺行为是与新功利主义者认为的官僚主义过度有关,还是与比较制度研究认为的稀缺有关?发展型国家再次印证了韦伯的官僚制与资本主义"紧密联系在一起"的观点吗?掠夺性和发展型国家中国家与统治精英之间的互动特征有何不同?发展型国家的官僚机构比掠夺性的是更多地隔绝于社会还是更少?"共享目标"的可能性界定了发展型国家吗?如果是的话,国家的内部组织是如何与社会的结构性机会(social structural opportunities)相互动,使共享目标成为可能的?

我们将快速地回顾一下扎伊尔的情况——一个几近纯粹的"掠夺性国家"——以开启讨论。接下来,我将着眼于最常用作"发展型国家"范

---

[1] "发展型国家"这个概念有时被用于表达一种与此处十分不同的意思。例如,杜特凯维奇和威廉斯(Dutkiewicz and Williams 1987)用宣称的意图而非取得的结果来界定发展型国家。如果一个国家宣称对发展感兴趣,那它就是"发展型的",不论是否存在一种合理的论据表明国家行动产生了任何积极的"发展"结果,或者,就此而言,不论是否可以找到一个可信的案例表明宣称的意图只是随便说说。

例的两个国家——日本和韩国。然后,利用由这些极端类型所提供的分析杠杆,我将分析中间型国家——巴西和印度。我的目的不是去解释掠夺性、发展型和中间型国家的起源,那是历史学者的任务,完全超出了本研究的范围。① 相反,我希望以现有的结构类型为出发点,利用它们来说明内部组织以及与社会的关系是如何产生独特的发展影响的。

扎伊尔:掠夺性国家的典范

毫无疑问,在简单的、常识性的定义下,扎伊尔是"掠夺性国家"的一个教科书式案例。它通过恐吓和抢夺祖产欺压自己的公民,而且不为他们提供什么服务。② 谴责扎伊尔是容易的。挑战在于如何将这一反常案例整合到对第三世界国家的更一般性的理解中去。除了其明显的掠夺倾向,如何描述扎伊尔国家的内部结构及其与社会的关系?

传统的二分法,如"强"与"弱",不适合这个国家。在某些定义下,它是一个"强"国家。它绝对有迈克尔·曼(Michael Mann 1984,188)所谓的"专制性权力"(despotic power)。它可以在没有"与市民社会团体进行制度化协商"的情况下采取任何行动。它还拥有极大的曼(189)所谓的"建制性权力"(infrastructural power),即渗透社会并执行其决策的能力。它至少证明了自己能够攫取和侵吞资源。然而,它几乎没有任何能力来改造经济及其管辖的社会结构。在这个意义上,米道尔(Migdal 1988)则会称之为"弱"国家。

扎伊尔国家是"自主的"吗?如果"自主"意味着它的目标不由社会力量来塑造,那么它是非常自主的。没有任何阶级或有组织的市民社会中的选民可以说能控制它。另外,如果"自主"意味着拥有制定集体目标的能力而非允许官员追求个人利益,那么扎伊尔是不合格的。相反,它体现了新功利主义的国家噩梦,即所有在职官员都谋求一己之私。当然,它与结构马克思主义(structural Marxism)的"相对自主的"(relatively autonomous)国家完全不相关,相对自主的国家以比私人资

---

① 一些有助于理解起源问题的研究,参见 Cumings(1987)和 Kohli(forthcoming)。
② 值得注意的是,对"掠夺性国家"的这种"方言"式的概念化与莱维(Levi 1981,1988)所指代的完全不同,莱维的"掠夺性"国家仅仅是一个税收最大化者。在莱维看来,国家或许以推动发展或阻碍发展的方式进行税收最大化。因而在她的使用中,"掠夺性"这一词语并不必然具有消极的发展含义。莱维的掠夺性国家可能还是"发展型"的,只要它们税收最大化的范围足够维持较长时期,以至它们将增加社会福利作为自身回报最大化的最佳途径。

本家本身更高的效率促进着资本积累(参见 Poulantzas 1973)。

卡拉格(Callaghy 1984,32-39)强调蒙博托政权的世袭特质——传统主义和专制性的混合,韦伯认为这是前资本主义而非资本主义国家的特征。在世袭传统下,国家机构的控制权被赋予给一小群私下相互关联的个体。位于权力顶峰的是"总统派",由"50多位总统最信任的亲信组成,占据最敏感和最有利可图的职位如司法委员会、秘密警察、内政部以及总统办公室等部门的主管"(Gould 1979,93)。紧随其后的是"总统兄弟会",虽不是亲信,但其职位仍取决于其与总统、总统派及他们相互间的私人关系。

扎伊尔国家最引人注目的一面是"市场看不见的手"支配行政行为的广度,为新功利主义关于国家官员如何作为的形象创作了一幅讽刺漫画。在扎伊尔,专制暴力和市场关系共同形成了新功利主义寻租的终极表现。①一位扎伊尔大主教(原引来源于 Callaghy 1984,420)对其进行的描述如下:"为什么在我们的法院人们只有通过不吝贿赂法官才能获得自己的权利?为什么犯人在监狱里过着被人遗忘的生活?他们中没人能够贿赂那些掌握他们卷宗的法官。为什么在我们的政府办公室,如公共服务部门,人们被要求连日往返才能获得他们所应得的?如果他们不贿赂办事员,他们将得不到服务。"蒙博托总统自己也这样描述这一系统:"在我们的国家,一切都是可卖的,一切都是要买的。在这种不正当的生意中,持有一点点公共权力都意味着掌握了真实的交易工具,可以非法获得金钱或其他物品。"(Lemarchand 1979,248)

这种彻底的市场伦理的流行初看之下似乎与卡拉格(Callaghy 1984)描绘的"早期现代专制主义国家"不一致,但它实际上是相当一致的。个人关系主义(personalism)和顶层掠夺破坏了官僚制下层出现受规则支配的行为的可能性,给予了个体最大化的自由。

对扎伊尔的简单观察表明,扎伊尔问题的核心不是官僚制的过度而是缺失。受规则支配的行为是涵括在一个更大的职业结构中的,这种职业结构要求献身于整体目标,很明显这种行为在扎伊尔是缺失的。仅有的集体凝聚力(corporate cohesion)的假象侧重于国家的镇压能力,但即使是这一点也在分崩离析的边缘摇晃,使得即便是这个掠夺性政权的生

---

① 扎伊尔不是这种组合的唯一案例。阿根廷在20世纪70年代晚期和80年代初期经历了相似的情况,军政府在政治上进行残酷的控制,同时对周围社会猛烈施加市场逻辑。

存,也要倚赖其强大的欧洲和美国盟友的宽容。①

事实上,扎伊尔的案例扩展了韦伯的官僚制与资本主义紧密相连的断言。看扎伊尔的情况,很显然,官僚制的价值不仅在于改造前资本主义的"传统"社会形态。在市场已经彻底渗透社会意识,认为"一切都是可卖的"的背景下,官僚制变得更加重要。当"市场化"和个人关系主义代替可预见的、受规则支配的官僚行为占据支配地位时,形成一个倾向长期生产性投资的资产阶级几乎是不可能的。在一个以"痴迷追求财富和金钱"②为信条的官僚制下,任何冒险进行长期投资的人都将被认为是一个傻瓜而非企业家。

除了支持基本的韦伯式关于官僚制国家结构优点的论点外,扎伊尔的案例所展示的国家—社会关系也十分有趣。尽管扎伊尔国家渗透和重塑市民社会的能力非常不足,但是蒙博托政权在市民社会的去组织化上却十分有效。它系统地削弱了传统集体的凝聚力。同时,它还确保在国家层面组成的、内部一致的利益集团在其出现之前就被破坏掉,因为它们可能是权力的竞争对手。由于缺乏自己的社会和经济转型计划,掠夺性国家受到市民社会的潜在目标的威胁。它刻意地去制造一个组织松散的社会,在米道尔看来,这会削弱转型目标。从掠夺性国家的视角来看,国家积极地破坏市民社会而带来的停滞和混乱不是一种劣势,而是一种优势。转型可能会带来有组织的社会团体。"阻止参与"(departication)是政治上的目标(参见 Callaghy 1984,41),而共享目标则没有存在的可能。

扎伊尔证实了我们最初的怀疑,即不是官僚制,而是官僚制的缺失导致了国家的贪婪。同时,扎伊尔案例还表明,并不是与市民社会的关系"弱"阻碍了国家推动转型。相反,国家的能量都直接用于阻止那些可能对转型有兴趣的社会团体的出现上了。不能只用发展成绩差来定义掠夺性国家。内部组织以及它与社会关系的结构也能对其进行清楚地标识。在这两个维度上,人们可以轻易地将掠夺性国家与那些因其绩效

---

① 古尔德(Gould 1979,93)直言,"官僚资产阶级将其存在归功于过去的且一直持续的外国支持"。从世界银行以及个别西方国家获得的援助发挥了重要作用,但在某些关键时刻(如1978年在沙巴区),法国和比利时的军队成为蒙博托(Mobutu)继续执政的必要条件。20世纪90年代伊始,蒙博托与其外国盟友的共生关系似乎破裂了。镇压机构的"无法无天"甚至影响到了外国人(例如,1993年1月,5名欧洲人其中包括法国大使在金沙萨被不满的军队士兵所杀——《旧金山纪事报》(San Francisco Chronicle),1993年1月30日,A9),从而威胁到了蒙博托的外国支持。

② Tshitenji-Nzembele,引自 Lemarchand(1979,249)。

而赢得"发展型"标签的国家区分开来。

发展型国家的典范

1982年,在几乎没有任何理论包装的情况下,查莫斯·约翰逊(Chalmers Johnson)引入了一个未来成为辩论焦点的问题,即国家在工业化过程中的角色。他认为,日本是"发展型国家"是解释该国二战后出现"经济奇迹"的核心因素。与此同时,韦德和他在苏塞克斯大学发展研究所(Institute of Development Studies at Sussex University)的同事们将韩国描述为"发展型政权"。[①]在这两个案例中,比较制度研究的视角有助于发展型政权的形象从其惊人的经济增长背景下显露出来,尽管即使那些带有新古典主义倾向的观察家们也很难再忽视国家的重要性。[②]

约翰逊(Johnson 1982)对日本通商产业省(Ministry of International Trade and Industry,简称MITI、通产省)的黄金年代的描述为理解发展型国家的结构特征提供了一个绝佳的出发点。他的描绘特别令人着迷,因为它与格申克龙和赫希曼的观点对应得如此整齐,就像这些观点精准地贯彻到实践中可能看起来的样子。在二战后资本稀缺的岁月里,日本国家将自己作为缺失的资本市场的替代品,同时帮助做出"诱导"转型投资的决策。从邮政储蓄系统到日本政策投资银行(Japan Development Bank),国家机构对于获取产业发展所需的投资资本至关重要。国家金融机构愿意担保在西方闻所未闻的资本负债比水平,这成为新产业扩张的关键因素。

国家处在筹集新资本的中心位置也使其能够推动"产业合理化"(industrial rationalization)和实施"产业结构政策"(industrial structure policy)(Johnson 1982,27-28)。负责监督这一过程的通产省是"领航机构"(pilot agency)。它处在"最大限度地诱导决策"的绝佳位置上,基于其审批日本政策投资银行贷款的角色,其为产业用途配置外汇以及颁发进口外国技术许可的权威性,其提供税收减免的能力和其明确"行政指导

---

① 参见White and Wade(1984),后来出现在修正版的White(1988)中。杜瓦尔和弗里曼(Duvall and Freeman 1983)关于"企业国家"(entrepreneurial states)的讨论代表了与之平行的一个理论化脉络。

② 例如琼斯和萨空(Jones and Sakong 1980)之于韩国。

卡特尔"(administrative guidance cartels)以规范行业内竞争的能力。①

有人可能会认为约翰逊将通产省描述为"毫无疑问日本智慧之最大集结地"(26)有些夸张,但很少有人会否认这样一个事实,即日本惊人的战后经济增长发生在"一个强大的、有才华的且有威望的经济官僚机构"出现之后。同样没有争议的是,至少在约翰逊所描述的时期,"官方机构吸引了全国最好大学的最有才华的毕业生,而且这些部门里的高级官员从过去到现在都是社会上最有声望的"(20)。高级公务员考试淘汰了大部分人,仅剩顶尖大学的顶尖毕业生,这个系统的能力从失败率上就可以显现出来。每年只有2%或3%的应试者能够通过考试。②

显然,日本发展型国家的成功和"韦伯式假说"是一致的。韦伯认为官员享有特殊地位对真正的官僚制是必要的。他们遵循官僚制内的长期职业路径,并且总体上按规则和既定规范行事。通常来说,个体利益最大化发生的前提是它必须符合官僚制的规则而非利用看不见的手提供的个体机会。此外,这些特征在整个日本官僚机构内也存在差异。那些不怎么像官僚机构而更像庇护机构的,如农业部,更容易与"明显的低效率"相关联(Okimoto 1989,4)。

韦伯的说法得到了证实,即一个内部一致的、精英治理的官僚制是必要的,但日本的案例也暗示了超越这种制度的必要性。所有对日本国家的描述都强调非正式网络(包括内部的和外部的)对国家运作的必要性。内部网络对官僚制的一致性至关重要。约翰逊(Johnson 1982,57-59)强调学阀(gakubatsu,即精英大学里的同学"之间的各种关系",而被招募进官僚机构的官员则往往来自这些大学)的核心地位,尤其是汇集了东京大学法学院校友的"派系中的学阀"。③

各种非正式网络给予官僚机构一种内部一致性和集体身份认同,这是精英治理本身不能单独提供的,但这些网络的特点和结果从根本上依赖严格的公务员选拔过程。正式的能力而非庇护关系或传统的忠诚是进入网络的首要要求,这一事实使得有效的绩效表现更有可能成为不同派系的忠实成员的一个宝贵品质。总体结果是一种"强化的韦伯主义",其中"官僚制的非官僚要素"强化了正式的组织结构,如同涂尔干的"契约的

---

① 例如参见约翰逊(Johnson 1982,236)对于20世纪五六十年代通产省对石化业的扶植的描述。
② 约翰逊(Johnson 1982,57)指出,1977年53,000名考生中仅有1,300名通过了高级公务员考试。他引用的1928—1943年的整体失败率为90%。还可参见World Bank(1993,175)。
③ 1965年,高级官僚中有惊人的73%的人是东京法学院的毕业生。

非契约要素"强化了市场一样(参见 Rueschemeyer and Evans 1985)。

连接国家和市民社会的外部网络更加重要。正如中根千枝(Chie Nakane)指出的那样,"行政网在日本比在世界上的任何其他地方都要更彻底地融入社会"(引自 Okimoto 1989,170)。日本的产业政策从根本上依赖政府部门和大实业家间错综复杂的关系。"协商委员会"(deliberation councils)是"行政网"的其中一个例子,它和官僚及商人一起,围绕正在发生的一系列具体问题进行多轮数据收集并制定政策(World Bank 1993,181-2)。冲本(Okimoto 1989,157)估计,通产省产业部门诸局的副职可能将大部分时间都花在与一些重要企业人士的交往上了。

通产省校友遍及四处,强化了官僚机构和私人权力主体之间的关系。通过下凡(amakudari,提前退休官员的"空降"),他们不仅在个别企业集团,而且还在包括"各种中间组织和非正式政策网络"的行业协会和准政府组织中担任关键职务,大部分费时的需要达成共识的工作都出现在此处(Okimoto 1989,155)。下凡,像嵌入性的其他方面一样,是被精心制度化的。根据世界银行(World Bank 1993,178-179)的说法,"日本的退休官僚没法选择他们的美差,他们所在部门的委员会会对其进行指派"。

外部关系的中心性致使一些人认为国家的有效性"不是从它的固有能力而是从它与市场参加者互动的复杂性和稳定性"中产生的(Samuels 1987,262)。[①] 这种观点是对诸如约翰逊的描述的必要补充,即强调日本通产省具有权威行动的能力而非强调其促进信息交流和建立共识的能力。但这种观点的危险性在于,它将外部网络和内部的整体一致性相对立,将其作为替代性解释。相反,内部的官僚一致性应当被视为国家有效参与外部网络的一个基本前提。

如果通产省不是一个非常能干且有凝聚力的组织,它则无法以它的方式参与外部网络。如果通产省不"自主",那么它就没有什么可提供给私有部门的。"自主"意味着独立制定自身目标的能力,以及依靠其内部工作人员的能力,相信他们将执行这些目标视作与他们的个人职业同等重要。通产省的"相对自主性"(relative autonomy)使它得以解决私人资本的"集体行动"问题,帮助资本作为一个整体得出解决方案。即使在高度组织化的日本工业系统里,资本自身也难以达成此目标。

这种"嵌入式自主性",正是掠夺性国家恣意专制的对立面,是发展

[①] 卡尔德(Calder 1993)认为日本"战略资本主义"(strategic capitalism)具有相似的特征,但更加强调私有部门组织的重要性。

型国家有效性的核心。"嵌入式自主性"将韦伯式官僚的自我封闭和与周边社会结构的密切联系相结合,为第 2 章中提出的国家—社会关系的理论争论提供了一个具体的解决方案。假定有一个足够一致的、有凝聚力的国家机构,与社会隔绝对于保护国家能力是不必需的。联系性意味着能力的增强而非被限制。当然,自主性和嵌入性如何结合,取决于历史所决定的行政机构之特征以及社会结构的性质,韩国行政机构的对比能够很好地阐明这一点。

发展型国家的差异

像在日本一样,在韩国,行政机构促进产业转型的能力深深地植根于一致的、有能力的官僚组织。然而,在每个案例中,内部团结的非官僚制基础和与周边社会结构的联系的性质各有不同。这两个东亚新兴工业体的行政机构看起来比日本的都要更自主,但韩国和行政机构的嵌入方式有所不同。

韩　国

在比较韩国与墨西哥的官僚制时,金炳周(译音,Kim Byung Kook,1987,100-102)指出,墨西哥尚未将基于考试的公务员录用程序制度化,而精英公务员考试在韩国被用于招募国家官员已有 1000 多年的历史(自公元前 788 年)。这个传统在以下两个方面十分重要,一是为国家主动行动提供合法性,二是为考虑从事官僚职业的"最好的和最聪明的人"提供非物质激励。尽管 20 世纪的朝鲜半岛有过一段混乱的政治史,官僚机构仍得以将自己作为一个精英团体保存下来。

像在日本一样,在韩国,可以公平地说,国家历来都能从最负盛名的大学挑选最有才华的学生让其成为公职人员。高级公务员考试(Haengsi)的筛选数据与约翰逊所提供的日本的数据几乎是一样的。尽管在 1949 和 1980 年之间,每年招聘的高级公务员人数成七倍增加,但参加考试的人只有 2% 的录取率(B. K. Kim 1987,101)。

与类似的招聘形式相伴的是类似的"集体文化"。例如,崔(Choi 1987)在对经济企划院(Economic Planning Board,简称 EPB)的讨论中所谈到的那种信心和团队精神,也是约翰逊所描述的通产省的特征。最后,像在日本一样,通过从精英大学招募精英为在官僚机构内部建立派系式团结的人际网络创造了可能性。通过查看 1972 年的录取名单,B.

K.金(B. K. Kim 1987,101)发现,其中55%的人是国立首尔大学的毕业生,且这其中40%的人毕业于首尔两所著名的中学。

韩国展示了官僚传统的重要性,但也证实了对官僚制脆弱性的后韦伯式担忧。在李承晚(Rhee Syngman)时期,公务员考试几乎被置之不理。只有大约4%的高级职位是通过公务员考试进行选拔的。那些通过了高级公务员考试的人也很难指望通过内部晋升的标准程序得到提拔。取而代之的是,高级职位主要是基于"特殊任命"的方式来填充的(B. K. Kim 1987,101-102)。当然,李承晚任内官僚任用与晋升的特点很符合他的政权特点。尽管其进行了一定程度的进口替代工业化(import-substituting industrialization),改革李承晚政权比发展型政权带有掠夺性。虽然有大量的美国援助,政府财政赤字消耗了大量的国内储蓄(参见Stallings 1992)。李承晚倚靠私营部门对其政治统治的财政资助,致使他依赖与个体商人们之间的庇护关系;毫不奇怪,"寻租活动十分猖獗且系统化"(Cheng 1987,200)。

只有让一个具有强大的思想信念和紧密的个人—组织关系的团体来掌权,"才能使国家恢复其自主性"(Cheng 1987,203)。参与朴正熙(Park Chung Hee)领导的政变的青年军官们被改革的信念和紧密的人际关系团结在一起,后者源于他们一起服兵役的经历和在军事学院形成的派系式网络关系。[①] 由于军人被置于最高职位,这种新型组织凝聚性的叠加有时会削弱文官化的国家官僚制,但总的来讲,军队使用它们自身的整体凝聚性所提供的影响力强化了官僚制而非削弱了它。在朴的统治下,通过高级公务员考试的考生占据高级职位的比例提高了5倍,并且内部晋升成为填充更高职位的主要方式(B. K. Kim 1987,101-108)。[②]

国家官僚制复兴的特征之一是一个单一的"领航机构"——经济企划院占据了相对特权化的位置。以一位副总理为首的经济企划院被朴选中为经济领域的"超级机构"(B. K. Kim 1987,115)。它通过控制预算过程来协调经济政策的权力被以下两个事实所强化,一是存在诸如经济部长协商委员会(Economic Ministers Consultation Committee)这样的机制。二是其管理者经常被提拔到其他部门的领导职位。[③] 与日本

[①] 例如参见康(Kang 1989)对哈纳霍俱乐部(Hanahoe club)的描述,其由第十一期军事学院的成员所创建。
[②] 除最高级别外,如部长和副部长继续被看作为政治任命。
[③] 例如,根据Choi(1987,50),1973年12月至1982年5月间,贸易与工业部(Ministry of Trade and Industry)5位部长中的4位曾是经济企划院的副部长。

的案例一样，一个"领航机构"的存在并不意味着在官僚体系内政策都是无争议的。经济企划院和贸易与工业部（Ministry of Trade and Industry）在产业政策上就常常发生争执。① 尽管如此，在经济领域里，一个具有公认领导权的既定机构的存在能够聚集人才和专业知识并使经济政策具有一致性，而后者在一个组织不清晰的国家机构中是十分缺乏的。

如果没有一个深厚的、内容详尽的官僚制传统，朴政权的重建官僚职业路径和重组经济政策制定机构都是不可能的。如果国家上层没有一些强大的、附加的凝聚力根基，官僚制传统将是徒劳无益的。没有两者的结合，国家与私人资本的关系将无法转变。

当朴政权上台时，他的目标似乎超越了官僚机构的自我封闭，还将支配私人资本囊括在内。国家以刑事审判和财产充公威胁产业领袖们，后者还耻辱地被押上街游行。这些很快就得到改变，因为朴意识到没有嵌入的自主性不会产生转型。他需要利用私人创业精神和管理技术来实现他的经济目标（参见 E. M. Kim 1987；M. S. Kim 1987）。政权与财阀之间的关系变得如此紧张，以致来访的经济学家得出以下结论，"相比于'日本公司'（Japan Inc.）"，"韩国公司"（Korea Inc.）无疑是"对韩国情况更贴切的描述"（梅森等，引自 Cummings 1987,73）。

和日本的案例一样，国家与财阀之间的共生关系建立在这样一个事实之上，即在资本稀缺的环境里，国家有着利用资本的机会。② 通过其配置资本的能力，国家促成了经济权力集中到财阀手中。国家"积极策划"财阀的活动（Wade 1990,320），有时会将具体项目分配给他们实施，例如，朴让大宇（Daewoo）接管一家陷入困境的国有重型机械公司（Cheng 1987,239-240）。与此同时，朴政权依赖财阀实现产业转型，这构成了其合法性的基础。

比起日本原型，朴政权的嵌入性更具"自上而下"的性质，缺乏发达的中间协会并专注于极少数的大型公司。大财阀的规模和多元化所带来的益处在行业上具有相当的"涵盖性"（encompassing）（参见 Olson 1982），以致这些少数行为者并没有限制产业增长的行业范围。不过，韩国无法宣称其具有通产省系统提供的那种国家与私有部门之间的普适性制度关系，而且它从未摆脱一种危险，即个别公司的特殊利益可能会

---

① 程（Cheng 1987,231-232）宣称，20 世纪 70 年代早期，贸易与工业部而非经济企划院主导着产业政策的制定，但很显然，到 70 年代末，经济企划院又重新占据主导地位。
② 通过国家这一渠道获取并由之分配的外国援助以及随后的外国贷款的重要性在于，它是国家控制资本的基石。参见 E. M. Kim（1987）；Woo（1991）；Stallings（1992）。

将其引向非生产性寻租。通过集中少数联系但又不至于退化成个别的掠夺行为,韩国将嵌入性推向极限。

中间型国家

大多数发展中国家兼有扎伊尔的掠夺性和东亚的"嵌入式自主性"特征。两者的平衡点随时间发生变化,并且在国家内的组织间也各有不同。巴西和印度是很好的案例。两者都不能简单地、不加考虑地被视为掠夺性国家。没有记录表明其国民生产总值出现像蒙博托案例一样的持续数十年的下降。印度在20世纪50年代及60年代初期工业显著增长,而巴西在60年代晚期和70年代初期出现了曾被视为一个国家主导的"经济奇迹"。它们的内部结构和与社会的关系,像它们表现的一样,很难进行确切地描述。它们被形容为既"强"又"弱"的国家。依分析家的不同视角,它们可能呈现出"自主性"或"被捕获性"。

在对界定掠夺性和发展型国家的内部结构及国家—社会关系进行研究之后,我们期望从巴西和印度的案例中发现什么呢?想来,它们应该有类似的官僚组织,但缺乏发展型国家所共有的整体一致性。因此,嵌入式自主性的那种矛盾的平衡将难以维持。不平衡的表现形式可以是出现过度的庇护主义(clientelism)或缺乏与潜在产业精英一起构建共享目标的能力。缺乏一致性是另一种可能性。在某些部门或某段时期,共享目标具有可能性,但在其他部门或其他时期则退化成庇护主义或孤立的自主性。在这些情况下分析内部组织和国家—社会关系几乎肯定会得出一个更复杂的结论,其概貌必将从这两国的历史细节中构建出来。

巴 西

一系列详细的田野研究以及生动的解释性分析都曾描述过巴西的国家机构,既有历史上的也有当代的。[①] 它们所描述的机构和理想型"发展型国家"之间的区别始于一个简单的问题,即人们如何得到在国家机构工作的机会。巴巴拉·格迪斯(Barbara Geddes 1986)记载了巴

[①] 在各种历史研究中,穆里洛·迪·卡瓦略(Murilo de Carvalho 1974)和乌里科埃切亚(Uricoechea 1980)的研究与这一讨论尤为相关。近期重要的当代研究包括阿布兰谢斯(Abranches 1978)、巴泽雷(Barzelay 1986)、哈格皮恩(Hagopian 1986)、格迪斯(Geddes 1986)、罗(Raw 1985)、施耐德(Schneider 1987a)、夏皮罗(Shapiro 1988,1994)和威利斯(Willis 1986)。随后的讨论主要参考施耐德的观点。

西在制度化精英招聘时经历的困难。政治任命所体现的异常广泛的权力填补了精英招聘的空缺。本·施耐德(Ben Schneider 1987a,5,212,644)扩展了约翰逊(Johnson 1982,52)对日本和美国的比较,指出,虽然日本首相仅任命几十名官员而美国总统任命几百人,但巴西的总统可以任命的人数多得多(施耐德估计为 15000 至 100000 人)。难怪在巴西,国家以大规模的工作来源(cabide de emprego)而闻名,这些工作空缺以关系而非能力为基础被填充,结果影响了为其发展做出的努力。

由于无法从整体上改造官僚机构,政治领袖们尝试在官僚机构内提高"局部效率"(bolsões de eficiênce)(Geddes 1986,105),由此以附加而非改造的方式实现国家机构的现代化(参见 Schmitter 1971;Schneider 1987a,45)。受库比契克(Kubitschek)青睐的国家经济发展银行(National Economic Development Bank,简称 BNDE),在 20 世纪 50 年代作为实现其发展主义的工具,至少直到最近都是提高局部效率的一个很好的例子。[1] 与大多数巴西官僚机构不同,国家经济发展银行提供"明确的职业路径、推动发展以及促进公共服务精神"(Schneider 1987a,633)。在其制度化历程的早期(1956 年),国家经济发展银行就启动了一个公开考试招募系统。它逐步形成规范,以对抗银行上层随意推翻技术专家(opinião do técnico)的判断的情况。绝大多数董事都是内部招聘的,而且银行内部形成了一种明确的团体精神(Willis 1986,96-126)。

毫不奇怪,诸如国家经济发展银行[2]这样的机构比其他更加传统的巴西官僚机构更有发展效率。依据格迪斯(Geddes 1986,116)的研究,在库比契克的目标计划中,那些受执行团体或工作组管辖并受国家发展经济银行资助的项目 102% 地完成了它们的目标,而那些由传统官僚机构负责的项目只完成了 32%。由于国家经济发展银行是长期投资贷款的主要来源,[3]其专业表现是改善其他部门绩效的推动力。坦德勒(Tendler 1968)举例说明,竞争贷款基金的必要性对于改进巴西发电厂

---

[1] 国家经济发展银行后来成为国家经济与社会发展银行(National Bank for Economic and Social Development,简称 BNDES)。格迪斯和施耐德都讨论过其发展历史,但讨论得最充分的当属马丁斯(Martins 1985)和威利斯(Willis 1986)。

[2] 格迪斯强调的机构包括国家经济与社会发展银行、贸易局(CACEX)、货币局(SUMOC)、公共管理部(DASP)、外交部、库比契克(Kubitschek)的执行团体和工作组以及巴西银行(Bank of Brazil)的外汇部。

[3] 根据 Willis(1986,4),该银行"实际上垄断了巴西长期贷款的供给,常常最多占到国内资本形成总额的 10%"。

的议案是一个重要激励(参见 Schneider 1987a,143)。

不幸的是,局部效率策略有很多不足。只要局部效率存在于传统的庇护主义规范的环境中,它们就依赖于总统的个人保护。格迪斯(Geddes 1986,97)研究了总统保护消失后公共管理部(DASP)①[由热图利奥·瓦加斯(Getúlio Vargas)创立,用以监管公务员的专业化程度]的衰落方式。威利斯(Willis 1986)强调国家经济发展银行对总统支持的依赖,无论是在其使命方面还是维持其机构完整性的能力方面。

通过附加方式进行改革使战略选择更加困难。更可能的结果是出现不协调的扩张。巴西的军政府在 1964 年刚掌权时,希望削减近 20 万个职位,②最终却创造了"数百个新的机构和企业,但往往是多余的",并且眼看着联邦官僚机构人员从 70 万增长到 160 万(Schneider 1987a,44,109,575)。试图以一点一点附加的方式实现现代化还削弱了国家机构作为一个整体的组织一致性。在附加的同时,一个更加巴洛克式的结构出现了。由此形成的机构被描述为"分段的"(Barzelay 1986)、"分裂的"(Abranches 1978)或"碎片化的"(Schneider 1987a)。这是一种令政策协调十分困难且鼓励采取个人化解决方案的结构。正如施耐德(Schneider 1987a,27)所言,"官僚结构碎片化现在使得个人关系主义不可或缺"。

结构的碎片化与存在其中的职业特征相辅相成。巴西官员面对的是一种不时被不断变化的政治领导权以及周期性产生的新组织所打断的职业路径,他们无法通过以与组织相关的绩效为基础的一系列提升来获得长期收益。每 4 年或 5 年他们就要转换机构。③由于大部分组织的最高四五级职位都是从机构外任命,长期致力学习机构相关的专业知识仅有有限的回报。相应地,建构一种能有效抑制个人收益导向策略的精神则十分困难。④

正如巴西国家机构的内部结构限制了其复制东亚发展型国家表现的能力,其"嵌入性"特征使它更难与产业精英共同创建产业转型的目

---

① 作为"新国家"(Estado Novo)的一部分,公共管理部由瓦加斯(Vargas)建立于 1938 年。
② 这曾是罗伯特·坎波斯(Roberto Campos)的目标(Schneider 1987a,575)。
③ 这一数据是基于施耐德(Schneider 1987a)对 281 名巴西官僚所做的调查而得出的。
④ 参见 Schneider(1987a,106)。施耐德指出,这种模式既有积极的一面也有消极的一面。它反对组织化的狭隘视角,并在个人中形成一张组织间的关系网。这些职业模式的主要问题在于它无法提供足够的平衡力量对抗来自顶层政治领导人的怪异决策或个人化的"寻租"趋势。

标。如在东亚发展型国家的案例中一样,嵌入性必须置于历史语境中去理解。

虽然自殖民时代以来,巴西国家在其社会和经济发展中一直是一个强大存在,但需牢记费尔南多·乌里科埃切亚(Fernando Uricoechea 1980)、何塞·穆里洛·迪·卡瓦略(Jose Murilo de Carvalho 1974)及其他人所强调的,"政府的效率……依赖……与土地寡头的合作"(Uricoechea 1980,52)。反动农村精英从未像在东亚案例中那样被彻底地清除出舞台。相反,连接传统寡头和国家传统的共生关系被一种有悖常理的"现代化"增强了。

在哈格皮恩(Hagopian 1986,1994)认真记录的米纳斯·吉拉斯(Minas Gerais)州,地主家庭以政治支持换取国家庇护的传统交易随时间的推移变得越来越多而非减少。当国家扩张其势力范围时,米纳斯老"统治家族"的后代们开始直接控制那些主导性的政治职位,并且愈发依赖把国家资源作为他们主要的权力和财富来源。①

传统寡头势力与现代国家机构的融合扭曲了国家与产业资本间一切可能的共享目标。产业转型的目标给了融合进国家的传统寡头额外的机会来追求其自身的庇护主义目标。与此同时,与产业资本的关系因跨国制造资本在国内市场的早期大规模存在变得更加复杂。②当跨国资本成为任何"创造性破坏风暴"(gale of creative destruction)的可能受益人时,规训国内资本,如阿姆斯登观察到的韩国国家的作为那样,就变得十分困难。

内部组织的问题和国家—社会关系的问题是相互强化的。缺乏一个稳定的官僚结构使它很难与私有部门建立那种"行政指导"式的常规化关系,并且将公私互动推向个性化渠道。传统寡头的持久政治势力不仅会扭曲转型的努力,还会削弱内部改革的尝试。内部问题和国家—社会问题已被证实始终显著存在,并不随政权的变化而变化。

至少最初具有较大的内部整体一致的军政府,③但被证实无法与地

---

① 值得注意的是,这种共生性和下面分析中所描述的模式存在惊人的相似,最详细的分析是拉丁美洲精英学者谢特林和拉特克利夫(Zeitlin and Ratcliff 1988)研究智利时所做的。与此相同的是,传统寡头未被清除,反而与国家机构形成了一种共生关系。
② 参见 Evans(1979,1982)关于外资对巴西之影响的讨论。对拉丁美洲和东亚有关外资作用的更一般性的对比,参见 Evans(1987)和 Stallings(1992)。
③ 作为一个有凝聚力的整体团队,战斗机会的缺乏使得内部升迁的技术官僚式(例如,教育)的标准变得非常重要,巴西军队起初似乎有潜力强化国家机构的一致性(参见 Stepan 1971 和 Geddes 1986,第 7 章)。

方产业精英构筑一个"行政指导"式的关系。其政权"在地方资产阶级的眼中具有高度的合法性,尽管并不存在任何良好的制度化的连接系统与之相关联"(Evans 1982,221)。关系变得个人化而非制度化,以卡多佐(Cardoso 1975)所谓的"官僚环"(bureaucratic rings)的形式出现,即一小部分个体实业家与个体官僚相关联。如施耐德(Schneider 1987b,230-231)所指出的那样,从实业家的角度看,这些连接的临时性和个人化使其无法得到依托,而从其带来的结果上看,又是武断的。简而言之,它们是塞缪尔(Samuels 1987)以及其他人用以描述发展型国家的那种国家—社会关系类型的对立面。

20 世纪 80 年代末民主选举上台的科洛尔(Collor)政权,也许是展示困扰巴西国家之顽固的内外部问题的最好范例。科洛尔被华盛顿和巴西媒体誉为"现代性"的代表,但实际上他是哈格皮恩所描述的传统寡头和国家权力共生关系的典型代表。作为巴西最落后州的地主家庭后裔,科洛尔巧妙地将"典型的寡头政治生涯"(Schneider 1991,323)与宣传天赋相结合,使人相信其新自由主义的伪装。

科洛尔的计划进行了一个虽然简短但卓越的演示,即新自由主义对国家的抨击如何与传统寡头统治的留存相结合。施耐德(Schneider 1991,329)将科洛尔对内部国家结构的影响总结如下:

科洛尔的全线裁员是不加选择的,对最好的和最差的机构都有影响。结果,科洛尔疏远了有效率的官僚——其中很多人负责实施其他现代化政策——却没有明显地提高效率。到 1990 年底,政府已经清除了近三分之一它所承诺削减的 36 万个工作岗位,虽然如此,它还是令整个行政系统士气、动力和生产力降低。

与此同时,科洛尔政权轻视嵌入式自主性的另一面,彰显其"对有组织的资本主义之自由主义式厌恶"并以"谩骂商业领袖"自豪(Schneider 1991,332)。当然,最后,科洛尔对新自由主义改革的高涨热情是与即使在巴西也前所未有的腐败水平相结合的,由此削弱了国家的合法性以及降低了效率。[1]

总的来说,很容易理解施耐德(Schneider 1987a,4)关于"巴西国家的结构和运作竟然阻止其履行甚至是最微小的政府职能"的慨叹。令人惊讶的是,尽管存在多方面问题,巴西国家还是得以在促进经济增长和

---

[1] 例如参见布鲁克(Brooke 1992)和《拉丁美洲商业》(*Business Latin America*),1992 年 4 月 6 日,105-106。

工业化方面发挥了重要作用。从19世纪它对铁路和其他基础设施积极提供融资,[1]到战后时期它直接参与诸如飞机制造等高科技项目,在那些总体来看十分显赫的工业化记录中巴西国家起到了核心作用。[2]鉴于我刚刚所描述的那些问题,这些是如何成为可能的呢?

首先,巴西的经验证明了一个事实,即它只要非常粗略地近似韦伯的理想型就可以获取优势。即使是发展型国家也只是近似理想型,但中间型国家表明,基本的官僚模式可以被进一步扭曲并仍然发挥作用。尽管存在普遍的缺陷和扭曲,韦伯意义上的官僚制仍然可以存在于广泛的国家机构中。巴西不是蒙博托控制下的扎伊尔。

其次,必须记住的是,虽然局部效率未能作为种子催生更全面的国家机构的革新,它们仍然为多个成功的产业转型目标提供了基础,并在某些产业、某些时期内,实现了近似于嵌入式自主性的东西。理解这些情况,需要了解该产业的特征以及国家企图在其中扮演的具体角色,这将是我们下一章的任务。尽管如此,此处值得注意的是,这些部门情境中出现的因素与在发展型国家中发现的模式有着强烈的一致性。

举几个例证就足以说清楚。20世纪五六十年代创造发电能力是为满足一个新兴产业部门的需求而开展的一个国家项目,该产业的增长受制于缺乏可靠的电力。坦德勒(Tendler 1968)展示了国家和工业家的这一"共享目标"如何被惊人高效的国家组织所实现。[3]对最终成为巴西主要出口商之一的汽车业的扶植,是国家和跨国公司的一个共享目标。夏皮罗(Shapiro 1988,1994)描述了如何设立跨机构组织来监管对产业的扶植。作为一个部门性具体化的"微型领航机构",汽车行业决策小组(the Grupo Executivo para Indústria Automobilística,简称GEIA)提供必要的可预见性和统筹协调以安抚害怕风险的跨国公司。在20世纪70年代,嵌入式自主性的部门性具体化版本也使建设一个本土石化业成为可能。国有石油公司(Petrobrás)被公认为是国有部门范围内最有竞争力和一致性的组织之一,它为一个密集的关系网络提供支撑点,而

---

[1] 关于国家的早期作用,例如参见 Furtado(1965)、Topik(1980)和 Wirth(1970)。
[2] 鉴于巴西当前的经济困境,人们很容易忘却自二战后到20世纪80年代这段时期在巴西的总体记录中国民生产总值年均增长6%,伴随着国民生产总值中工业所占份额上升,农业所占份额下降以及随后在20世纪七八十年代制造业出口的快速增长。对巴西经济最好的全面概括,参见 Baer(1989)。
[3] 即使以国际标准来看,巴西的国家发电企业看起来仍相对有效率。例如,施耐德(Schneider 1987a,87-88)指出,其中的一家,富尔纳斯(Furnas)因每瓦/小时比田纳西流域管理局(TVA)或主要欧洲电力公司雇佣更少的员工而著名。

这一关系网络则围绕着一个万众瞩目的产业转型的共享目标将本土资本和跨国公司绑定在一起(参见 Evans 1979,1982,1981,1987)。

这些产业的成功都不应成为盲目乐观的借口。在一个不断变化的全球分工体系中,在一组选定的现代产业中取得暂时的成功不足以令人躺在功劳簿上骄傲自满。巴西的产业成功主要建立在围绕进口替代的目标上,在当前的全球背景下并不具备必然的竞争力。与此同时,国家制度的衰落和消解令嵌入式自主性的情况在未来很难出现。

公众激情是一个强烈的信号,1993 年巴西对科洛尔的腐败说不,表明巴西人将争取避免成为另一个扎伊尔,但科洛尔施行了 4 年的新自由主义攻势与传统腐败的组合已经给问题重重的巴西国家留下了深深的伤口。如果一个一致的、有效的国家机构是应对全球经济挑战的必要元素,那么巴西人没有理由乐观。同时,巴西严重分化的社会结构使得追求任何集体目标都变得极其困难。然而,巴西的国家管理者们应心生感激,因为他们不用面对印度管理者们自独立后所面临的那种社会结构化的复杂性和争议性问题。

印　度

相比于巴西,更难清晰地将印度庞大而杂乱无章的国家机构置于掠夺性和发展型国家之间的某个位置上。对严厉批评印度国家的人(例如,Lal 1988)将其看作明显的掠夺性国家,并将其扩张视为印度经济停滞唯一重要的原因。其他人持几乎相反的观点,如普拉纳布·巴德汉(Pranab Bardhan 1984),他们认为国家投资对 20 世纪 50 年代和 60 年代初印度的工业发展至关重要,而且国家从一个更积极的发展姿态撤回是导致六七十年代印度经济发展相对放缓的重要因素。还有一些人讨论印度国家的"强—弱问题,如 L. 鲁道夫和 S. 鲁道夫(Rudolph and Rudolph 1987),他们认为经济政策不再以转型目标为导向,逐渐成为对来自被鼓动的"需求群体"的压力的简单回应。

没人会否认印度有着珍贵的官僚传统。独立时,印度文官机构(Indian Civil Service,简称ICS)代表了至少可以追溯到莫卧儿帝国时期的一种传统达到了高潮(参见 Rudolph and Rudolph 1987)。它的 1100 名成员组成了一个著名的精英团队,并且它被视为"一个优秀的中产阶级婆罗门男孩可能得到的最好职业"(Taub 1969,11)。200 年来它为帝国提供了一个"钢制框架",不仅是其他殖民政府而且还是英国自身文官机构的榜样(Taub 1969,3)。它的继任者印度行政局(Indian

Administrative Service,简称 IAS)继承了其传统。录用主要是通过一个全国性的考试,其竞争性不亚于东亚国家的考试。在参加考试的 12000 名考生中,只有 80 个人会被印度行政局录用。[1]虽然教育培训并不像东亚国家那样集中在一个单一的全国性大学,但每一级新人都要在国家行政学院一起度过一年,这一事实增强了他们之间稳固的关系网。[2]

这并不是说印度的官僚机构是没有缺陷的。首先,印度行政局所继承的英国传统绝不是一种明晰的资产。认同帝国权力文化是被印度文官机构接纳的一个重要标准。即使在英国离开后,印度行政局的考试仍包含三个部分:英语、英语作文和综合知识,更有甚者,综合知识是倾向于"西方文明"的知识而非印度的政治经济学或相关的技术技巧。[3]因此,这一考试历来对"爱好文学的种姓"中偏好人文的成员十分有吸引力(Lal 1988,314)。

不幸的是,考试所欣赏的那种通才教育与通过者被日益期望去从事的技术工作之间存在差异。如果职业模式能够在工作中提供逐渐掌握相关技能的机会,那么一个聪明的通才可能会有好的表现。然而,这些职业似乎具有类似于巴西官僚机构那样的快速轮换的特征。例如,L.鲁道夫和 S.鲁道夫(Rudolph and Rudolph 1987,34)指出,石化行业的首席执行官们的平均任职期限是 15 个月。[4]

除了印度行政局传统的问题之外,像巴西国家一样,印度国家在维持其机构完整性方面遇到了困难。虽然没有一个新自由主义式拆解国家的倡导者具有巴西科洛尔的魅力,但印度行政局也再难宣称自己是那个曾经卓越的机构。L.鲁道夫和 S.鲁道夫(Rudolph and Rudolph 1987,第 2 章)认为至少自尼赫鲁(Nehru)去世后,"国家机构被侵蚀了"。附着在私有部门工作上的文化耻辱消失了,使得国家更难指望吸

---

[1] 数据来自 Gargan(1993)。参加最终考试的 12000 名考生是从参加初级考试的 20000 名考生中筛选出来的。陶布(Taub 1969,29)指出在 1961 年,有 11000 名大学毕业生竞争 100 个职位。

[2] 创造稳固性的一个例子来自陶布的一位调研对象的陈述,他说他可以"去印度的任何地方,并容忍与他同一期的伙伴(他所在印度行政局班级的成员)随行",该调研对象认为这种可能性在与非亲属的正常关系中是"从未听说过的"。

[3] 以陶布(Taub 1969,30)引用的问题为例:"识别以下名称:米洛斯的维纳斯(Venus de Milo)、蒙娜丽莎(Mona Lisa)、沉思者雕塑(the Thinker)、威廉·福克纳(William Faulkner)、柯布西耶(Corbusier)、卡伦·汉茨·苏斯曼(Karen Hantze Susman)、盖尔曼·蒂托夫少校(Major Gherman Titov)、拉维·香卡(Ravi Shankar)和迪斯尼乐园(Disneyland)"。加根(Gargan 1993)指出,除其他知识外,1992 年的考生需要了解谁赢了奥林匹克网球赛的金牌以及"一些关于马球、舵手和小帆船的知识"。

[4] 例如参见 Wade(1985)。

引到"最好的和最聪明的"人才。当代田野研究发现了腐败这一地方病，如韦德（Wade 1985）对灌溉的研究。"钢铁框架"在过去的三十年中肯定被腐蚀了。正如一位印度行政局前成员所说的那样，"曾经一度我们可以自豪地说这个国家存在腐败，但印度行政局是不受腐蚀的。现在就不能那么说了"（Gargan 1993）。

尽管如此，印度的官僚机构似乎仍比巴西的更接近韦伯的理想型，而且在性质上并不比发展型国家的官僚机构差很多。如果历史悠久的、稳固的国家官僚机构传统是产生一个发展型国家的重要元素，为什么印度国家还常常被视为掠夺性的而很少被看作是发展型的？这一难题的主要答案存在于国家—社会关系上。它们起初受到印度社会结构的顽固挑战，后又被官僚机构界定其与社会的关系恶化。

在印度，与由社会背景所产生的问题相比，官僚机构内部的问题相形见绌。在一个"次大陆、多民族的国家"里（Rudolph and Rudolph 1987），国家—社会关系在性质上比东亚案例更复杂。种族的、宗教的和地域的划分加重了治理（且不说发展）一个 8 亿人国家的行政噩梦。鉴于规模不经济（diseconomies of scale）是行政组织的固有属性，通过调动大部分的官僚机构，它的成就才能与一个只有 2000 万人的小岛或 4000 万人的半岛所取得的成就相当。

从独立时期开始，印度政权的政治生存就需要同时取悦强大的乡村土地阶级和高度集中的工业资本家。大地主和在农村数以百万计的"布洛克资本家"（bullock capitalists）的共同利益给了农业精英们令人生畏的政治权重（参见 Rudolph and Rudolph 1987）。乡村当权者的作用可能不如国民党在大陆时期所面临的的大，但绝对超过当代巴西的情况，这使得构建任何产业转型目标的努力都变得复杂化。与此同时，还要与商业家族（business houses）如塔塔（Tata）和博拉（Birlas）集团保持联系。他们在很多方面依赖国家，但同时也是国大党（Congress Party）和反对党最大的贡献者（Encarnation 1989，136-8）。由于这些商业家族和地主难以分享"涵盖性的"发展目标，分化的精英们进入国家搜寻各自特别的好处。用巴德汉（Bardhan 1984，70）的话来说，他们组成了"一个松散而混杂的主导联盟，热衷于无政府式地攫取公共资源"。①

---

① 将这种视点与一个完全不同的社会结构困境相对照十分有趣，对一个想要成为发展型的国家而言同样困难。谢特林和拉特克利夫（Zeitlin and Ratcliff 1988）对智利的分析，发现农业和工业的联合利益控制着国家。这种合并的精英体中地主家族的主要政治角色，确保了精英作为一个整体将会抵制农业部门的转型以及东亚案例中那种单一聚焦工业化的转型。

即使不考虑乡村当权者,印度国家与工业资本家的关系也与阿姆斯登(Amsden 1989)所假定的韩国那种支持与规训相结合的情况几乎相反。它曾被轻蔑地贴上"执照、许可证、配额制度"的标签(参见 Encarnation 1989),这在理论上极大地限制了私人资本,但在实践中却是一项"反熊彼特式"(anti-chumpeterian)的有利交易的关键。通过他们在德里的"大使馆"和囤积的执照,大商业家族可以放心的是,容量限制会防止熊彼特的"创造性破坏风暴"威胁这个容器型国家(custodial state)赠予他们的有利可图的"寻租天堂"(参见 Encarnation 1989,133-6)。①私人资本在自主权中所失去的在安全感中得到了,但他们的收获是以牺牲产业部门的整体活力为代价的。

传统上,国家与私人互动的微观政治会进一步削弱国家为下列发展目标提供组织一致性的可能性,即诱导私人投资并将其集中于战略产业的发展目标。刻板的印度行政局资深人员的形象是倾向费边社会主义意识形态的亲英派婆罗门(Anglophile Brahman)。与他打交道的私人资本家可能是低种姓的、具有不同文化品位和意识形态相左的人。由于缺乏形成共同目标所需的共同语言和共同愿景,除了敌对相视,交换物质利益成了唯一选择。②

那种可能使得国家管理者传播信息、形成共识、指导和引诱潜在企业家的嵌入性在印度的情境中似乎完全不存在。而且也很难找到一个类似于在巴西石化行业中绑定国家和私人资本的那种产业网络具体化的案例。与发展型国家不同,印度政府无法指望私有部门作为一种告知什么样的产业政策能够"飞翔"的信息来源,或作为一种有效的实施产业政策的工具。在缺乏融合私人资本的专业知识的"政策网络"的情况下,文官失去了一个重要的信息来源以弥补他们的通才背景。

缺乏选择性的国家干预进一步增加了官僚机构的负担。"执照、许可证和配额制度"试图强化对大范围制成品之物量产出的具体控制。与此同时,国家还直接参与种类繁多的商品生产,比像巴西这样的扩张性国家试图做的还要多。印度的国有企业不仅生产电脑还生产电视,不仅

---

① 大公司缺乏竞争压力的一个迹象是其市场份额保持相对稳定(参见 World Bank 1987b,63)。
② 这种传统的刻板形象近年来已发生了巨大的转变。婆罗门家庭更倾向鼓励他们的后代经商,并且成为日益增多的"中产阶级"(参见 Gargan 1993)。

生产钢铁还生产汽车。①国有企业系统的扩张已到了被其批评者称为"像癌症一样"的危险境地(Lal 1988,256)。1962 年至 1982 年间,企业资产的国有份额从六分之一增长到二分之一(Encarnation 1989,185),而国有企业的数目从 1951 年的 5 家增长到 1984 年的 214 家。这种不加选择的扩张为国家能力创造了很强的拉伸力,同时也很可能为"国家机构被侵蚀"推波助澜(参见 Rudolph and Rudolph 1987)。

尽管如此,印度国家仍为发展做出了贡献。国家对基础设施和中间产品的投资是 20 世纪五六十年代维持一个相当可观的工业增长速度的核心要素。连迪帕克·拉尔(Deepak Lal 1988,237)都承认,基础设施投资和国内储蓄率的提升,在很大程度上都依赖于国家行为,它们是"印度独立时期的两大主要成就"。国家对基础农业(主要是灌溉和施肥)的投资在提高农产量上发挥了重要作用。国家还有效地(在增加产出的意义上),即便不是总有效率地(在单位投入取得最大可能产出的意义上),② 投资了诸如钢铁和石油化工等基础和中间产业,在某些情况下,还投资了诸如电气设备制造等更带技术冒险性的产业(见 Ramamurti 1987)。印度的工业努力与巴西的主要区别在于,印度的举措不太可能促进新的私有部门出现。

总体而言,印度和巴西的国家有很多相同的问题。在内部,它们的官僚机构虽不是世袭性的但仍缺乏发展型国家的整体一致性。组织内连贯的职业阶梯没有很好地被制度化,这些职业阶梯本来能被用来绑定个人与集体目标,同时使他们获取对有效工作十分必要的专业知识。这些中间型国家机器在拥有较低官僚能力和组织不力的外部关系的同时,还面临着更加复杂和分化的社会结构。然而,这两个国家对所承担的任务又缺乏选择性。

内部能力较低、外部环境更困难和介入目标界定不够精心,这些结合起来将定义发展型国家的嵌入式自主性特征推到遥不可及的位置。更糟糕的是,由此无法取得有效的发展表现为进一步下行制造了结构性压力。在 20 世纪七八十年代,这两个国家的管理者都见证了两国实际

---

① 选择性的缺乏在总体比较中并不总是很明显。例如,当琼斯和梅森(Jones and Mason 1982,22)将"制造业"视为一个单一产业而非对其进行分解时,韩国和印度的公共企业的分布看起来十分相似。

② 对于资本产出比的异常高的国家投资无效率问题及其他问题,好的讨论参见 Ahluwalia (1985)。

生活水准的严重下降。①随着20世纪90年代的到来,甚至维持现有能力和竞争力的水平都受到了怀疑。

如果发展型国家突出了有效官僚机构的优势,那么这些中间型国家则强调一个事实,即不能对官僚组织的复制抱有幻想。官僚组织,一旦就位,就不一定会自我复制。不存在必然的趋势使得官僚机构的供给满足于对其的需求。在中间型国家,国家能力不仅短缺,它还是一种被浪费的资源。

结构类型与发展动力

掠夺性、发展型和中间型国家不仅与发展成功的不同程度有关,它们还可以通过不同的内部结构和外部关系来界定。对它们的比较证实了第2章中所介绍的制度分析基本分类的有用性。

韦伯关于官僚框架对资本主义发展有益的基本观点,被这些案例所充分验证。对第三世界国家"过量的官僚主义"问题的流行性和学术性鉴定是一个错误。真正的官僚机构是稀缺的,而不是过量的。正是官僚结构的缺失导致了功利主义的国家噩梦,即国家成为利用职权实现个人利益最大化的自私当权者的集合体。无效国家的特征恰恰是缺乏预测性、规则约束、官僚规范以及国家机构的内部关系。大多数国家,甚至更有效的国家,都必须努力保持官僚规范和结构。

比较历史证据也再次确认了第2章所提到的对韦伯框架的修正。犹如斯密夸大市场的"自然性"一样,韦伯夸大了官僚规则的"必然性"。官僚机构增加的长期趋势并不意味着供给与需求将处于均衡状态。构建一个有效的官僚机构是一项艰巨的任务,其结果的呈现有所滞后。此外,即使成功地实现了构建目标,也不能盲目认为其能持久下去。

在缺乏根深蒂固的官僚传统情况下,如在扎伊尔,构建官僚机构是一项代际任务。即便存在这样的传统,如在印度,有效的国家官僚机构仍是脆弱的,破坏比维持更容易。如果所继承的传统没有那么清楚,如在巴西,那么成功的官僚机构会更不稳定。既有百年根基又有有利的当

---

① 根据 Rudolph and Rudolph(1987,80-81),"公共部门(印度行政局、印度外交部门和印度警察部门)和公有企业中高级官员的真实薪酬在20世纪70年代大幅下降"。施耐德(Schneider 1987a,152)指出,在巴西,官僚机构顶层的真实薪酬在菲格雷多(Figueiredo)政府时期被削减了40%—60%,驱使一部分更有能力的国家管理者到私有部门寻求工作。萨尔内(Sarney)政府时期有所缓解,随后在科洛尔(Collor)政府时期,薪酬问题则愈发严重了。

前局面时,如在韩国,官僚传统或许可以在相对短暂的时期内复兴,但即使那样,官僚规范也易受侵蚀。

令人惊讶的是,专注官僚机构的稀缺性还揭示了一些与那些将官僚机构视为问题的人的共同点。新功利主义认为建立市场关系是构建大型社会组织的唯一有效形式,因此国家权力范围必须被"缩减"。但拒绝这一想法并不意味着就要拒绝下列想法,即现代国家的所作所为超过了其所能掌控的范围。那些假设官僚机构的供给会自然增加以满足需求的国家介入计划是一种乌托邦式的想法。如果不审慎对待选择性,不堪重负的官僚机构将恶化为发展障碍或世袭利益场所。如果缺乏维持有价值的职业路径和建立团队精神所必需的资源,被掏空的国家机构将演变成新功利主义者所惧怕的那种贪婪梦魇。发展战略必须要考虑保存国家能力,甚于保存财政资源或自然资源。

传统的韦伯式视角又以另一种方式对官僚机构抱有太多幻想。"官僚制的非官僚要素"对国家机构同样重要,正如涂尔干的"契约的非契约要素"之于市场。建立在精英选择、高度的社会化和准原生纽带三者融合基础之上的稳固团体,如日本的派系,在形成有效官僚机构的内部凝聚力方面发挥了核心作用。它们的存在使韦伯认为理所当然遵守组织规范和制裁的行为得到强化。它们的缺失使得国家机构转向个体利益最大化以及国家公权的"市场化"很难被阻止。

正如它有助于阐明内部结构变化的作用,比较不同类型的国家证实了一种观点,即联系性弥补了自主性,并且两者的均衡结合更有效。必须摒弃一些简单化的概念,即认为使国家隔绝于社会是种美德。一定程度的"隔绝"内生于有凝聚力之集体的创建过程中,但真正的效率需要将内部忠诚与外部关系相结合。

下述零和观点会将我们引向歧途,即国家作为一致性集体行为者的行动能力和它与市民社会的联系性成反比。内部凝聚力和紧密的外部关系应当被视为是互补的且相互强化的。有效国家将高度发达的、官僚化的内部组织与紧密的公私关系相结合。只有当这两个元素都存在时,处方才能起作用。互补性和相互强化性在光谱的另一端也很明显。掠夺性国家的不连贯专制将无约束的内部结构与由庇护主义交换关系这一"看不见的手"所掌控的无序外部关系结合在一起。

嵌入式自主性和它的对立面都依赖与之兼容的社会结构,并且在它们各自的社会对应角色的出现和保留方面发挥着作用。每一种类型的国家都有助于促进互补性的社会团体或阶级的出现。发展型国家在有组织的工业阶级的形成过程中发挥了核心作用,后者是国家所需要的对应角色。扎伊尔国家也帮助形成了它所需的对应角色——一个无法抵抗其掠夺的无组织的、分化的市民社会。

巴西和印度作为中间型国家的案例帮助充实了一幅图景,即自主性和嵌入性的不同混合如何能够在完全不同的社会背景下自我发展。在每个国家,嵌入性和自主性的平衡点都是不同的,并且在每种情况下,组合中任一元素出现问题都不利于另一方。

尽管在巴西国家机器无处不在,但它缺乏整体一致性和凝聚力。因此,其嵌入性是有问题的。国家和传统寡头之间紧密的共生关系将各种现代化目标转变为传统权力的养料。然而,如果嵌入性是巴西国家在社会层面的问题的一部分,那么对于特定产业它往往是解决问题的关键。巴西的产业成功与紧密的关系有关,与隔绝无关。国家机器内的局部效率有时具备足够的凝聚力和一致性,拉动企业家参与共享目标并产生显著的成果。

在印度,平衡点是不同的。官僚机构的规范和意识形态的设定旨在防止落入一种陷阱,即与充满矛盾需求的社会结构有过于紧密的联系。相应地,为有活力的工业化"发明"所需的社会对应角色则十分困难。国家的显著成功往往来自于那些自主行动能产生结果的领域,如 20 世纪 50 年代的水坝建造或基础工业能力建设。但如果谈到建立关系以诱导私有部门进行新的产业创建,印度没有任何东西可以拿来与 20 世纪 70 年代初"神奇的"巴西工业化相比较。

随着 20 世纪 80 年代的结束,这两个案例间出现了一种消极的聚拢趋势。在巴西,科洛尔政权对共享目标兴趣寥寥,并且对在整个官僚机构内推广原先的局部效率更加意兴阑珊。在印度,官僚机构的一致性和凝聚力逐渐退却,而且构建一个更有效的国家—社会关系模式的可能性也变得遥不可及。在这两个案例中,国家作为一致性集体行为者的行动能力在衰退,与此齐头并进的是有效的国家—社会关系被侵蚀,这再一次证明了能力取决于自主性和嵌入性的结合。

有一点是很清楚的:不同的内部国家组织和国家—社会关系导致了发展能力的程度差异。如果这已令人信服,下一步要做的是更深入地探索能力(或它的缺乏)是如何反映到行动上的。发展结果取决于国家利用它所拥有的能力来做些什么,它们扮演怎样的角色以及它们潜在的对应角色如何回应。当关注点缩小到特定产业时,更易于观察国家做些什么而非它们是什么样的。因此,基于本章的比较经验,下一章将把关注点从结构转向角色、从社会转向产业。

第四章
角色与产业部门

位于韩国东南海岸的光阳湾（Kwangyang Bay）不是一个传统的旅游胜地,但它着实吸引了很多外国访客。他们来参观被产业专家公认为世上独一无二的一家钢铁厂。[①] 光阳厂（Kwangyang plant）是钢铁工程师的梦想,它拥有250吨级的碱性氧气转炉,一台270万吨的连铸机直接连到带钢热轧机上,并且程序控制实现了全程计算机化（D'Costa 1989,40-3）。光阳厂还实现了韩国在20年前成立浦项制铁有限公司（Pohang Iron and Steel Company Ltd.,简称POSCO）时的愿望,即成为世界钢铁强国。[②]

20世纪60年代,当总统朴正熙与世界银行及西方企业领导人初次提出建立大规模综合钢铁厂的构想时,专家们都认为成为一个重要的钢铁生产国对韩国没有任何意义。韩国没有铁矿石,没有炼焦煤,并且没有重工业传统（至少不在南部）。韩国最好坚持自己的比较优势,努力使其棉纺织业更具竞争力。然而朴正熙很固执,最终设法利用战争赔款与日本达成一项协议,内容包括为浦项制铁融资并从新日铁（Nippon Steel,通常被认为是世界上最高效的生产商）获取技术援助。

对浦项制铁36亿美元的投资是当时韩国尝试的最大单笔投资,建立如此巨大企业的风险"完全由国家承担"（Amsden 1989,292）。经历了20世纪七八十年代,浦项制铁不仅证明了韩国在钢铁业上拥有一个预料之外的"比较优势",而且还证明了公有制并不必然与高成本、赔钱经营相关联。浦项制铁是世界上最大的生产商之一,即使在光阳厂建立之前,其产量就已超过了所有的美国公司（D'Costa 1989,4）。更重要的是,它是世界上成本最低的生产商之一,以美国定价的一半在韩国销售热轧钢卷都能盈利（Amsden 1989,317）,而且还是世界上最具竞争力的市场之一——日本占据一半以上的进口钢市场（D'Costa 1989,129）。

[①] D'Costa(1989,4,注释10)引用此为受访光阳厂欧洲工程师的意见。
[②] 对浦项制铁的讨论基于D'Costa(1989)和Amsden(1989);还可参见 E. M. Kim(1987)。

浦项制铁的最终表现使其超额偿还了推动其发展的高额国家补贴（参见 Amsden 1989,296-297）。其低成本、高品质的钢铁对诸如造船和汽车等关键行业的出现至关重要。其产量的 30% 都用于出口，促进了韩国的出口增长。最后，它成为创新技术知识的一个重要来源。1986年，美国钢铁公司（U.S. Steel,简称 USX）与浦项制铁公司成立了一家合资企业，借助浦项制铁的设计专业知识对它在匹兹堡和加利福尼亚的工厂进行现代化改造（Amsden 1989,291-292）。在韩国，浦项制铁是一个管理良好的公司典范。它还扩展其活动范围，在 20 世纪 80 年代晚期帮助成立了浦项理工学院（Pohang Institute of Technology），即使在首尔学术圈内它也被认为具有成为"韩国的麻省理工学院"的潜力。最后，在 1989 年，浦项制铁决定利用其丰富的计算机化经验，成立一个新的子公司浦项数据（POSDATA），为其他企业提供增值网络（VAN）服务（*Electronics Korea* 3,5:57-58）。

浦项制铁代表了国家介入的一种极端形式。与明显的市场逻辑相背离，国家独自创建了该产业部门，用自身的创业举措代替私人资本的行为，然后直接通过一家国有企业来管理生产。尽管浦项制铁现在已经发放了足够多的股票使其正式成为一家"私有"公司，它在韩国国内仍然没有一个真正的竞争对手，也不可能有。

浦项制铁的经验表明，国家介入的极端形式有时也能成功地促进产业转型，但这很难被普及。首先，它是由典型的发展型国家经营的一家企业。其次，同样重要的是，它所在的产业部门以加工技术（process technology）的扩散和产品技术相对稳定为特征，从而为国家扮演企业家的角色提供了更大的空间。

如果浦项制铁展示了"更多"的介入不一定与缺乏转型相关，那么还有其他的例子表明，较少依赖侵略性国家介入形式，例如监管，也无法保证发展损害较少。纺织业是常被引证的私人创业范例，它提供了一些最佳的例子，表明适度的国家介入是如何错误百出的。

1985 年，印度最古老的"大商业家族"之一的德里布料集团（Delhi Cloth Mills,简称 DCM），提交了一份请愿书，要求关闭其位于新德里的印度巴拉饶（Bara Hindu Rao）纺织厂（*Financial Express*,1988 年 10 月 30 日,1）。该纺织厂是一个典型的"病态"公司，效率低下且亏损严重。此外，根据德里的总体规划，其运作不合规，因此除非修改总体规划，否则它都将不得不予以关闭（*Economic Times*,1988 年 11 月 13 日,1）。最后，它还存在"有毒废水排放"的问题，因此至少可以说，其在人口稠密的德里街区持续经营是不受欢迎的。

德里政府的回应是坚定地拒绝将其关闭。这似乎解释了政府的首要职责是保护纺织工人免受产业变革带来的混乱之苦,因为有担心认为,"如果该工厂被允许关闭……那么首都的其他工厂,像博拉和自由印度纺织厂(Swatantra Bharat Mill),也会要求获取关闭许可"(*Financial Express*,1988年10月30日,1)。然而,国家似乎没有能力实现对原址的更好利用,令公司进行新的投资创造就业或为工人提供新的机会。

四年后,该案件仍未得到解决。根据总体规划,工厂早应被依法关闭,但德里政府仍不予准许。到这时,纺织工人们自己都很恼怒了。由于担心进一步的拖延会害他们失去如果工厂被允许关闭而承诺的"黄金握别费"(golden handshake package)(每人几千美元),工会领导人说:"政府的立场是对国大党亲工人哲学的嘲弄。"(*Economic Times*,1989年3月2日,1)尽管如此,德里政府仍坚定地拒绝关闭工厂。当德里高等法院裁定该工厂应被许可关闭时,政府誓将此事诉诸最高法院。

德里政府和朴正熙政权都违反了"市场的自然逻辑",都是国家干预的践行者。从任何合理的衡量标准看,朴正熙比德里政府进行了"更多的"干预。成立浦项制铁公司涉及将数十亿美元分配给特定的产业活动并且持续控制这些巨额资金在几十年间的使用情况。通过成立浦项制铁公司,国家选择了扮演"造物主"的角色,成为依靠自身力量的一个资本创造者和管理者,对产业部门转型的过程自行负责。而德里政府仅仅想成为一个好的监护人,执行那些旨在防止强大的私人经济行为者对弱者造成伤害的规则。

我们是否应当得出结论:至少就更有可能促进产业转型而言,干预越多越好?很明显,答案是否定的。国家干预的后果取决于在什么样的背景下什么样的国家采取什么样的干预措施。争论一个国家是否比另一个干预"更多"是不得要领的。不同的国家如何参与?它们扮演或接受什么样的角色?这些选择会产生怎样的后果?

专注于"产业部门",即生产相关产品的同类生产活动的总和,使得观察国家间的差异更加容易。比较韩国在钢铁业和印度在纺织业上的作为,我们或可得知更多的是关于钢铁业和纺织业的差异,而非韩国和印度的差异。而观察两个国家在同一产业部门是如何参与的能更容易地比较其角色和战略。

通过研究角色和整个产业部门,本章为接下来对巴西、印度和韩国在某一特定产业部门——信息技术产业上进行比较的三章奠定了基础。

首先,我将国家介入的角色划分为一些具启发性的类别,这些角色以后可用于描述在不同产业部门的国家介入。其次,我将研究这些角色在不同产业部门有何不同。最后,我将解释为什么,若要理解当代全球经济下的国家介入,选择信息技术业尤为恰当。

本章建立在上一章对国家结构的讨论基础之上。如果没有一点官僚一致性,国家很难有效地扮演任何角色。掠夺性国家既没有意愿也没有能力去影响产业转型,因此它们不在讨论范围内。发展型国家和中间型国家或许会扮演相似的角色,但具体扮演什么角色、这些角色扮演得如何,在很大程度上取决于它们的结构特征。嵌入式自主性使国家更容易扮演大多数角色,并为特定类型的角色创造亲密关系。缺乏嵌入式自主性,则国家在扮演大多数角色时都会遇到困难。观察这些角色的执行情况是研究结构能力发挥作用的最好方式。结构为行动创造可能性,实践这些角色将可能性转化为实际影响。

角 色

在发展型国家和中间型国家,个体当权者的任期和国家作为一个整体的合法性都依赖于促进新产业的发展能力。那扮演怎样的角色能够实现这一目标呢?监管生产是一个传统的选择,并且存在各种扮演监管者角色的方式。或者,国家可以扮演生产者的角色,自己制造并销售商品。再或者,国家可以努力引导私人创业力量到一个新的产业,"最大限度地诱导决策"[1],我称此为扮演助产士的角色。通过帮助新的创业团队进入一个产业部门,国家可以专注于扶植它们并推动它们的进一步发展。我把这个培养、扶植和刺激已觉醒的创业力量的过程称之为"培育"。[2] 助产和培育合在一起为新的产业创造了社会基础。尽管如此,最普遍和最好的起点仍是扮演监管者的角色。

所有的国家都制定规则并试图执行它们。除了那些非常反常的内容外,任何连贯的、可预测的规则都是一种公共品。规则的构建和执行是一个甚至是虚构的最低限度的国家都不可避免具有的一项功能。然而,在通常情况下,规则会超越消除交换关系中的力量和欺诈这一最低限度的要求。公共品的特征取决于其内容。一些规则主要是推动性的,

---

[1] 参见第 2 章对 Hirschman(1958)的讨论。
[2] 给予"husbandry"传统农业的内涵使其明显区别于"husbanding"节约使用资源的含义。

旨在提供刺激和激励。其他的则采取相反的策略,旨在防止或约束私人行为者的行动。

监护人是监管者。他们提供保护和进行管制。他们防止违禁行为。最低限度的国家扮演监护人的角色,但监护行为远超出了最低限度的要求。20世纪70年代初,印度国家实行"执照、许可证和配额制度",在扮演监护人方面尤为出名。[1] 它专注于防止私人资本参与不受欢迎的或不恰当的活动,而非激励资本家承担新的风险。

监护规则不是国家监管的唯一形式。[2] 规则可以是激励性的,也可以是控制性的。它们可以起推动作用,也可以用于管制。规则可以专注于鼓励和传达信号给私人行为者,而非约束他们。例如,财政条例可以通过设计来弥补创新难以获得的适当回报或鼓励投资有风险的"朝阳"产业。即使那些表面上具有监护性的和限制性的监管也可能有推动性。创造一个保护主义的"温室"虽限制了进口商和外国投资者的行为,但却激励了本土资本,使其尝试参与其中。

虽然推动策略常常包含监管的成分,但扮演监护人的角色并不是一个有益的转型工具。当国家通过扮演监护人的角色来应对一个新的产业时,对管制的关注遮蔽了监管规则的发展潜能,转型的可能性随之丢失。

正如所有的国家都扮演着监管者的角色一样,所有的国家都扮演着生产者的角色,直接负责提供某些类型的商品。如监管者的角色一样,生产者的角色可以以不同的方式来扮演。只要产品是基础设施商品或"社会分摊资本"(social overhead capital),[3]生产者对国家而言就只是一个传统的角色。国家提供交通、通讯、电力和自来水以及其他标准化的社会分摊资本,几乎和国家提供监管一样是一项古老的传统。所有这些都假定为具有充分的集体或公共性质的产品,因此如果由私人生产者提供,将会造成供给不足。

造物主角色是程度更深的生产者角色。当国家决定要当造物主时,它开始参与直接的生产活动,不仅以补充私人投资的方式,而且还以取

---

[1] 例如参见 Encarnation(1989)。
[2] 约翰逊(Johnson 1982,19-23)对"监管型"的美国国家和"发展型"的日本国家的对比聚焦在美国制定规则的监护特点上。不幸的是,这一标签分散了对用于发展目的的监管权力之使用的注意力。
[3] 根据 Hirschman(1958,83),社会分摊资本"通常被界定为包含基础服务,缺少它们的话,初级、中级和高级的生产活动将无法运行"。

代私人生产者或与其竞争的方式参与。这一标签将国家等同于神话般的物质创造者,势必要对国家的生产能力产生非凡的信念,认为其可以取代而非补充私人资本。①

扮演造物主属于暗示私人资本不足这样的强假设。本土资本被假定为没有能力成为开创新行业和产业的"转型资产阶级"(transformative bourgeoisie)。而跨国资本则被假定为对本土发展不感兴趣。如果本土资本确实能力不足,同时跨国资本也真的缺乏意愿来发展一个新的产业,那么扮演造物主的角色可能就是推动产业发展的唯一途径。回过头来看,韩国在20世纪60年代建立一个综合钢铁厂是明智的。无论跨国公司或本土公司都不愿承担这项任务,而且钢铁厂成立后的"联动"效应对激励其他部门的产业增长十分重要。相同的情况在其他产业部门也是合理的。尽管如此,成为一个独立的资本积累行动者是一项有风险的选择。

一旦开始,造物主的角色就形成了扩张的逻辑。它的扩张性部分地是出于意识形态的原因。约翰·沃特伯里(John Waterbury 1993, 260)勾画出了一幅使第三世界国家的精英们着迷于造物主角色的乌托邦愿景,"一个动态的、经过仔细和理性规划的国家企业部门,作为有远见的经济舵手能够调动稀缺资源、刺激市场、采用新技术,并将整体经济快速提升至自给自足的产业增长水平"。无论这样的愿景多么吸引人,它鼓励的却是远远超出国家实际有效生产能力的扩张。

造物主角色的扩张性还有组织方面的原因。国有企业是造物主角色的具体体现。像私有企业一样,国有企业倾向于增长和多样化。如果一个企业的成立是为做出明显超出私人资本能力的努力,结果可能会陷入与这一努力无关的产业竞争,或者甚至生产与市场上已由私有部门提供的商品毫无差别的商品,并以牺牲私人企业家为代价捍卫其市场份额。从国家机构内部来看,可能很难区分机构扩张的诱惑和促进转型的可能性。事实上,进一步产业转型的必要条件可能是造物主的组织利益。

国有企业可能在有些产业表现不佳,而扩张则增加了将国有企业带入这些产业的风险。造物主的史册里充满了大量、明显的企业失败案例。造物主还是一个有政治风险的角色。如果私人资本认为国有企业拿走了盈利的领域,国家就会失去在这些群体中的合法性,而它们的支

---

① 参见第1章第23条注释的讨论。

持对整体的转型目标是必不可少的。

监护人和造物主都是从对私人企业家阶层的消极概念中生长出来的:监护人的角色认为其要受到约束,而造物主的角色认为其创业能力不足。也有一些较为乐观的假设。本土企业家阶层的能力被视为是可塑造的,而非既定的。对私人资本之活力更乐观的态度导向了其他不同的角色。

除了取代私人生产者,国家可以尝试协助新的创业群体的出现,并诱导现有企业家付出更具挑战性的努力。这将国家置于助产士的位置。赫希曼关于"最大化诱导决策"的观点与这一角色最契合。

如果目标是推动一个新的产业,当助产士可能比创造国有生产能力更容易且风险更小。当然,扮演助产士的角色使得国家依赖私有部门的响应。在一个特定的产业部门,生产的技术条件和经济条件越艰苦,就越难吸引私人行为者进入该产业。本土企业家阶层越不发达,他们预期能够进入的产业范围就越小。助产士可以发挥作用,但毕竟,他们只是辅助者。

多种技艺和政策都可用于扮演助产士的角色。大部分都涉及减少因进入一个新的产业或进行新的努力而带来的风险和不确定性。甚至那些表面上看是监护的行为也可用于满足助产的目的。建造一个征收关税、禁止进口和投资限制的"温室"以保护幼稚产业免受外部竞争,是最明显的例子。提供补贴和采取激励措施也可能是助产士角色的一部分。其他更微妙的策略也会起作用。例如,散播一个发展某特定产业很重要的信号,可以创造一个广泛的支持预期,其影响远超过具体的激励或保护措施。

原则上讲,助产士也可以诱导跨国资本对本土发展做出更多的承诺。在实践中,大多数国家都有振兴本土企业的强烈偏好。当本土资本无法独立实现这一目标时,跨国资本才成为该策略的一部分。和跨国资本谈判使其与本土资本结盟是一种可能。国有企业与跨国资本直接结盟是另一种可能。如果这两者都不行,那么创造条件,引入独立的跨国公司也是一种选择。无论运用的是何种技艺、何种性质的资本,助产的目的是一样的:诱导本来不愿行动的私人资本发挥创业的作用,从而创造组织资源和机构资源以致力新的产业或新的努力。

将新的创业群体安置到一个有前途的产业部门是一个好的开始,但并非转型任务的全部。本土企业必须不断应对全球的技术和市场变革。新的进入者很容易半路就被淘汰。一旦被引入某个产业,随着产业的变革,企业需要前行的鼓励和帮助。否则助产的成果就会丢失。新的进入者像幼苗或弃婴一样脆弱。它们需要现代版的传统农业培育技术和技艺。

培育,像助产一样,可以采取多种形式。简单的形式如,它可以对那些冒险进入更具技术挑战之产业领域的企业散播国家支持的信号。复杂的形式如,它可以建立更具风险的国有企业接管辅助型任务,如研究和开发,缺了这些,私有企业将无法前行。无论采用什么手段,培育都需要支持和激励相组合。① 在某些方面,它不如助产那样有更多需求,因为产业部门内已存在可以合作的私人企业。但出于相同的原因,它更有挑战性。一个直接感兴趣的私有部门之存在增加了"捕获"的风险。

综上所述,这四种角色提供了一个框架来鉴定特定国家对特定产业的介入。它们并非相互排斥的。相反,它们常以组合的形式出现。在同一个产业,国家可以同时是监护人和造物主,或者两者与助产士相结合。相应地,组合及其结果取决于产业部门的具体情况。

产业部门的差异

产业部门②不仅仅是用于观察国家介入的具体类型的场所。它们的生产技术、产业组织形式和"治理模式"有着系统性的差异。③ 因此,每个产业部门都呈现出对国家介入的不同制约和存在不同机会。一种角色或角色组合能否促进一个特定产业部门的增长取决于国家扮演这些角色的能力,同时还取决于角色组合是否适合该产业。

在一个经典的对比分析中,琼斯和梅森(Jones and Mason 1982)发现在国家采取生产者角色的产业部门间存在系统性差异。他们认为,这些差异反映了国有企业的"显性制度优势"。"显性制度优势"的基础是私有企业一方的"市场失灵"和国家一方的"组织失灵"间的平衡。

市场失灵被认为与进入壁垒高以及与之相伴的缺乏竞争相关联。组织失灵植根于去中心化决策的需要。琼斯和梅森总结道(41),3个特

---

① 需要再次强调一下"husbandry"和"husbanding"的节约使用现有资源的现代含义之间的区别(参见第7页的注释)。
② 生产相关产品之活动总和的界限可以很狭窄,也可以很宽泛。前者如"运动鞋"对比于"礼服鞋",后者如"第二产业部门"对比于"初级产业部门"。此处使用的范围介于两者之间,如"钢铁业"对比于"信息技术业"。
③ 对不同产业部门之治理模型差异的精彩综述,参见 Schmitter(1990)。

征赋予了国有企业"制度优势":相对于产品和要素市场,产业内的企业通常都很大;企业是资本密集型的;产业部门整体的前向联系(forward linkages)水平高,生产标准化商品,或建立在高租金的自然资源出口之上。

琼斯和梅森的说法表明,在相同的产业部门,我们应当期望国家介入有着共同的模式,即使是对于各具特色的不同国家来说。观察具体的产业部门表明,情况确实如此。从奥地利和法国到牙买加和印度,国有企业在钢铁和采矿业中都比在纺织业中发挥更重要的作用。迈克尔·思福(Michael Shafer)以及其他人的论证很有说服力,他们认为产业专业化显然制约了国家战略,[1]但此处的目的是展示国家的能力和选择与产业部门的特征如何互动。

一个国家的结构和传统及其在特定产业的历史经历使其偏好某种类型的介入,并天生不适合其他的类型。像所有组织一样,国家机构倾向于做那些它知道该如何去做的事,即使是一些不该做的事。[2] 与国家的"才华"相匹配的产业部门比其他部门更有可能出现并生存下去。随着时间的推移,国家与某些角色组合的亲密关系将会影响该国的生产剖面(productive profile)。

这又将我们带回到建构的比较优势和国际分工。我在第 1 章中指出,就提供更高的回报和更好的增长机会而言,某些产业部门在全球都享有特权。[3] 再加上,任何产业部门的出现和生存都部分地取决于国家承担与产业需求相一致的角色组合之能力,因此国家的能力和对角色的选择有助于确定一个国家提高其全球经济地位的能力。"建构的比较优势"的成功依赖于国家扮演某些角色的意愿和能力,这些角色能够催生那些提供"有利于发展的多维共谋"的产业部门。正是这一可能性,令观

---

[1] 迈克尔·思福(Michael Shafer 1994)及其他人(如,Schmitter 1990)强烈认为,存在强大的、超出国家界限的"产业部门逻辑"。思福将赫希曼的"微观马克思主义"又向前发展了一步。他认为,生产某些产品会创造出社会力量和制度,包括特殊类型的国家,这些反过来阻止了新生产类型的出现。这种论点主要对那些由单一、明确界定的产品主导经济(如采矿业)的国家有说服力,但即使在这些情况下,也很容易夸大产品决定制度安排的程度。正如赫希曼(Hirschman 1977)指出的那样,即使是像咖啡和糖这样的初级商品的生产,在不同社会和政治环境下其组织方式也十分不同(参见 Paige 1987 对中美洲咖啡的研究)。此外,在一个大部分出口的产品都是制造业产品且大部分经济都是由服务业主导的世界,很难想象特殊产品能够塑造政治和社会制度,除了那些矿产出口国(参见 Karl, forthcoming)。还可参见第 1 章第 19 条注释。

[2] 就这一点,我要通过马里奥·迪亚斯·瑞普(Mario Dias Ripper)感谢埃苏·方(Isu Fang)。

[3] 参见第 1 章"全球背景"这一节。

察国家在信息技术产业的介入如此有趣和重要。

要了解为什么有些角色能够在特定时代帮助构建比较优势,而有些角色不能,首先就要了解不同产业部门中国家角色的差异。我选择研究了少数但多样化的几个产业部门:采矿、钢铁、纺织和汽车业。它们展示了在不同产业部门国家角色的历史差异。它们还清楚地表明,国家的制度性质和全球经济的变化特点与产业部门特征是如何互动以支持某些角色而挫败其他角色的。

采矿业提供了一个重要的基线。采掘业是常被引用的国家作为造物主的例子。从中东的油田到非洲和拉丁美洲的铜矿,采掘业一直是国家代替本土企业家阶层采取行动的所在,国家建立国有企业,并自我承担起发展的重负。采矿业提供了最显而易见的国家介入产业转型的案例。

在以采矿业设立基线的情况下,我将研究国家介入在对巴西、印度和韩国十分重要的行业中的差异。钢铁业,作为一个基础行业,和采矿业一样,是国有企业激增的地方。然而,基本投入的生产不是对采掘模式的工业化复制。技术太过重要,使得国家难以依靠自身来维持行业经营。生产越具技术挑战性,国家就越依赖它与跨国资本的关系。

对消费品的研究,尤其是纺织品和汽车,增加了产业部门差异的范围。在纺织业,琼斯和梅森预测造物主角色会出现问题,国家的确以监管的角色取代了直接生产,无论是以监护的形式或是作为助产的工具。汽车业也没有给造物主角色留下任何空间,但监护式监管也不是一个可行的选择。国家的任务是诱导该产业部门的出现,而非试图控制现有的创业结构。问题是,对技术和市场的全球控制使得本土生产者几乎不可能依靠自身力量生存下去。助产必须注重与跨国资本的结盟。

综上,这四个产业部门的图景具体阐释了产业部门差异的重要性。它们还表明,产业部门的特性不是静态的。随着时间的推移,每个部门都在发生变化,国家介入的形式必须随之改变。全球产业秩序的整体特征的变化,主要具体体现在跨国资本不断变化的策略中,它影响到什么样的角色会在一个既定产业部门起作用。最后,这些图景说明了国家的制度特征是如何影响角色的扮演方式的。拙劣地扮演一个正确的角色与扮演一个错误的角色一样糟糕。

采 矿 业

采矿通常被认为是国家的传统特权,但对 20 世纪的第三世界国家而言,早期的国家介入常采取行业监管的形式。① 监管比实际经营这一行业对能力的要求要低一些。与此同时,它为在国家机构内部培养技术专家提供了基础。

扮演监管者角色所要求的组织能力为扮演造物主的努力铺平了道路。在智利,铜矿部门 20 年监管铜业跨国公司的经验,是其接管生产的基础(参见 Moran 1974,123-125)。在牙买加,铝土矿委员会(Jamaica Bauxite Commission)和铝土矿研究院(Jamaica Bauxite Institute)的一小群核心技术人才所积累的经验使得国家最终能够在该行业中拥有所有权(见 E. H. Stephens 1987; Stephens and Stephens 1986)。

国家能力的增长只是故事的一半。国家的举措建立在私人主动性缺失的基础上。参与国际矿产出口的资本要求远远超出了本土资本的能力范围。采掘业跨国公司所面临的全球激励结构并非指向第三世界国家的本土回报最大化。跨国公司不愿扩大产量并抵制以提高本土提炼和加工能力的方式实现垂直整合。

结果是该行业形成了一个"真空区"。用大卫·贝克(David Becker)的话来说就是(1983,229),"在矿业中存在私有企业无法填补、跨国企业受寡头和市场力量约束不愿填补的'经济真空区'"。这一"真空区"的存在,加上专业知识和能力的日渐累积(以及跨国扩散),导致了国有矿业公司的大量增殖。②

造物主角色出现在很多案例中。贝克对 20 世纪 70 年代秘鲁的分析是一个恰好的例子。继秘鲁最古老的铜业跨国公司塞罗—帕斯科(Cerro de Pasco)于 1974 年退出市场后,塞罗的国有继任者秘鲁矿业总公司(Centromin),产量是跨国公司最大产量三倍。它对老矿进行了现代化改造,增添了新的提炼方式,并用能够大幅提高利润的技能来管理塞罗的老业务(156)。同时,新的国有企业投资于提高提炼能力,其中包括一家锌精炼厂,回应了小型私有锌矿的"长期祈求"(222)。

介入提高能力的这种良性循环,允许国家扮演一个更积极的角色且反过来又促进转型,但不幸的是,这只是采矿业故事的一个版本而已。

---

① 例如参见塔格韦尔(Tugwell 1975)和卡尔(Karl forthcoming)对委内瑞拉石油的研究;参见莫兰(Moran 1974)和贝克(Becker 1983)对智利和秘鲁铜的研究;参见伊芙琳·斯蒂芬斯和约翰·斯蒂芬斯(Stephens and Stephens 1986)对牙买加铝土矿的研究。
② 可以从 20 世纪 80 年代初政府所有权在第三世界生产中所占的比重看出,"显性制度优势"在 20 世纪六七十年代对造物主角色的倾向程度:铝业的 71%,铜业的 73%,以及铁矿石业几乎达 95%(Brown and McKern 1986,137)。

其他的研究表明,循环可以是恶性的而非良性的,尤其是在连最低水平的一般国家能力都缺失的情况下。

迈克尔·思福(Shafer 1983)对扎伊尔和赞比亚的分析是最好的例子。① 它展示出,在缺乏足够初始能力的情况下,尝试介入不仅不能产生产业转型,而且还会削弱国家的制度完整性。根据思福所言,"真正的变量是政治上的——国家是否拥有训练有素的人员来经营这样的业务以及是否有实力来拒绝那些操纵他们以获得短期经济和政治收益的诱惑"(119)。

在扎伊尔和赞比亚,由于既没有"强大的、自主的国家机构,又没有足够的训练有素的管理人员和技术人员"(97),造物主的角色带来了灾难。在赞比亚和扎伊尔,效率的下降(伴随着日益恶化的国际市场)最终将矿厂变成了中央财政的一个消耗源。世界银行估计,20世纪80年代非洲生产者所需的改造和扩张费用通常为一年10亿美元左右,远远超出了矿厂的现金流(Shafer 1983,106)。②

卡尔(Karl,forthcoming)对石油出口商的研究为国家的制度能力与产业部门特征如何互动提供了有益补充。她分析认为,在与跨国石油公司谈判并最终接管它们业务的过程中,国家或许提升了与产业部门相关的具体能力,但它并未发展出"来源于公共权力的广泛渗透以追求税收而形成的那种技能和人才"(230)。伴随"财政纪律的整体放松",与石油业的财政联系鼓励了国家角色的无限扩张(155),与此同时也创造出聚焦于国家的大量寻租激励行为。总的来说,石油业虽有需求但未形成与之相称的能力,致使"石油国家"(petro-state)易受国际市场变化的影响。

采掘业不仅对阐释产业部门与制度因素如何互动有所启发,还阐释了全球背景下的约束力量。即使当第三世界国家控制矿厂时,垂直整合的跨国公司还是控制着全球市场。一旦跨国公司在第三世界的采矿业中失去了全部的股权,它们就有充足的动机去开发拥有完全控制权的替代性供给来源(即使这些替代性来源有着较高的生产成本)。

20世纪70年代初,莫兰(Moran 1973)提出过一种忧虑,即国有企

---

① 还可参见 E. H. 斯蒂芬斯(Stephens 1987)对一系列国家和矿产市场的比较分析,以及参见 Shafer(1994)。
② 在扎伊尔,矿厂的财务状况迫使政府给予"税收豁免",这在很大程度上导致了政府本身的财政赤字。在赞比亚,矿厂投入和贷款业务(大部分都是矿厂本身导致的)的组合成本吸收了80%的外汇收入(Shafer 1983,112)。

业可能会被占主导地位的跨国公司边缘化,并被迫承担过多全球贸易风险。根据思福的观点,这正是非洲铜生产商的遭遇。他指出,在1974至1978年的全球经济衰退期,整个西方国家的铜产量每年持续增长四个百分点,与此同时扎伊尔和赞比亚的产量年均下降了6%和8%。① 在矿业,产业部门的特点使得在本土层面国家自然扮演造物主的角色,但在全球层面,跨国联盟才是成功的首要条件。钢铁业有着类似的教训。

钢铁业

钢铁是典型的基本商品,典型的国有企业领地,也是了解造物主角色的魅力和陷阱的另一个很好的所在。

随着20世纪六七十年代向工业化的推进,发展中国家发现自己出口了大量的铁矿石,同时进口了大量的铁和钢。②然而据某些估计,第三世界国家在生产钢铁方面可能具有成本优势。③而且第三世界的规划者们还想利用钢铁特殊的前后向联系水平(Hirschman 1958,106)。由于存在充分的理由发展本土钢铁生产,同时,本土和跨国资本对此又兴趣寥寥,国家进行直接生产变得合情合理。

像大多数第三世界国家一样,巴西、印度和韩国通过成立国有钢铁公司来回应如此明显的逻辑。它们都成功地成为主要的钢铁生产商,这展示了造物主战略的潜能。国家钢铁企业的崛起,伴随着快速的工业增长。然而,随着时间的推移,国家的差异性开始压倒产业部门的相似性。有差异的成功既取决于参与其中的国家组织的相对效率,又取决于国家通过联盟建构的形式将造物主角色与助产士角色相结合的能力。

巴西是不发达国家中较早设立国有生产公司的国家之一。巴西国

---

① 参见 Shafer(1983,104)。强调脆弱性的一般问题在此处已足以,但应当注意的是,这种增加的脆弱性对国家承担生产者角色的能力的削弱程度,部分取决于所涉及的具体商品。E. H. 斯蒂芬斯认为(Stephens 1987,67),尽管铝土矿和主要的铝生产比铜的生产更具垄断性和垂直整合性,牙买加在国家参与和对铝土矿征税上的表现仍比让跨国公司(TNCs)单枪匹马干要好。在铁矿石方面,弗农和利维(Vernon and Levy 1982,177)指出,"铁矿石的所有既定销售商,除非与一些具体的买家密切关联,否则在国际市场上就会面临高度的市场风险"。尽管如此,只有20%的铁矿石贸易是由公司内部转移((Brown and McKern 1986,56),而铝土矿等其他矿石的公司内部转移占到约70%—80%,因此相比而言,铁矿石有一个更加开放的市场(Stephens 1987,74)。
② 即使在20世纪80年代初,在大部分不发达国家的国有生产能力都投入生产后,发展中国家进口了大约650万吨钢铁,同时出口了3.05亿吨铁矿石(Brown and McKern 1986,56)。
③ 例如,根据 Crandall(1981,91),在拉丁美洲,以新的设备生产钢铁的预计成本比以预计的美国设备进行生产的成本要低。

家黑色冶金公司(Compania Siderúrgica Nacional,简称CSN)的创立符合"真空区"模型。本土资本没有能力投资钢铁业,而外资则没有意愿。作为外国子公司,贝尔戈—内拉(Belgo Mineira)公司是二战前巴西最大的私人生产商,但它不愿意在二战前夕扩大产能(Baer 1969,95),美国钢铁公司也拒绝投资(Wirth 1970,112;Baer 1969,111),因此热图利奥·瓦加斯以接受德国的援助为威胁,从美国那获得了足够的基金于1941年成立了巴西国家黑色冶金公司(Evans 1979,88-89)。

　　印度拥有世界上最优质的铁矿石,从而形成了比较优势的期许(Kelkar 1990,57)。20世纪50年代,私有部门的产能和国家需求之间的鸿沟已然日益扩大。诚然,私有部门的扩张倾向被"官方指定为国家发展的钢铁业产业部门"所抑制,[1]但即使没有官方的抑制,私有部门快速扩张以满足需求也值得怀疑。[2]

　　韩国是三个国家中最晚接受挑战成为钢铁生产者的,却是国家钢铁业成功的典范。正如本章开头对浦项制铁的描述所暗示的那样,浦项制铁不仅在发展,而且是以惊人的速度发展。尽管新近建造的工厂有着高资本成本,但平均来看,它仍是"世界上成本最低的生产商"(D'Costa 1989,135)。基于不同的产品,韩国钢铁的价格为美国钢铁成本的56%—70%(D'Costa 1989,135,表5-3)。该公司的低成本使其成为对日本和美国的强大出口商。或许更为重要的是,低成本、高质量钢铁的本地供应使得韩国以前所未有的方式在下游制造业中参与竞争。浦项制铁是韩国具备赢得造船合同能力的关键因素,也是韩国汽车出口获得成功的重要因素。[3]当然,所有这一切,都是在不顾国际专家对在韩国发展综合性钢铁能力的想法表达几乎一致的反对意见的情况下取得的。[4]

　　浦项案例说明造物主战略可以成为产业转型的强大工具,但它不是唯一的例证。印度和巴西的国有钢铁公司,在其扩张初期,对它们各自

---

[1] 这开始于1948年的产业政策决议,并在1956年的产业政策决议中被重申。
[2] 到1957年,本地生产仅占本地消费的43%。成立于世纪之交(1907年)的塔塔钢铁公司(TISCO),到1939年已成为英帝国最大的、成本最低的钢铁生产商之一(Johnson 1966,11-12),但并非所有的私营公司都有塔塔的相对效率。另一家早期的私营公司,印度钢铁公司(IISCO),就表现极差,以致劳尔(Lall 1987,80)认为其在1973—1974年"被国有化所拯救了"。
[3] 根据D'Costa(1989,136),在1986年,日本"因为韩国损失了14个主要造船合同中的12个",部分是由于韩国的钢板成本比日本的每吨低190美元。
[4] 世界银行和美国进出口银行都以过度有野心和不经济为由拒绝了初创的浦项公司(D'Costa 1989,127)。

国家的整体工业扩张而言也是相对有效的贡献者。研究表明,这些行业在20世纪五六十年代不仅提供了急需的工业投入,而且还做得相对有效率。①

到20世纪80年代末,巴西和韩国已是第三世界国有钢铁业总推力的一部分,推动其成为世界市场的一股力量。②国家钢铁业创业的核心推力仍存在于经典的关联作用上,即其生产用以供应下游的国内生产商,而这些生产商的需求增长远超过钢铁企业的生产速度。③然而,国家钢铁业扩张最令人印象深刻的特点是其出口的能力。在20世纪七八十年代,韩国和巴西的出口都增长迅猛,直至它们在钢铁出口上都超过了美国,且它们的大部分出口都流向了发达的工业经济体。

不幸的是,虽然就产出增长而言,巴西、印度和韩国都同样被视为成功案例,但巴西和印度国有钢铁业的经历也显示了国家的组织和制度问题如何轻易地削弱造物主的效用,即使是在国家拥有"制度优势"的地方。

印度钢铁业的效率问题在20世纪七八十年代达到了不可思议的地步,削弱了行业满足国内需求的能力,并使得实现巴西和韩国所取得的那种出口扩张变得遥不可及。④即使是富有同情心的观察家,如K.克里

---

① 沃纳·贝尔(Werner Baer)对巴西国家黑色冶金公司(CSN)在20世纪60年代的表现的经济分析表明,在20年后,该公司仍是制度优势的一个正面范例。贝尔(Baer 1969,125)指出,当该公司以低于美国价格生产铸钢板和热轧薄板时,它比美国钢铁公司获得了更好的投资回报。特雷巴特(Trebat)后来的评估(1983,197)基本支持了贝尔的评价。卡尔·达尔曼(Carl Dahlman)在1978年进行的一项研究(D'Costa 1989,97)中发现,乌斯米纳斯钢铁公司(Usiminas)(巴西的另一家新近的工厂)的人均年产量超过了美国的水平。总体而言,巴西生产热轧产品的人工和材料成本其实比韩国还低(D'Costa 1989,135)。即使在早期,也很难得到关于印度钢铁厂生产效率的证据,但印度国家政策的坚定批评者沙加亚·劳尔(Sanjaya Lall 1987,80),评价20世纪五六十年代的印度钢铁"有充分的竞争力",并且指出国内钢铁"比进口钢铁要便宜很多"。
② 在年生产量达到2000万吨时,巴西的生产量增长了近十倍,并且超越法国,成为世界第七大生产国。白手起家的韩国也成为一个主要力量。当20世纪90年代初,下一阶段的光阳厂投入生产后,它将在总产能上超过巴西。发展中世界的综合产量比美国要高。在20世纪80年代末和90年代初,有十家新的主要工厂投入生产,其综合产能超过2000万吨。每家工厂都在发展中国家。
③ 尽管国有产能有了巨幅增加,成品钢进口量日益增多以满足国内消费者需求:巴西在20世纪80年代末进口了2.4亿美元的成品钢,印度则超过10亿美元,而韩国是近20亿美元。巴西和韩国的数据是1987年的,印度的是1985年的(*International Trade Statistics Handbook* 1990,1:107,424,499)。
④ 到1985年,印度仅出口了相当于4600万美元的钢铁(比20世纪70年代初的出口量少了三分之一),却进口了11.5亿美元的钢铁。大部分情况下,1986年人均年产量仅为1966年的50%(D'Costa 1989,118,120)。

希那·穆尔迪(K. Krishna Moorthy 1984,268),也被迫承认"尽管印度钢铁有限公司(Hindustan Steel Ltd.)在起步阶段展示了一个伟大的希望,但多年来,它已成为……公共部门过分低效的象征"①。到了20世纪80年代末,国家钢铁业处于一种糟糕的境地,以致负责追踪行业进展的工业成本和价格局(Bureau of Industrial Costs and Prices)局长建议私有部门更多地参与该行业,以刺激国家钢铁业有更好的表现(Kelkar,1990,57)。造物主已经过时了。

　　国家钢铁业的问题反映了印度国家的整体组织问题。正如政府官僚机构总体都受到缺乏有效嵌入性的困扰,钢铁业的中央官僚机构距离日常经营过于遥远。②国家的一般性制度问题映射到产业部门的具体弊病上,这一相同的趋势在巴西也很明显。

　　巴西国家机构的碎片化特征以及国家牺牲自我目标迎合私人盟友利益的趋势,帮助削弱了巴西国家钢铁业的效率。碎片化导致优柔寡断和资本投资规划的延迟。③这反过来又造成了过高的资本成本和融资费用。④作为遏制通货膨胀的一部分,国家监管机构以牺牲国有钢铁公司的财务健康为代价,控制价格来补贴下游的私有用户(其中很多是跨国公司)。⑤巴西钢铁业确实受益于国家与跨国资本结盟的总体意愿。像浦项制铁一样,巴西国家钢铁业成功地汲取到了高效的日本生产商(如

---

① 另一位分析家(Sengupta 1984,208)将国家钢铁业的特征描述为"一种怪异的社会生产模式,劳资双方都远离国家资本,且任何一方都无法成为技术进步的代表"。
② 此外,印度的国家钢铁公司缺乏能力,从而无法创建那种对浦项的成功起核心作用的国际联盟。对于印度老工厂而言,英国的、德国的和苏联的技术从未完全适应其本土环境(例如,低质量的炼焦煤),并且在其最新工厂[即威扎吉(Vizag)钢铁公司]的建设过程中,印度钢铁局被迫使用苏联和东欧的技术以避免硬通货贷款(D'Costa 1989,115)。
③ 施耐德指出(Scheider 1987a,278),在20世纪60年代,对国家钢铁业的管辖权分散在四个部、两家国家银行和至少一个区域性的发展机构手中。
④ 就阿库米纳斯钢铁公司(Acominas)而言,"政治上的优柔寡断和计划执行上的极度拖延"导致了每吨生产能力超过2000美元的资本成本,而光阳厂的仅为1000美元左右(D'Costa 1989,48)。飞涨的资本成本所导致的高额融资费用是巴西和韩国运营成本差异的重要组成部分。
⑤ 巴西诸国有钢铁公司的持股公司(SIDERBRAS)曾提出一份内部报告,它指出,对扁钢产品的价格控制是1978年至1986年间55亿美元损失的主要原因。财政收入不足迫使政府举债,在同一时期产生了27亿美元的额外财务成本(D'Costa 1989,108)。从1979年到1985年,这些巴西国有钢铁公司一直亏损,有时高达销售额的75%。到1986年时,它已负债170亿美元(D'Costa 1989,108)。

新日铁和川崎(Kawasaki))的生产技术。①然而,国际联盟并不足以修补国家机构整体的碎片化和短视所造成的问题。财务亏损超过了临界点。到20世纪80年代末,巴西思考着把钢铁公司放到拍卖台上,以期将其转交给私有部门。②

钢铁业说明了三件事。首先,在某些历史条件下的某些产业部门,造物主确实可以引发转型。其次,即使在已拥有良好生产技术的部门,国际关系仍然至关重要。最后,也是最重要的,国家行为者在具体产业部门的经营问题很可能反映了国家机构整体的一般性制度问题。③

纺织业

纺织业和钢铁业十分相似。虽然纺织生产主要由国家介入来塑造,有时甚至直接由国家介入来创造,但生产者的角色不是转型势力的来源。相反,监管的角色才是关键。有时,监管会用于助产和培育目的,如尹仲容的信托计划。④有时,又会用于纯粹的监护目的,如本章开头的印度巴拉饶纺织厂案例。

韩国是将监管机制用于助产和培育目的的一个典型案例。在朝鲜战争后的一段时期内,韩国的国家支持和温室保护在促进纺织业的出现上发挥了重要作用。到了20世纪60年代,本土企业家能否从国内生产商转型为具有国际竞争力的出口商成了一个议题。国家能否培育已形成但脆弱的创业资源?本土企业是否会落在全球技术变革曲线的后面并产生停滞?

在20世纪60年代初,纺织业出口额的激增显然说明培育项目取得了成功。出口的成功主要依赖于国家提供的"急剧增加的补贴"(Amsden 1989,66)。促进出口的措施包括优惠的贷款、税收,关税的豁

---

① 通常被认为是巴西最有效率的工厂之一的乌斯米纳斯钢铁公司,是一家与新日铁合资的企业(Schneider 1987a,308)。最新的一家工厂图巴朗(Tubarão),是川崎钢铁和冶金投资公司[Finsider,意大利国有钢铁巨头意大利公司(Italsider)的一家子公司]的合资企业。图巴朗从技术到市场全面依赖其国际关系。加利福尼亚钢铁工业公司[川崎和巴西国有铁矿石出口商(CVRD)]是其最重要的外国买家(D'Costa 1989,98)。
② 很显然,不只是可怜的绩效表现,国际意识形态趋势也使私有化变得吸引人。即使是韩国都选择将浦项的大部分股份放到大众的手中而仅将控制权留给产业部,它以此方式巧妙呈现对造物主策略的支持。
③ 基本化学品产业代表了一个不同于钢铁业的有趣案例。例如,参见布莱恩·利维(Brian Levy 1988)对化肥业中造物主角色的研究或我在石化方面的研究(Evans 1979,1981,1982,1986b)。
④ 参见第3章"发展型国家的差异"这一节。

免以及社会分摊费用和行政方面的支持（Y. B. Kim，引自 Amsden 1989,68）。阿姆斯登认为，如果没有这些补贴，韩国的纺织制造商是无法在出口市场与日本人竞争的。出口商品不仅接受补贴，而且还被当成进入被高度保护且利润丰厚的国内市场的入场费。①

鉴于国家干预的程度，长期的成功取决于确保培育不退化成庇护主义。专注于充满竞争压力的出口市场会有所帮助，但仍然存在寡头国内市场沦为停滞的、受国家支持的以及价格固定的卡特尔的危险。这种可能性在1973年变得戏剧化。纺织行业协会受到韩国有史以来对私人协会最大规模的审计和检查，导致上百名政府官员（以接受该协会的贿赂为由）被解雇且该协会的大多数董事都辞去了职务（E. M. Kim 1987,185）。

当舒适但停滞的庇护主义达到不可容忍的地步时，该行业采取了更加熊彼特式的行动，将政府补贴产生的利润投资到现代化的厂房和设备、新的合成纤维的生产能力②和改进的生产技术上，使该行业逐步摆脱了对补贴的依赖。

印度国家在纺织业中的参与不比韩国的少，而且也主要采取监管而非直接生产的方式。但印度监管政策的推力几乎与韩国正好相反，监护角色的主导地位是以牺牲助产和培育为代价的。

本章开头描述的印度巴拉饶纺织厂困境是一个典型的例子。监护式监管的表面是为工人保留工作。解雇工人的禁令（World Bank 1987b,52）与那些旨在确保无效生产者不受更现代的、有竞争力的工厂威胁的措施相结合。20世纪50年代中期，为保护小规模的产业部门，组织化（大型）产业部门的织布机被冻结了。结果，组织化产业部门的行业产出份额骤然下降。③同时，产能许可条例确保了更有效的生产者不能吸收低效生产者的产能（Lall 1987,114）。此外，还对以现代开放式转子取代旧式纺锤的可能性施加了严格的限制。

监护式监管极大减缓了该产业的现代化步伐，④而且还提高了棉纺织品的地方价格（相比于世界价格）⑤并减少了人均织布的国内供应量

---

① 原棉的进口配额是基于过去的出口表现，而且如果没有棉花，将无法在国内市场进行竞争。
② 当然，新的合成纤维的生产能力反过来依赖于国家对中间化学品生产的推动。
③ 从20世纪50年代的近80%下降到80年代初的大约30%（Lall 1987,114）。
④ 令人惊讶的是产业中仍存在局部的活力。信实集团（Reliance Group）的发展就是其中的一个例子。
⑤ 在1973年和1974年，棉纺织业的价格约是美国价格的一半，但到了20世纪年代初，相对于美国价格，它们有了大幅增长。

①。最后,它还造成了出口近乎完全停滞的状态。在20世纪50年代初到80代初期间,出口纺织品的价值几乎没有任何上升。②因此,尽管在20世纪70年代末印度的工资只是韩国工资的一小部分,其在世界出口纺织品中的份额却下降了。

长期来看,阻止现代化和产出的停滞伤害了保护纺织工人工作这一目标。此外,监护式监管刚愎自用的结果是,推动国家在完全不具备"显性制度优势"特征的行业中扮演造物主的角色。例如,英迪拉·甘地(Indira Gandhi)的政府,在1984年将孟买的13家倒闭的纺织厂国有化,作为保留工人工作的最终努力(Rudolph and Rudolph 1987,90)。

巴西处于韩国和印度之间。如同在韩国和印度一样,纺织业的历史性出现依赖于国家站在行业利益的立场上行使监管权力的意愿,主要以建立"温室"的形式来保护其免受外部竞争。与韩国相反,巴西无法对它所帮助创造的幼稚行业实施断奶。它缺乏从助产士角色转换到培育者角色所需的自主性。相反,实业家们紧紧抓住他们的特权,逃避熊彼特式变革之风,因此一直是巴西制造业产品出口的相对次要的贡献者。

纺织业表明仅仅助产是不够的。在转型目标上,形成牢固根基的本土资本家会成为变革的固执反对者而非盟友。已形成牢固根基的资本更倾向于将国家视为安全感的来源,但并不欢迎朝新方向发展的激励。只有一个有能力且有决心的国家机构,在与产业部门的关系中保持自主性,才有可能成功地发挥培育作用。

汽车业

汽车业与纺织业一样,亲近监管策略而非直接参与生产,③但与跨国资本结盟对助产至关重要。跨国公司重要,是因为快速发展的产品技术是参与的关键,而这些技术被少数在国际上占主导地位的生产者牢牢把控着。助产主要是与跨国公司进行谈判。跨国公司必须先被诱导进入本土市场,然后提高产品的国产化水平,接着再出口。理想情况下,这一切都是在与本土企业结盟的基础上完成的。

汽车业中兼有联盟和温室保护。如在纺织业中一样,在20世纪七

---

① 根据Lall(1987,114),人均织布供应量从1964年的16.8米下降到1982年的13.5米。
② 1950年到51年的出口额为2.59亿美元,1982年的为2.78亿美元。出口量在1973年达到顶峰6.31亿米,并且在1982年跌落到1.99亿米(Lall 1987,117)。
③ 当然,存在例外。在巴西,甚至在韩国(参见Wade 1990,309),当汽车业刚开始发展时,有一些国家直接尝试参与生产。

八十年代,建立温室以保护地方生产,是国家汽车政策的一个普遍特点。成功的新兴工业体的出口商[如韩国的现代集团(Hyundai)]以及技术落后的国内生产商(如印度的博拉集团),都是保护主义的受益人。

巴西是第三世界发展本土汽车生产的先驱。尽管这一20世纪50年代被植入的行业,采取了外商独资的跨国公司子公司的形式,国家的作用仍然很重要。[1]如果国家没有能力在组织上令人信服地保证免受外部竞争的破坏,并且必要时给予更进一步的支持,那么跨国汽车公司就会发现,投资于完全成熟的本土生产的前景将介于风险太大和完全没意义之间。[2]

被诱导进入后,跨国公司发现,在20世纪六七十年代,巴西温室内的生活十分有利可图。汽车业逐步成为巴西"经济奇迹"的主要贡献者,最后,实现了每年一百万辆汽车的产量,孵化出一个本土所有权占有重大比例的大规模本土零部件行业,并且成为巴西制造业产品出口的最重要的贡献者之一。

印度和巴西一样,是本土汽车组装业的先驱,但它一如既往地试图最大限度地减少跨国资本的参与。忽视技术落后的问题并且避开任何参与全球市场的渴望,印度安于创建一个温室并允许一个本土所有、技术停滞的行业基于技术许可证而非与跨国公司的持续联盟来供给国内市场。很久之后,到20世纪80年代,印度才真正开始考虑建立联盟,最突出的是以国家和跨国公司联盟的形式促成马鲁蒂公司(Maruti Udyog)和铃木公司(Suzuki)的合作(参见 Chatterjee 1990; Venkataramani 1990)。

和在其他制造业的情况一样,韩国起步晚于印度或巴西。然而,到了20世纪七八十年代,它已是"发展中世界汽车业的成功范例"(Doner 1992,401)。[3] 韩国组装汽车的出口量使其他新兴工业体相形见绌,而

---

[1] 夏皮罗(Shapiro 1988,1994)对该行业的基础有着很好的研究。
[2] 班尼特和夏普(Bennett and Sharpe 1985)在他们对墨西哥汽车生产增长的分析中提出了相同的观点。在20世纪六七十年代,让跨国公司扩大它们的本地生产需要相当强的政治意愿和技巧。在70年代末,让它们从对墨西哥出口开始做努力,需要花费同样的能量和决心。跨国公司不仅要被说服来承担一项对于它们来说十分冒险的任务,而且还不得不违背其母国的政策(参见 Bennett and Sharpe 1985,220-224)。仅在80年代末,美国公司才认同墨西哥国家的信念,认为墨西哥是个生产汽车的合适地方。在成功生产了二十年后,美国公司最终决定,即使是技术上最复杂的汽车零部件,在墨西哥生产的话,也能具备国际竞争力,于是开始独立投资(参见 Shaiken 1989)。
[3] 随后对韩国产业的讨论主要参考 E. M. Kim(1987,197-206)和 Doner(1992)。

且本土力量对成功出口做出了异常大的贡献。①

在创造该行业的过程中,国家介入采取了多种形式。首先,通过促进主要财阀如现代和大宇的成长,国家帮助创造了建立该行业的组织基础。如果没有这种广义的助产,将无法形成本土汽车生产发展的具体轨迹。当该行业开始启动时,国家使用它的监管权力推动"合理化",限制行业中竞争企业的数量以及汽车型号的数量(Doner 1992,410-412)。② 与此同时,国家积极发出信号,显示该行业是值得投资的。③ 最后,在技术转移、进口投入品价格和股权参与方面,国家参与了与跨国公司的谈判。

国家雄心勃勃的汽车计划获得成功,但这不意味着国家将该行业变成了它所选择的模样。嵌入性和自主性相辅相成,私人回应和公共举措一样重要。④ 同样地,它证明了,即使是对"发展中国家的成功范例"而言,避免对跨国公司的技术依赖也是不可能的。虽然不存在全资外国子公司,如在巴西占行业主导地位的那些公司,但即使是现代,一家最成功的且最有民族主义色彩的本土财阀,最终也与日本三菱公司(Mitsubishi)紧密地联系在一起,⑤ 而第二成功的企业大宇,由通用汽车公司(General Motors,简称GM)控股50%,并完全依靠通用开拓出口市场。

汽车业的情况强调了国家战略对全球环境的依赖程度。韩国在联盟谈判中取得成功,而非像巴西早期那样依靠全资外国子公司。这得益于当时的全球环境,即跨国公司已确信,即使是与第三世界的公司结成

---

① 到20世纪80年代末时,韩国不仅是世界上除美国、日本和西欧以外的最大汽车生产国,而且它每年出口约50万辆汽车,使汽车业成为出口收入的一个主要来源(Bello and Rosenfeld 1990,129-130)。多纳(Doner 1992,402)预估韩国本地化的比例在90%以上。

② 此处有必要与汽车业在大部分拉丁美洲国家的最初阶段相对比,在这个阶段,本土产业极其分散,且大量企业都在为极小的国内市场组装汽车进口零部件。

③ 1974年,贸易与工业部宣布了一个雄心勃勃(如果不是异想天开)的目标,即到1981年出口7.5万辆汽车。与此同时,1973年的"重化工业计划"(Heavy and Chemical Industry Plan)将汽车业囊括进优先发展的产业行列,这清楚地表明那些认真对待国家雄伟目标的企业将很快得到(财政和其他方面的)支持。1979年政府重申了对支持的承诺,彼时汽车业成了20世纪80年代的十大目标产业。

④ 当尝试进行合并时,私人抵制尤为强烈。先是实业家抵制朴政权初期将组装业整合到单个公司[即三进公司(Sinjin)]做出的努力(Doner 1992,407)。而后,现代拒绝了将其生产与大宇和通用的合作公司合并的诱骗(Doner 1992,408)。再后来,双龙(Ssangyong)挤入小客车的生产,而三星威胁也要这么做。参见卢(Lew 1992)对产业演化的分析,其强调了财阀们不同反应的重要性。

⑤ 现代将其汽车生产的10%的股票出售给铃木,并且在关键进口零部件(例如传动装置)以及设计和产品技术方面依赖其合资伙伴铃木。

国际联盟也是有战略意义的。韩国在 20 世纪 80 年代结成的那种联盟，对于 20 世纪 50 年代的巴西而言是不可能的。与此同时，结盟成功还依赖于"机敏的国家干预"(Doner 1992, 425)。至关重要的是事先进行的助产活动创造了可信的合作伙伴，国家表达和坚守一个整体立场的能力也同样重要。全球环境创造出不断变化的机会组合，利用这些机会则要求国家通过扮演多种角色来有效地发挥其制度能力。

产业部门差异的启示

　　国家介入在产业部门间呈现系统性的差异。国家尝试什么样的角色取决于该产业部门的技术和组织特征，而角色扮演得如何以及会带来怎样的后果则取决于每个国家的制度特征。

　　琼斯和梅森很明智地给出建议，认为产业部门的特征，诸如经济规模和技术的相对重要性，有助于为不同类型的国家介入创造"制度优势"。当进入壁垒高（使得本土资本存在创业困难）并且技术不由少数全球企业牢牢把控（使得国家可以独立进入）时，国家最有可能承担造物主的角色。当进入壁垒低时，如在纺织业，本土资本成为创业的可行来源，助产就有了现实可能性。当技术被牢牢把控时，如在汽车业，与跨国公司的谈判和结盟就成了助产和培育的必要组成部分。

　　尝试相似的角色并不意味着会产生相同的结果。所有国家都在钢铁业扮演造物主的角色。韩国的造物主角色比巴西的更有效、更有作用。巴西、印度和韩国都尝试采取各种监管策略来引导各自纺织业的发展，但只有韩国能够掌握助产和培育的顺序。产业部门的特征决定了什么样的角色可能起作用，国家的性质决定了一个角色是否可以被扮演。

　　国家的结构和能力很重要，但国家不是唯一的参与者。产业转型依赖于国家和本土企业的互动，而这两者都在一个深受跨国公司主要策略的限制环境中运作。私人资本家不是国家政策的被动买家。国家政策或许可以吸引他们进入新的产业部门，但他们逐渐成为自我发展的主角，有着自己的利益和计划。纺织业就是最好的单个例证。在提供受保护的环境，呵护本土纺织企业的成长之后，巴西和印度都发现，该产业中的企业都有阻止进一步转型的政治能力。即使是韩国的纺织政策也几近被曾经是其"买家"的那些企业之既得利益所削弱。角色如何上演，取决于不断变化的国家—社会关系的特征。

　　全球约束也对什么样的产业角色成为可能施加了强劲的制约。从矿业到汽车业,本土产业战略必须不断地与生产和市场的全球结构化方式所带来的制约做斗争。作为全球市场的组织者和最先进技术的拥有者,跨国公司最能体现全球约束。与本土战略相比,它们不断变化的立场很好地说明了制约是如何随时间推移而改变的。正如汽车业所清楚显示的那样,一段时间内不可能出现的谈判内容可能会成为另一段时间内的主导策略。

对矿产、钢铁、纺织和汽车行业的观察让我们了解了国家介入在具体产业部门是如何起作用的。但将这种理解外推到信息技术产业仍然是个挑战。作为20世纪末"有利于发展的多维共谋"的最有可能的来源,信息技术产业是国家行动最明显的一个目标。然而,其他产业部门的准则很难适用于该产业。

信息技术产业的挑战

只要像钢铁这样的基础产业被视为第三世界发展计划的核心,国家构建和产业转型之间在分析上就存在恰当的一致关系,即使在现实中并非总能实现。与20世纪五六十年代不同,七八十年代的发展规划者们非常不幸,他们面对的是一个对国家介入十分不利的全球经济。多元化的制造业产品出口是"有利于发展的多维共谋"之新焦点,而非提高基础产业投入能力。服务业日益重要,它不只是制造业的辅助,而且还是独立发展的国际商品,这进一步加深了理解形势的困难。难怪新功利主义让国家退出经济的方案越来越具吸引力。无论对错,它是一个明确的行动计划。

信息技术产业是国家介入矛盾的典型例子。计算机的硬件、软件、组件和外围设备的组合,构成了信息技术,它对成为20世纪末的主导产业有着强烈的诉求。信息技术渗透到所有产业部门的生产过程中,而且其在所有发达工业经济体的产出中占有的份额日益增加。从20世纪50年代末到80年代初,计算机生产在美国国内生产总值中的份额增加了4倍(Flamm 1987,29)。到了20世纪80年代末,前一百名的信息系统生产商的总销售额超过了2500亿美元,是80年代中期数据的2.5倍(*Datamation* 36, 12: 22; 33, 12: 28)。

电子数据处理不仅是一个对世界经济的影响权重呈指数级增长的产业部门,还是20世纪末技术变革的体现。在过去的三十年中,计算机使用能力的实际成本一直以每年20%—25%的速度下降(Flamm

1988b)。比较而言,第一次工业革命时期棉纺织业的技术变革简直就是龟速。[1] 由于信息技术产品主要是资本品,不像棉纺织业生产的是消费品,其所引发的生产力的提高遍及其他产业部门。

有关提高在国际劳动分工中地位的任何设想都必须包含扩大信息技术参与的内容——即使不以信息技术生产者的身份,也以其用户的身份。这对国家介入的战略意味着什么?如果在国际劳动分工中地位的提高意味着要为矿厂雇佣更多的工人,那么国家的角色就很明确。如果它意味着为建立一个钢铁厂而积聚资本,那么国家的角色仍然很重要。如果提高意味着培育一个需要灵活运用快速变化的国际技术并掌控快如闪电的产品周期,那么国家的角色是什么?最显而易见答案是新自由主义式的。国家缺乏作为直接生产者进入产业所必需的灵活性以及作为有效助产士所必需的洞察力;监管会赶走建立信息技术产业所需依赖的跨国公司,而且无论如何它也不是本土企业家所需要的。

即使不是新自由主义的真正信徒也可以主张,以信息技术为主导产业的全球经济的黎明时分就是国家介入的日落时刻。任何对国家介入的有效性持适度怀疑的人都可以看出这一主张的逻辑。无论国家介入是否对早期工业的发展做出了贡献,20世纪末新主导产业的特征似乎使得国家到了从试图重塑工业的任务中退出的时刻了。

无论此逻辑是否合理,在20世纪70年代初,这一结论很难让那些有抱负的新兴工业体所接受。如果没有干预,即使是那些先进的第三世界国家似乎也注定要被21世纪可能的主导产业排除在外。在缺乏某种国家激励和支持的情况下,私人企业家进入该产业的可能性有多大?按照传统的比较优势理论,留给新兴工业体的将是低收入的、处于产业落后边缘的以及外资控制的装配生产。放弃国家介入几乎等同于放弃在信息技术世界的生产位置。

成为一个好的用户是另一种选择,但即使这种选择也是令人烦恼的。信息技术产品不是诸如工字钢或布匹这些可以不经调整就能轻易放置到多种环境中的商品。信息技术必须被纳入本土文化和组织模式中才能得到很好地利用。直接泊来并送到本土办公室,信息技术产品的结局可能会是,作为昂贵的桌上装饰品落满灰尘。只有当本土生产商了解本土文化和组织模式并有着较强的激励措施令技术与其相适应时,这个国家才会在成为好的用户方面有很大的优势。适应问题仅是一个开

---

[1] 18世纪晚期和19世纪初期棉纺织业的技术进步速率"仅"为每年3.1%(Flamm 1988b,1)。

始。当发达工业市场对信息技术之需求的增长速度比大多数企业能够追赶的速度要快时,我们无法确定,一个只拥有全球市场 1%—2% 或更少份额的国家将如何从全球供应商处获得关注。

观察发达国家的行为令第三世界的技术专家们更难接受国家应当消失这一观点。发达国家的国家组织从一开始就一直深入、持续地介入该产业的发展。从日本的第五代项目到欧洲信息技术研发战略项目(ESPRIT),再到美国的半导体制造技术战略联盟(Sematech),国家密切介入,试图塑造发达工业国家信息技术的发展。① 正如肯尼斯·弗拉姆(Kenneth Flamm 1988b,10)所言,"底线是世界各地的政府在计算机技术的投资上都发挥着核心作用……政府角色在技术投资中普遍存在的现实意义是,这种介入在哪里都是游戏规则之一"。显然,发达国家成功介入遇到的障碍比第三世界国家面临的要少得多,它们的榜样作用使第三世界国家更难放弃此种努力。

出于非经济的原因,也很难放弃为刺激本土信息技术产业发展明确做出的努力。一方面,依赖外国供应商来提供基础电子数据处理设备,是所有将军的噩梦。另一方面,参与信息产业对社会改革者很有吸引力。鉴于其发展速度和研究强度,广义上的信息技术在世界范围内为那些受过技术训练的人提供了良好的工作。信息技术的缺失会导致"人才外流"(brain drain)。促进信息技术的蓬勃发展是扩大技术就业的最佳策略之一。对于那些认识到缺乏"现代中产阶级"是其政治和社会问题之核心的国家而言,信息技术有着超越经济因素的吸引力。

对于任何一个从比较制度主义的视角对国家和产业转型感兴趣的人而言,所有这一切都使得信息技术产业成为一个迷人的案例。由于它是一个明显受倾向于新功利主义的假设所操控的舞台,这里收集到的关于国家可以扮演转型角色的任何证据都是非常有说服力的。此外,如果对信息技术产业的大多数介入都是不起作用的,而雄心勃勃的国家却无论如何都要介入,那么信息技术产业将是关注国家在如何干预方面之差异的理想场所。由于没有任何明显的成功之道,因而还可以从反映内部

---

① "第五代项目"由通产省资助,为期十年,从 1981 年开始,目的是发展新的计算机体系结构(参见 Flamm 1987,142-143)。ESPRIT 是"欧洲信息技术研发战略项目(European Strategic Program for Research and Development in Information Technologies)"的简写,这个计划涉及欧洲经济共同体和欧洲企业在 20 世纪 80 年代后半期约 15 亿美元的投资(参见 Flamm 1987,163)。半导体制造技术战略联盟部分受美国国防部资助,将其自身描述为"一个独特的公私合作形式,其成立旨在为美国半导体产业成为半导体制造的世界领导者提供本土力量"(*Sematech Update*,1991 年 10 月)。

国家结构和国家—社会关系的角度来回答"如何"的问题。对于对展示国家结构如何影响角色感兴趣的人而言，信息技术产业提供了一个无法错失的好机会。

我们应当期望从巴西、印度和韩国的信息技术产业中发现什么形式的国家介入呢？第 3 章中呈现的巴西、印度和韩国国家的一般特征，当然对其在信息技术产业中的表现有所启示。同样地，本章中所讨论的产业部门特征和角色间的密切关系，也是对信息技术产业运作之预期的来源。

基于本章的讨论，在信息技术产业扮演造物主的角色似乎基本被排除掉了，尤其是在像印度和巴西这样的国家，因为在像钢铁这样的行业里，国有企业的存在是常态而非例外，但即便如此，印度和巴西都难以维持直接生产的角色。监护式监管似乎完全不合适，除非是在整体强调助产士角色的情况下作为一个次主题。信息技术产业应当展示助产士和培育者角色的相对有效性，尽管扮演好这些角色存在明显的阻碍。然而，助产的重要组成部分是与跨国企业结盟。

如果这些预期能够得到证实，那么韩国应该有明显的优势。嵌入式自主性的结构和扮演助产士和培育者角色之间的天然亲密关系对韩国十分有利。印度国家与私有部门之间的矛盾关系使其难以扮演助产士或培育者的角色，这似乎是它的一个严重劣势。坚守它在其他行业偏好扮演的监护者和造物主角色，其结果肯定是灾难性的。巴西国家最难预测。其与跨国公司紧密合作的过往以及与私有部门大体上较为密切的关系，应当使得扮演一种联盟导向的助产士角色更为自然，但整体官僚机构缺乏一致性是不利的一面。

接下来的三章描述了 20 年来的信息技术政策，正如所要展示的那样，从简单的结构和角色的差别推断出的上述预期，对于分析信息技术产业来说是个非常有用的起点。有些预期是错的，但仍然有用。然而，接下来的三章还将展示，产业转型的过程比结构和角色的简单框架所认为的更加动态化。国家介入不是一个一次性过程。正如国家确实塑造了信息技术产业的形成一样，崛起的信息技术产业也促使对国家介入做了重新界定。

第五章
推动与管制

第二次世界大战结束时,阿兰·图灵(Alan Turing)以及其他计算机科学先驱的故乡英国,在计算机产业上比除美国外的世界其他国家都有比较优势。事实上,据肯尼斯·弗拉姆(Kenneth Flamm 1987,159)所言,"1950年,英国的计算机技术在很多方面已与美国相当,甚至超过了美国"。

40年后,到了20世纪90年代初,最后一个英国主要的计算机公司——国际计算机有限公司(International Computers Limited,简称ICL),被富士通(Fujitsu)收购,而后者在1950年时还只是为日本国有电信垄断者提供通信设备的一家小供应商。作为一家独立的企业,国际计算机有限公司的消亡只是一系列有征兆的事件中最富戏剧性的一个,这些事件预示着英国已无法维持具有国际竞争力的信息技术企业。随着20世纪80年代的结束,英国的龙头计算机公司要么一个接一个的破产,要么被外国企业收购。① 英国的明显优势终究被挥霍殆尽。

与国际计算机有限公司的失败意味着英国实力的衰退一样,富士通的成功象征着日本产业地位的变化。在1990年,世界五大信息技术企业中的三家是日本企业(*Datamation* 37, 12:11)。然而,1950年时,英国的发展前景显得如此广阔,以致没有一个产业专家会选择把日本作为未来世界信息产业的强国。即使是在20世纪60年代初,相对于美国的

---

① 红杏计算机公司(Apricot Computers)曾被视为英国在个人电脑(PC)市场拥有一席之地的最大希望,但被三菱公司"吞并"(*Wall Street Journal*,1990年8月13日,B1)。与此同时,英国国防电子能力的支柱企业——费伦蒂公司(Ferranti),宣布了被富士通(Fujitsu)收购的消息,并承认,尽管之前出售了大部分的非国防资产,它仍在亏损并无法在接下来的两年里分派任何股息(*Financial Times*,1990年7月20日,第18页)。一个月后,享有英国计算机产业第二大收入的一家租赁公司——大西洋公司(Atlantic),垮台了,置其客户于困难地(*Datamation*,1990年8月15日,第94—95页;1989年6月15日,第9页)。这一切使得"一直坚称其是一家营销公司而非技术公司或计算机公司"的阿姆斯特拉德公司(Amstrad),成为英国在计算机产业上主要的拥有本土所有权的公司代表(*Datamation*,1990年6月15日,第136页)。

"大象"(IBM)而言,日本的计算机公司被视为"蚊子"。[1] 莫名地,在随后的三十年中,日本建立了比较优势。

虽然国家介入只是日本作为信息产业强国崛起而英国衰落这个故事的一部分,但那也是有意义的。它们的不同发展路径与国家在计算机行业中完全不同的介入形式有关。综合来看,英国和日本提供了一个有趣的背景来对照思索巴西、印度和韩国在促进信息技术产业部门上的努力。

英国的路径有两个主要特点。[2] 首先,和美国一样,英国认为产业政策应当是国防政策的附属物(参见 Flamm 1988a,29-79)。生产国防相关产品的企业被优待,但对产业的推动却停滞不前。不幸的是,战后英国的国防支出并没有美国国家所提供的那种超级规模。更糟糕的是,与美国不同的是,英国国防经费的接受者将自身局限于进行国防生产,并非首先界定为商业竞争者。根据弗拉姆(Flamm 1988a,148)的研究,"商业导向的企业没有得到英国政府的任何支持"。

以国防支出保持竞争力的做法失败了,引发了国家政策的第二波推力,即推动单个"全国冠军"(national champion)——经过一系列国家发起的合并创建于 1968 年的国际计算机有限公司(参见 Flamm 1988a,149-150)。虽然这是一个私有企业,但"全国冠军"战略与依赖一家国有企业有着某些相同的缺陷。它并不是形成有活力的、具竞争力的企业的替代物。[3]

日本的国家介入是更加多样化的。[4] 它始于传统的"温室"策略,保护新兴本土企业免受国际市场寒风的侵袭。当该产业在 20 世纪 60 年代起步时,国内制造商被很好地保护起来,免受国外竞争影响。其关税是英国的两倍或三倍。[5] 更关键的是,通产省实施配额制并劝阻那些试图购买外国机器的人,没有通产省的进口许可是无法进口一台计算机的。虽然国内用户"极度抱怨"被迫使用"低质量、不可靠的国内计算

---

[1] 这是佐桥滋(Sabashi Shigeru)做的对比,他是 20 世纪 60 年代早期通产省重工业局的局长(参见 Anchordoguy 1988,515)。
[2] 随后的讨论主要参照 Flamm(1987,1988a)。
[3] 到 1974 年时,外国计算机制造商占据 70%—75% 的英国市场。阿尔维计划(Alvey Program)是后期该产业的主要支持方,对半导体业有一定影响(DOI 1982;*Financial Times*,1985 年 6 月 26 日),但无法扭转该产业总体下滑的趋势。
[4] 随后对日本政策的讨论主要参照 Anchordoguy(1988)。
[5] 英国的关税在进入共同市场之前是"稳定的"14%,之后降到 7%(Flamm 1987,167),而日本的关税从 20 世纪 60 年代开始就是 25%(Anchordoguy 1988,513)。

机",但这并没有什么用(Anchordoguy 1988,513-514)。

外国投资像进口一样受到严格控制,但政策制定者认识到,本土产业无法在不获取外国技术的情况下从零开始。对国内市场的严格控制不是自给自足政策的出发点,而是作为"廉价获取外国技术并对外国公司施压以使其与日本公司建立合资企业的杠杆"(Anchordoguy 1988,514)。最重要的是,IBM 被劝服许可日本企业使用其基础技术,以换取进入当地市场的权利。[①] 使用 IBM 专利的权利并未赋予一个国有的造物主或私有的"全国冠军",而是赋予了 15 家竞争性的本土企业(Anchordoguy 1988,516)。

在限制外国竞争并确保获取外国技术的同时,通产省还致力开发该产业的需求一侧。政府采购这一传统工具被积极利用。1975 年,当外国计算机占到日本用户的全部组装计算机价值的 44% 时,它们只占政府部门总价值的 7%(Flamm 1987,144)。[②] 将国有电信巨头——日本电信电话公司(Nippon Telephone and Telegraph,简称 NTT)与其"日本电信电话家族"供应商连接到一起的具体关系是采购激励措施一个尤为重要的部分。1965 年至 1975 年间,日本电信电话公司提供了共 133 亿美元的市场,并资助了其供应商的大部分研究(Anchordoguy 1988,525)。

日本电子计算机公司(Japan Electronic Computer Corporation,简称 JECC)是第二个解决需求问题的公司,做出了更具创新性的贡献。这个公司由通产省成立于 1961 年,作为一家"准私有化"公司,它由几家主要的计算机生产商[③]共同拥有,并且由通产省的退休官员进行管理(Anchordoguy 1988,517;Flamm 1987,145)。通过利用以低于市场的利率从日本政策投资银行获得的贷款或由这个银行担保的私人贷款,日本电子计算机公司得以直接从生产商那购买计算机,然后租给用户。该公司的租赁系统既刺激了需求(通过减少买家的预付费用),又改善了生产商的现金流。[④] 对于相关的企业而言,增加的现金流几乎等同于 20

[①] 日本也与其他美国企业建立合资企业或签署技术许可协议,但[除日本电气有限公司(NEC)与霍尼韦尔公司(Honeywell)的协议外]都收效甚微。通用电气公司[GE,与东芝(Toshiba)相关]和美国无线电公司[RCA,与日立(Hitachi)相关]都退出了该产业,迫使它们的合作伙伴重新定位它们的战略。
[②] 这可与同期的英国进行对比,政府使用的计算机 44% 都是外国的(Flamm 1987,167)。
[③] 富士通、日立、日本电气有限公司、三菱、东芝和冲电气(Oki)。
[④] 在日本电子计算机公司(JECC)成立之前,租金只占计算机收入的 4%;该公司运营四年后,该数值上升近乎至 80%(Anchordoguy 1988,520;另参见 Flamm 1987,252-253)。

世纪60年代对工厂、设备和研发的总投资额。① 投资于从前的"蚊子"的资金被大量的减税优惠和财政激励进一步强化了,这些优惠和激励包括针对计算机的特别折旧规则,对计算机人才培训费的扣除,以及软件收入的延期纳税(Flamm 1987,148)。

保护免受外国竞争影响、政府对需求的支持以及财政补贴这三者的组合,将一个可能极端有风险(如果不是不可能)的产业变得极其诱人。结果,在众多强势的参与者中产生了激烈的国内竞争。管理由此产生的竞争是国家角色的另一部分内容。该产业参与者的数目不断被筛减。其中15家被允许分享IBM的专利;只有六家是日本电子计算机公司的股东。公司本身扮演"价格卡特尔的管理者"角色,确保不会出现恶性降价的竞争形式。

国家还推动了技术变革。20世纪50年代,在对计算机发展产生商业兴趣之前,政府实验室,诸如通产省的电工技术实验室和日本电信电话公司的电气通信实验室,是本土创新的主要来源(Flamm 1988a,173-179)。一旦一个国内产业被构造出来,通产省就开始资助一连串的研究项目,从20世纪60年代的超高性能计算机项目到70年代的超大规模集成电路(VLSI)项目,②这对从技术上推动主要的企业向前发展至关重要(参见Flamm 1987,132-133)。通过这些项目,通产省开创了将主要的公司召集到一起、合作进行"竞争前的"一般性研究这一奇想,其成果则转化为单个公司的竞争性商业产品(Flamm 1987,171)。

国家资助不仅仅是研发资金的一个额外来源(虽然财政贡献举足轻重)。通产省的合作项目专注于技术竞争并使其结构化。例如,20世纪70年代中期推出的第3.5代项目,不仅在IBM370系统刚击败美国无线电公司(RCA)和通用电气公司(GE)时提供了重要的资金资源,而且还将主要的计算机生产商分成了三对,每一对专注于不同的计算机型号范围(Flamm 1987,131,4-5;Anchordoguy 1988,523-4)。

通产省的项目预示着未来技术竞争的范畴。例如,当超大规模集成电路项目被公布时,基于超大规模集成电路的计算机还只是一个假设。然而,一个大多数主要竞争对手都将参与其中的项目存在,意味着没有

---

① 阿克罗德(Anchordoguy 1988,521)估计,这些公司的总投资额达到1.039千亿日元,并且在日本电子计算机公司体系下获得的现金流与假使这些公司能够运营它们自己的租赁系统从而获得可用的现金流之间的差异是970亿日元。

② 超大规模集成电路(very large scale integration,简称VLSI)项目旨在提高本土企业设计和生产半导体的能力。

企业敢忽视挑战并冒险错失开发其他领域可能获得的收益。正是该项目的存在帮助诱导了企业"走出致力超大规模集成电路研究这一具有风险的一步"(Anchordoguy 1988,529)。这些项目还提供了惩罚机制。那些不被视为具有商业竞争性的企业或未能利用前期项目研究成果的企业下一轮可能就有被排除在外的风险。[①]

国家介入的任何一个单一面都不具决定性。然而,其 20 年的累积效应则改变了日本在国际劳动分工中的地位。国家介入确保了日本的创业团体能够利用计算机行业固有的机遇。到 20 世纪 70 年代末,助产的任务已完成。强大的企业致力成为信息技术产业的国际参与者。

这个故事有哪些经验?首先,它清楚地表明,信息技术产业的崛起并不意味着国家转型角色的衰落。计算机行业的高技术性质并不排除有效的国家行动。日本在信息技术产业上的助产与其在钢铁或汽车业上的一样成功。其次,对比英国和日本的情况表明,国家介入本身并不重要(英国的国家介入在很多方面都一样优异)。重要的是找到适合产业的角色或战略组合。[②]

日本证明了国家行动有助于构建比较优势,即使是在信息技术产业。当然,这不证明巴西、印度或韩国也可以做同样的事。日本始于一组优势产业资源,并在比巴西、印度或韩国大得多的国内市场进行运营。而且日本也起步得较早。在信息技术产业,十年的差距是巨大的。新兴工业体的技术专家在 20 世纪七八十年代所面对的信息技术产业,与日本在 60 年代开始进入时的已完全不同。我们应当在一个快速变化的全球产业背景下看待新兴工业体在产业转型上的努力。

不断变化的信息技术产业

日本在 20 世纪 60 年代面对的信息技术产业[③]基本上是 IBM 建立的。在 20 世纪 60 年代中期,它只是"计算机行业","计算机"只意味着"大型机",并且 IBM 仍然控制着绝大部分全球大型机的销售。企业销

[①] 例如,冲电气被排除在外,因为它未能将其在"第 3.5 代"项目中开发的商品商业化。
[②] 尽管日本获得了成功,但很重要的一点是,不能假设日本国家想当然地具备超人的预知能力。例如,肯特·卡尔德(Kent Calder 1993,116)认为,"直到 20 世纪 50 年代晚期,电子业仍不得不与一系列试图压制它并将其财务资源引向其他地方的政府举措相斗争"。
[③] 本章讨论基于肯尼斯·弗拉姆(Kenneth Flamm)的两本书(1987,1988a),它们是任何人想要了解对全球产业更多详细解释的最佳来源。我还受益于马里奥·迪亚斯·瑞普(Ripper 1988)关于产业是如何变革的"三波思潮"的见解。

售的是硬件，软件则伴随着硬件而来。系统是专有的，不是开放的。IBM 的机器运行 IBM 的软件，而且与 IBM 的外围设备相连接。获取一个集成信息技术系统意味着全部商品都要从同一家公司购买。IBM 在 20 世纪 60 年代中期推出的 360 系统是那一时代的缩影。对 IBM 而言，信息技术产业是一个利润丰厚的产业。毛利率在 70% 左右（Ernst and O'Connor 1992, 38）。但它也是一个难以强行进入的领域。传统观点是，必须拥有 7% 的全球市场份额才能资助维持竞争所需的研发。由于 IBM 已经拥有 60%—70% 的市场，这意味着只存在五到六家其他企业生存的空间。

在 20 世纪 70 年代，事情开始起变化。诸如数字设备公司（DEC）这样的新企业开始专注于较小的机器——"小型计算机"。小型计算机市场从来都不及大型机市场那样大而集中，但在小型计算机中，数字设备公司的 VAX 系统几乎像 IBM 360 系统在大型机市场一样大获成功。新的进入者也朝着"开放"的方向移动，由此确保它们的机器可以连接到其他制造商生产的外围设备上（打印机、通信设备等）。它们愿意将自己的硬件出售给"系统集成商"，系统集成商会添加外围设备以及专门的软件并生成供最终用户使用的系统。

20 世纪 70 年代还见证了"半导体革命"的到来。随着晶体管变成集成电路（ICs），在一个单一芯片上能够进行越来越多的数据处理。由于芯片制造商没有自己的专利硬件，他们愿意把芯片出售给"商业市场"里的任何人，因而半导体革命令新手更容易从事计算机业务。半导体日益重要，给了日本企业挑战 IBM 的力量。通过专注于它们在芯片制造上的才能，奋斗中的日本企业得以对抗 IBM 压倒性的计算机体系结构指令。

尽管存在这些变化，20 世纪 70 年代中期的计算机行业仍与 60 年代存在的该行业一脉相承。重要的客户仍然是大中型企业的"数据处理部门"。像生产者一样，市场主要位于美国，而美国的企业向全世界进行销售。到 20 世纪 70 年代中期，国外市场，主要是欧洲，占到收入的 40%—50%。试图通过提供全套系统来复制 IBM 模式的大型生产商，仍然是最重要的企业类别，他们主要利用垂直整合法进行生产。

1975 至 1990 年间，信息技术产业发生了彻底的变化。数据处理发生在大规模集成电路上，芯片刻上了数百万的晶体管"门电路"。芯片设计，而非计算机体系结构，成为该产业的技术核心。一旦计算能力被移到芯片上，个人电脑就有了现实可能性，而且个人用户能够取代数据处理经理成为市场之王。计算机既是生产资料又是消费品,并且营销计算机和营销电视机或录像机(VCRs)之间的区别开始变得模糊。在信息技术产业的形成过程中,软件价值逐渐比硬件价值越来越重要。到20世纪90年代初,客户每在硬件上花一美元,就需要在软件上花一美元而非70年代的20美分(参见 Ernst and O'Connor 1992,75)。信息技术产业从 IBM 的世界转为英特尔(INTEL)和微软(Microsoft)的世界。

旧的企业战略和旧的技术一起变得过时。研发仍然重要,但获取诸如微处理芯片等关键部件的"网络交易"取代了垂直整合生产,成为战略优势的来源。① 销售网络与提供关键部件的网络一样重要。信息技术产业为更多的企业提供生存空间——从像戴尔(DELL)和虹志(AST)这样的装配商,到像太阳微系统公司(Sun Microsystems)这样的工作站专家,再到一系列"利基"(niche)生产商——但其利润率只是 IBM 曾经利润率的一小部分。② 计算机生产商从20世纪90年代往回看会发现,大型机的昔日最终像是一个黄金时代。

由于是在20世纪70年代制订的计划,印度、巴西和韩国的国家技术专家无法得知90年代的信息技术产业会是怎样。像其他人一样,他们只能从他们了解的世界中去推断。那是一个 IBM 对利润的舒适垄断正被像数字设备公司和富士通这样不同的企业所挑战的世界,但也是一个对第三世界的生产商而言没有任何确定的生存空间的世界,除非他们自己去创造空间。

国家介入的根源

20世纪60年代初,没有一个第三世界国家有旨在发展信息技术能力的政策或制度。在随后的几十年里,首先是印度,而后是巴西,最后是韩国,都认为先进电子数据处理设备的本土生产必须成为国家发展的一部分。经济考量(对国家发展的一种抽象追求)以及对军事力量的技术方面的高度关注都聚焦在对创造本土可控的信息技术产业的渴望之上。

在这三个国家中,确信本土信息技术生产价值的个人能够在国家机构内找到有影响力的职位。在行政部门和军队的强大盟友增强了产业

---

① 对于信息技术产业新世界的竞争性策略特征,恩斯特和奥康纳(Ernst and O'Connor 1992)给出了令人信服的说明。例如,参见他们对"网络交易"的讨论,第34—37页。
② 恩斯特和奥康纳(Ernst and O'Connor 1992,38)估计,个人电脑业的毛利率仅为30%,而大型机生产商的毛利率可能有70%。

倡导者的力量。在每个国家里,他们的想法最终都变成了旨在引发本土生产的政策和制度。在每个国家里,政策都带来了新的经济和政治行为者,他们的利益和能力随后塑造了产业发展的方向。

共同的夙愿在完全不同的拼搏环境中展开。本土企业家阶层在能力和雄心上相差甚远。同样重要的是,如第 3 章所示,作为转型的最初行动者,不同的国家机构有着十分不同的优势和弱点。每一个都有独特的干预传统,独特的与私有部门的关系,以及独特的组织能力。印度有相对一致的官僚机构,但有着异常无效的嵌入性。巴西在制定与私有部门的共同目标上曾取得过较大的成功,但顶多只能指望"局部"的官僚一致性。无论是巴西还是印度都无法借鉴已推动韩国产业发展的那种嵌入式自主性。尽管如此,正如那句古老的巴西谚语所言,"没有狗,就用猫狩猎"。每个国家都在利用它们拥有的制度资源向前推进。

印　度

在印度,最初是由巴巴委员会(Bhabha Committee)[1]在可行性评估中为本土信息技术产业的发展制定一组目标并规划愿景的。1966 年,该委员会报告说,"十年内自给自足地制造各种不同类型的计算机在技术上是完全可行的"(Grieco 1984,22)。和印度对更广义的产业未来的设想一样,该委员会的目标是实现自给自足。在最少依赖外国投入的情况下满足国内需求是其目标。比较优势的问题或印度应当在国际市场扮演怎样的角色是无关紧要的。

那些追求巴巴委员会愿景的人是技术专家。最好的例子是巴巴原子研究中心(Bhabha Atomic Research Center,简称 BARC)团体的成员,其中有维克拉姆·萨拉巴伊(Vikram Sarabhai)、M. G. K. 梅农(M. G. K. Menon)、A. 帕塔萨拉蒂(A. Parthasarathi)、N. 赛沙吉里(N. Seshagiri)、A. S. 饶(A. S. Rao)以及许多其他具有极高科学声望的人。他们和同伴一起从精英英语大学毕业,拥有技术才能和专业知识,自认为没有理由再去依靠外人来设计自己国家的计算机。

他们的愿景不仅与该国经济规划者的自给自足传统相一致,也与军方的地缘政治逻辑相契合。埃斯瓦兰·斯里德哈兰(Eswaran Sridharan 1989,376)坦率地指出:"自力更生的国防需求是对计算机本

---

[1] 其正式名称为"印度电子委员会"(Electronics Committee of India),而非正式名称是以其主席霍米·J. 巴巴(Homi J. Bhabha)的名字来命名的,他还是原子能委员会(Atomic Energy Commission)的首脑(Grieco 1984,21)。

土化最好的解释。"斯里德哈兰指出,巴巴委员会1966年报告所主张的自给自足必须在周边地缘政治事件的背景下得以体现。印度对1962年边境战争的失败以及中国于1964年进入"核俱乐部"感到震惊,随后于1965年印度—基斯坦战争期间又面临美国切断电子设备供应的情况。[①] 鉴于军方已通过诸如巴拉特电子有限公司(Bharat Electronics Ltd.,简称BEL)等国有企业生产出各种技术复杂的商品,将其范围延伸至计算机似乎很自然。

跨国资本对本土信息技术产业发展的贡献相对较小,使得自力更生更具吸引力。尽管IBM自1963年起就在印度设厂生产,但它最接近制造计算机的行为是翻新过时的、已退出更发达市场的1401s型号计算机(Subramanian 1989,174-175)。IBM的进口加价非常高[②]且TBM得到了丰厚利润,但其对使印度成为信息技术生产商的贡献是令人生疑的。英国日益衰落的国际计算机有限公司是存在于印度的另一家主要跨国公司。

印度信息技术产业夙愿的发起者异常胆大。他们确信,本土的技术实力能够提供印度所需的信息技术商品,并且他们认为,国家本身能够聚集生产那些商品所需的组织能力和生产能力。扮演助产士的角色从而将本土资本引入该产业并不是这个计划的一部分,更不用说调解与跨国资本的关系了。

巴　西

巴西的信息技术产业计划并不那么雄心勃勃,这是有着充足理由的。"失落的民族主义技术专家"(frustrated nationalist técnicos)[③]在20世纪70年代初确定了该国对计算机的最初政策立场。在与国家的关系中,他们并未像其印度同行那样被置于很好的位置,尽管他们有着相似的背景。

和巴巴原子研究中心团体(BARC group)的成员一样,马里奥·迪亚斯·瑞普(Mario Dias Ripper)、伊凡·达·科斯塔·马克斯(Ivan da Costa Marques)、李嘉图·萨吾尔(Ricardo Saur)以及其他失落的民族主义技术专家是技术世界主义者,在诸如伯克利(瑞普和科斯塔·马克

---

① 参见Sridharan(1989,328,355-358);Grieco(1984,20-23,110)。
② 跟据Subramanian(1989,176-177),是600%。
③ 参见Evans 1986a。阿德勒(Adler 1986,1987)给这个群体贴了一个更加夸张的标签,叫"思想游击队"(ideological guerrillas)。还可参见Dantas 1988;Langer 1989。

斯)和斯坦福(萨吾尔)这样的地方接受过训练。他们受过美国教育且熟悉硅谷,这些赋予了他们对国际发展进程的参与感以及对本土环境的挫败感。构建于20世纪70年代的巴西计算机业拒绝给予他们相应的工作。在巴西,他们可以做IBM的销售员或者为联邦政府处理数据。如果他们想从事技术创业——设计产品,进行生产,然后看市场是否验证了他们的想法——他们将不得不放弃巴西并回到硅谷。当然,除非他们能做一些事来改变巴西的信息技术产业。

他们将计算机业视为一个更为广泛问题的一部分。20世纪70年代,接受技术教育的巴西人的数量在迅速增长。除非具有技术挑战性的工作也在快速增加,否则教育只会加剧人才从巴西"外流"到发达国家。产业组织预示着社会结构。巴西当前在国际劳动分工中的地位太过适合它两极分化的社会结构。正如其他拉美国家的情况一样,如果没有合适的工作,经济上安全、政治上活跃的中产阶级的增加将继续受到阻碍。改变社会结构意味着改变巴西的生产结构。技术专家感知到本土产业化和改善巴西惊人的社会不平等之间的关联,这给他们的目标赋予了"左翼"的色彩。他们的胡子传达着相同的形象,并使他们获得了年轻蓄须者(barbudinhos)的称号。

巴西近期的工业历史确实为推动一个本土控制的信息技术产业的愿景提供了些许可能。20世纪70年代初当信息技术成为一个议题时,"巴西奇迹"已经提供了普遍的信心,认为产业转型是可能的。一个先例是盖泽尔(Geisel)将军的第二个国家发展计划(second national development plan,简称PNDII),其强调"深化"巴西的产业能力并扩大本土资本的作用(Evans 1982)。尽管在经济规划者中,自由市场的思想占据总体优势,但赞同民族主义产业政策的技术专家散布在各个决策机构中。

像在印度一样,军方是潜在的盟友。巴西的军队发展出许多强大的国有国防生产商。事实上,以国有企业为主导的军工业是巴西出口表现良好的一个主要贡献者(参见Gouveia 1988)。对于军方而言,谁能获取受美国出口管制政策潜在控制的、来自本土企业的那些军事投入,谁就是盟友。由于在信息技术产业政策制定的整个时期,巴西都是被军方所统治,因而这是政治影响力的重要来源。

军队里的很多人,像巴西社会的其他人一样,被视为有英雄主义情结(虽然常常是不成功的),与美国(或英国)投资者的统治相抗争。这种情结至少可追溯到德尔米鲁·戈韦亚(Delmiro Gouveia)完全不切实际但仍然值得敬佩的反对国际棉纺卡特尔组织的斗争。"国家资产阶级"的想法仍是一个强有力的思想主题，它恐怕会挑战跨国资本的"新殖民主义"。呼吁"技术自主"打开了政治上积蓄的强烈情绪。

与此同时，军队的思想信念使其与年轻蓄须者有着深刻的矛盾。军队激烈反共，不信任那些不给予私人资本特权的举措，尽管他们自身有采取这些举措的倾向。甚至民族主义者对自主的呼吁也引起了对左翼情绪的疑虑，尤其当它们来自知识分子时。发展本土技术的想法或许是值得钦佩的，但其实现者被视为潜在的危险分子。

年轻蓄须者与国家其他部分的模糊关系倒是产生了一个积极的副产品。它意味着巴西的信息技术产业先驱需要本土资本，不仅将其作为形成产品和生产能力的一种工具，还作为对抗国内对手的一种政治保护。因此，年轻蓄须者就加倍有动力像他们的韩国同行一样，选择助产的策略。

不幸的是，助产的可能性与巴西先前的国际化有着直接的冲突。许多强大的跨国公司横亘在年轻蓄须者和他们实现职业抱负所需的产业结构类型之间。IBM 和宝来公司（Burroughs）主导着本土计算机行业。两者在二战前就已在巴西立足。两者都有根深蒂固的全资子公司，制造技术上不太复杂的产品，并对在巴西出售的计算机进行组装。与印度的情况相比，巴西的 IBM 对本土生产的参与以及随之产生的政治影响力处在不同的量级上。巴西的 IBM 甚至是一个重要的出口商。其他跨国公司，如数字设备公司和斯佩里公司（Sperry），虽地位没有那么稳固但也存在着。在年轻蓄须者开始设想如何开始本土控制的生产之前，巴西计算机行业的国际化就已充分确立了。

计算机行业体现了标准的巴西劳动分工的特点，其中，技术密集型行业被外资所主导。二战后以及尤其是在军政府早期的经历表明，这种外资主导的情况只可能会扩大并得到巩固。到 20 世纪 70 年代时，大多数巴西人将密切参与由他国组织的国际劳动分工视为理所当然。在这种背景下，植入一个经济独立、技术密集的产业，沿着巴巴委员会设想的路线走向自给自足，这一想法似乎纯属幻想。而在某种程度上，创造空间，令本土企业能够发展自己的具有技术难度的产品，这种想法已足够激进。

电子产业的特定继承性加剧了这个问题的严重性。出于区域政治和地缘政治的考虑，巴西军方选择将消费类电子产品发展的主要力量转移到位于亚马逊盆地中部的玛瑙斯自由贸易区（Manaus free zone），由此将消费类电子产品从圣保罗的产业核心区分离出去。由于日本及其他的企业希望设立电子工厂,巴西在20世纪60年代后期实行了慷慨的优惠政策,如进口自由和出口退税。玛瑙斯自由贸易区发展成了一个"进口平台"(Baptista 1987),造成巴西市场充斥着由进口零部件组装的外国商品,并致使已有的保利斯塔(Paulista)电视机和其他消费类电子产品制造商纷纷破产。消费类电子产品成了对国际化的讽刺,致使巴西缺乏本土实力产业来充当信息技术制造的跳板。

简而言之,巴西的年轻蓄须者起步于与其他国家机构以及一个前途黯淡的本土私有部门之间的含混关系。一个缺乏决心和创意的团队对能否获得力量来实现这样一个雄心勃勃的目标感到绝望。

韩　国

韩国参与信息技术产业的愿望出现在印度和巴西开始尝试加入信息技术生产者俱乐部之后,但其发起人有几个优势。他们是技术专家,也是政治人士。先前的国家政策给他们留下了强大的本土私有企业,有利于其冒险进入信息技术产业。他们的技术民族主义(technological nationalism)状况有助于调解本土企业和国际产业之间的关系。

在韩国,技术专家推动信息技术产业发展,不用担心与军人统治者有矛盾关系。那些最密切参与将韩国的未来规划成一个"信息社会"的人是以总统的青瓦台为中心的。在青瓦台里,时任总统科技秘书的郑弘植(Chung Hong Sik)和助理科技秘书洪性源(Hong Sung Won)是关键参与者。与青瓦台相联系的是一群个体,包括一些拥有高级工程学位的退役军官。其中一些人曾在国防科学研究所(Agency for Defense Development)参与过早期开发本国武器。时任总统全斗焕(Chun Doo Hwan)和卢泰愚(Roh Tae Woo)在军事学院的同学金圣镇(Kim Sung Jin),是一个很好的例子。在以班级第一的成绩毕业后,他到美国进行研究生学习,而后回国担任国防科学研究所所长,然后时任国家计算机化机构(National Computerization Agency)和国家计算机化协调委员会(National Computerization Coordinating Committee)的负责人。

与巴西的年轻蓄须者不同,韩国信息技术产业的倡导者在有权势的通信部(Ministry of Communications,简称MOC)里有着重要的官僚基础,通信部吸引了与那些围绕青瓦台的人十分类似的技术干部。通信部将发展本国信息技术产业视为利益攸关的事。它还有着独立的资金来源,即电话系统的运营收入,可用于资助那些可能会被经济企划院或财政部里不那么技术民族主义的经济学家所反对的项目。

与国家机构的确定关系让事情变得简单很多,但其他的优势对于他们的最终成功同样重要。过去实行助产策略取得的成果是最关键的资源。朴正熙在20世纪70年代推动重工业化,与同一时期盖泽尔将军在巴西实行加大本土资本垂直整合的策略类似,但在朴努力之下形成的企业产品更突出且更具备用于信息技术生产的专业知识禀赋。四大财阀中的两家[三星(Samsung)和金星(Goldstar)]迅速成为享有国际声望的消费类电子产品制造商,而其他两家(大宇和现代)依靠它们的总体制造实力,得以在20世纪70年代很快转向电子产品生产。

相反,跨国资本并没有像在巴西那样在本土计算机产业站稳脚跟。第一家跨国公司IBM,1967年才来到韩国,比其在巴西开始营运的时间晚了近50年。即使这样,它也没有参与生产。由于国际资本抵达的晚,在一个用于联合的产业部门内已形成了本土企业力量,因而对于控制和引导跨国公司就更有信心了。

外国公司的存在不那么稳固,这使得韩国更容易采取阿姆斯登(Amsden 1989)所谓的技术发展的"学习者"模式。对于这些借来的发明创造,控制和吸收的能力,是最重要的,而非"技术自主"。发展本国技术能力仍是主要目标,但本土技术发展和外部联系之间的关系是互补的。政策的目的不是试图限制和约束本土和国际企业之间的技术联系,而是在调解的同时扩大国际联系,以增加它们对本国能力的积极影响。

有本土私有企业可利用,使得韩国没必要尝试构建一个国有造物主。不用过于担心与外国企业的技术联系会受限制,令监护的角色简单化了。专注于吸收而非自主,意味着更平和的技术愿望。相对于印度或巴西的同行,韩国信息技术产业愿望的倡导者处于一个令人羡慕的位置,他们是在一个更强大的官僚机构内,从一个更加稳固的位置去实现一个更简单的任务。

尽管巴西、韩国和印度起步于不同的组织和创业资源,这三个国家在国家介入之根源上的相似之处是惊人的。在每个国家里,一小群受过国际认可的技术训练的个体,决心以国家机构内的一些利基为杠杆点来推动本土的信息技术生产。在这三个国家里,每个人都认为,如果要形成一个本土信息技术产业,国家必须发挥积极的作用。甚至在对国家应当扮演怎样的角色的最初定义中,也存在某些相似之处。

温室建设和监护制度

韩国、印度和巴西都是在信奉亚历山大·汉密尔顿和弗里德里希·

李斯特对成长中的"幼稚工业"的神圣断言后开始努力发展它们的信息技术产业的。三国都依赖"保护主义"。和20世纪60年代的通产省一样,三国都建立了"温室",用成套的规则来保护幼苗期的计算机企业以挡住国际竞争的寒风。三国都限制进口,而且它们都限制外国企业的投资。但在普遍的温室保护伞下,三国形成了有差异的关键政策。

由于跨国公司在历史上的强大存在,在巴西维持温室比在韩国或印度更困难。自确立以来,信息技术产业政策就与巴西的依附性发展势头处于紧张关系。保护本土生产有着悠久的传统,但愿意到当地进行生产的外资也一直受到欢迎。如在汽车业,跨国子公司往往是保护主义的主要受益者。对新的外国投资设置条件虽然曾有先例,但将已设立的跨国公司的子公司排除在保护主义的受益人之外却是激进之举。巴西对技术自主性的重视也使得温室策略变得复杂。它要求进行细致的监管,以确保本土企业不滥用它们的特权,与国际产业形成不正当的技术关系。

在印度,与在巴西一样,限制性规则是政策实施的核心,但监管的原因有些不同。必需的管制角色部分是由于国家试图扮演造物主角色这一事实。至少在最初的时候,运作特权的温室是国家的禁猎地。监管是必要的,不只是为了确保国内生产商不受外资的威胁,还要确保私人本土资本不会侵入国家的禁猎地。

由于跨国公司在韩国国内市场的地位不那么牢固(而且至少最初也不太感兴趣),维持温室的任务就不那么困难。由于它对技术民族主义的定义强调吸收而非自主,韩国不必过于操心管制与跨国公司的关系。适用于工业发展的基本前提大体上也适用于信息技术产业。期望获得国家支持的企业,反过来也被期望能够有效地运作,扩大它们的生产和市场并展现国际竞争力(参见 Amsden 1989)。因此,韩国并未出现具体针对信息技术产业的监管组织,如同日本也没有一样。与信息技术产业政策直接相关的部分国家机构——通信部、科技部(Ministry of Science and Technology)、贸易与工业部、青瓦台以及国家计算机化机构——与本土创业团体的关系是推动性的而非监护性的。

在印度和巴西,温室建设与针对具体产业之管制机构的出现和演变是息息相关的,这一经历阐明了监护角色的贡献与矛盾。印度电子部(Department of Electronics,简称 DOE)和巴西信息产业特别秘书处(Secretaria Especial de Informática,简称 SEI)的制度历史展示了监护管制的局限性。巴西信息产业特别秘书处特别复杂的发展历程展现了当温室的体系结构超越了产业政策之盛行的本土传统时,管制的矛盾是多么混杂。

印　度

在印度，正如所预料的那样，鉴于政策发起人的地位以及他们进行运作的传统，将一个新的管制组织纳入官僚机构是不成问题的。早期（1970—1971 年）便成立了电子部以及一个相应的电子委员会（Electronics Commission），其在整个 20 世纪七八十年代都保持着组织完整性。当然，即将成立的电子企业受制于许多有关投资和生产通用的规则，并且需要应付从海关到印度储备银行等各种其他机构，其中，电子部因裁决信息技术投资的可行性而位居首位（参见 Grieco 1984；Sridharan 1989；Subramanian 1989）。电子部不仅要审批一个企业能否进入电子产品业，还要对生产线的任何变动以及提高一种产品已获批准的产量进行批复。

电子部不只是一个管制实体。它的预算资助着各种各样的项目，从旨在提高学校计算机能力的班级计划到应用微波电子工程与研究协会（Society for Applied Microwave Electronics Engineering and Research）（Subramanian 1989；DOE 1988，1989）。然而，从私有企业的视角来看，该机构的管制面盖过了其推动面。电子部与该产业部门的国有"全国冠军"之间的紧密关系，完全遮蔽了其对私人企业家可能产生的任何推动效应。

印度电子有限公司（Electronic Corporation of India Ltd.，简称ECIL）于 1967 年由原子能委员会（Atomic Energy Commission）颁发特许执照，早于电子部创立。电子部的领导干部主要来自巴巴委员会或巴巴原子研究中心团体，而这两个组织与印度电子公司密切相关。① 私有部门自然怀疑，监护型国家的限制性倾向被努力确保印度电子公司没有任何竞争的言论所夸大了。因此，例如，小型计算机小组 1972 年呼吁给予十几个申请人生产小型计算机的许可，但不被电子部和电子委员所理会，最终引发了《经济时报》（Economic Times）指责监护型国家试图"阻止一个充满活力的、全国范围的小型计算机行业的出现"（Grieco 1984，133）。

通信部与本土私人资本间的关系问题重重并不是一个简单的自私自利官僚创造寻租天堂的问题。腐败不是问题。相对于印度其他日益

---

① 例如，M. G. K. 梅农（Menon）教授既是电子部的首脑，又是其指导的电子委员会自 1970 年成立起至 1978 年的负责人，另外，A. S. 饶（A. S. Rao）博士，是印度电子有限公司（Electronic Corporation of India Ltd.，简称 ECIL）的董事总经理，也是"全国冠军"观点的强力推动者，同时还是这个电子委员会的委员。

腐败的监管机构，电子部保有奉献和廉洁的声誉。保护印度电子公司被该公司的支持者视为实现巴巴委员会愿景的唯一途径。印度电子公司做出了不懈的努力，遵循委员会的劝告以实现最大程度的技术自主。电子部不相信私人资本也能如此。

无论电子部的意图是什么，将国家的监护角色与造物主角色融合在一起，阻碍了本土私有企业的出现并延缓了印度对新的基于微型处理器的技术开发。尽管如此，温室仍然为本土生产商创造和保留了空间。创造空间的典型例子当然是 IBM 的案例，即在拒绝遵照政府本土资本的要求参与本土生产的要求后，IBM 于 1978 年离开印度。[①] 通过展示其在缺乏世界霸权计算机公司的情况下仍旧运作的意愿，印度国家明确表示，本土企业将在本土市场上一展身手。

电子部角色的不同寻常之处，并不在于它最初支持造物主的选择。鉴于国家机构（电子部是其一部分）的传统以及参与其中的个体的历史，这种选择完全合情合理。不同寻常的是，尽管被置于世界上最僵化的行政结构中，电子部在相对短暂的时间内快速改变了观点。20 世纪 70 年代末和 80 年代初见证了本土企业的出现。在有时被称为"电脑小子"的拉吉夫·甘地（Rajiv Gandhi）任总理的时期，印度政治领导层对私有信息技术企业拥有潜在发展贡献的信念达到了顶峰。在塑造了该产业部门的初步形成过程之后，电子部逐渐被该产业部门自身的演进所重塑。

作为执行印度信息技术政策的总代理，电子部或许很轻易地被认为会抵制那些对国家信息技术战略形成挑战的变化。毕竟，它成立的使命是保护和扩大信息技术主要造物主印度电子公司的势力范围，并且即使是在 20 世纪 80 年代，它也是由信奉造物主传统的人所组成。[②] 20 世纪 70 年代制定的政策赋予了电子部的当权者极大的控制私有部门的权力。从事电子产品业的许可被界定得很狭窄。希望扩大产品线的企业以及那些试图进入该行业的企业完全依赖电子部的审批。

从新自由主义或新功利主义的视角（即官僚都是追求自我权力和特权最大化的）来分析，电子部的技术官僚的利益应当是明确的。如果在

[①] 那些要求是在英迪拉·甘地（Indira Gandhi）任总理时期通过的《外汇管制法案》（*Foreign Exchange Regulation Act*，简称 FERA）中被确立的。当然，关于 IBM 是否允许印度享有其百分百控股子公司的部分股权之斗争，不只是电子部的职责。它由政府的最高层所主导，例如 1977 年的莫拉尔吉·德赛（Morarji Desai）总理。参见 Grieco(1984, 89-97)。

[②] 例如，S. R. 维扎亚卡尔（S. R. Vijayaker，电子部秘书长，1984—1986）曾是印度电子公司的董事总经理。P. P. 古普塔（Gupta 1981-1982）和 K. P. P. 纳姆比亚尔（Nambiar 1987-1988）都曾是国有部门公司的行政领导。

国家官僚机构中,工作满意度的主要来源是能够明显地行使权力,标志性的画面如大公司的负责人像哀求者一般等待在政府办公楼的走廊上,那么电子部应当拼命抵制新的政策。如果主要目标并不是那么明显地行使权力,而更多的是物质上从同样的哀求者身上攫取满意的租金,那么结论将是一样的。

令人惊讶的是,至少从新功利主义的视角来看,许多电子部的当权者在推动变革而非抵制它。当拉吉夫·甘地在1984年开始执政时,他有一项通过放松对本土企业的准入、进口甚至建立合资企业实施自由化来推动计算机化的议程,其在管制机构内有着关键的支持者。电子部自成立以来的资深人士 N. 赛沙吉里,是1984年和1986年对投资和进口放松管制的主要方针制定者。在这次努力中,他得到了 S. R. 维扎亚卡尔(S. R. Vijayaker)的支持。尽管(或者也许是因为)曾经是印度电子公司的董事总经理,S. R. 维扎亚卡尔逐渐确信,监护和造物主的组合无法提供印度所需的信息技术商品。① 电子部的其他成员也以热情而非反对的情绪欢迎变革。

为什么电子部的当权者愿意抛弃那些令他们官僚权力和特权最大化的政策?首先,对于那些以自我强化为首要利益的人而言,信息技术产业是个不太可能的行业。该产业部门代表的既不是一个在全国范围内重要的政治群体(如农业),也不是裙带工作的一个主要来源(如铁路)。因此,庇护主义的机制从未像在其他产业部门那样全面地介入。同样重要的是,电子部一直是被技术导向的管理者所主导,他们对其负责的产业部门有着强烈的、巨大的兴趣。电子部高层当权者似乎不是腐败的重要受益人。与该机构打交道的私有部门经理人普遍认为,撇开轻微的腐败不谈,电子部的水平很高。如同他们在巴西和韩国的同行,电子部的技术专家沉浸在一个比微小个人特权具有更大价值的转型目标中。

不管他们的动机是什么,电子部的高层管理者并未优先考虑保留其管制权力。随着拉吉夫在20世纪80年代末结束执政,电子部的主要行动者都较少地以监护的方式来表现自己而更多地是以助产或培育的方式。在被问到什么是判断该部门表现的合适标准时,一位资深人士说,"行业反应是判断电子部成功的最佳指标。如果你想知道我做的是否很好,问问威普罗集团(WIPRO)、塔塔优利系统公司(TUL)或塔塔咨询服

---

① 维扎亚卡尔于1984年5月至1986年12月担任电子部秘书长。参见 Sridharan(1989, 406)。

务公司(TCS)"。① 另一位在电子部长期任职的管理者解释说,在他看来,"电子部的职能不应当是制定规则,而是推动该产业"。他希望到 20 世纪 90 年代,电子部能够完全摒弃发放许可证而主要致力推动发展。N. 赛沙吉里对电子部的新方向尤为自豪,他表示,"为了安置德州仪器(Texas Instruments)在班加罗尔的子公司,我们打破了 26 个单独的规则,而且我们愿意打破更多"(SIPA News 2,2:2)。②

虽然 20 世纪 80 年代末与电子部打交道的公司对管制约束的持久性而非新方法的出现保留着更为深刻的印象,但它们大多数都承认,电子部比传统印度官僚机构更容易打交道。一位对多个产业部门都感兴趣的老练企业家对比了电子部和调节基本消费品的民用物资供应部(Department of Civil Supplies)的行为。他认为,民用物资供应部仍有着"控制的心态",为了自身的利益乐于实行时时刻刻的管制,而电子部的行为则像一个电子"产品经理",试图推广电子业,尤其相对于其他政府部门而言。

电子部的新方式似乎能够持续下去。当新政府于 1990 年上台时,电子部即将就任的部长以印度神话为喻,将其角色描述为助产主题的一种地方变形。他说,电子部应该扮演金巴万(Jabavan)的角色,而本土企业家阶层应当扮演神猴哈奴曼(Hanuman)的角色。在神话中,金巴万鼓舞着哈奴曼,帮助他完成了到达兰卡岛的关键性一跃,但真正完成跳跃并成为英雄的是哈奴曼(Dataquest,1990 年 8 月:23)。

电子部的关注点从管制到推动的转换是一个很好的例子,展示着日益强大的产业部门重塑部分国家机构的方式。开始时,电子部主导着该产业的形成,而后,该产业成了电子部进行重新定位的催化剂。这一过程在巴西展现得更加生动。

巴 西

巴西始于助产计划,而非管制。它的技术专家希望,管制手段也并非目的,而是实现推动的一个工具。巴西监管机构的演变轨迹展示了温

---

① 威普罗集团(WIPRO)有两家信息技术公司,其中,威普罗信息技术有限公司(WIPRO Information Technology, Ltd.)是印度第二大微型计算机和小型计算机生产商,而威普罗系统有限公司(WIPRO Systems Ltd.)是一家新的软件公司。塔塔优利系统公司(Tata Unisys Ltd.)和塔塔咨询服务公司(Tata Consultancy Systems)是印度最大的两家私营软件公司。
② 德州仪器在班加罗尔的子公司是第一家通过卫星连接从事软件出口的公司。

室政策如何能给予国家机构内的少数愿景家惊人的变革力量。① 它还表明,一旦初始阶段的助产取得成功后,在技术防卫的框架下将推动和管制结合起来,这种变革力量是如何被削弱的。

电子数据处理统筹委员会(Commission for the Coordination of Electronic Processing Activities,简称 CAPRE)是一个范例,阐释了国家机构内不太可能的利基如何成为影响深远的政策创新的场所。电子数据处理统筹委员会诞生于 1972 年,是规划部下的一个平常的局级单位,负责政府对电子数据处理的合理化利用(参见 Helena 1980;Adler 1986,1987;Evans 1986a)。军政府的现代化追求刺激了政府对数据产生爱好,特别是在增加联邦所得税收入方面。常规的官僚机构缺乏必要的专业知识,因而创造一个新的专家中心是合情合理的。

电子数据处理统筹委员会成了"失落的民族主义技术专家"以及他们关于巴西需要成为世界信息技术产业参与者的愿景家园,这一愿景远远超出了政府对数据的合理化利用。1974 年,由于石油危机,电子数据处理统筹委员会的技术专家们的机会来了。那时巴西的计算机进口是加剧巴西国际收支平衡问题最主要的项目之一(Piragibe 1983,121)。随着石油价格革命导致时局恶化,对外贸易委员会(Foreign Trade Council,简称 CONCEX)将电子数据处理统筹委员会视为控制计算机进口的一个显而易见的候选人。很快,任何人想要进口计算机或用于组装计算机的电子部件,都必须获得电子数据处理统筹委员会的事先许可(Evans 1986a,794)。

如果掌握在他人手中,这种监管权力可能会一直完全按照被要求的方向去行使,即作为减缓过剩硬件进口的一种方式,但失落的电子数据处理统筹委员会的民族主义技术专家们很快就意识到,他们的监管权力可以用于创造产业政策。由于没有人(包括 IBM)能够在缺乏进口零部件的情况下在巴西制造计算机,电子数据处理统筹委员会不仅有权力决定应该进口什么,还能决定在本土能制造怎样的计算机以及由谁来制造。

当 1976 年 IBM 决定在巴西生产其 32 系统的小型计算机时,对电子数据处理统筹委员会能否真正地将管制外贸的特权转变为产业政策工具的考验到来了。令 IBM 惊讶的是,它们的项目被驳回了。相反,电子数据处理统筹委员会向一系列本土公司和外国公司(包括 IBM)征求

---

① 阿德勒(Adler 1987)将失落的民族主义技术专家描述成"思想游击队队员",很好地拓展了这一主题。

建议,并于 1977 年向使用被许可的外国技术的巴西企业①,而不是 IBM 或那些参与竞争却没有本土合作伙伴的其他外国企业,颁发了生产本土小型计算机的许可。由于巴西沿袭了半个世纪之久的"类似法则"(law of similars),当本土生产的"相似产品"问世时,外国产品的进口将受到限制,②电子数据处理统筹委员会的小型计算机执照竞争创造了一种"市场储备"(market reserve),也是对外国参与生产或销售小型计算机的一种阻止。③

电子数据处理统筹委员会的胜利不是简单的少数个人的意愿和技巧的结果。其愿景能实现是因为,它与国家机构的其他部门的想法产生了共鸣。甚至在电子数据处理统筹委员会成立之前,国家经济发展银行就形成了一个特殊工作组,探索创造本土计算机行业的可能性(参加 Adler 1986,627;Tigre 1984,76)。作为特殊工作组的活动成果,"科技发展的初步基本规划(1973—1974 年)"(First Basic Plan for Scientific and Technological Development)出炉了,建议政府应推动一个"三分制"④的公司来生产小型计算机。同样的想法也体现在盖泽尔将军的第二个国家发展计划中,其中,在对著名的垂直整合"深化"战略的上游投资建议中包含了"基础电子行业"(Evans 1982;Helena 1980,76)。

来自军方内部的积极反响对于延续这一进程至关重要。海军官员何塞·瓜拉尼斯(José Guaranys)是主持担任国家经济发展银行特殊工作组工作的官员之一。他的存在反映了海军对此的日益关注,他们正打算着手购买装有大量电子设备的船舶,但对依赖外国企业和技术专家心怀忧虑(Evans 1986,793)。出于加密的考虑,安全机构一直在悄悄地用计算机做实验,他们急于用自己的机器来工作。所有这一切都造就了一种氛围,使得电子数据处理统筹委员会的技术专家们能够获得军方部长们的关键

---

① 除了三家使用授权技术的公司(EDISA,LABO 和 SID 外,计算机系统公司(Computadores e Sistemas Brasileiros SA,简称 COBRA)(国有企业)被允许使用由圣保罗大学(University of São Paulo)开发的本土技术进入市场,SISCO 代表着本土,它可能是通用数据公司(Data General,简称 DG)"逆向工程的"的一种老式机器(参见 Evans 1986a,806,n.11)。

② 在第一次世界大战前就位的"类似法则",是巴西"进口替代工业化"战略的基石(参见 Bergsman 1970)。

③ 从操作系统上来看,"小型"意味着 32 系统或更小型号的机器。随着技术的演进,"小型"计算机变得越来越强大且难以与"大型"计算机相区分,令市场储备的界定复杂化。

④ 三分制(tri-pé)是一个专有名词,用于描述那些本土资本占三分之一、外资占三分之一并且国家占三分之一的公司。该理念在某种程度上是由同一个人提出的,他[何塞·佩卢西奥(José Pelúcio)]在石化产业率先提出这个理念,他负责成立计算机产业的特别工作组(参见 Evans 1979,1981,1986a,793)。

性支持,并在与更加倾向市场导向的经济政策制定者的较量中获胜。

没有这些来自国家机构内的各类盟友,电子数据处理统筹委员会将永远无法启动温室政策,尽管如此,它的敌人仍比盟友多。市场导向的经济规划者从来都不喜欢年轻蓄须者,并且军方有很多人仍旧怀疑他们的胡子代表着左翼倾向。到 1979 年时,他们的敌人赢了。年轻蓄须者被信息产业特别秘书处所取代,从而失去了阵地。原班技术专家们出局了,①代之以主要来自国家情报局(National Intelligence Service,简称 SNI)的一批新官员。②

比原有技术专家的政治消亡更令人吃惊的是这样的一个事实,即他们的计划在政治上仍然表现强健劲。电子数据处理统筹委员会的思想遗产以两个完全不同但在政治上互补的形式继续存在着。来自安全机构的新干部最后都支持这一主张,即创建一个本土计算机行业对国家安全极为重要。同样重要的是,电子数据处理统筹委员会在巴西新兴的市民社会中留有支持者。除了小型计算机执照竞争的最初赢家,还有几十位较小的个人电脑制造商。这些商家雇用了几千受过大学培训的人,③他们转而扩大了大学计算研讨会(Seminars on Computation at the University,简称 SECOMU)、巴西计算协会(Brazilian Computation Society,简称 SBC)和数据处理专家协会(Association of Data Processing Professionals,简称 APPD)的队伍。

1980 年,当信息产业特别秘书处的新领导奥克塔维奥·热纳里(Octávio Gennari)犹豫着是否允许 IBM 生产一个很小的、本土企业认为将会与它们的产品产生竞争的主机④时,他发现自己需要应对迪迪尔·维亚纳(Didier Vianna),后者曾是一位海军工程师,现在是一家生产计算机外围设备的本土企业的负责人,更重要的是,他还是巴西计算机及外围设备行业协会(Association of the Brazilian Computer and Peripherals Industry,简称 ABICOMP)的主席。这个协会汇集了本土拥有的全部计算机企业(仅仅是本土拥有的企业),已成为代表技术专家愿

---

① 电子数据处理统筹委员会的骨干阿图尔·佩雷拉·纽恩斯(Artur Pereira Nunes),仍留在信息产业特别秘书处(SEI),直至 1984 年通过《国家信息技术法》(National Informatics Law),是一个重要的特例。
② 信息产业特别秘书处的首任领导奥克塔维奥·热纳里(Octávio Gennari)是一位平民,但他的继任者,朱伯特·布里齐达(Joubert Brizida)上校和爱迪生·迪萨(Edison Dytz)上校以及指挥官何塞·埃吉尔(José Ezil),都来自军队。
③ 截至 1983 年,计算机产业大约雇佣了七千名上过大学的员工。参见表 7.3。
④ 4331 的一个小型版本。

景的一个积极的说客组织,而这种愿景则成为产业家自身利益的核心。

随着巴西政治体制的开放,电子数据处理统筹委员会所传播的民族主义诉求被新当选的代表延续了下去,如参议员塞韦罗·戈麦斯(Severo Gomes)和众议员克莉丝汀·塔瓦雷斯(Christina Tavares)。最终,随着《国家信息技术法》(National Informatics Law)于1984年10月通过,失落的民族主义技术专家看到,他们的理念不仅体现在一个小的"游击队式"的国家机构的政策里,而且还体现在这个国家的法律里。

在1974年后的十年里,信息技术产业的政治境遇发生了根本性变化。1974年,还没有任何本土企业家团体对本土计算机生产感兴趣。这和庇护主义无关,因为没有任何企业家团体认定自身是信息技术产业政策的潜在客户。与其说政策是利益的产物,如新功利主义逻辑所预测的那样,还不如说利益是政策的产物。一旦政策到位,那些被引入生产的本土团体确实变得有利益去维护它。随着经济利益的增加,政策的政治支持也在增加,国家机构内的政策支持者开始依靠这种支持来保护该政策以及与之相关联的部分国家机构。最初由国家政策界定利益的那些行为者现在成为自身权利的政治主导者。

对电子数据处理统筹委员会的继承者而言,不幸的是,信息技术产业的新政治并未采取简单的新功利主义的共生形式,即国家设立规则来保护本土资本,同时本土资本为政策制定者提供政治支持。产业的发展不仅唤起了提供新政治支持的生产者,它还紧密连接起计算机用户的利益并且提高了与国际资本产生冲突的风险。更重要的是,生产者本身成了一个不那么同质的群体。处于新政治争议中心的是技术自主性问题,其使同时推动和管制该产业的任务变得严重复杂化了。

如果1977年小型计算机执照竞争的五位本土赢家能够利用他们的专利技术为下一代自主设计的小型计算机做基础,那么同时推动和管制信息技术产业或许会有实现的可能性。一个技术自主的本土产业也会被创造出来,同时,电子数据处理统筹委员会的角色将仅限于确保外国子公司的行为不越界。事实与之相反,开始时就已陈旧的专利技术无法为新一代的机器设备提供坚实的基础。①

信息产业特别秘书处领导爱迪生·迪萨(Edison Dytz)逐渐确信,只有当本土信息技术企业的规模扩大和财务实力有所增加时,技术问题

---

① 基本上,巴西所留下的是16位的小型计算机,而世界其他地方已转向32位的"超小型"机器。

才可能得到解决(见 Dytz 1986)。为了给大规模资本更多进入该产业的动力,他发起了一个新的竞争。①当结果于 1984 年宣布时,很显然,信息技术已不再是一个小企业家们的产业了。三大金融集团——伊塔乌银行(Itaú)自身、布拉德斯科银行(Bradesco)和桑托斯港银行(Docas de Santos)的联合体——被说服提交了议案。它们后来成功地从诸如数字设备公司和通用数据公司(Data General,简称 DG)这样的公司获得了国际技术许可,这些公司在几年前曾拒绝考虑授权。② 对于跨国资本和本土资本而言,进入巴西市场已成为更大的奖赏。

尽管迪萨取得了成功,但呈现给本土企业的激励结构仍充满矛盾。巴西"信息技术产业政策"的目标不只是刺激本土企业的成长,而是要通过刺激本土企业的成长以促进本土技术能力的增长。两种不同的政策被组合起来推动本土企业投资于创新。胡萝卜政策是为它们"保留"了低端的计算机市场。他们的"温室"被保护免受跨国公司进口和本土生产的影响,从而能够比不受保护的情况获得更多的利润。大棒政策是禁止在未经信息产业特别秘书处许可的情况下获取国外技术。该政策组合意在创造充足的激励,使本土企业能够自己开发新的代际产品,而非简单地得到授权并生产(或更糟糕的是,仅仅传播)外国产品。

不幸的是,该政策还创造了强大的不参与本土创新的激励机制。市场储备是一个公共品。像所有的公共品一样,市场储备容易遭受搭便车的影响。盗用外国产品或暗中获得使用许可的企业享用了温室的全部好处,但却不分担任何成本以及自主研发不确定性造成的风险。

有相当数目的企业响应了该政策的真实精神。其中一些做出了相当英勇的努力,产生了引人注目的结果,并且得以在自主设计的基础上实现盈利式增长。③ 毫不奇怪,其他企业倾向于搭便车所带来的显而易见的好处,并且在免受信息产业特别秘书处制裁的情况下要么简单盗用

---

① 被称为"超小型"计算机执照竞争,目标旨在将巴西从 16 位的技术转向目前在世界其他地方占主导地位的 32 位的技术。
② 数字设备公司(DEC)在当时是第二大美国制造商以及最大的小型计算机制造商。从数字设备公司剥离出去的通用数据公司,在小型机市场上对数字设备公司的卓越地位形成了重要的挑战。数字设备公司给出了其经典的 VAX750 的授权。而通用数据公司给出了其"Eclipse"机器的授权。霍尼韦尔(Honeywell)—布尔(Bull)公司和惠普公司(Hewlett-Packard,简称 HP)的技术也给出了授权。这些新的技术比跨国公司在 1977 年竞争中愿意付出的要胜出很多倍。
③ 当然,该政策的批评者可能会指出,本土设计事实上是种"克隆",即在标准的国际结构上进行本土改造变化,但这仅仅是说,本土企业的工程成就与康柏(COMPAC)或日本电气有限公司的很相似,而与苹果或 IBM 的不同。

要么购买技术的基础上获得回报。

滥用管制是困难的，有两个原因。首先，也是最显然的，它要求信息产业特别秘书处拥有强大的调查和行政能力。仅硬件市场上就有超过一百家企业，并有数百个技术复杂的产品被引入，在这种情况下，对每个所谓的本土创新的真实性进行及时认证将需要一个比目前在信息产业特别秘书处苦苦挣扎的几十个工作人员人数多很多倍的团队来实现所要求履行的繁多职能。

其次，试图执行规则所涉及的政治问题要更复杂，但同等重要。温室权益的本土滥用者或许是不法分子，但他们仍是该政策的核心政治支持者的一部分。揭露他们可能会疏远关键支持者并且毁坏公众对温室的看法。尽管如此，容忍那些利用温室却不相应地真正努力研发的企业，令那些真正努力研发技术的企业看起来很"傻"，它们"不必要"的努力减少了对自己股东的回报。

像本土生产者一样，信息产业特别秘书处自身也深陷该政策的矛盾要求。即使它的主要支持者是生产者而非用户，它也不能完全忽视用户的需求。由于按国际标准来看，很小、在运营上离先进信息技术市场千里之外的几十家本土企业几乎不可能在不依赖外部联系的情况下与全球技术的演进保持同步，用户变得越来越不耐烦。一些回应是必要的。然而每次信息产业特别秘书处屈服于扩大市场准入的需求时，它都削弱了因之前在自主技术发展上的努力而获得的回报。

1984年的许可竞争是一个很好的例子。许多本土企业会考虑这样一个事实，即使新技术被授权也只是信息产业特别秘书处对本土企业的背叛。因而，诸如SCOPUS（一个巴西计算机企业）这样的公司感到，它们能够在不必诉诸授权的情况下生产有竞争力的硬件。①它们认为竞争的存在损害了那些更忠实于技术自主目标的企业的利益。

甚至那些参与竞争的人也反复倾诉各种抱怨。当迪萨在1982年底宣布该竞争时，他明确指出，将优先考虑使用商业组件的机器设备，并且技术转让合同应确保本土企业"必要的技术自主性"。②伊塔乌集团审慎

---

① 在电子数据处理统筹委员会最初的小型计算机执照竞争开始前，SCOPUS（一个巴西计算机企业）就一直参与设计和销售本土硬件，致力32位的基于微处理器的机器，它认为这可以与被授权的"超小型机"相竞争。随后的历史证实了SCOPUS对硬件技术发展方向的判断，而非其对本土系统能够与被授权技术的软硬件组合优势相竞争的信念。

② 信息产业特别秘书处《通报（Comunicado）007/82》，1982年12月12日出版，由秘书处领导迪萨上校签署。

对待这些规定,曾与一家非常小的叫作 Formation 的新泽西公司做生意,后者愿意完全开放其技术并使用标准的而非专有的组件。①

伊塔乌的策略完美贴合了信息产业特别秘书处的邀请标准,但当 1984 年超小型计算机执照竞争的结果被宣布时,伊塔乌科技公司(Itautec Informática 或 Itautec,伊塔乌的计算机子公司)发现自己面临着来自数字设备公司 VAX 小型计算机的竞争,VAX 已获得 Elebra 公司的授权,Elebra 是伊塔乌的最大金融竞争对手所拥有的一家公司。VAX 是由专有组件来建造的,而且数字设备公司不愿像 Formation 公司那样开放其技术,但它是非常受欢迎的技术且拥有数额巨大的可用软件。伊塔乌掌握了 Formation 公司的设计,甚至造出了一个更快版本的机器,但到 1988 年时,它仍然只卖出了 30 台机器,而 Elebra 公司卖出的机器数量几乎是其三倍(Evans and Tigre 1989b,22)。

简而言之,其他企业的机会主义式搭便车,连同政府机构本身朝着更多依赖授权技术的方向进行务实性转移,令那些对规则信以为真的企业变成了"傻瓜"。

考虑到与其自身支持群体相关的问题,信息产业特别秘书处在国家机构中的地位仍然存疑就不那么奇怪了,尽管其领导地位过去与安全机构存在关联。对于市场导向的技术专家和政客而言,信息产业特别秘书处仍是他们的眼中钉。从规划部到商务与工业部再到财政部(Fazenda),这些群体在整个 20 世纪 80 年代不断发声。从 1985 年开始,当里根政府因巴西的计算机政策开始威胁对巴西出口商实施报复行为时,信息产业特别秘书处逐渐成为市场倡导者的攻击目标(见 Evans 1989b;Bastos 1992)。撤销信息产业特别秘书处或重创之的提议一直十分流行。后者希望通过取消巴西科技部并将信息产业特别秘书处置于对其充满敌意的商务与工业部之下来实现目标。

与其管辖范围相近且更具国际主义思想的部门也同样充满敌意。巴西电信部(Ministry of Telecommunications,简称 Minicom)是一个很好的例子。电信部利用其采购杠杆迫使外国设备制造商接受巴西合作伙伴,并毫不掩饰由此成立的合资企业向技术自主的迈进。从信息产业

---

① Formation 公司设计了一款等同于 IBM370-138 的机器,在当时大致可以和 4331 相匹敌。Formation 公司的机器可谓"软件相当"(software equivalent),这意味着应用软件可以以相同的方式在 IBM 和 Formation 公司的机器上运作,但是,它们在结构上不完全一样。Formation 公司需要一台后继机,并且急于寻找资金支持以使它能够开发一款这样的机器。伊塔乌集团看似是一个很好的候选者(Evans and Tigre 1989a,1755)。

特别秘书处的视角来看,电信部使某些本土企业家变得富有并发展出了其自己的庇护基地,但并没有增强巴西相对于国际电信业的技术自主性。而从电信部的观点来看,信息产业特别秘书处采取不切实际的民族主义立场,阻碍了利用全球竞争性技术的可能性。

负责玛瑙斯自由贸易区生产活动的玛瑙斯自由贸易区监管局(Superintendencia for Amazonia,简称 SUFRAMA)是另一个明显的敌人(见 Meyer-tamer 1989,17-18)。对于小型计算机的潜在组装者而言,自由区意味着有潜在机会可以接近免税的、国际定价的组件。而对信息产业特别秘书处而言,允许信息产业进入自由贸易区将会使本土技术创新作为借口的情况不复存在。那些曾通过走私、盗版外国技术以及"私下"进行技术交易所做的非法之事不仅将变得合法,而且还会因援助亚马孙地区的发展受到政府激励。

信息产业特别秘书处内在的"能力差距"进一步加剧了所有这些问题,这种差距是其所承载的需求与对其回应能力的合理估算之间的差距。即使在巅峰时期,信息产业特别秘书处也只雇用了几十个专业人士。①然而理论上来讲,信息产业特别秘书处的员工应当审查由本土企业提供的所有新产品用到的技术,以确保它是原创的。对于只有六家企业组成的制造小型计算机的行业来讲,这或许有现实可能性。但对于拥有数百家企业、生产从软件操作系统到销售点计费器等各种商品的产业而言,这几乎是不可能的。

除了对本土企业进行管制外,信息产业特别秘书处还理应管制跨国公司,确保跨国公司的产品不会进入市场储备。与此同时,它还负责通过批准那些巴西无法制造的产品之进口来确保巴西并未与新的技术隔绝。最后,该机构还应监管该产业的进展并协助规划其未来发展方向。

信息技术在产业部门中的日益扩散令情况变得更糟。当电子数据处理统筹委员会接受其最初的任务时,现在回想起来信息的电子化处理还集中在一个相对简单的计算机行业中。到 20 世纪 80 年代中期,信息产业特别秘书处的管辖范围已经扩展到数控机床、仪器、计算机辅助设计(computer-ided design,简称 CAD)和工业机器人(见 Meyer-tamer 1989,7)。此外,芯片操控的信息流从火花塞延伸到真空吸尘器。对电子元件的流量控制的旧有职责,现在影响到了诸如汽车和家用电器等产品制造商所需的投入品,信息产业特别秘书处不对他们提供任何保护以

---

① 大约 70—80 人,而总体员工数目为 120 人左右。

补偿其制约力。

鉴于不可避免的能力差级,毫不奇怪的是,信息产业特别秘书处的支持群体发觉它在决策方面非常缓慢且有时很武断。同样不奇怪的是,他们逐渐不再将该机构视为一个保护者,而更多的是企业增长的一个官僚障碍。因此,在 20 世纪 80 年代末,当信息产业特别秘书处被作为阻碍巴西参与信息社会的一种军方威权统治的延续而受到攻击时,它的一些核心支持者都对这种指控表示赞同。

然而,在此要强调一件事。自始至终,从首次小型计算机执照竞争的那些令人兴奋的日子到 20 世纪 90 年代初信息产业政策的终结,电子数据处理统筹委员会和信息产业特别秘书处都没有退化陷入庇护主义的腐败。生产一台既定机器的特权毫无疑问是租的一项来源,然而信息产业特别秘书处的人员始终远离与寻租者进行个人交易的诱惑。迈耶-塔默(Meyer-tamer 1989,24)认为信息产业特别秘书处是"一个非常少有的、从来不用应对腐败指控的巴西权威机构"。与该机构打交道的企业家通常都会认同迈耶-塔默的这一观点。将信息产业特别秘书处的问题归纳为自私官僚和寻租庇护关系的结论完全不得要领。

关键的问题是,虽然信息产业特别秘书处不是一个逐利集体,但它也不是嵌入式自主性的典范。受制于其监管的职责,它无法确保其产业支持群体对产业增长轨迹的持久忠诚,从而处罚那些无贡献者并有选择地推动那些成功者。其政治脆弱性剥夺了其对本土企业真正处罚的可能。当它认为还没有足够的自主权去揭发其技术政策的违反者时,很显然,它将无法实现通产省所践行的那种对本土企业的"簸扬"(winnowing)。

当然,巴西的助产或监管的问题不应当抹杀电子数据处理统筹委员会和信息产业特别秘书处取得的成就。电子数据处理统筹委员会尤为完美地阐释了国家机构的领域——即使是巴西这样偏狭的、等级制的和保守的国家机构——是如何充当创新的肥沃土壤的。信息产业管理体制利用了巴西国家已存在的政策趋向,但以新颖的方式使其转向,发挥出远远超越巴西产业政策之一般推力的作用。电子数据处理统筹委员会和信息产业特别秘书处不仅重新定义了产业政策;它们还重构了现有的政治和经济支持群体,在创造新一波在发展本土计算机生产中拥有既得利益的企业家和企业组织的过程中扮演助产士的角色。

为防止电子数据处理统筹委员会和信息产业特别秘书处的助产士角色被监管者角色的矛盾所压垮,严格的温室规则将不得不小心服从于一个整体的推动战略,当然,这是韩国的做法。

韩　国

韩国国家的嵌入式自主性很好地体现在它推动信息技术的努力上。监管者角色黯淡并退居幕后。相比于巴西的技术官僚所面临的与其他国家机构以及自身的支持群体之痛苦斗争,韩国官僚的生活是安宁生活的典型。而相比于印度同行对单个企业和产品源源不断地给出各种指示,韩国官僚的工作是工作简单的典型。

对电子产品生产的监管完全被整合到一般的产业政策机构中。在贸易与工业部里,四个特定行业局中的一个致力电子行业的发展。财政激励和外商投资需要得到财政部的批准。在经济企划院中,产业政策协调局(Industrial Policy Coordination Bureau)的技术和能源部门在制定电子产业政策的过程中也发挥着作用。当涉及电信生产时,通信部会加入部门阵列。至少在全斗焕的总统任期内,青瓦台也会参与其中,这意味着安全机构会有相当大的投入。

综合来看,监管机构是很强大的。仅贸易与工业部电子产业局的工作人员就不比印度电子产业部的少。然而,对这些机构的要求却有质的差异。监管机构不用在一家企业每次想要增加其中一种产品的产量时处理许可申请。如果国家需要介入产量和产品的混合问题时,它将展现"行政指导"的风格,与大财阀协商,或通过韩国电子行业协会(Korean Electronics Industry Association,简称 EIAK)。如果企业失败了,它们会受到处罚(Amsden 1989),但其生产是不会受到"微观管理"的。监管官僚机构是信息的来源,是对其他国家战略的补充,而非发挥国家影响力的首要工具。国家作为监管者,在战略上具有选择性,用以保存官僚资源并使其与私有部门的竞争最小化。

由于信息产业政策与韩国的整体产业政策基本一致,因而相比于巴西的案例,其国家机构内部的冲突很小。当然,不同机构之间在监管电子产业时仍存在紧张关系。贸易与工业部倾向于相对较多地保护国内企业,而经济企划院则更坚持市场导向。这两个机构经常意见相左。不过,它不是那种消耗巴西信息产业特别秘书处精力的、为政治生存而进行的旷日持久的斗争。

较低水平的自相残杀式争斗使得组织推动政策较为容易。20 世纪六七十年代,通过扶持财阀集团的发展,国家帮助形成了一个全面的创业组织结构,当新的产业部门具备吸引力时,它们就会进入。20 世纪 70

年代的国家政策旨在令电子产业部门具备这样的吸引力。电子产业被朴正熙政权选中，作为1973年"重化工业计划"（Heavy and Chemical Industry Plan）着重推动的六大产业之一，尽管它既不属于重工业也不属于化学工业（E. M. Kim 1987,118；World Bank 1987a,38-39）。低于市场利率的定向贷款、政府采购款的使用和审慎且低调地控制外资进入，都帮助塑造了这个产业的成长。因此，20世纪70年代，在信息技术成为产业政策的一个突出问题之前，韩国就完成了助产的基本任务。

20世纪80年代初，当本土企业开始生产个人电脑时，政府通过订购大量用于教育事业的机器设备并发布保护本土企业免受外国竞争的法令，为它们提供了一个初步的国内市场（Chung 1986,165）。1983年，当国内市场金额仍然只有约1亿美元时（ITA 1981,2；Chung 1986,165），政府已经为信息产业部门提出了一个特别发展计划（见NCCC 1988,17-39）。尽管比印度或巴西起步晚很多，到20世纪80年代中期，韩国已经走上塑造一个强大的信息技术产业之路。

结构、角色和信息技术

对比巴西、印度和韩国的情况令带推动目的的管制问题变得戏剧化。将监护规则作为产业转型的首要工具需要具备比巴西和印度这类中间型国家更强的能力。监护规则在推动努力中确实有一席之地。监护努力的一个基本特征，即受保护的"温室"，在所有三个国家中都是助产士角色的核心。问题是，随着助产的推进，维护监护方法变得日益困难。推动的成功为监护性规管造成了矛盾。印度和巴西在开创本土计算机行业上越成功，它们的监护机构就越受挤压。

与此同时，这种对信息技术产业部门的对比强化了在上两章中提出的关于国家结构和角色的一般理念。韩国区别于巴西和印度的地方，不在于巴西和印度建造温室而韩国没有，也不在于韩国国家干预的比巴西和印度少。差异在于，韩国国家融合了各种角色，且这些角色植根于国家结构以及国家—社会关系的特征中。内部一致性以及与企业精英的密切联系，提供了坚实的基础以推动一个新的产业部门。韩国的嵌入式自主性使它更容易采取有效的角色组合方式。国家较早地致力助产任务并且奉献甚多。因此，其信息产业温室更快地得到落实。在培育了一批有实力的企业后，韩国就不那么担心规管其与跨国资本的关系了。

结构和角色的逻辑在巴西和印度的案例中也有展现。印度国家与产业精英的普遍矛盾关系使其很自然地扮演了监护者的角色并忽视助产，即使在一个新的、具备技术活力的部门呼吁逆转其关注时。在巴西，国家的碎片化特征在信息技术产业部门得到了充分的反映。同样地，信息技术产业部门的冲突也反映了国家嵌入性的碎片化特征。国家愿意扮演助产士的角色，但却无法将推动有抱负的本土资本与深度依赖跨国资本的现实轻易地结合起来。以牺牲跨国公司投资者为代价来维持温室的努力加剧了国家的碎片化，而与此同时，国家却缺乏自主性来约束处于同一温室的本土企业。

对比国家在信息技术产业中的角色再一次从总体层面理清了第 3 章所提出的角色和能力之间具有的讽刺性关系。印度和巴西的中间型国家机构已被拉伸到极致，它们新的规管机构以所需的非凡（如果不是不可能的）能力采取角色组合方式，来回应信息产业的各种挑战，而官僚所受压力较小的韩国，则选择了一种较为轻松的规管策略。下一章将要展示，这种讽刺性不止于监护机构的对比。印度和巴西在已极度高要求的监护角色上，又增加了直接生产信息产品这样极其困难的任务，而韩国国家却专注于有选择性地培育本土企业，这是一个较为轻松而又更有效的角色。

最后，对比在特定产业部门的国家角色有助于将对国家—社会关系的研究拉回现实。管制与推动并不将"国家"与"经济精英"相连接，而是将特定的国家机构以及运作它们的人与特定的企业及所有者相连接。产业部门关系反映着更大的结构模式，但角色真正发挥作用的层面是企业和机构层面，在下一章中，当讨论转向国有企业和培育者角色时，这一点将更加明显。

第六章
国有企业与高科技培育

1989年4月的一个午夜,伊凡·达·科斯塔·马克斯在里约热内卢的家的电话响了,但他很高兴地起了床。电话是从加州的爱莫利维尔(Emeryville)打来的,说的是一个好消息。科斯塔·马克斯的公司——巴西计算机系统公司(Computadores e Sistemas Brasileiros SA,简称COBRA)的巴西软件工程师团队,正在爱莫利维尔做一个测试。他们试图证明,他们从零开始设计出了一个UNIX[AT&T(即美国电话电报公司)设计并拥有的软件操作系统]的巴西复制版,而UNIX是全世界都在使用的一种国际标准操作系统。

爱莫利维尔是Unisoft的所在地。Unisoft是一家由X-OPEN授权的独立测试公司,而X-OPEN是欧洲和美国的诸计算机公司为建立国际UNIX标准而结成的一个联盟。① 通过Unisoft的"验证程序"将为计算机系统公司的工作提供一个国际认可的证明,即它的操作系统SOX是合法的、自主设计的,与UNIX兼容的操作系统。该团队之前去过一次加州,无功而返,但这次,他们电话告知科斯塔·马克斯,SOX通过了验证。

之后,出自X-OPEN伦敦办公室的一封信件确认了计算机系统公司的成就,并指出,计算机系统公司是第一家操作系统的开发完全独立于AT&T且通过验证测试的公司,AT&T拥有UNIX的国际使用权。计算机系统公司现已成为UNIX操作系统及其应用程序在快速增长的全球市场上的一个潜在竞争者。

对科斯塔·马克斯而言,这封信不仅仅是对兼容性的确认,它还为漫长而艰巨的技术奋斗而正名。SOX既已被认证,计算机系统公司就处于一个几乎独一无二的地位。它可以将其与UNIX相似的产品授权给巴西用户使用,无须支付AT&T专利使用费。还可以将此操作系统出口到任何一个它愿意出口的国家,无须担忧AT&T的约束或美国的

---

① X-OPEN成立于1986年,目的是"在欧洲市场使用的UNIX操作系统确立一个标准版本"(Flamm 1987, 166)。

出口控制。由于计算机系统公司自己已经开发出了与 SOX 相配套的硬件平台,它甚至可以提供 UNIX 系统。

具有讽刺意味的是,计算机系统公司的技术胜利出现在该公司最痛苦和沮丧的历史关头。SOX 最后几年的发展是公司在商业上的灾难。计算机系统公司在亏损。主导巴西整体经济的那些混乱使其处于一个无法翻身的时期。最糟糕的是,15 年前计算机系统公司刚成立时,给予其财力和政治支持的巴西国家经济发展银行,已转而反对它。一年多来,巴西国家经济发展银行一直逼迫将该公司出售给私人买家,并且通过扣押计算机系统公司来获取进行商业运作所需的新融资,对其施加私有化的压力。计算机系统公司仍有一些强大的政治支持者,分散在行业、国会以及国家机构里,而且它后来被另一家国有银行巴西银行(Banco do Brasil)所挽救,至少暂时免于解散。尽管如此,大势已去。它在巴西本土计算机和软件生产的起始时期曾扮演的主导角色已走到了尽头。保存其 20 世纪七八十年代积蓄的组织和人力资源在 90 年代将是一场艰苦的斗争。

计算机系统公司的故事意味着什么？对很多人而言,无论在巴西还是在世界其他地方,它诠释了在高科技产业(如计算机产业)中国家介入的荒谬行为。而对那些培育巴西幼稚计算机产业的人而言,它显示出懦弱的银行家和政客们在外部压力下是多么容易地屈服并背叛发展的梦想。但这些都与理解巴西国家在信息技术产业中的角色之复杂演进相去甚远。

计算机系统公司从未打算成为一个造物主。它本期望成为一个示范项目,一个占位符和一个为该行业引入本土私人合作伙伴的工具。然而它的结局却是,出售与巴西本土企业相竞争的硬件商品,而且经营不善,这阐明了造物主策略的陷阱。计算机系统公司的故事,连同印度国有企业的故事,清楚地表明,国家的比较制度优势(comparative institutional advantage)不在于生产高科技商品。①

从国家作为生产者中学到的经验教训不全是负面的。虽然它们揭示了国家试图取代私人资本并成为商品的生产者的矛盾之处,但巴西的计算机系统公司和印度的各种国有企业仍展现了一些新的组织形式和策略,而这些组织形式和策略更好地利用了国家作为促进高科技发展的

---

① 在这里,"商品"是指建立在无差异化的基础上批量生产的产品,以致一个制造商的产品与其他制造商的产品基本上没有区别,因此在很大程度上是基于价格进行竞争,它与定制的或专有的产品相对,后者基于与从其他生产商那里难以获得的特定专利或特征进行竞争。

控制杆的特质。韩国拓展了这些经验教训,它显示了用于直接生产产品的国家创业精神同样可以用于支持和推动本土企业。

造物主选项[1]

一个自主性强于嵌入性的国家自然会试着以直接生产者的角色来替代私人资本。设立国有企业,既不用对本土私人资本的创业举措抱有信心,也无须就共同的转型目标进行持续谈判。国家可以扮演"有远见的舵手"[2]这一角色,而无须激发本土实业家的特别承诺与合作。

印度国家和本土私人资本之间的"反熊彼特式议价"(anti-Schumpeterian bargain)关系[3]只有在国家乐于自己承担创业责任的情况下才有意义。鉴于造物主角色和印度的国家—社会关系模式之间的天然亲密关系,不足为奇的是,它成了印度在信息技术领域最初的选择。长期存在的制度倾向强于产业部门的逻辑,即高科技产业看起来不像是国有企业能有所作为的领域。

20 世纪 70 年代,随着信息技术产业成为印度的发展方向,在牺牲本土资本的情况下,国有企业占据了主导地位。它们大多是问题百出的实体。尽管如此,随着时间的推移,印度各种形式的国有企业也提供了一些诱人的案例,展示了国有企业该如何以十分不同于传统造物主的方式来界定自己的角色。

巴拉特电子公司在印度从事国有电子产品生产的故事始于 1954 年。它的主要任务是满足军事电子产品的需求。该公司隶属于国防部的国防生产机构,它迅速扩张,特别是在 20 世纪 60 年代初的安全恐慌期后,逐渐成为印度最大的电子产品生产者[继印度电话工业公司(Indian Telephone Industries)——一家国有电话公司之后]。与国有钢铁厂或铁路公司消耗国库不同,它总能稍稍盈利(BEL 1989,4)。

巴拉特电子公司对印度作为电子产品生产国能力增长的贡献远远超出了其产品。它还开发了大量技术。20 世纪 70 年代初,它是印度唯一一家能够从事半导体晶圆制造的全周期生产公司。像许多公共部门

---

[1] 这一节来自 Evans(1992a)。
[2] 参见 Waterbury(1993,260),本书第 4 章"角色"这一节进行了引用。
[3] 这是一种含蓄的讨价还价关系,其中,私人产业接受国家施加的各种限制条件,而国家反过来又利用它的管制能力保护大公司舒适的寡头地位,使其免受突然出现的国内竞争以及更为严峻的外国竞争的威胁。参见第 3 章"中间型国家"这一节对印度的讨论。

的高科技公司一样,它还是一个培训工程师的基地。① 它在班加罗尔的大体量存在(到 20 世纪 80 年代末有近两万名雇员)为印度的"硅高原"(silicon plateau)成为这个国家最具潜力的"科技城"(technopolis)奠定了基础(参见 Pani 1987)。

尽管有着无可争辩的贡献,巴拉特电子公司也呈现了国家扮演直接生产者角色所带来的问题。它从未成功地将其成本降至商业竞争的国际标准。当它试图进行商业竞争时,其技术成功常常被证明是商业失败。② 更糟糕的是,它的存在似乎扭曲了国家发挥监管者角色的方式。

1971 年,150 个电子产品的许可请求已有一至三年都尚未进行处理。有发放许可权限的国防部,③似乎不愿意新手进入该行业,即使是其他的国有企业(Grieco 1984,110-115)。由于国防部还主管巴拉特电子公司,国家似乎以牺牲行业的整体发展为代价,使用监管权力去保护其作为生产者的特权。自从电子部和电子委员会在巴巴原子研究中心团体的领导下接管了国防部的监管权限后,巴拉特电子公司就不再处于监管者和生产者方程式的中心位置,但国家作为监管者和作为生产者之间的密切联系持续存在着。

印度电子公司是电子部发展本土计算机生产的宠儿。不幸的是,它也是扮演造物主角色困难重重的一个好的诠释。问题不在于缺乏企业家精神。印度电子公司在技术上和经济上都很积极进取。它开发和生产了一个自主设计的小型计算机,配有操作系统,④并且在销售电视机上与私有企业直接竞争。

问题是,印度电子公司的企业家精神没有轻易地转化成经济和技术上的成功。1971 到 1978 年间,该公司生产了不到 100 套系统,并且只向私有部门售出了其中四套(Grieco 1984,127)。其硬件价格是竞争对手在国际市场上价格的好几倍,更糟的是,其自主设计的操作系统极度缺乏应用软件。⑤

到 20 世纪 70 年代末,自然出现了对印度电子公司作为"全国冠军"

---

① 辛格哈尔(Singhal)和罗杰斯(Rogers)(1989,164)称巴拉特电子有限公司(Bharat Electronics Ltd.,简称 BEL)为印度电子行业的"母鸡",因为它每年流失的 10%—15% 的工程师都会加入私人企业的技术团队。
② 例如,它在 20 世纪 70 年代的 TTL 逻辑芯片和液晶显示器(见 Sridharan 1989,312)。
③ 1965 年的战争之后,它被授权负责监管电子行业的进口替代品。
④ 1971 年,印度电子公司开始生产 TDC-12 小型计算机并且准备设计更先进的 TDC-316。
⑤ TD-316 销售了近 20 万美元,而具有同等性能的国际硬件(例如,数字设备公司的 PDP-11/04)卖了 1.5 万美元(Grieco 1984,126)。

的不满。被电子部的温室政策所吸引的本土私有企业很快就发现,"半导体革命"给它们带来了生产小机器的可能性,性能堪比印度电子公司的小型计算机。只要温室政策还有效,国家扮演造物主的角色就会有问题。自从本土私有企业行动起来后,印度电子公司发现,它很难在个人电脑市场与之相竞争。

接下来的十年间,本土企业在市场上完全超越了印度电子公司。截至 1988—1989 年,该公司个人电脑的销售量只有那些新近的商业导向的私有企业[如斯特林公司(Sterling)和帕特克公司(Pertech)]的百分之一(Dataquest 1989,87,88,90)。印度电子公司还被迫彻底放弃对硬件的技术自主的渴望。生产有竞争力的机器,既具有新型架构又使用自主开发的操作系统,已被证明是一个不可能的策略。[1] 该公司在 20 世纪 80 年代使用的主要硬件是基于国外的许可权的。[2]

关于印度电子公司,令人惊讶的不是它的问题,这些都是通过对高科技产业领域的国有企业的标准分析能够完全预测到的,令人惊讶的是其韧性。20 世纪 80 年代末,印度电子公司找到了一种新的发展方式。"特别项目",也就是努力整合大规模系统,成为它新的存在理由。[3]

印度电子公司的特别项目不仅令公司存活下去,而且还为重大的发

---

[1] 事实上,早在 1973 年印度电子公司就被迫放弃严格遵守自给自足原则,并且借助对一款霍尼韦尔—布尔的机器进行逆向开发以设法拿出更为先进的(32-bit)硬件方案(Subramanian 1989,206-7)。

[2] 大型机的许可权来自控制数据公司(Control Data Corporation),后者的 CDC930 系列由印度电子公司生产并以 Melha 的名字进行销售。小型计算机(以 Super32 的名字进行销售)的许可权来自诺斯克数据公司(Norsk Data)(Subramanian 1989,218-222)。

[3] 《迪讯》刊物(Dataquest 1988,32;1989,87)的一篇文章对比了印度电子公司在 1988-1989 年计算机集团的收入与往年的数据,清楚地表明了该公司的重心转移。根据《迪讯》的数据,该公司在这两年间总体增长了 78%,主要是靠整合计算机业务的不同部分来实现的。当小型计算机的销售下滑时,来自特别项目的收入增长了 9 倍,占到计算机集团总收入的一半以上。很难对《迪讯》的数据(1988,32;1989,87)进行精确的解释,因为它们对这两年收入的分类并不完全相同。在 1987—1988 年,4.649 亿卢比的营业额被划分成 4 类:项目,0.479 亿;大系统,0.987 亿;中小型,2.487 亿;维修,0.709 亿。在 1988—1989 年,8.283 亿卢比的营业额被分成 5 类:特别项目,4.575 亿;大系统,2.319 亿;小型,0.109 亿;维修,1.052 亿;其他,0.228 亿。似乎可能的是,一些诺斯克数据公司的机器在 1988 年被归为"中小型"类,而在 1989 年被当成"大系统"的一部分了。此外,由于"项目"包括提供含有硬件和软件在内的集成系统,对这两类的销售报告在这两年间可能有所转换,这加大了数据的变化程度。然而,即使是为可能的报告转换留出充足的额度,变化趋势还是很大的。苏布拉马尼安(Subramanian 1989,211-212)提供了一套不同的数据,展现了一个类似的长期趋势。他指出,服务收入从 1975—1976 年占硬件交付价值的 5% 增长到 1986—1987 年的 40% 以上。鉴于硬件交付的相当大比例是大规模项目的一部分,这会低估与商品生产相分离的程度。

展问题提供了解决方案。例如,该公司在为印度近海石油和天然气井设计和安装自动监测系统的项目中发挥了主导作用,据说建造费用只是参与投标的国际公司给出的预算的一小部分(Parthasarathi 1987,17)。印度电子公司还为一家国有钢铁厂提供计算机集成控制系统(*Dataquest* 1989,87),并且还是几家电力公司的计算机化负荷分配系统的主要供应商(Parthasarathi 1987,16)。

印度电子公司生产了大规模的定制系统,并收获大量社会回报,但与小私有企业在电脑市场上的竞争却失败了。前者的成功和后者的失败有着更一般性的意义。让国有企业为个体消费者生产商品,对于企业本身和社会来说,都是一个失败的策略,但这并不一定意味着国家作为高科技产品的生产者将毫无作为。在国家作为基础设施的提供者这一传统角色的高科技版本中,国有企业可能比本土私有企业和跨国公司都有优势。

CMC,即以前的"计算机维修公司"(Computer Maintenance Corporation),更有力地说明了这一观点。起初,CMC是印度与IBM斗争的一个副产品,1975年在电子部的支持下成立,并被授予为非印度生产的计算机提供系统服务的合法垄断地位(Grieco 1984,80-81; Subramanian 1989,226-277)。最初,IBM系统是其专长,这不足为奇,因为在IBM撤离印度后,其客户工程部的230名工程师中有200人加入了CMC(Subramanian 1989,227)。随着诸如数字设备公司和惠普(HP)等公司扩大了其对印度市场的渗透范围,CMC发现它在提供越来越多样化的系统服务。到20世纪80年代末,它为大约40个不同的外国公司以及一些本土公司生产的硬件提供服务。①

CMC以其企业冲劲和离经叛道而著名,它似乎很享受那些难度高的合同和具有挑战性的环境。② 例如,1987年,CMC[打败国际计算机有限公司和诺斯克数据公司(Norskdata)]赢得了一个"不可能完成的任务"的合同,即为在叙利亚举办的第十届地中海运动会提供计算机化服务。在三个月内,它必须基于一个不熟悉的硬件构建一套系统,将三个

---

① 1988年,CMC为657种系统提供维修服务,其中218种是数字设备公司的系统,161种是惠普的系统。其他系统来自IBM、霍尼韦尔—布尔、优利系统公司、控制数据公司、通用数据公司、国家先进系统公司(NAS)、普瑞姆公司(Prime)、珀金埃尔默公司(Perkin Elmer)、王安电脑公司(Wang)和哈里斯公司(Harris)(见CMC 1988b,10-11)。

② 参见《印度时报》(*The Times of India*)1989年10月14日,I-1。

不同的场地连接起来,操作语言为阿拉伯语和法语。① 而后,它在伦敦设立了一个国际总部,拿到了一个伦敦地铁的合同,与国际计算机有限公司建立了长期关系为其开发软件,并且寻求收购一家美国软件公司以在美国市场"立足"(*Dataquest* 1989,85)。

1989年,CMC成为印度第二大信息技术公司,但并非因为其维修收入。维修收入不足CMC营收的四分之一(*Dataquest* 1989,85)。该公司已成为一个系统集成商,其主要收入来源是大型一站式服务项目,主要目的是提高国家自身提供基础设施服务的能力。超过一半的收入来自这样的项目。②

铁路订票系统(IMPRESS)是CMC工作的最佳案例。当CMC开始对铁路的订票问题感兴趣时,国有印度铁路公司运营着世界第二大铁路系统,每年有1亿名旅客订票。出票是铁路工作者的噩梦,它涉及"7种不同类别的火车,72种类型的旅客车厢,7类预订方式,32种类型的配额以及85种优惠票"(CMC 1988a,2)。铁路公司本身,是国有企业体系里最大的国库消耗者(World Bank,1987 b,34),过去一直安于将这种噩梦传递给顾客。据说,在德里的旅客需要整夜排队来订票。CMC被这一挑战所吸引,在铁路系统决定寻求自动化系统投标之前,已投入了两年的发展努力。

为实现第一个位置(德里)的自动化所需编写数十万行软件代码,花费了相当于35位工程师一年(engineer years)的工作量。CMC丰富的硬件经验与其软件专长相辅相成。它使用数字设备公司的硬件③,并在该公司的专属操作系统里编写软件系统。通过将本土软件和最先进的硬件相结合,CMC得以构建一个既有效又相对便宜的系统。旅客的平均等待时间被降至不到20分钟,而且该系统的成本"远低于外国公司的报价"(Parthasarathi 1987,20)。

与铁路订票系统一样,CMC的其他项目通常都旨在提高印度基础

---

① 由于拥有它所熟知的硬件的公司无法在叙利亚提供客户支持,它被迫在不熟悉的硬件(即NCR Towers)上运行系统。
② CMC新的收入状况是一项长期战略的结果,即通过雇佣越来越多的软件工程师来弥补该公司最初的硬件工程师的能力不足。
③ 先是VAX750,后是6250S。

设施的效率。① CMC 专攻大型项目,这些项目要求的规模是本土企业所不能达到的,而且它们所要求的带有本土系统和组织的感觉是跨国公司所不能轻易提供的。此类项目恰好有着很高的社会回报,在此方面,国有企业或许具有一种"比较制度优势"。②

印度电子行业中国有企业角色的总体演变与印度电子公司和 CMC 的轨迹是一致的。随着电子商品生产的发展,造物主的角色在衰退。③ 国有企业必须重新界定其角色以做出实际贡献。

由马哈拉施特拉邦(Maharastra)政府拥有的一家相对较小的公司梅尔创(Meltron)发起的新项目部,是适应性角色的一个变形。④ 梅尔创公司建立新项目部,是为与各种私有部门或公共部门合作,推动电子产品在马哈拉施特拉邦的使用和生产。这可能涉及在马哈拉施特拉邦政府内成立工作组以推广电子产品的功能,为那些想要成为电子装配工的农村妇女设立一个培训项目,或给本土制造商搭桥牵线,帮助他们利用 80 年代晚期对苏联硬件出口的繁荣景象。此外,新项目部刊发梅尔创公司通讯,告知本土企业家们融资机会和激励计划,甚至提供申请书的样本(Meltron 1988—1989)。

新项目部的主管 P. S. 谢卡尔(Sekhar),曾是一个拥有电子学高级学位的产业顾问,他觉得他在梅尔创公司工作的两年里所做的项目比他过去 20 年当私人顾问时做的还要多。他的工作风格更像是冲本

---

① 其中的一个例子是,在世界银行的一次投标活动中,CMC 在充满竞争性的投标程序下赢得了为孟买的那瓦舍瓦港(Nhava Sheva Port)设计在线集装箱管理系统的合同(DOE 1989,44)。其他的例子包括为泰米尔纳德邦电力局(Tamil Nadu State Power Board)设计一款计算机化的负荷分配系统,为比莱钢铁厂(Bhilai Steel Plant)设计一款交通管理系统(Dataquest 1989,85),以及为国有印度钢铁局管理公司提供的一个通信网络(SAILNET)。
② 有人可能会说,该公司的创业热情和因国家扮演监管者角色而获得的有利地位,使其对于本土资本的成长而言仍是一个威胁。CMC 击败该国最大的私人软件公司(塔塔咨询服务公司),成功赢得孟买股票交易所的合同,激发了此类指责,特别还因为电子部未能批准进口塔塔咨询服务公司提议使用的天腾(Tandem)硬件,以致塔塔咨询服务公司的投标竞争力被削弱了(Business India,1989 年 10 月 16 日,64)。这可能是真的,但只要大的公共部门的信息系统需求超过有能力生产它们的公司的供给,那么对于这些项目而言,一个激进的创业方式的好处可能就远大于其代价。
③ 从 20 世纪 70 年代初到 80 年代末,公共部门占电子产品总产出的份额削减了近一半(Sridharan 1989,295)。印度电子公司规模较小的同行——由单个邦政府而非中央政府所有的企业,更难从商品生产上转移走,并因此而受害。
④ 梅尔创公司的总体形象是一个典型的造物主,什么都生产,从半导体到小型计算机再到专用分组电话交换机和复杂的军用和警用通信设备。

(Okimoto 1989)描绘的通产省人士那种类型,而非印度国家机器里不被信任的监护人。谢卡尔将构建公共部门和私有部门之间的关系网络视为他最大的成就之一。他将大量的工作时间花在外出拜访企业上,而非让企业老板们在他的接待室里等候。总之,谢卡尔彻底了改变了造物主的做法。新项目部是国有企业组织形式包裹下的一种助产操练。

远程信息处理发展中心(Center for the Development of Telematics,简称 C-DOT)呈现了国家创业主题的另一个变形。这个中心设法将科技创业与聚焦发展基础设施和支持本土私有企业相结合。[①]它成立于 1984年,生产数字交换机系列,用以替代印度电话业被迫依赖的外国技术。[②]其理念是生产一个交换机,具备处理先进应用[③]的潜力,同时也能处理印度 65 万个村庄所要求的简单、耐用和经济的小规模应用。

与 CMC 一样,远程信息处理发展中心引以为傲的是,它得以摆脱官僚机构的牢笼并创造"一种平等的组织文化,尽可能摆脱官僚主义的狭隘,强调通过人力资源的管理和强有力的领导来达成目标"(Singhal and Rogers 1989,180)。[④] 由于它为有抱负的印度工程师提供了一个独特的组织环境以及最尖端的问题,远程信息处理发展中心很快就吸引到了三四百位年轻且有上进心的工程师。[⑤]

在大规模软件设计上的比较优势使得 CMC 和印度电子公司能与跨国公司竞相投标基础设施系统,同样的比较优势使得远程信息处理发

---

① 远程信息处理发展中心是 S. R. "萨姆"·皮特罗达(S. R. "Sam" Pitroda)的心血,萨姆·皮特罗达是贫困的奥利萨邦(Orissa)人,他将他的电信交换机制造厂卖给罗克韦尔国际公司(Rockwell International)以此结束了他在美国成功的创业生涯。因被印度的电信问题所吸引,他在 20 世纪 80 年代回到印度,密切参与了拉吉夫·甘地(Rajiv Gandhi)政府的事务(Singhal and Rogers 1989,179-180)。
② 印度电话工业公司(ITI)的电子交换系统(ESS)容量依赖于阿尔卡特 CIT 公司(CIT-Acatel,一家法国电信公司——译者注)许可使用的 E-10B。E-10B 是一种相对落后的技术,并且印度电话工业公司被许可使用的版本需要进行升级才能使用综合服务数字网络(ISDN)。此外,依赖 E-10B 意味着依赖从阿尔卡特公司进口的组件,而有指控表明其中存在着高报进口的情况(*Dataquest* 1989 年 4 月,37)。
③ 例如综合服务数字网络。
④ 尽管受到电子部和其他政府资金的支持(DOE 1988,70,1989,57;C-DOT 1987,9),远程信息处理发展中心是作为一个"被赋予政府规范之外的全部权限和灵活性的……科学社团"而设立的(C-DOT 1987)。
⑤ 辛格哈尔和罗杰斯(Singhal and Rogers 1989,180)指出,1984 年,远程信息处理发展中心拥有 400 名平均年龄为 23 岁的年轻工程师。中心的年度报告显示的人员增长速度较慢和员工年龄更大,但即使是依据其年度报告,1986 年时,中心的 328 名专业人员的平均年龄介于 20—25 岁之间,而且运营层面的人员几乎没有一人超过 40 岁(C-DOT 1987,4)。

展中心能以远低于国际公司设计一种电子交换系统（electronic switching system，简称 ESS）通常所需的投资额来设计一款交换机。[1]该设计依赖标准化芯片[2]和同样的 UNIX 标准操作系统，其模块化允许进行小规模交换机的节约性生产（Alam 1989，66）。[3]

远程信息处理发展中心最有趣的一种应用叫作农村自动交换机（rural automatic exchange，简称 RAX）。基于一个单交换模块的这种交换机十分"耐用"，可以在不开空调、温度和湿度较高的情况下运行。"集装箱"版可以进行快速安装，备有电池、太阳能电池板以及无线电传输设备以连接到母交换机，但其价格仍然相对低廉。[4]试点农村交换机于 1986 年安装在印度南部一个有着 1.2 万人口的农村，受到居民的好评。村民们认为新的电话为他们带来了更快捷的医疗服务和更多的法治保障，同时提高了他们的农产品的价格和销量。[5]

通过专注于技术创业而非直接生产，远程信息处理发展中心得以扮演技术助产士的角色，为电信设备潜在的私有部门生产者提供帮助，而非以竞争者的姿态来面对他们。其专用电子自动交换机（electronic private branch automatic exchange，简称 EPBAX）技术授权给了大约四十家企业，基于远程信息处理发展中心的交换模块化设计，它们也成了农村交换机的潜在生产者。[6]

远程信息处理发展中心最大的问题不在于它和私有部门的关系，而是它和其他国家机构的关系，后者很难接受该中心对国家角色的非传统定义。例如，印度电信部（Department of Telecommunications，简称 DOT）坚持只从国有电话生产商即印度电话工业公司购买农村交换机。结果，在 1988—1989 财政年度，受委托应生产农村自动交换机 410 台，

---

[1] 根据 Ernst and O'Connor（1992，202），远程信息处理发展中心花了四千万美元来设计它的交换机。
[2] 摩托罗拉（Motorola）68000。
[3] 对于少于四千线的交换机而言，相比之下，印度电话工业公司生产的法国电子交换系统被认为是不经济的（Alam 1989，69）。
[4] 根据远程信息处理发展中心的数据，一个集装箱化的农村自动交换机（RAX）的成本仅为两万五千美元（C-DOT 1988）。根据 Computers Today（1989 年 1 月，10），这大约是"西方同类产品售价的一半"。
[5] 参见 Singhal and Rogers（1989，182），本土银行的储蓄额提高了 80%，且本土商业收入增加了 20%—30%。
[6] 参见 Alam（1989，71）；Parthasarathi（1989）。其中一些被授权者是其他国有企业，但大部分都是私人企业部门。

但实际只生产了 25 台(Computers Today,1989 年 1 月,10)。[①]

从巴拉特电子公司到远程信息处理发展中心,印度众多的高科技国有企业呈现出全方位的变化。它们一起证明了在日常商品的生产领域替代私人资本不是一个有效的战略。与此同时,印度的经验表明,在信息技术产业中,国有企业或许可以以一种创造性的和互补性的方式发挥作用。基于对本土环境的深刻了解,它们挖掘了在发展专业化的大规模系统上的"比较制度"优势[②],因此带来了更高的企业效率以及更大的社会回报。在巴西,我们发现了同样的经验教训,尽管巴西国家有着大不相同的制度形式。

巴西计算机系统公司起初意在扮演助产士的角色,吸引本土资本投资信息生产并稳固本土和跨国资本之间的联盟关系。计算机系统公司还本应成为一个技术创业的工具。不幸的是,它不得不将这两种角色与造物主的角色相结合,与本土私有企业竞争销售商品[③]。它为结合这些角色而付出的努力揭示了角色之间的不兼容性,比印度国有企业的故事所表达的还要明显。

计算机系统公司于 1974 年从军队和民族主义技术官僚的联盟中诞生,[④]它本打算成为一家三分制(tri-pé)公司,就像同时期石化业所创建的那些公司一样。[⑤] 国家提出组织动议,但所有权由一家国有企业、一家本土私有企业和一家外国公司共享。

[①] 到 20 世纪 90 年代初,远程信息处理发展中心的电子交换器安装了 50 万条线,由此收获了一定的声誉,但因与印度电信部(Department of Telecommunications,简称 DOT)的关系糟糕,其在政治上弱化了一些。在拉吉夫·甘地政府的末期,萨姆·皮特罗达成了一个政治上四面楚歌的人物,而他的心血之作远程信息处理发展中心,也相应地备受挫折(参见 Dataquest,1990 年 6 月,22;1990 年 8 月,25)。中心被抨击为未能按期完成任务,并被置于电信部的控制之下,这在中心内部引发了反抗(Dataquest,1990 年 3 月,62;1990 年 8 月,25;1990 年 9 月,33)。此外,对中心的批评还指出,它的技术可用性的多次延期,耽搁了迫切需求的电信扩张。中心反过来控诉电信部是一个代表阿尔卡特公司和其他外国供应商利益的"支持进口的游说团体"(Dataquest,1990 年 8 月,25)。
[②] 参见第 4 章"产业部门的差异"这一节琼斯和梅森(Jones and Mason 1982)的讨论。
[③] 这里的"商品"是指无差异化的产品,主要基于价格竞争进行销售。
[④] 参见第 5 章。为计算机系统公司制定规划的特别工作组(Grupo de Trabalho Especial-111,简称 GTE-111),是何塞·佩卢西奥的心血,何塞·佩卢西奥在国家经济发展银行工作。海军的代表是何塞·瓜拉尼斯(José Guaranys)中校。国家经济发展银行的代表李嘉图·萨吾尔(Ricardo Saur)后来成了电子数据处理统筹委员会(Commission for the Coordination of Electronic Processing Activities,简称 CAPRE)的执行秘书。对这段历史最好的记述参见 Helena(1980, 1984);Adler(1986, 1987)和 Langer(1989)。
[⑤] 参见第 4 章和 Evans(1979, 1981, 1982, 1986b)对三分制在石化行业的演进的讨论。何塞·佩卢西奥(参见注 37)也是构建石化行业三分制的关键人物。

寻找私人合作伙伴的经历证实了国家动议的重要性。当李嘉图·萨吾尔在探寻合作可能性的时候,唯一一家自告奋勇的本土企业是名为电子设备(Equipamentos Electrônicos)的小型军队供应商,其主要动机似乎是渴望维护与军队的良好关系并且希望得到来自巴西国家经济发展银行的融资(Evans 1986a,793)。维护与军队客户的良好关系,似乎也是其外国合作伙伴费伦蒂(Ferranti,为巴西海军的新护卫舰提供电子齿轮的一家英国国防企业)的主要动机。但实际证明它们都没有太大的贡献,尽管费伦蒂确实为计算机系统公司的第一代经理人提供了一些重要的培训。一年内,电子设备公司的股权份额就缩减至5%。更糟糕的是,费伦蒂的技术被证明是一个商业失败。

令人惊讶的是,计算机系统公司自主设计的小型计算机COBRA500[1]比费伦蒂的技术展现出更大的商业成功。[2] 作为唯一一家设计一种新的计算机体系结构并使用自主设计的操作系统的巴西公司(相对于替换工程上的标准体系结构),计算机系统公司的故事说明本土出现的创新是真实可行的。它的500系列的销量超过了1977年小型计算机执照竞争中授权的所有外国技术。

尽管其三分制合作伙伴令人失望,计算机系统公司在与外国资本和本土资本的斡旋中也取得了一些初步的成功。1976年,大型巴西银行为数据输入问题寻求解决方案时,开始对发展赛科400[Sycor 400,由一家非常小的美国公司生产,经好利获得公司(Olivetti)在巴西进行市场推广]的本土供给资源感兴趣。赛科其实愿意将其技术授权给计算机系统公司,并且11家巴西银行被说服收购该公司近40%的股权。由此形成的COBRA400,一开始进入市场就有了一批用户,这成为计算机系统公司的第二大商业成就。

随着时间的推移,维持这种本土技术发展与有效国际媒介的组合变得日益艰难。1982年,当信息产业特别秘书处发起第二次许可竞争时,计算机系统公司已身处困境。受保护的市场里的竞争日益激烈,该公司在巴西国家经济发展银行里的赞助人对填补亏损失去了兴趣。

---

[1] COBRA500是G-10的直接后代产品,是在国家经济发展银行特别工作组的支持下由圣保罗大学开发的一种位片机(bit-slice machine)。
[2] 费伦蒂为合作关系带来的硬件产品(the Argus 700)是一种工业过程控制机(industrial process control machine),不适合商用和政府使用,而它们是当时巴西潜在市场的主体(Evans 1986a, 794; Helena 1984, 27)。

COBRA500无法与新一代的外国机器在超小型计算机执照竞争中相抗衡。① 试图再现其1977年开发一款本土机器的壮举,具有很大的风险。最终,计算机系统公司决定与通用数据公司合作。

事后来看,计算机系统公司与通用数据公司的捆绑似乎是一个明智的战略结盟。② 通用数据公司需要趁早回归巴西市场。③ 而计算机系统公司需要更大、更快的机器。该公司的庞大客户群加上通用数据公司的新技术,应使计算机系统公司能够通过将其用户"迁移"至更强大的外国技术上来更好地利用其现有的市场地位。④

依靠外国技术可能是桩好买卖,但计算机系统公司的自主开发传统依然十分活跃。1983年,在通用数据公司许可协议最终得以实施的两年前,计算机系统公司已经开始研发一个新的工作站。⑤ 新的机器旨在兼容SOX(计算机系统公司正在研发的一个新的、类似UNIX的系统)和SOD(在计算机系统公司更老的机器上运行的早期自主设计的操作系统)两种操作系统。⑥ 老用户可以在新机器上使用他们现有的软件;新用户可以享受一个强大的系统,能够运行国际通行的软件。这是一个很有前景的项目,而且许多技术人员认为,在通用数据公司的机器上工作使他们无法集中精神从事自主开发。到1988年,计算机系统公司只售出了50台通用数据公司的机器(Evans and Tigre 1986b)。

计算机系统公司的自主技术战略是大胆的。它要求公司的软件开发团队完全靠他们自己,创建一个合法的UNIX复刻版,可以说是当时世界范围内传播最广的操作系统,与相应的软件程序和应用一起,⑦它们使巴西"在标准市场的地位得到确保,无论是作为买家还是卖家"(Costa Marques 1988)。即使对于一个大型国际企业来说,这也是一项

---

① 最明显的是数字设备公司的VAX。
② 然而这个联盟带有历史讽刺性,因为正是通用数据公司的总裁埃德森·迪·卡斯特罗(Edson de Castro)因巴西于1977年进行市场储备曾公开号召美国政府打击巴西(见Evans 1989b, 218)。
③ 通用数据公司曾退出过巴西市场。它的安装基础主要由约一百台老式的Nova(16位的小型计算机)所组成,并且停滞不前(见SEI 1985, 26; 1985, 42)。
④ 指通用数据公司的Eclipse MV系列(32位的小型计算机—译者注)。
⑤ 按当地的说法,这款机器被认为是"超微的"。它是一种多处理器的设计,基于32位的摩托罗拉68000系列的微处理器。
⑥ 本章开头描述过UNIX系统V的类似系统(SOX)。参见Ivan da Costa Marques (1988)。
⑦ 参见Costa Marques(1988)。

重大的工程。①

计算机系统公司在当时可能是拉丁美洲软件开发工程师最密集的地方(约 200 人)。其中 20 人花了六年的时间致力开发 UNIX 的对等操作系统。2000 万美元被投入到该项目上。至于开发 UNIX 对等操作系统的成本,其金额体现的节俭或许令跨国公司感到羡慕,但它对计算机系统公司来说是一笔巨大的投资。②其所包含的风险量级使得成功和本章开始时提到的打给伊凡·达·科斯塔·马克斯的电话变得如此重要。

尽管该项目取得了技术成功并且 SOX 被认证为合法的、兼容 UNIX 的自主系统,但该工程对计算机系统公司的生存而言耗资巨大。当 SOX 完成后,新工作站的启动被延迟,使得计算机系统公司在当时该行业发展最快的部分——高级台式电脑的市场里缺位。从经济角度而言,加利福尼亚的电话来得太晚了。两千万美元的投资没有一点商业回报,并且等待期间产品线没有任何创新,计算机系统公司发现自己陷入了财务困境。

解决财务问题与专注自主技术不相符。1987 年,面对不断下滑的销售额和日益增大的亏损,计算机系统公司转而依赖生产个人电脑的克隆品,很快,其销量就超过了其他大型机器。通过进入个人电脑市场,计算机系统公司成了一个典型的造物主,在标准的商品市场与已建立的本土企业相竞争。它的经历印证了该角色的缺陷。个人电脑市场价格竞争激烈,计算机系统公司的个人电脑利润微薄。该公司仍在亏损经营,但它却还要面对本土私人竞争对手的敌视——它们认为它拿着国家的钱在它们的地盘上偷猎。要把计算机系统公司卖给竞价最高的私人投标者的势头猛烈。

计算机系统公司的技术诉求也造成了政治紧张。在创建自主操作系统方面投入了那么多资金后,该公司成为限制外国软件进入的狂热拥护者。将有许可权的 UNIX 从市场上排挤掉,恐怕会使巴西处于一个不寻常的境地。大多数正进行工业化的国家,甚至是自给自足导向的印度,都将 UNIX 视为挣脱诸如 IBM 公司的专利和硬件绑定标准的一种工具。很多巴西企业都认同这一点。计算机系统公司的立场将其与本

---

① 关于计算机系统公司试图实现的目标的量级有多大,存在这样一个事实可以当作它的参照指标,即当 IBM、数字设备公司(Digital)以及其他主要的美国企业决心开发一种系统挑战 AT&T 的 UNIX 时,它们觉得有必要联合起来,成立开放软件基金会(Open Software Foundation)。

② Costa Marques(1988)。

土行业分离开。该软件问题还造成了更高层面的紧张局势。巴西拒绝对软件采取更开放的立场,这是其与美国持续不和的关键点,也是信息产业特别秘书处与总统办公室之间紧张关系的源头。①

计算机系统公司的故事揭示了试图同时成为自主技术开发的执行者和营利性商品的生产者之间的矛盾。该公司证明了巴西软件开发者的能力,形成了一个拥有训练有素、经验丰富人才的宝贵储备池,但却无法盈利。即使是它在国家机构内的股东,也将其作为一个有盈利责任的公司来评价,而非一个研究机构或国家技术遗产的继承者。如果它想成为一个造物主、一个本土企业家阶层的替身,它必须按照盈亏规则来行事。

同样不清楚的是,计算机系统公司是否通过创造一个国际标准化操作系统的自有专利版本使其投资的社会回报最大化。开发本土相关的应用和程序并且试图解决对国际标准进行更好地利用所涉及的各种问题,或许已对巴西的信息化用户产生了重大的影响。印度电子公司和CMC的例子都确定地表明,专注本土应用,对国家和公司而言都是一个高回报的选项。②

对巴西和印度完全不同的制度环境之观察得出了一个一般性的结论。国有企业或许是造物主角色的天然化身,但造物主角色很难将国有企业的贡献最大化,至少在信息技术产业是这样。以国有企业替代商品制造业里的私人生产商是错误的。它将稀缺的国家能力转移到国家缺乏比较制度优势的活动中,与本土企业家形成了冲突关系而非互补关系,并且使国有企业作为自主技术能力之圣洗池的功能变得复杂化。

当温室政策不足以孵化本土企业家时,造物主或许可以在助产的过程中扮演重要的过渡角色。一旦产业开始运作,如果国有企业专注于最大化它们的比较制度优势,就会更容易成功。如果它们专注于"利基市场",尤其是提供旨在解决本土特殊问题的大型系统(如CMC和印度电子公司的项目等),它们或许也能形成本土技术专长并盈利。国有企业还可以为完全超脱扮演造物主角色的活动提供组织基础。它们可以为

---

① 参见 Bastos(1992)。当然,应当注意的是,在一定程度上,巴西的民族主义立场是因 AT&T 拒绝就授权在巴西使用 UNIX 的一般协议进行谈判而被迫采取的,里根政府一直试图使巴西从信息政策层面上退出的做法强化了(如果不是推动了)这一决定。
② 参见 Ernst and O'Connor(1992,277),这个研究认为,"新信息技术(new information technologies,简称 NITs)在发展中国家的农业管理和其他主要的产业活动中存在巨大的应用潜力"。

私有部门提供技术创业条件，像远程信息处理发展中心所做的那样；或者效仿日本的通产省等机构，致力建立公共—私人网络，像梅尔创公司的特别项目部所做的那样。

相比于私有企业，国有企业几乎只从定义上看就更容易免受商业底线压力的影响。这使国有企业在日常商品的生产中可能处于劣势，但它们在技术创业方面仍可以发挥作用，为本土企业家分担责任。印度提供了一些案例，表明区分技术创业的责任和急要的日常生产也许是可行的。韩国提供了更多的案例。

高科技培育

很显然，培育符合促进高科技产业发展的需求，而依靠国家作为直接生产者则不符合需求。温室政策并不能保证本土企业能够并愿意维持高科技产业生存所需的创新和技术投资的水平。许多被诱导进入的企业无法存活。而那些能够存活的，迫于强大的压力，会转向该产业部门中较为常规、回报较少的利基市场。培养和扶持新创业团队的能力并激励他们尽可能地抓住机会是对助产的必要补充，日本的案例对此做了很好地诠释。

相比于巴西和印度，韩国更倾向专注于培育，有以下两个原因。第一，与韩国的嵌入式自主性相伴随的国家—社会关系模式，使培育成为一个自然的选择。第二，韩国在助产方面的早期成功使培育的必要性更加明显。它在信息技术成为核心问题之前就完成了助产的基本任务，使其能够吸引拥有世界级规模的生产设施、资金雄厚以及电子产品经验丰富的制造商，因此，仅在本土开始生产个人电脑后的七年，即 1987 年，韩国就能够安全地开放温室，应对来自外国进口的竞争。开放温室并不意味着国家介入的结束。它意味着国家可以专注于提高那些致力该产业发展的本土企业家团体的能力，特别是他们的技术能力。

韩国的培育模式

韩国的国家规划者们一直担心他们强大的制造商被那些设计更加密集型的、高回报的市场排除在外，而被困在那些低回报的商品生产里。创业精神，特别是技术冒险型的，并不是想当然就存在的。相对于印度的"反熊彼特式议价"[1],韩国国家试图与本土生产者进行一系列的"熊彼特式议价",目的在于诱导他们转向生产更具技术挑战性的产品。

激发本土企业的创业精神需要国家组织自身也具备创业精神。培育其实就是一种创业,像成为生产者一样,是国家介入的一种形式。韩国的"企业家官僚"(entrepreneurial bureaucrats)使用各种工具和策略,创造了各种有意思的制度。这些全都旨在推动本土信息技术部门比依靠自身力量稍微更快一些地向前迈进。

四兆动态随机存储器项目(the 4-Megabit DRAM Project)[2]是一个很好的例子。20世纪80年代中期,三星的李秉喆(Lee Byung Chul)斥巨资使其公司成为世界级的半导体商品生产商,令世人震惊。其他大财阀,尤其是金星,都紧跟三星而为。尽管它们取得了最初的成功,但是,仍不清楚的是,韩国公司能否跟上日本公司向更大数额的芯片门数不断前进的步伐。一兆的芯片已经被生产出来了,问题是,韩国公司能否跟随日本公司(以及IBM)的步伐达到四兆位。

四兆项目由电子通信研究院(Electronics and Telecommunications Research Institute,简称ETRI)来负责。电子通信研究院是通信部的核心研究组织,拥有约1200名研究人员和技术人员以及超过一亿两千万美元的预算。[3]然而,电子通信研究院在这里的工作不是去做研发,它的任务是激励大财阀自主开发芯片和协调它们的努力。

政府以慷慨的条款为各个公司提供贷款(低于市场利率、宽限还款期等)以帮助它们开展早期的研发工作。贷款规模不大(大约从3千万美元到两亿美元)。如果这些公司尚未确信这将是它们最终从事的事业,那么它们可以拒绝政府提供的援助。如果它们知道四兆芯片已在它们的议事日程上,那么就没理由不去利用这些激励措施了。

这项研究是"协作性"的,它提高了追赶竞争对手的压力。来自各个公司团队的代表每月聚会,对比各自的进度(但不分享任何保密细节)。电子通信研究院监测进度并根据每个公司的进展情况来分配贷款。了解其他参与者的进展,这种压力与货币激励本身一样,是一项十分重要

---

[1] 参见本章注释5。
[2] 动态随机存储器(DRAM)芯片是计算机和其他电子处理器使用的内存芯片的主要形式。四兆芯片包含约四百万个"门"或二进制开关。
[3] 参见 Kim and Yoon(1991,163-164);*Gin Donga*(1991年5月,485)。在20世纪70年代晚期设立的专业性政府研究机构中,ETRI也是最大的和有着最多资助的一个。关于所有机构的名单,参见 MOST(1987,35-36)。

的激励措施。即使最先进的公司是三星,也认可该项目的益处。其他公司承认,虽然它们迟早都要开展四兆芯片的研发工作,但现有的项目使它们更早地投入其中。

四兆项目加强了对市场上业已存在的技术创业精神的呼唤。其他项目更加大胆,推动企业进入那些如果没有支持则绝不会涉猎的技术风险项目。电信系统的电子交换系统是一个特别有用的例子,因为它突出了韩国最重要的组合之一——创业型技术专家、通信部以及相关国有企业的组合——的作用。

自20世纪80年代初起,创业精神就一直是通信部的核心特征。之后的十年里,通信部每年平均新增100万条电话线,从1980年的不足300万条到1987年的超过1000万条,主要以其自营公司韩国电信管理局(Korean Telecommunications Authority,简称 KTA)的收入来补贴这项投资。[1]与此同时,建立了全国范围的直接长途拨号系统。当然,这一切都需要大量投资于由少数跨国公司生产的新的交换设备。[2]

转向自主设计设备将减少外汇流失,并开启未来韩国参与电话交换机巨大的世界市场的可能性。风险超出了财阀愿意独自应对的范围,但通信部设立的强大的制度结构使得尝试成了可能。

首先,通信部认识到,很难从正常的预算过程中为初始开发阶段获取资金。因此,它将其经营的公司韩国电信管理局通过运行现有电话系统所获得的丰厚收入的3%(约20亿美元)分配到研发上。其次,通信部认识到,如果没有对未来市场的一些担保,私有公司将不会参与开发电子交换系统。有可能获取通信部对新交换机的一定采购份额,是令财

---

[1] 参见 MOC(1987, 66);E. H. Lee(1987, 7)。从1982年开始,韩国电信管理局(KTA)成为通信部的自营公司,负责提供电话服务(见 MOC 1987, 3)。通信部的表现与20世纪80年代巴西电信系统的衰落形成对比(见 Ernst and O'Connor 1992, 201)。印度的状况更糟糕。20世纪80年代晚期,印度以三分之一的韩国电话线数目服务于8亿人口(是韩国人口的20倍)(Parthasarathi 1987, 32;Evans and Tigre 1989a, 1989b)。交换系统的技术水平更令人尴尬。直到1987年,所生产的交换设备的主体还是古老的史端乔和纵横式交换机(Strowger and Crossbar telephone exchanges),无法操作某些功能,而这些功能经常被假定为一个现代电信系统应有的组成部分(Alam 1989, 63;Sridharan 1989, 284)。现有的线路主要集中在城市富裕区。仅有12%的印度电话线路是在乡村地区(而这是四分之三的人口所居住的地方),并且二十个印度村庄中只有一个有一点电话服务(Kelkar and Kaul 1989, 2;Parthasarathi 1987, 32)。然而,不应高估城市居民的特权,因为据辛格哈尔和罗杰斯(Singhal and Rogers 1989, 177)所言,"任何时候,德里40%的电话和加尔各答(Calcutta)70%的电话都打不了"。

[2] AT&T、阿尔卡特公司(以前的 IT&T)和爱立信公司(LM Ericsson)是大规模电子交换系统市场的主要竞争对手。

阀认为值得参与的地方。在通信部投入大量的收入以补贴开发成本并为未来市场提供大额采购预算后,原本极其令人望而却步的一个项目就变得很有吸引力了。

即使是激进的政府部门,也不设计电子交换系统。即使向私有公司承诺政府采购,它们也很难被吸引从事重大的基础研究。因此,做研究是电子通信研究院的工作。①通信部再次利用采购杠杆说服国际电信制造商,如爱立信(Ericsson),转让一些它们的交换机技术并对电子通信研究院的人员进行培训(Kim and Yoon 1991,173-175)。爱立信的技术是一个有价值的跳板,②但目的是让其适应本土的需求,而非仅仅复制它。和印度远程信息处理发展中心的工程师们一样,电子通信研究院将自己的使命定义为制造一款交换机,它不同于跨国企业所青睐的那些交换机,它更小、易于扩大网络范围以涵盖农村地区并且建立在商品组件而非专利组件的基础上。

印度的努力与韩国的有一个很大的区别,即在韩国,强大的私人行为者从一开始就密切地参与其中。研究是由电子通信研究院来组织和管理的,但即使在研究阶段,私有公司也全面参与了。到了生产交换机的时候,就会由私有企业而不是电子通信研究院来负责。③恩斯特和奥康纳(Ernst and O'Connor 1992,203-204)对比了韩国、巴西与印度的做法,认为"在巴西和印度的案例中,政府研究机构在运作上似乎与那些最终要制造交换机的企业只有最低限度的合作。技术的开发与传播被视为不同的活动,而在韩国,它们密切相关"。

1986年,财阀开始制造第一版的自主交换机——TDX-1A。按世界标准来看,它是一款小型交换机④,但对于满足农村的需求是绰绰有余

---

① 数字交换项目的初期,参与的研究机构名为韩国电子技术与通信研究院(Korean Electrotechnology and Telecommunications Research Institute,简称 KETRI),它的前身是韩国电信研究院(Korean Telecommunications Research Institute,简称 KTRI)。1984年底,韩国决定合并韩国电子技术与通信研究院和韩国电子技术研究院(Korean Institute of Electronics Technology,简称 KIET)以成立电子通信研究院(Electronics and Telecommunications Research Institute,简称 ETRI)。
② 根据 Ernst and O'Connor(1992, 199),爱立信的 AXE-10 交换机为电子通信研究院团队构建他们自己的"TDX"交换机提供了基本的设计。
③ 这个案例中的私人参与包括四个主要财阀中的三个[大宇电信公司(Daewoo Telecommunications)、金星半导体公司(Goldstar Semiconductors)和三星半导体和电信公司(Samsung Semiconductor and Telecommunications)],但第四家公司不是现代,而是东洋电信公司(Oriental Telecommunications)(B. K. Electronics 1(2), 32)。
④ 拥有处理一万线的能力。

的。到1987年时，它已成为韩国正在安装的农村交换系统的主体。制造TDX-1A的本土公司已经开始竞标合同以将它们的交换机安装到其他第三世界国家。第二年，可应用超两万线的TDX-1B被开发出来。随着TDX-1B被销售给菲律宾，韩国实现了首次成功出口（L. Kim 1991，39）。为帮助本土企业拓展市场，韩国电信管理局设立了一个国际营销子公司，而且韩国政府还发起一项基金以帮助外国人购买交换机。[1]与此同时，韩国开始着手开发TDX-10，它是一个国际规模的系统（10万线）并且有能力应用综合服务数字网络（integrated service digital network，简称ISDN）。

回过头来看，TDX的策略看起来很简单。私人资本被假定有能力生产最复杂的技术产品，但它攻克开发任务的愿意并非理所当然就有。为了推动企业朝着典型的熊彼特式创业方向行进，国家自身承担一些开发任务并且对企业的参与进行资助，以此降低技术风险。同时，国家还确保存在一个初始市场，以此降低商业风险。其结果是，国家以较少的外汇成本将电信基础设施扩展到新的地区，形成了具备出口潜力的新的自主技术，并且拥有了强化了的研发基础设施。在实践中，制定这种"简单的"策略，要有一个不寻常的组合，将想象力、制度和国家创业精神联系到一起。

国家行政信息系统（National Administrative Information System，简称NAIS）项目是对同一宗旨的一个更为雄心勃勃的不同发展方向，它发生在与电子交换系统项目同期的20世纪80年代中期。青瓦台团队[2]中技术方面的总统顾问确信，制造计算机还不够。只有建设一个成熟的数据网络，最终触及千家万户，韩国才能成为一个"信息社会"。

其结果是形成了一个基于自主开发的硬件和软件来建设全国计算机网络的计划，旨在"提高行政效率和公共服务质量"。[3]将行政系统移

---

[1] 参见Ernst and O'Connor（1992，220）。由韩国的对外经济合作基金（Economic Development Cooperation Fund）提供的资金不限于电信设备，虽然如此，它仍是确保从囊中羞涩的第三世界政府获得电信合同的一个重要资源。
[2] 参见第5章"国家介入的根源"这一节对韩国的讨论。
[3] 包含七个系统：经济统计信息系统（Economic Statistics Information System，简称ESIS）、居民信息系统（Resident Information System，简称RIS）、房屋和土地信息系统（House and Land Information System，简称HALIS）、清关信息系统（Customs Clearance Information System，简称CCS）、雇佣信息系统（Employment Information System，简称EIS）、车辆管理信息系统（Vehicle Management Information System，简称VMS）和国家养老金信息系统（National Pension Information System，简称NPIS）。参见DACOM（1988，18）。

到网上,将会减少无数行政决定所涉及的时间、费用和腐败的机会。例如,据一位官员所言,为海关清关设计的一款计算机化系统将清关时间从 40 天减少至 7 天,十年里可以节省 75 亿美元,这对出口依赖国而言是一项重要的收益。

国家行政信息系统项目不仅旨在实现基础设施的现代化。它还意图"增强本土计算机业"(DACOM 1988,18)。考虑到当时本土生产的状态,"增强"的程度是相当大的。最初的预算倡导从本土生产商那购买约 1 亿美元的硬件以设立一个系统,该系统将包括约 100 台超小型主机且与一万个工作站相连接。①由于在 1986 年韩国体积大于个人电脑的计算机的总产出仅为 5000 万美元(*Business Korea* 1988,III-497),本土制造商因此获得了一个机会,拿下一个合同就能将其较大型机器的市场扩大三倍。正如《自动数据处理》(*Datamation*)期刊所说的那样,"国家行政信息系统项目正是韩国的硬件和软件供应商一直在寻找的跳板。这是目前为止他们最大的机会,能从设计和制造更复杂的系统上学到经验"(Gadacz 1987,68-72)。

国家行政信息系统项目在组织上和技术上都比 TDX 项目更复杂。通信部承担主要责任,而且财阀从一开始就参与其中,②但必须有人来负责网络本身。通信部需要一个小而灵活的公司,而且不需要通过负责架设电话线来操纵新的网络。得意通(Korean Data Communications Company,简称 DACOM)满足了这个角色需求,它形式上是一家私人公司,但韩国电信管理局拥有其 30% 的股权。得意通仅有一千名员工,销售额为七千万美元(DACOM 1988,28),且不用负责传统的电话线,它只关注计算机化的问题。1985 年,它被指定为国家行政信息系统的主承包商。

制度基础形成后,技术成为问题。和 1982 年巴西的信息产业特别秘书处一样,得意通在寻找一家可以提供全部权限去利用一种技术的公司,这种技术运用的是国际标准的硬件和软件且满足其网络需求。③此外,财阀想要达成协议以允许它们最终将该机器出口。

---

① 随着预期数目的不断增长,对超小型主机数量的估算从 66 台(EIAK 1988,406)涨到 105 台(DACOM 1987,4)。整个 1988 年的硬件总预算成本为 834 亿韩元,另有 355 亿韩元用于软件(EIAK 1988,402)。
② 在这个案例中(与 TDX 项目不同),是四大财阀(三星、金星、大宇和现代)(参见本章注释 60)。
③ 具体来说,他们在寻找一个 32 位的、能够使用标准的而不是专有微处理器的"超小型"机器。他们还想要一种以"在线交易处理"(on-line transaction processing,简称 OLTP)为导向的并且使用一种基于 UNIX 操作系统的机器。

正像巴西已然发现的那样，占主导地位的跨国计算机生产商对这张有特殊要求的账单不感兴趣，得意通最终选定了"一家志在必得的新兴公司。它位于圣何塞，有超小型技术待售"(Gadacz 1987,68-72)，这就是名为 Tolerant 的公司。得意通从 Tolerant 公司购买了约 25 种系统以使国家行政信息系统运转起来，并且为软件公司提供了一些工作素材。Tolerant 公司将制造技术转移给了四大财阀（即三星、现代、大宇和金星），而电子通信研究院开启了该项目最雄心勃勃的那部分，即致力开发一款自主设计的超小型计算机(TICOM 或称 Jujonsanki II)，以接替 Tolerant 的机器。①

　　显然，开发超小型计算机对电子通信研究院来说是一个挑战，但电子通信研究院的研究员们在计算机体系结构方面已经做了大量工作。②而且该项目还有一笔从 1987 年中期开始、为期四年的约 4000 万美元的预算。③电子通信研究院的组织结构被重组，以便创建一个计算机技术部(Computer Technology Division)，其人力主要致力研究 Tolerant 公司的机器及开发其接替者的工作(ETRI 1987, 33)。100 名来自四大财阀的研究员将和电子通信研究院的 150 名研究员一起工作，并在研究院的管理下共同开发新的机器(M. J. Lee 1988，10)。

　　从某种意义上来讲，该项目的软件部分是最有野心的。在编写软件方面，没有一家本土企业有过财阀在制造业上的经历，但得意通还是与本土企业订立合约让它们提供应用软件，希望它们能设法完成任务。④

---

① 参与研发的研究者中有很多人曾花费数月在圣何塞学习 Tolerant 公司的专业知识，但是这款自主机器并不是 Tolerant 公司的永恒系统(Eternity System)的简单复制。可预见的差异甚至包括使用不同微处理器的可能性。永恒系统使用的 NSC32032 系列处理器，总的来看已经过时了。电子通信研究院的人考虑转而使用摩托罗拉 68000 系列处理器。Tolerant 的机器被韩国人视为和数字设备公司的 VAX8600 大致相当，而超小型计算机(TICOM)意在和 VAX8600 的继任者旗鼓相当，成为一款最先进的机器(见 M. J. Lee 1988，7)。此外，它期望能够支持 5 倍的外部存储并且节约 40% 的成本。
② 参见 KETRI(1984)；ETRI(1985, 1986, 1987)。成功开发了一款 32 位的 UNIX"超微"机器(见 ETRI 1985, 17；1986, 16；1987, 12)后，又有了一个更加雄心勃勃的项目，即与一家名为 AIT 的小型加州公司(见 ETRI 1986,28)合作开发 64 位超小型机器。尽管后一个项目没有成功，但它为十多位电子通信研究院的科学家们提供了一个机会，即可以在硅谷待很长一段时间以致力解决计算机体系结构的问题。
③ 资金来自韩国电信管理局、科技部(MOST)、与科技部相关联的一家风投基金(工业技术发展基金，the Industrial Technology Development Fund)以及私人公司本身。参见 M. J. Lee(1988, 9)。
④ 与此相似，韩国决定利用 1988 年汉城奥运会来展示自主设计的软件，而非简单地购买现有的系统(像美国为 1984 年奥运会所做的那样)。

最后，他们狂妄的野心确实令国家行政信息系统的组织者有些尴尬。即将实施的国家行政信息系统的第一个项目——国家养老金系统（National Pension System）的自动化，涉及的数据处理的量级超出了Tolerant公司的专家们曾经遇到过的情况，也远超出了那些编写应用软件的本土企业的经验。[1]结果是一场小灾难。操作系统崩溃了，错误到处都是，而且据说"系统里存在100万个漏洞"（Baek 1988，46-49）。得意通被迫让步，允许保健社会部（Ministry of Health）使用IBM的主机（见J. W. Kim 1988；Seo 1990；Park 1991）。开发一款具有国际竞争力的、超小型计算机的替代性机器同样困难重重。电子通信研究院最后确实开发出了Jujonsanki II并且与财阀确立了合作伙伴来制造它，但是，当它被生产出来时，即使是超小型计算机开发项目的主管也承认该机器并不具备国际竞争力。[2]

尽管存在缺陷和弱点，国家行政信息系统项目的冒险经历取得了惊人成果。随着20世纪90年代的开始，国家养老金系统上线并运行（虽然不是在得意通的控制下）。六个国家行政信息系统中的四个——土地信息、就业信息、海关清关和车辆信息系统——被开发出来并准备运行（DACOM 1991，14-15）。得意通本身已成为一个老练的网络服务生产商，提供分组交换公用数据的网络（DACOM-NET）和各种增值服务如电子邮件、电脑服务器和数据库服务。它正在大德（Daeduk）建设一个新的研发中心，而且还将开始提供自己的国际电话业务。伴随着超过一亿两千万美元的营业额，得意通很可能是一旦开放电信行业，与外国竞争的本土幸存者之一。

与此同时，电子通信研究院继续扮演自主技术圣洗池的角色，致力各种项目。它的项目仍旧既雄心勃勃（例如，开发一种有着200个处理器的神经网络模型并行处理器）又以本土需求为导向（例如，开发一种处理韩国文字的RISC处理器）。[3]它的任务里甚至还有一个新的动态随机存储器项目，这是一种16兆位的芯片。[4]更令人惊讶的是，超小型计

---

[1] 养老金应用的问题被韩国的现实情况进一步复杂化，即发放韩国的养老金基本上是一种批量操作，而Tolerant机器的在线交易处理导向在这方面有缺陷。
[2] 参见 *Kyongongkwa Computer*（1991年8月，161）内的访谈；以及I. S. Cho(1991)。应当注意，Tolerant公司本身无法跟上提升硬件效能的快速步伐，并且已经退出了硬件业务。
[3] 参见 *Hanguk Kyongje Sinmun*，1991年12月24日；EIAK(1991b)。
[4] 该项目计划包含"与三大动态随机存储器制造商——三星、金星和现代"合作建立一个新的政府实验室，而且一半的资金由政府以低利率贷款的形式予以提供（Ernst and O'Connor 1992，254）。

算机的相关工作仍在继续。四大财阀从电子通信研究院手里拿走了项目领导权,并且从国立首尔大学引入研究人员以提供技术帮助。①

与巴西和印度的比较

从芯片到电话交换机到数据网络,韩国国家在高科技培育上的努力与巴西和印度国有企业的努力有着共同的主要特征。韩国通信部以一种创业方式来建设基础设施的特点,与 CMC 和印度电子公司的各种项目相呼应。充当自主技术圣洗池的决心驱动着计算机系统公司的企业战略形成,这在韩国电子通信研究院的努力中也同样显而易见。

有必要再次强调,韩国的高科技培育与巴西和印度的努力的关键区别在于国家与私有部门关系的性质。韩国基于互补原则构建公和私的劳动分工。国家—社会关系总体上具有的嵌入式自主性创造了一种适合公私合作的局势,顺应了建立高科技产业所需的特殊环境。

像四兆、TDX 以及国家行政信息系统项目,本身孕育于支持技术发展的更一般化的体系之中。当通信部负责支持具体的信息技术产业时,科技部负责领导总体的科技培育,而科技部的努力也是国家政策总体推动力的一部分。国家在增强本土技术能力上的努力转变为多种形式,从强有力地支持技术教育到建设大德科学城,再到为研发提供财政激励。

技术教育是发展信息技术产业最基本的基础建设,而韩国在扩大技术教育方面表现突出。在 20 世纪 80 年代后期的韩国,其人口不足巴西的三分之一,但学习数学、计算机科学和工程学的受高等教育学生的人数是巴西的 1.5 倍。事实上,在韩国,拿工程学学士学位的人数是英国的两倍(UNESCO 1991, sec. 3, 349, 356, 369)。②

位于这个迅速发展的技术教育系统的顶端的是由科技部设立的两所研究机构:进行研究生教育的韩国科学技术研究院(Korea Institute of Science and Technology,简称 KIST)和进行本科教育的韩国理工学院(Korea Institute of Techonology,简称 KIT),两者均位于由国家资助

---

① "主计算机开发团队"(Main Computer Development Team)希望在 1993 年底开发出一款具备国际竞争力的 Jujonsanki III 投入生产(见 I. S. Cho 1991)。虽然 Jujonsanki III 能否获得商业成功还需拭目以待,但它始终都是财阀们为发展自主计算机技术所做的最重要的努力之一。

② 1961 年,在韩国,只有不到 1.5 万名学生学习工程学。但到了 1989 年,有超过 22.5 万名学生学习工程学(Y. H. Kim 日期不详)。

的科技园——大德科学城。① 之后,又有了浦项理工学院(POSTEC),它是国有钢铁公司在浦项成立的、一家志在成为"韩国的麻省理工学院"的研究机构,专注于钢铁公司对新型材料的最新研究。②

迅速增加的研发投资加强了对教育的投资。在整个20世纪七八十年代,韩国的研发投资从典型的发展中国家的水平跃至挑战先进工业国家的水平。韩国的演进与巴西和印度的对比十分显著。1970年起步时,所有三个国家的研发投资都不足其国民生产总值的0.5%。韩国很快推升至2%,而印度一直是韩国水平的一半,巴西则处于更低的水平上(见表6.1)。

国家和私人资本之间的互动是实现这些研发支出水平的关键。从总体层面查看韩国过去20年来私人和公共研发支出的比率,数据显示,在20世纪60年代初,通过提供97%的总研发经费,韩国国家发挥了初始领导作用(MOST 1987,39)。在整个七八十年代,虽然国家自身的研发支出增加了50多倍,但它也成功地诱导私人研发支出实现了更快的增长,直至80年代末私有部门的支出占到总研发支出的约80%(Y. H. Kim n.d.,4)。同期发生的组织变革也增加了研发支出。1970年时只有一家公司有企业研发实验室,到1987年时604家已有企业研发实验室(L. Kim 1991,26)。

推动本土企业家阶层加大研发投入是20世纪80年代国家培育战略的主旨。③ 与20世纪70年代利用低成本的贷款来吸引企业进入特定的产业部门不同,国家开始利用它们来激发对研发日益增强的关注。除了这些贷款,国家还提供特殊的税收优惠以及一系列给予拨款的"国家研发项目",尤其为合作研究。

表6.1 研发占国民生产总值(GNP)的比例   单位:%

年份	韩国	美国	日本	印度	巴西
1970	0.4	2.6	1.6	0.4	0.2
1975	0.4	2.3	1.7	0.5	0.7

---

① 参见MOST(1987,34-35,43及各处)。韩国科学技术研究院(KIST,其首要任务是进行先进研究培训)分多次完成与韩国高等科学院(KAIS,研究和合约导向的研究院)的合并,形成韩国科学技术高等研究院(Korean Advanced Institute of Science and Technology,简称KAIST)。
② 应当注意,无论韩国在和其他国家的对比上看似多么成功,本土分析家们仍不太满意。例如,金麟洙(译音,Linsu Kim)认为"对高等教育机构的投资不足"是"韩国政府在发展国家创新系统上所犯的重要错误之一"(Ernst and O'Connor 1992,273)。
③ 随后的讨论主要参考L. Kim(1991,29-31)。

续 表

年份	韩国	美国	日本	印度	巴西
1980	0.6	2.4	2.0	0.6	0.6
1985	1.6	2.7	2.5	0.9	—
1987	1.9	2.6	2.8	1.0	0.6

来源：Y. H. Kim(n. d. , 4, table 3); DST(1989, 3); Dalhman and Frischtak (1990, 19, table 4.3); UNESCO(1990, 5-110, table 5.18).

注：巴西的数据里，1975＝1977，1980＝1982。

通过组合各种激励措施，政府得以通过自身的投资带来本土产业领袖的重要承诺。1987 年，政府对国家研究项目的投资仍然只有约 7000 万美元，但这只是做战略性的使用，就像用在四兆动态随机存储器项目上一样。贷款额更加巨大。1987 年的贷款总额接近 9 亿美元，占"当年制造业的研发支出总额的 64％"。各种财政激励措施也增强了贷款和拨款的效果，包括从应纳税所得中扣除现有研发费用和为未来研发工作所预留的高达 30％（在高科技产业）的税前利润（L. Kim 1991，表 4，30，31）。

大德科学城实施了同样的战略。从 1974 年起，科技部开始为公共研究机构兴建设施，如在位于首尔东南约 200 公里有待开发的一处场所，大德修建了电子通信研究院的大楼。然后，它开始将其精英教育机构（先是韩国理工学院，然后是韩国科学技术研究院）也移到那里。几家私有研发中心也加入其中，最突出的是乐喜中央研究所（Lucky Central Research Institute），直到后来，有了九家公共研究机构、三家高等教育精英机构和四家私有研究机构。到 20 世纪 90 年代，至少有 20 家企业将其核心研发设施设在大德，形成集聚效应，这被认为是造就成功的创新环境最为重要的因素。

我们没有必要夸大国家在改变私有部门对技术创新的态度方面的作用。它只是顺应了经济逻辑的潮汐。随着韩国的企业越来越成功和老练，技术借款已经不是一种确保利润的途径，研发的需求更加明显。与此同时，不能想当然地认为，市场的演进将自动推动企业朝更大的技术投资的方向行进。在研发占韩国国民生产总值的比例呈爆炸式增长的同一时期，它在美国的比例一直停滞不前，这提醒了我们，缺失培育会发生什么情况。巴西和印度阐明了相同的观点。

为什么巴西和印度在提高本土技术努力的比赛中落后？这些国家当然也是支持技术创新的。巴西在 1988 年的国家支出总额约为 15 亿美元（Dahlman and Frischtak 1990，18），而印度中央政府在 20 世纪 80

年代中期的支出也大致相同(DST 1989,3)。两个国家都无法宣称其研发资金像韩国那样四倍的增长,但其支出仍数额庞大。差异在于,巴西和印度都无法产生公—私共生关系,那是韩国成功的关键。

在巴西,1985年在纳税申报单上宣称有研发支出的企业数目与1976年的几乎一样(Dahlman and Frischtak 1991,14),[1]与此形成鲜明对照的是,韩国私人研发机构的数目实现了50倍的增长。由此,巴西国家仍然承担着70%—95%的总研发支出。[2]

缺乏形成公—私共生关系的制度机制,在信息技术产业尤为明显。在计算机行业里,有两个组织或许扮演着类似于韩国的电子通信研究院的角色,即计算机系统公司和巴西科技部的信息技术中心(Centro Technológico para Informática,拉丁文简称CTI)。但它们都深受制肘。

对于那些试图使基础设施现代化的国家机构或那些试图提供新应用的本土硬件生产商而言,计算机系统公司可能都是一个重要的支持来源,但该公司的管理层并不积极地投身于这种培育。作为一个组织,它的生存依靠的是在硬件市场上的竞争,这项任务使其无暇顾及其他类型的创业精神。信息技术中心依赖信息技术特别秘书处,也依附其上,但信息技术特别秘书处一心关注它作为监管人的各种问题以及与其他国家机构的冲突,难以为信息技术中心谋求一个合理的预算使其成为本土企业技术努力的一个有效补充(Meyer-Stamer 1989,23-24)。

剩下的唯一一个促进具体开发项目的组织是国家电信公司(Telebrás)的研发中心。像电子通信研究院一样,该中心(Telebrás's Center for Research and Development,简称CPqD)的使命是开发能转化成本土企业所生产的产品。像韩国案例一样,国家电信公司将其收入的一部分(2.5%)分配到研发上,为其研发中心提供了相当于电子通信研究院所拥有的预算。[3]事实上,该研发中心已经成功地设计出一系列电信产品,如光纤和小型数字交换系统(参见Hobday 1984)。由于它没有任何造物主的自负心理,它还能把这些产品交给本土企业。到1987年时,该中心已负责开发了75种产品,由25家不同的本土企业进行实际制造(Frischtak 1989,58),其中最重要的是类似于韩国TDX的一个

---

[1] 如果数据仅限于私人企业,看起来会更糟。少数国有企业,如国有石油公司(Petrobrás)和国家电信公司(Telebrás),占了研发支出的绝大部分(见Dahlman and Frischtak 1991, 14-15)。
[2] 达尔曼和佛里希塔克(Dahlman and Frischtak 1991,30)估算是70%,而巴西科技部(SCT 1990, 48)估算是95%。
[3] 1988年一年为6500万美元。参见Tigre(1993, 11)。

小型电子交换系统,称为Trópico。该中心甚至还支持软件和半导体方面的研发工作,但它在计算机行业扮演类似电子通信研究院之角色的能力受到了通信部和信息技术特别秘书处之间日益强化的部门间竞争关系的束缚。

支持技术努力的总体局势,在个别企业和在应当成为领袖的具体组织中一样不容乐观。国家给予本土企业家的主要礼物仍是提供一个保护性的温室。"市场储备"主导着决策争论,而且本土信息企业已被授予"寻租天堂"这一称号,削弱了进一步补贴本土企业家的政治支持。类似于韩国所提供的那种对本土创新的金融支持被写入了1984年的《信息法》,但除了鼓励本土资本进入半导体行业的一些补贴外,金融支持从未兑现过。① 后来,科洛尔政权为自主研发提供了一套激励机制,称为工业技术能力方案(Program for Technological Competence in Industry),但20世纪90年代开始后,没有任何证据表明它将付诸实践(Meyer-Stamer 1992,107)。

国家执着于管制的角色,使其无法专注于积极支持本土企业技术努力的战略。国家的创业能量最终用在了日常商品的生产上(例如,计算机系统公司的个人电脑),而它的监管能力则完全被匪夷所思地避免过分依赖外国技术的努力所消耗。高科技培育仍只是一种边缘活动。因此,在成功地将新的企业引入该产业后,巴西一直未能在此基础上有所建树。随着20世纪80年代接近尾声,缺乏后续培育的助产使得巴西新信息企业在面对全球技术变革的寒风时极其脆弱。

在印度,公—私共生关系的缺乏更加明了。在其自身的范围内,国家当然可以声称它采取了一些初始举措,但很难找到证据显示国家为培育私人技术能力付出了努力。印度没有相当于韩国的四兆动态随机存储器或超小型计算机项目。也不存在私有部门越来越多地参与研发的情况。这再一次表明,执着于监管者和生产者的角色使得国家无法专注于培育的问题。资助一系列的研发项目是电子部的职责之一,但这些项目主要都是由与政府关联的组织来实施。韩国电子通信研究院和印度电子部的年度报告彰显了以下差异:电子通信研究院总是会引用转移到私有部门的产品数目;而电子部的报告从来不提这回事。

那些希望基于本土产品创新来开拓市场利基的私人企业家往往因一种矛盾关系而备受挫折,即原则上国家支持自主开发,但实际上代表

---

① 在《信息法》通过后的头三年里仅有三百万美元拨给了非半导体项目(Meyer-Stamer 1989,24)。

潜在本土创新者利益的制度化努力却十分微弱。PSI 数据系统公司（PSI Data Systems，似乎是 20 世纪 80 年代早期印度最有前途的本土计算机企业之一）的前董事总经理维纳·德什潘德（Vinay Deshpande），① 是这样表述的："我们自己的政府组织，例如电信部或印度石油天然气公司（ONGC），② 对本土技术只提供口头服务……认为政府会支持我们是我们在 PSI 数据系统公司犯的一个战略性错误。"（*Dataquest* 1990 年 4 月，99）

总的来说，印度的教育成功最具讽刺性地说明了忽视公—私互补性的负面效应。以任何对比标准来看，印度在技术培训上的投资都是十分可观的。20 世纪 80 年代末，印度就拥有一百万名持有学位的科学家和工程师（DST 1989,36），被誉为世界第二大生产讲英语的科学人员和技术人员的人才库。在印度，学习工程学的学生人数是美国的两倍多（Singhal and Rogers 1989,47-48）。它的精英院校印度理工学院（Indian Institutes of Technology，简称 IIT）的毕业生们接受过良好的训练，以致他们在美国职场极受欢迎。事实上，印度理工学院的毕业生大部分都移民了，使得美国收割了印度对教育的巨大投资所产生的社会回报。③ 投资人力资本但却无心创建能够利用他们的企业，结果只能事与愿违。

像在巴西一样，也有一些例外。有的已经提到过，如远程信息处理发展中心和梅尔创公司的新项目部。作为印度的"硅高原"而兴起的班加罗尔是另一个有趣的例子。国家投资无疑是将班加罗尔变成高科技产业中心的一个重要因素。国有高科技企业的聚集，如巴拉特电子公司，加深了本土劳动力的熟练程度并且支持了本土技术教育的发展。20 世纪 80 年代，当私有信息企业开始寻找地方设厂时，班加罗尔是一个想当然的备选场所。但是，即使在这种情况下，印度似乎仍未有意识地尝试按照韩国大德战略的方式，先让国家研究机构来"播种"，然后带动私人研究的兴起。

然而，总的来说，国家在其掌握范围内做出了促进技术进步的努力。N. 赛沙吉里的国家信息中心（National Informatics Centre，简称 NIC）

---

① 参见第 7 章对 PSI 数据系统公司的讨论。
② 电信部和印度石油天然气公司（Oil and Natural Gas Corporation）（两者都曾是 PSI 创新产品的受益者）。
③ 每一位印度理工学院（IIT）的毕业生都代表了价值 2.5 万美元的公共投资（单就印度理工学院培训而言）（Singhal and Rogers 1989，47）。按照人均国民生产总值来算，这在美国相当于大约 1500 万美元的支出（即 100 倍的人均国民生产总值）。

是一个很好的例子。20世纪70年代中期,在韩国国家行政信息系统项目出现的十年前,国家信息中心开始致力开发一个基于卫星的通信系统,名为国家信息中心网(NICnet)。在该网络实施的诸多项目中有一个系统,用以收集、编译和分析来自印度约440个地区、不断更新的社会和经济信息。[①] 显然,这种信息基础设施正是印度所需要的。但是,在20世纪80年代,国家信息中心网仍"专供政府使用"(Ernst and O'Connor 1992,257),并且在硬件和软件方面都不涉及任何形式的公—私合作,而这种公—私合作恰恰是韩国国家行政信息系统项目的特点。

印度和巴西都未能形成真正履行培育任务所需的制度框架。强大的企业和强大的国家组织被精致的合作网络连接在一起,这使韩国顺利地从助产走向培育,但这在印度和巴西都是不存在的。总之,对这三个国家培育情况的比较研究充分地证明了嵌入式自主性的优势。

国家角色的演变

20世纪七八十年代国家介入信息技术产业的故事是一个关于制度倾向与产业迫切需求之间的紧张关系的故事。国家结构和国家—社会关系的一般模式体现在信息技术产业中的国家角色上。在韩国,两者很匹配。嵌入式自主性的整体模式使其在信息技术产业上较容易遵循助产—培育的顺序。与本土企业密切合作的关系使其更容易平衡推动和管制的角色。国家组织的能力和一致性使得国家能够以创业的热情来实施培育。

在巴西和印度,两者不太匹配。出于不同的原因,它们都被试图扮演监管者和造物主的角色所带来的矛盾转移目标。但它们也并未完全陷入困境。它们都有学习制度。至少在信息技术产业部门,官僚们回应了该部门的迫切需求。到了20世纪80年代末,旧的角色正在被抛弃。在印度,其早期的战略特点,即企图以国有企业代替潜心于技术的本土企业家阶层,已仅是历史。巴西对国际技术流动的强烈管制也同样在减弱。

不幸的是,它们都为早期的遭遇付出了持久的代价。褪去旧的角色比构建新的角色更容易,尤其是当新的角色意味着要对机构建设进行大

---

① 名为区域网(DISNET),该系统由国家信息中心(NIC)设计和编写,使得地区层面的用户能够轻易地输入并接触信息,与此同时确保跨地区编码的一致性(见NIC,日期不详)。

量投资时。在印度和巴西,整体的财政环境都不利于投资于国家机构。巴西背负着难以承受的公共债务负担,几近摇摇欲坠,而印度似乎决心在债务危机上追随拉丁美洲的脚步。在这两个国家,信息技术机构的预算受到国家更大的财政问题的影响。无论印度电子部对追求推动的角色多感兴趣,它都要被迫进一步削减一直都不多的预算。① 在巴西,机构建设的可能性甚至更微小,这不仅是因为国家的财政危机更严重,还因为其政治反弹更致命。

整个 20 世纪 80 年代,信息产业特别秘书处从其助产的努力中获得了巨大的政治利益。来自在其温室中成长起来的企业的政治支持,使其得以在不可想象的国内和国际夹击中生存下来,但到 20 世纪 90 年代初时,它已走到路的尽头。它的耐力似乎加剧了对手对它进行妖魔化的程度。当科洛尔政权正式宣布在巴西 1984 年《信息法》最初设定的最后期限 1992 年到来之后不再延续相关的信息政策时,信息温室被抨击为巴西缓慢的工业发展的罪魁祸首之一。

即使没有在整个 20 世纪 80 年代信息产业特别秘书处和信息政策所积累的那些负面政治包袱,90 年代初也很难形成国家介入的新形式。费尔南多·科洛尔(Fernando Collor)和他的追随者们热切信奉旧的新自由主义准则。"对国际市场开放就能解决问题"是他们对所有经济问题的一致反应。宏观经济管理不善和国家陷入随之而来的财政危机,使得规划未来成为一种不切实际的尝试。国家机构的整体衰败加剧了这个问题。与浮夸地取消寻租天堂的承诺相伴随的,是拼命地从政治职权上攫取最大可能的租的行为。是老技术专家构建了市场储备的"寻租天堂",但对于这些信息政策的老兵而言,新"经济改革者"的腐败和老技术专家的节制之间存在讽刺性对比是他们了解的全部现实,但这个反差无法帮助建立新的机构。

尽管过去的政策遭到激烈地诋毁,尤其是在巴西,但它们的积极成果仍是不可否认的。温室保护和国家助产培植了一个以前从未有过的本土信息技术部门。被电子数据处理统筹委员会 1977 年的"小型计算机执照竞争"和信息产业特别秘书处在 1984 年的"超小型竞争"所吸引进入信息产业的那些企业,连同许多在"市场储备"的保护伞下寻得立锥之地的更小企业,留下了一个非常了不起的遗产。总的来说,它们投资

---

① 例如,1991—1992 年和 1992—1993 年之间,电子部的预算削减了 25%—35%。削减的比例取决于到底是仅仅计算来自政府的资金本身还是经由电子部的外国援助也被纳入其中(*Dataquest* 1992 年 3 月,92)。

于企业组织和人力资源，相对于拉丁美洲的其他地方而言，这已十分出色。在印度也一样，一大批本土企业已经出现、成长并投资于组织方面的基础设施和人力资本。

在这三个国家中，成功的助产改变了信息技术产业的政治动力及其经济面貌。20 世纪 70 年代初时，主动权显然掌握在国家手中。但到 20 世纪 80 年代末，已不再如此。即使在巴西和印度，虽然助产的效果既不完整也很脆弱，但在不断变化的全球信息技术产业部门的背景下展现出的私有信息企业的政治力量和经济利益，对于定义未来至关重要。我们必须理解 20 世纪七八十年代在信息技术产业中逐渐形成的新的创业力量是由国家行为者所塑造的，同样，我们还要理解这些国家机构随后的角色取决于它们所帮助创造的那些产业部门的特征。

赞赏国家介入的影响离不开关注它所扶植的那些企业。在本章中，国家组织处于前台，而私有产业退为背景。是时候进行反转了：将本土企业和国际产业置于前台，并且从产业本身的视角来查看信息技术产业的动态。

第七章
本土企业的崛起

如果西蒙·R.施瓦茨曼(Simón R. Schvartzman)要在20世纪80年代末写回忆录的话,内容大概会是关于在令人振奋的技术变革时期一个工程师工作时的愉悦心情,还有管理一个巴西企业的喜与忧,另外,一定还有国家介入带来的政治和经济形势。主观上,施瓦茨曼不比一般市民对政治更感兴趣,但他的职业生涯不自觉地反映了巴西信息政策的演变。

西蒙·施瓦茨曼正是年轻蓄须者们梦想在巴西创造一个信息部门所需要的人才。没有信息政策的推动,就不会有施瓦茨曼的工作。他有可能就成了一名IBM的销售员,或者移民到一个工业化国家充分施展他的才能,但绝不会最终在巴西以设计超小型计算机为生。如果不是信息产业特别秘书处领导迪萨决定开启超小型计算机执照的竞争模式,施瓦茨曼就不会在新泽西待一个冬天,在小小的Formation公司与设计工程师合作,学习掌握那里的一切,以便理解可兼容IBM的超小型计算机的错综复杂的体系结构。

事实上,如果没有信息政策,他所为之工作的伊塔乌科技公司都不会存在。伊塔乌科技公司的所有者——伊塔乌银行①或许会介入信息技术,但创建一个多样化的计算机制造企业,自主设计超小型计算机,同时生产自己的个人电脑并开发自己的金融自动化系统,这样的想法似乎就有点异想天开了。事实上,伊塔乌科技公司后来成长为一个了不起的企业组织。诚然,依照国际计算机行业的标准,它规模还很小,但是临近20世纪80年代时,它的销售额接近2亿美元,成为巴西最大的本土计算机制造商,也是第三世界最大的计算机制造商之一。及至1992年"市场储备"正式到期时,在信息政策下成长的许多企业都成了黯淡的回忆,

---

① 伊塔乌银行并不直接拥有伊塔乌科技公司(Itautec)。伊塔乌科技公司是一家上市公司。伊塔乌集团的控股公司ITAUSA是其最大的股东。反过来,伊塔乌银行是伊塔乌集团的奠基石。

但伊塔乌科技公司没有位列其中。它似乎注定是巴西创业版图的一个永久附属物,是巴西在国际劳动分工中的位置出现的一个很小但很强劲的变化。

巴西、印度和韩国的信息政策的历史比较实际上是由两个紧密交织的故事组成。其中一个故事与上一章相关,即国家政策和机构建设如何塑造产业转型的本土可能性、呼唤新的经济主体产生,并形成植根本土资源的新能力。另一个故事有关产业本身的演变,即本土企业家和产业如何回应国家政策带来的机遇和激励,以及全球技术和跨国公司战略带来的威胁和机遇。后一个故事是本章的重点。

随着国家政策的演变,个体企业家的导向也在发生变化。整个20世纪80年代,这三个国家的本土企业都坚决地朝着更国际化的战略方向行进。然而,描述新国际主义的兴起是下一章的任务。毕竟,记述那些培育了本土信息政策部门之初步成长的民族主义温室的结果很重要。不管这些信息政策有什么毛病和缺陷,它们都完成了助产的基本目标。所有这三个国家的信息技术部门最终都收获了一批新的本土参与者。

研究本土企业比描述政策本身更能衡量国家介入的程度。在每个国家,本土信息企业的集体创业形象体现了孕育国家角色和政策以及企业的一般产业传统的鲜明特色。

起 点

巴西、韩国和印度并非是20世纪70年代初的工业新手。它们很穷,但它们有制造业部门,生产着数十亿美元的精密工业产品。当它们认定自主掌控信息技术生产很重要时,问题就成了现有的创业资源是否可以以及如何能够用于形成新的、有高技术要求的部门。答案取决于国家先前在助产方面的努力是如何定位大型本土企业的,还取决于跨国资本以何种方式融入当地的产业结构,以及二战后工业化过程中大型本土商业集团发展出怎样的战略。

在印度,起初问题很明显。扮演监管者角色的国家曾试图禁止大商业家族,如博拉、塔塔以及其他商业家族从事消费电子产品的生产,以期将该行业变成那些技术要求低、劳动密集的小企业的保护区(参见 Sridharan 1989)。结果,到需要发展信息产业的时候,这些大商业家族都缺乏可转换的制造技术。但即使没有这个特定的障碍,大商业家族的传统也使它们对高科技世界敬而远之。自独立以来,大商业家族与国家就一直是"反熊彼特式议价"关系,它们习惯于在一个受保护的、提供标准化产品的国内市场中共生,而非在充满快速变化的产品和价格跌宕的市场中竞争。

但也有例外。有先见之明的塔塔集团就是其中之一。1968年,印度电子公司刚起步的时候,塔塔集团就成立了塔塔咨询服务公司,其最终成了印度首屈一指的软件出口商。然而,对于典型的印度工业集团来说,发展信息技术部门所需的艰难推动力使其成了一个非常陌生的领域。

后来成为印度最大本土企业[印度计算机有限公司(HCL)]的创始人所面临的苦难,显示了印度的那些大商业家族的态度。希夫·纳达尔(Shiv Nadar)、阿俊·马尔霍特拉(Arjun Malhotra)以及印度计算机有限公司的其他创始人最初是老牌的德里布料集团的一个下属部门的经理们。让该集团的股东们理解将为病态的纺织行业设计的通用指令应用到年轻的计算机操作上是不可能的,这一过程令人如此沮丧,纳达尔和他的朋友们决定在没有集团资金支持的情况下单干。

另一个广为流传、可能是虚构但还合情理的故事,也抓住了问题所在。有一个大商业家族,20世纪80年代初就开始了小型计算机的业务,其计算机销售的市场经理请求董事会降价以迎接竞争。董事会对于有可能需要降低任何产品价格的请求感到震惊,因此希望等到一年中最好的时间再做决定,但到那时,它要在市场中分一杯羹的机会也不复存在了。

鉴于印度的那些大制造集团的风格特征,毫不奇怪的是,当本土私有企业开始激增时,诸如印度计算机有限公司和威普罗集团这样机敏的新手,开始探索着开发基于微处理器的硬件的可能性。同样不足为奇的是,制造过程本身从未成为印度企业的力量源泉,尽管它们在"廉价劳动力"方面似乎有着明显的比较优势。

巴西的大型工业集团与竞争世界的隔绝程度较低。它们在为出口市场生产制成品方面有大量的经验和成功的经历。置身于一个更加自由的投资机制,它们习惯于与跨国竞争对手相竞争。它们的经验使它们不那么害怕快速变化的市场,但也清醒地意识到误入跨国资本有着巨大比较优势的领域十分危险。国家、本土企业和多国资本之间的明确分工对巴西的"依附发展"至关重要。在这种分工下,发展技术密集型产业是跨国公司的特权(见 Evans 1979,1982)。

国家在电子行业的特定政策使得本土企业对侵入跨国公司的势力

范围更加谨慎。相比而言,其他部门,如机床或基本化学品,鼓励本土企业参与,但电子行业的政策十分强势地偏向外国企业。20世纪60年代晚期支持玛瑙斯自由贸易区成为"进口平台"的决定,意在将使用自主技术的本土消费电子品企业排挤在外,这使得那些工业导向的团体对进入该领域非常谨慎。

国家先前成功地利用跨国资本来诱导生产本土信息产品,也使得该产业对本土集团缺乏吸引力。与印度相比,巴西不那么排斥跨国公司,而且擅长寻求与它们的合作。几十年来,跨国资本一直在满足国内信息技术市场的需求。国家成功地游说了跨国公司并促使占主导地位的跨国公司增加本地附加值的份额,并且以出口来平衡它们的进口。IBM和宝来公司都有着大量的、长期的本地制造厂,而且IBM是巴西制成品出口的重要贡献者。本土企业家不太可能愿意尝试从这些已根深蒂固的国际巨头手中拿走一点国内市场份额。

最后,任何试图成为信息技术生产者的本土工业集团都将面对巴西金融系统对无形资产的长期偏见。房地产或机器是可接受的抵押品;而熟练的技术人员、技术专业知识或对新产品的想法都不是。民间金融系统不愿向任何一种制造投资提供风险资本。以技术为首要生产要素的行业完全不在考虑范围内。

对于巴西复杂的产业集团而言,不存在明显的自然路径引领它们从熟悉的领域走向信息产业。过往的国家政策已然摧毁了消费电子品行业可能存在的任何路径,并在本土信息产业的市场入口处设置了强大的跨国监管者。因此毫不奇怪,在国家方面,巴西做出了明确的推进努力,以唤醒本土资本对信息产业的兴趣。

韩国的产业集团面临着与巴西完全不同的局面。从20世纪60年代中期起,国家主导的金融体系开始使大财阀在金融上胡吃海塞(参见Woo 1991),但根据竞争表现来给予支持。整个20世纪70年代,国家实行的"健身"计划则根据对探索新产业领域的意愿(电子业是其中最受推荐的)而提供支持,由此创造了一条通向信息技术产业的自然路径。

开发受保护的国内市场的可能性对于这条通往信息产业的扩张之路至关重要。从1959年金星组装第一个韩国真空管收音机的那一天起,受保护的国内市场对于大财阀在消费电子品行业的收购实力(以及利润)就变得异常重要。如莫迪(Mody 1987b,87)对其概括为,"韩国的国内市场……不仅仅是一个从事出口的培训基地,它还是满足国内需求的一个重要来源"。

跨国公司在韩国的投资模式是跨国公司战略和国家政策相作用的结果,易于大财阀开拓它们的国内基地。外资主要集中在用于出口的零部件生产上。半导体封装尤为典型。从20世纪60年代中期开始,像摩托罗拉、仙童(Fairchild)和西格尼蒂克(Signetics)等公司都建立了旨在利用廉价劳动力的半导体封装生产线,以满足美国和欧洲的零部件需求。随着韩国工业经验的增加,跨国企业扩大了它们从韩国所能获取的零部件范围,为韩国提供了了解国际成本标准和国际质量标准的有用窗口。同时,这些跨国企业并没有兴趣去挑战大财阀在国内市场的保护区。与巴西不同的是,韩国的劳动分工在很大程度上将国内电子产品市场保留在了本土资本手中。

直到1967年,IBM才最终决定在韩国成立子公司,从而安装其第一台计算机。斯佩里公司和宝来公司一直认为不值得在韩国设立一个子公司,到20世纪70年代初才改变初衷。因而,当20世纪80年代国家采购政策逐步创建出一个本土的信息产业市场时,大财阀并没有遇到像巴西的潜在参与者所必须面对的强大的、受外资控制的本土制造能力与之对抗的局面。与巴西向外国子公司提供财源相比,韩国的限制进口以及政府偏向本土生产的产品更有益于本土资本。

从这三个完全不同的起点出发,形成了三种形色各异的本土信息产业。那些成立的企业,如同帮助它们创立的国家介入的过程,虽然有着各自的缺点和问题,却代表了本土产业图景的真实变革。

及至20世纪90年代初,韩国成为世界上最大的半导体生产国之一。四大财阀也进行了价值超过20亿美元的计算机硬件交易。[1]尽管还无法与美国和日本相提并论,但韩国的信息技术产业在生产上超越了许多欧洲国家。例如,1990年韩国的芯片(集成电路芯片)生产总值为34.5亿美元,虽然还不到日本产出的百分之十五,但几乎等同于德国、法国和英国的总和。[2]显然,这个国家改变了其在国际劳动分工中的地位。

更令人惊讶的是巴西和印度的本土计算机的发展情况。在巴西,本土所属的计算机生产商的产出在20世纪80年代增长了10倍,从1979年的不到2亿美元增至1989年的超过20亿美元(Evans 1986a,796;

---

[1] *Wall Street Journal*,1992年7月14日,B-1;FKI(1991,592);*Wolgan Computer*(1991年5月,102)。
[2] 见Ernst and O'Connor(1992,123)。当然,如马拉西亚等国家产量很大,但其几乎全是组装和包装其他地方生产的晶圆,而韩国的生产,像发达国家一样,包含晶圆制造,而非仅仅是组装和包装。

DEPIN 1991,52)。1988年,巴西的"办公自动化设备"的总产出仍比韩国的高(Ernst and O'Connor 1992,112)。在印度,数亿美元的硬件产业,辅之以软件出口,在20世纪80年代的后半期翻了五倍,据说到1990年时超过了1亿美元。①

在每个国家,企业家们都抓住了当地温室政策创造的机会来创立企业,而这些企业反映出每个国家所扮演的特定角色以及每个国家的产业传统的独特优势和劣势。每个国家的信息技术产业与国家介入一样,都各具特色。在一个国家表现优异的产业子部门,在另一个国家可能表现得异常糟糕。没有一个国家存在一个完美的产业,但它们都拥有一个本土的信息技术产业部门。

巴西:从小型计算机到金融自动化

本土产业正式起步于1977年的小型计算机执照竞争。自此,巴西的信息产业首先集中在硬件上。很快就有几十家小企业加入1977年竞争最初获胜者的队伍,开始生产计算机。创建一个"市场储备"给予了本土巴西企业利用急剧变化的全球技术的可能性,这波技术变革在美国催生了诸如苹果(Apple)、康柏(Compac)等其他几十家初创企业。② 在市场储备内部,竞争仅存于巴西企业之间。微型计算机(个人电脑)很快成为本土生产的主导形式。到1983年,它们已占本土企业销售额的60%以上。新的企业,如Microtec和Prológica,抓住了这个新机遇,成功跻身本土企业的前列。

当然,这些出现的机遇的性质并不明确。一些企业,如SCOPUS,利用微处理器提供的自由,开拓进取,在标准架构方面做出本土改进,而且其生产的机器远不止是"逆向工程"的副本。这些企业的成长基于创新和对性能的提升。其他企业,据说包括一些大型微型计算机制造商,如Prológica公司,充分利用搭便车的机会,在未经信息产业特别秘书处批准的情况下(以及有时在对外国企业本身并不了解的情况下)获取外国的技术。它们发展得更加旺盛。

市场储备也为摸索新的产业技能造成了一个含混的场所。在其内部,数十家制造小型计算机的企业之间竞争激烈。结果,内部价格紧跟

---

① DOE(1989,58-59);*Economic Times*,1992年6月5日。
② 见第5章,"温室建设和监护制度"这一节对巴西的讨论。

国际价格往下降,削减成本的压力一直持续不断。① 然而,在一个规模不及美国市场1%的市场中,数十家企业之间的竞争难以形成真正的规模经济。零部件生产领域的问题更糟糕。当其他国家的制造商在世界范围内寻购价廉质优的零部件时,巴西的制造商们却在奋力构建本土供应商网络,以便能够放心交付技术简单的物品如电源和风扇之类。

尽管存在这些问题,市场规模仍在不断扩大。1985年,本土信息企业的销售额已接近15亿美元,且一路走高,到1989年时超过40亿美元(见表7.1)。信息产业的销售额占巴西国内生产总值的份额从1979年的0.5%增加到1989年的2%以上。现在有几百家而不是几十家企业从事信息技术生产②,并且正如年轻蓄须者曾希望的那样,这些企业雇用了成千上万的受过技术培训的巴西专业人才(见表7.2)。20世纪80年代早期和中期,巴西经济的总体表现从平庸走向糟糕,尽管如此,信息产业的活力还是令人印象深刻的。

但看一下1986年巴西前十位计算机企业的排名,又让人头脑冷静下来(见表7.3)。在行业的顶峰时期,万变不离其宗……是最简单的概括。IBM和宝来公司的全资子公司继续保持它们的主导地位。不过,一些新的参与者稳稳地紧随其后。信息产业特别秘书处领导迪萨希望引进大笔资金投入该产业的愿望实现了。虽然传统工业资本仍然扮演着边缘的角色,但它们的缺位被大型银行的直接参与所弥补。

表 7.1　1979—1989 年巴西信息产业收入增长情况　单位:百万美元

年份	本土企业 收入	本土企业 百分比	跨国公司 收入	跨国公司 百分比	整个产业
1979	190	23%	640	77%	830
1983	687	46%	800	54%	1487
1985	1400	52%	1278	48%	2678
1987	2378	59%	1638	41%	4016
1989	4243	59%	2920	41%	7163

来源:1983—1989年的数据来自 DEPIN(1991,16);1979年的数据来自 Evans(1986,796)。

---

① 关于价格下降,见 Schmitz and Cassiolato(1992,27-29)。
② 1990年,信息与自动化政策部(DEPIN 1991,13)估算,包括硬件和软件、电信、工业自动化、半导体以及器械(但不包括纯服务型企业)在内的企业总数为682家,其中90%以上为本土所有。

表 7.2　1979—1989 年受过大学教育的人在巴西信息产业的就业情况

年份	本土企业	跨国公司	总计
1979	1531	2521	4052
1983	3884	2810	6694
1985	9064	3467	12531
1987	14206	5147	19353
1989	17591	6522	24113

来源：1983—1989 年数据来自 DEPIN(1991,26)；1979 年的数据来自 Evans(1986,797)。

表 7.3　1986 年巴西十强计算机企业　　　　　　　单位：百万美元

企业	销售额	企业	销售额
1. IBM 巴西子公司[a]	731.4	6. SID 信息公司	87.0
2. 优利系统公司（Unisys）[a]	211.4	7. Scopus 公司	58.0
3. 伊塔乌科技公司	111.7	8. Labo 公司	48.6
4. 计算机系统公司	98.8	9. Microtec 公司	38.3
5. Elebra 信息公司[b]	88.1	10. Racimec 公司	37.8

来源：*Anuario Informática Hoje* 87/88，14-21。

注：克鲁扎多以 15.425 兑 1 美元的年中汇率换算成美元。

a 外商独资。

b 包括外围设备和计算机[Elebra 计算机（Computadores）]；不包括微电子和电信设备，如果这些被囊括其中的话，销售额将为 1.26 亿美元。

　　从一开始，金融部门就是巴西最接近实现近似嵌入式自主性公私关系的领域。它始于 20 世纪 70 年代的合作伙伴关系，其中，计算机系统公司为大银行提供所需的数据输入硬件[①]，而银行以提供该公司所需的资本基础作为回报。在 20 世纪 80 年代初迪萨的"超小型计算机执照竞争"中，这种伙伴关系仍在继续，大银行提供组织和金融上的力量来引进新一代的技术，其回报为收获在本土市场中的特权地位。

　　西蒙·施瓦茨曼的雇主伊塔乌科技公司，是一个最好的例子。作为巴西的第二大银行和 IBM 的大客户之一，伊塔乌银行最先发展成金融

---

① 是指赛科 400。见第 6 章"造物主选项"这一节对计算机系统公司的讨论。

信息系统的一个高级用户,设计自己的内部网络并逐步实现自动化操作。随着信息产业政策的到来,它直接进入硬件生产领域,生产微型计算机。由于迪萨的超小型计算机执照竞争,它还开始生产较大的机器,并将业务扩展至其他信息技术产品,从印刷电路板到控制器和终端。到 20 世纪 80 年代中期,伊塔乌完全沉浸到计算机行业中,不仅是一个客户,还是一个制造商。

巴西最大的银行布拉德斯科银行,虽没有那么系统地但也广泛地涉足信息技术产业。像伊塔乌一样,它不可避免地成为一个重要的用户。渐渐地,它被推拉着成为一个投资者:先是通过向小型计算机执照竞争的最初获胜者之一(SID,一个巴西信息企业)进行股权投资,再是通过投资一个名为数字实验室(Digilab)的全资子公司,最后成为迪萨的其中一位超小型计算机执照竞争者 Elebra 的主要投资人。

SID 和 Elebra 公司体现的是凭借自身实力参与信息技术产业的情况。SID 是马蒂亚斯·马赫林(Mathias Machline)帝国的一部分,马蒂亚斯·马赫林利用它与日本夏普(Sharp)品牌的关系实现了对本土消费电子品市场的商业统治。成立 Elebra 公司是巴西最古老的金融家族古茵勒(Guinle)家族的一个新的工业冒险,古茵勒家族通过在世纪之交的咖啡热潮时拥有桑托斯港的船坞而获得了财富。

韩国电子企业的总销售额与巴西领先信息企业的简单对比显示(见表 7.3 和表 7.7),与韩国的大财阀相比,巴西的这些龙头企业相形见绌。然而,作为信息产业生产的核心,两国的产出在 20 世纪 80 年代中期更为平衡。一方面,计算机仍然只占韩国电子企业销售的很小份额,大部分仍然来自消费电子品。[1]另一方面,到 1987 时,伊塔乌、SID 和 Elebra 在信息技术产业里都形成了集团,将计算机和外围设备、半导体、电信和消费电子品综合到一起(见表 7.4)。巴西的企业不是国际巨头,但它们在自市场储备生效的短短十年内形成了了不起的规模。

---

[1] 据 *Wolgan Computer*(1991 年 5 月,102)估算,计算机货运只占三星电子公司(Samsung Electronics)总销售额的 5% 左右,占金星销售额的 23%,占大宇电子公司(Daewoo Electronics)销售额的 16%。仅在现代电子公司(Hyundai Electronics)和大宇电信公司的案例中,其销售额要小很多,计算机在销售额中占较大比重(分别为 42% 和 43%)。韩国电子行业协会(Korean Electronics Industry Association,简称 EIAK)估计 1986 年主要电子财阀的计算机销售额所占的比重甚至还要小。根据这个估算,大宇电信是 1986 年唯一一家计算机销售额较大的企业(约 9.3 千万美元),三星和金星的计算机销售额分别都只有 2000 万美元。见 Evans and Tigre(1989b,27,表 11)。

表 7.4　1987 年巴西主要的电子产业集团(近似收入额,以百万美元为单位)

集团	行业子部			
	计算机及外围设备	半导体	通讯	消费电子品
伊塔乌 (大约 420)	伊塔乌科技公司 (大约 110)	伊塔乌通信公司(Itaucom) (大约 40)	SESA 公司[a] (大约 50)	Philco 公司[b] (大约 220)
夏普 (大约 430)	SID 信息公司 (大约 90)	SID 微电子公司(Micro-electronica) (大约 40) Vertice 公司[e]	SID 电信公司(Telecom)[c]	夏普电子公司[d] (大约 300) 美国无线电公司[f]
Elebra 电子公司 (Electronica)[g] (大约 175)	外围设备部门 (大约 80) 国防设备部门 (大约 10)	半导体部门 (大约 10)	电信设备部门 (大约 70) 数据信息部门 (大约 5)	——

来源:Evans and Tigre(1989b,28,表 12);还参见 Tigre(1988,64);*Annuario Informatica Hoje* 87/88。

注:a 25% 的所有权。

b 1987 年购自福特(Ford)。

c 尚未运营。

d 83% 的所有权,日本夏普有 12% 的所有权。

e 芯片设计方面的初创合资企业。

f 近期被收购,制造阴极射线管(CRT)。

g 与其他的巴西集团不同,Elebra 不是由多个独立的公司组成的,而是一种由分支部门构成的组织形式。

　　15 年前,当李嘉图·萨吾尔寻求本土资本进入计算机行业时,出现的唯一的一个志愿者是电子设备公司。不可否认,自此之后发生了翻天覆地的变化。信息产业出现在巴西的创业地图上。本土企业家阶层中有相当一部分人在该产业投入了大量资金。国家演完了助产士的角色。

　　不幸的是,主要资本的参与并没有消除将推动和管制相结合产生的矛盾,这些管制政策专注于减少与国际产业的联系。即使是大企业也缺乏规模和专业化。成本很高且质量差。那些起初将信息产业政策视为对抗 IBM 的本土垄断力量的用户,幻想破灭了。在一项 IBM 资助但反映了外界分析人士的普遍观点的研究中,威廉·克莱恩(Cline 1987)指责信息产业政策欺骗了巴西消费者,阻碍了引进最先进的信息技术,并削弱了其他巴西产业在国际市场的竞争力。

这些指控有些道理,但对于该产业的缺点有些言过其实,就一些完全无关的问题指责信息温室政策。简单对比本土个人电脑的价格和美国的价格并且将差异归咎于拒绝允许外国子公司设立本土制造公司,这种分析轻易地忽视了那些与行业本身完全无关的因素造成价格差异的能力。[1]与欧洲而非美国的价格对比能够说明这种夸大的程度。[2]对比由在巴西的跨国公司子公司收取的价格和美国的价格,会有相同的发现。差异与本土制造商收取的一样大或者更大(Schmitz and Hewitt 1992,32)。[3]

本土企业得以在市场储备的上游与外国子公司的竞争中存活下来,表明巴西的新制造商不像所描绘的那般缺乏效率。例如,Elebra 公司的产品能够直接与那些价格和质量都绝对更优的 IBM 机器相竞争[4]并且 VAXs 的销售速度比数字设备公司自己在韩国卖的更快[5],这些都表明 Elebra 公司在提供本土用户认为有价值的某种服务或"系统工程"。

最后,值得指出的是比较数据并不支持这样一种想法,即巴西的温室对计算机的总体利用水平有着巨大的负面影响。对比巴西为国内市场而进行的生产与 20 世纪 80 年代中期韩国的情况,能够检验这一想法。数据显示,巴西的国内市场大约是韩国的两倍大,占 GDP 的比重相同。[6]韩国和巴西在个人电脑消费上的差异特别有意思。尽管韩国的个

---

[1] 例如,进口零部件关税、消费税和营业税等。
[2] 例如,从巴西和德国在 20 世纪 80 年代晚期的价格对比可见,巴西的信息价格仅高了 15%—25%(见 Meyer-Stamer 1992,103)。施密茨和休伊特(Schmitz and Hewitt 1992, 27,33)提出巴西和英国之间存在 25%—40%的差异。
[3] 当然,很难证明跨国公司的价格反映的是"市场所能承受的"而非成本,但是无差异确实削弱了以下论点,即政策的新颖性方面的变化——拒绝允许跨国公司的子公司在本土进行生产——将会导致出现低得多的本土价格。
[4] IBM 以极低的价格销售二手的 4341s,它比 VAX750s 更强大(通常来说也更贵)。(IBM 的 4341s 是小型主机,因此在市场储备之外。)见 Evans and Tigre(1989a,1755)。
[5] 1987 年,在 VAX 上市近十年后,VAX750s(以及 780s)在韩国(数字设备公司的机器是进口的而非由得到授权的本土企业制造)的总累计库存仅为 150 台,而 Elebra 公司在巴西仅三年的时间就销售了 88 台 750s。见 Evans and Tigre(1989b,22;1989a,1754)。
[6] 如果我们将为国内市场进行的 1.56 亿美元韩国本土生产和 4.73 亿美元的出口加在一起(见 Evans and Tigre 1989b,14,表 6,15,表 7),就会得到约 6.3 亿美元的总国内硬件市场。如果我们将大约 1.5 亿美元的进口和 1986 年巴西硬件生产总收入 21.26 亿美元加在一起,然后减去 2.67 亿美元的出口(DEPIN 1991,16,22),再缩减硬件企业大约 30%的非硬件收入,就会得到约 14 亿美元的一个估算,是韩国国内市场的两倍。当然,巴西的数据并未考虑走私的情况(20 世纪 80 年代中期走私的数据已经很大)。

人电脑以物美价廉享誉世界,但巴西国内个人电脑的销售量是韩国国内消费的四倍。①简而言之,相比于韩国人,巴西人愿意将钱用于买价格是收入两倍的个人电脑,虽然从国际价格和性能的比较而言巴西人得到的是一个次等品。巴西市场的增长或许受到了高价格的抑制,但本土生产商的出现似乎起到了补偿作用。在市场储备支持下出现的对信息技术产品的惊人需求,支持了一种想法,即本土企业的存在可能会增强"用户—厂商联系",从而刺激需求(见 Cassiolato 1992)。

自国家参与信息技术产业的一开始,公私合作最为成功的银行业提供了最佳依据。金融自动化设备的巴西生产商不仅有真正的创新力,还具有国际竞争力。根据佛里希塔克(Frischtak 1989,32)的研究,由新的巴西企业生产的金融自动化系统"到 1988 年中,比国际上同等质量和性能的现有产品便宜 30%"。尽管进入它们系统的单个硬件的成本要高得多。

除了有竞争力,巴西的金融自动化生产商还改变了他们用户做生意的方式,正如信息技术所期望实现的那样。到 20 世纪 80 年代末,即使以发达国家的标准来衡量,巴西那些大银行的自动化程度也很高(Frischtak 1991,1)。20 世纪 80 年代自动化程度的提高与零售功能(如处理支票)的生产力的提高直接相关(Frischtak 1991,32-45)。

在金融自动化上,用户—厂商联系的重要性尤其明显。因为最大的银行就是最大的电脑生产商,用户—厂商联系已不可能更紧密,而且满足客户或所有者的需求对生产商的利益而言已不能更大。本土生产商将他们对巴西银行业的深入了解转换成为满足本土需求而专门设计的信息系统。结果与 CMC 和印度电子公司的成功相呼应,后者为解决本土问题而专门设计了大型系统。

金融自动化还为巴西在信息产业上的比较优势给出了一个有趣的评论。在研究了巴西的金融自动化之后,佛里希塔克确信,巴西真正的比较优势在于设计和制造密集型的应用而非制造业本身。在他看来(Frischtak 1989,36),这种优势能够被扩展到其他类似产品的设计上,如销售点管理系统。证据来自于对一个年轻蓄须者来说并没有特别服务兴趣的部门,但它证实了他们的观点,即助产可以激发熟练劳动力的生产力,否则其将得不到充分利用。

如果说金融自动化展示了助产的潜力,那么其他的子行业部门则暴

---

① 1986 年韩国满足国内市场的个人电脑生产为 4650 万美元。1985 年巴西的个人电脑生产为 1.923 亿美元(Evans and Tigre 1989b,12,表 5.15,表 7)。同样,这个对比仅考虑本土生产的巴西个人电脑的消费情况,而非"充满国际竞争"和不征税的走私个人电脑。

露了该政策的弱点。软件业就是一个例子(见 Gaio 1992)。从一开始,信息产业政策就偏向硬件,将软件市场视为硬件销售的副产品(当然,在 20 世纪六七十年代是为了 IBM)。这导致了对自主操作系统的执着,而非关注发展基于现行国际标准的本土应用。操作系统战略被证明是不切实际的,不仅是对计算机系统公司而言,对 SCOPUS 而言也是,SCOPUS 先是投资于开发微型计算机自己的一套操作系统,后投资于 MS-DOS 的一个自主版本,被认证为正版但从未产生商业回报。①

软件战略的问题是,据信息产业特别秘书处的估计,1990 年时,IBM 和优利系统公司仍控制着超过三分之二的巴西软件市场。出口的表现比硬件行业还糟,是软件问题的另一个指征。根据信息产业特别秘书处的数据,20 世纪 80 年代的最后四年里,巴西软件出口的累计总额仅为 10 万美元,与印度每年数以千万计的表现形成惊人的对比,尤其是鉴于巴西信息产业的整体规模要更大(DEPIN 1991,22,97)。②

半导体(在巴西被称为微电子)是另一个更为恼人的问题。在考虑建立一个本土半导体行业的可能性上,巴西进展缓慢。到 20 世纪 80 年代中期,它开始认真讨论这个想法时,进入市场所需的经济投入远超出了任何巴西企业的能力范围。在政府做出给予大量补贴的承诺下,才有一些大的信息集团被引诱进来。缺乏半导体生产的信息产业显然是不完整的,但很明显,巴西的新参与者[收购了德州仪器和飞利浦(Phillips)的一些相对老旧的工厂]在商品市场的竞争里难有一席之地。企业家和政策制定者争论着这个行业的未来,但在解决争议之前,总统何塞·萨尔内(José Sarney)和费尔南多·科洛尔糟糕的宏观经济政策涌向信息产业,一如它们涌向巴西的整体制造业。通货膨胀飙升,制造业投资下降。投资 1 亿美元来启动一个半导体行业,无论对于国家还是本土资本而言,都被明确地排除在外。

20 世纪 80 年代后期的艰难时期不仅仅使半导体行业出现偏差。作为一个资本品行业,信息产业深受投资波动的影响。新的国家政策及其影响的不确定性在不断增加,因而加剧了这个行业的困境。一旦科洛

---

① 显然,如果信息产业特别秘书处能坚持授权使用国际系统,那么计算机系统公司和 SCOPUS 在投资上或许能够获得更好的回报,但面对走私软件所带来的损失和来自本地使用者的压力以及来自美国的国际压力,这样的政策是站不住脚的(见 Evans 1989b; Bastos 1992)。

② 对巴西软件部门之发展更积极的评估,参见 Schware(1992a,1992b)。

尔明确表示，温室本身很快就要被废除了，本土企业对投资信息技术和人力资本变得更加小心谨慎。[1]温室创造的人力资源和组织资源处于危险之中。

形成本土信息产业的那些成百上千的公司和成千上万的技术工人不会在一夜之间消失。尽管如此，巴西的信息产业还必须要找一个新的生存基础。20世纪90年代初时，问题是新型国际化是否可以提供这种新基础。同样的问题也以不同的形式出现在印度和韩国。

印度：硬件设计和软件出口

尽管释放私人资本并不是印度温室的主要目标，它还是为对新技术感兴趣的企业家们创造了一个有吸引力的机会。就像在巴西和韩国一样，温室将小机器市场给予本土企业，保护它们免受国际竞争的影响。自20世纪70年代末政策制定者被迫从依赖印度电子公司的造物主角色中撤退并放宽限制，新的企业就开始崭露头角。它们规模很小，但技术上积极进取，依靠国际标准的英特尔或摩托罗拉微处理器作为它们的基础技术，并且依靠在国有部门形成的、受过培训的人力资源作为它们的技术骨干。因为国家将自身而非本土企业家视为自主技术发展的媒介，本土企业比巴西企业能更自由地利用国际标准。他们不能进口外国硬件，但他们可以围绕授权的 UNIX 构建自己的战略。渐渐地，他们成长为一个本土产业，尽管比巴西和韩国的规模要小很多，但却取得了一些了不起的成就，值得赞扬。

自从1984年国家很明确地从监管角色转向推进角色，该产业就呈现爆炸式增长。1984年后的五年里，计算机产量急剧增长（见表7.5）。与巴西相反，印度的本土计算机生产商是由基于软件而非硬件的企业组成。软件出口的增长速度几乎和国内硬件市场的一样快，并且到1990年时，排名前十的信息企业中有三家（CMC、塔塔咨询服务公司和塔塔优利系统公司）都是软件企业（见表7.6）。

印度新的信息技术企业的典范是印度计算机有限公司。它的创始人在信息产业的工作起步于德里布料集团数据产品的市场营销。虽然他们学的是如何当工程师，但他们的真正天赋展现在市场营销上。[2]

---

[1] 见第8章"巴西：结盟或附属"这一节对研发和培训费用的趋势的讨论。

[2] 有关印度计算机有限公司（HCL）的详细历史，见 *Computers Today*（1988年12月，30-47）。

1975年,事情已然很清晰,对于一家计算机公司而言,德里布料集团不是一个很好的平台,他们处境艰难。他们看到了计算机行业存在的机会,但缺乏资本和执照来生产计算机。他们的解决办法很巧妙。他们离开该集团,筹集到两万美元成立了一家名为 Microcomp 的公司来生产电子计算器,以此获得进入计算机行业的资本。然后他们与一家有执照的小型国有企业合作来生产计算机。①

表 7.5　1984—1988 年印度计算机和软件的生产与出口

单位:百万美元

	计算机生产	硬件出口	软件出口
1984	66	0.6	17
1985	111	0.5	20
1986	200	3	30
1987	268	3	41
1988	347	34[b]	61[c]

来源:能源部(1989,58-59,附录 II 和 III)。

注:a 卢比以近似 1988 年的官方汇率即 14 卢比兑 1 美元的汇率换算成美元。相对于前些年的官方卢比值而言,这个汇率使那些年的美元销售额缩减了。

b 由于对苏联的大量销售不可持续,硬件出口的数据有一定的误导性。下一年的硬件出口额仅为 1988 年数据的一半。参见 *Dataquest*(1992,10(7):21)。

c 对软件出口的一个稍为保守的估计,参见 Schware(1992,151)。

表 7.6　1990 年印度十强信息企业

企业	销售额
1. 印度计算机有限公司[a]	133
2. CMC[b]	89
3. 威普罗信息技术有限公司(WIPRO Information Technology Ltd.)[c]	85
4. 印度电子公司[d]	69
5. 帕特克公司[e]	50
6. 塔塔咨询服务公司[f]	47

---

① 他们的合作伙伴(UPTRON 公司),是一家由邦政府(北方邦)而非中央政府设立的电子公司。

续　表

企业	销售额
7.国际计算机印度制造公司（International Computers India Mfg. Ltd.）[g]	46
8.斯特林公司[h]	43
9.DEIL（数字设备公司的印度分公司）[i]	26
10.塔塔优利系统公司[j]	26

来源：*Dataquest* 1990 年 7 月：41。

注：销售额是以百万美元计。销售额是以 14 卢比兑 1 美元的汇率换算成美元的。

a 本土私人创业的典范。

b 国有软件生产商（见第 6 章）。

c A. 普莱姆基（Premji）的威普罗集团与一个小商业家族合资成立的，但仍是一家典型的创业型本土私营企业。

d 最初的造物主（见第 6 章）。

e 另一家新的创业公司，专攻个人电脑克隆。

f 塔塔集团的软件公司，印度最主要的软件出口商。

g 通过向本土投资人（包含子公司的前印度经理人）出售 60％的股权，从原先的国际计算机有限公司子公司发展出来的公司。

h 另一个专攻个人电脑克隆的公司。

i 数字设备公司的新子公司，其中数字设备公司拥有 40％的股权，老的分销商拥有 20％的股权，个体印度人拥有 40％的股权。

j 塔塔和宝来公司的合资企业（优利系统公司），其收入主要来自软件和大型项目。

　　印度计算机有限公司的第一款计算机启动于 1977 年，当时微型计算机刚刚在世界市场崭露头角。这款计算机后来取了巨大的成功，以致它们过了很久才转向下一代个人电脑。于是，他们对那些已被认可的机器采取了激进的定价方式，同时，持续引入更先进的型号并以高价出售，以此重新占领个人电脑市场。很快，他们的 Busybee 成了个人电脑市场最畅销的产品。[①]为了在小型计算机市场获得类似的地位，他们以一种创新性的且事实上具有商业吸引力的方式将两种标准的国际技术结合到一起。印度计算机有限公司的 Horizon030 据说是 UNIX V.3 在世界范围内在摩托罗拉 68030 芯片上的初次启用。随后在同一主题上又有了变化，成

---

① 例如，他们的 Busybee 个人电脑在 1985 年刚销售时价格为 5 万卢比，第二年就削减了 60％。再到下一年，它已成为个人电脑销售的冠军。

为世界上第一款在一个多处理器上安装摩托罗拉68030芯片的机器。

印度计算机有限公司的硬件设计成就十分突出，但对其生存而言，软件专长更为核心。它的专长在于将UNIX用于商业应用，而大部分国家都主要将其用于工程作业。20世纪80年代末期，印度计算机有限公司拥有了相当于1500位工程师工作一年的UNIX使用经验，这个能力不仅是其80年代初进行的有前瞻性的研发努力之结果，也是温室政策的产物。IBM在1978年的撤离[①]迫使至少一些银行和企业考虑IBM软件环境的替代品。数字设备公司、惠普以及其他专利系统并不十分便捷。因此，在1983—1984年，印度计算机有限公司得以考虑发展商用UNIX应用程序，并早于大部分发达国家看好商用UNIX的实用前景。[②]

对比印度计算机有限公司和计算机系统公司的经历是有启发性的。后者在20世纪80年代晚期规划的工作站[③]在概念上与Horizon/Magnum系列很相似。两者都使用同一种国际标准的芯片和UNIX类型的操作系统。[④]两者都是在同一时期开发出来的，但它们有一个关键的区别。印度计算机有限公司是印度第一家直接从AT&T获得UNIX源代码许可的计算机制造商，它迅速将其UNIX开发团队（规模甚至大于计算机系统公司的）的精力转向开发应用程序，包括UNIX商业套件。印度计算机有限公司销售Horizon，利用其利润扩张到其他领域，而计算机系统公司在启动自己的新硬件之前仍在等待完成其UNIX的自主版本。

显然，印度计算机有限公司的成功并不仅仅是因为技术实力。希夫·纳达尔和他的同事们很精明地将其帝国多元化。更早的时候（在1981年），他们成立了一家名为国家信息技术学院（National Institute of Information Technology，简称NIIT）的独立公司，其后来成为印度最大的信息管理人员的私人培训机构以及整体上第十四大的信息企业（*Dataquest*，1992年7月，35）。1984年印度计算机有限公司成立了印度复印公司（Hindustan Reprographics），利用来自日本授权的技术，在普通纸复印市场挑战施乐公司（Xerox）。同时，它还成立了电信事业部，开始生产专用电子自动交换机和电传打字机。然后，在1989年，印度计算机有限公司收购了国际数据管理公司（International Data

---

① 见第5章"温室建设和监护制度"这一节对印度的讨论。
② 根据一些印度市场研究员的研究，到1988年，印度的小型机大约有85%使用UNIX系统。
③ 见第6章"造物主选项"这一节对计算机系统公司的讨论。
④ 两者都用的是摩托罗拉68000系列的微处理器，并计划启用最终版的68030多种处理器。

Management,简称 IDM),它是 IBM 退出后由前 IBM 经理人成立的一个早期先锋公司。①

营销天赋以及构建积极进取的同盟是印度计算机有限公司成功的核心,但该公司将低成本的工程人才视为其国际比较优势最重要的来源。与佛里希塔克对巴西比较优势的分析相似,印度计算机有限公司的总裁纳达尔曾声称,给定一个研发项目,印度计算机有限公司的执行成本将是一个美国公司在美国研发所需费用的十分之一(*Computers Today*,1988 年 12 月,30)。

在那些为印度新兴的信息产业奠定基础的新参与者之中,印度计算机有限公司是最为成功的一个,同时还存在其他很多企业。20 世纪 80 年代印度第二大硬件制造商威普罗集团的成长轨迹,强化了印度计算机有限公司案例的经验。与该公司不同,威普罗集团是一个老牌商业家族的直系后代,虽不是最大的但是成功的多元化企业,从安稳生产食用油的领域转向探索更有技术含量的、具挑战性的精密液压设备领域。1981 年,该集团的老板和主席阿齐姆·普莱姆基(Azim Premji)认为进入计算机行业的时机已经成熟,并授权阿斯霍克·纳拉辛汉(Ashok Narasimhan)成立威普罗信息技术有限公司。通过聘请印度电子公司的工程师,威普罗集团弥补了缺乏从事电子业经验的缺点。因而,印度计算机有限公司最初进入小型机市场时跌跌撞撞,但威普罗集团的开局却十分顺利。

从成立起,威普罗集团的重点就是小型机。它的第一款小型机不可思议地运用了驱动 IBM 早期个人电脑的芯片,②但相比于印度电子公司的那些巨大而昂贵的小型机,它看上去很不错。到 1986 年,当英特尔推出了一款新的世界标准的微处理器时,③威普罗集团出了一台原型机,时间上只晚于康柏两个月而远超前于 IBM。三个月后,它将最新版的 UNIX 用于一款运用新处理器的小型机上。④等到 1989 年英特尔推出其下一款新微处理器⑤时,威普罗集团被指定为一个"测试点"⑥,并且可以在世界

---

① 国际数据管理公司(IDM)自成立后就逐步丧失发展劲头,但直到印度计算机有限公司介入时,它在总销售额上仍排在第 18 位。
② 英特尔(INTEL)8086。
③ 80836 芯片。
④ 新的小型机被称为"the Landmark"。
⑤ 80486。
⑥ 即被英特尔选中作为对一种新产品进行早期测试的场所。

范围内最先将芯片用于多处理器(*Dataquest*,1989年10月,68)。①

到20世纪80年代末,石油和其他消费品仍是威普罗集团的"摇钱树",但计算机已占集团总营业额的三分之一左右。为保持这样的销售量,和印度计算机有限公司一样,威普罗集团依靠个人电脑以及小型机,甚至使用爱普生(Epson)的授权技术开始制造打印机。

对于威普罗集团而言,印度计算机有限公司也一样,发展取决于将工程师密集型的、高附加值的产品与大宗商品制造的成功营销相结合。其他较小的公司,如PSI数据系统公司,试图更专注于设计密集型的产品。作为V. K. 拉威德南(Ravindran,斯坦福大学信息系统博士)和维纳·德什潘德(斯坦福大学工程硕士)的心血之作,PSI擅长于开发新系统。它起步于做开发合同,但只要有可能,就转向设计密集型产品。例如,它成功地以低于好几家国际企业的叫价,获得了一个应用于海上石油钻塔的数据采集系统的合同。

印度计算机有限公司、威普罗集团和PSI公司的发展都建立在印度的低成本、高质量的工程师资源上。大多数的其他本土硬件制造商所选择的是一条更常规的路径。主要的制造商如帕特克、斯特林和齐尼思(Zenith)以及几十家较小的企业,几乎都单一生产微型计算机。尽管在商业上很成功,这些公司没有一家能够声称,作为商品制造商它们取得了真正的成功。大多数较小的制造商以及一些商业导向的大体量制造商,都在从事被贬称为"螺丝刀组装"的业务,从韩国购买"成套半组装配件",然后倒卖,仅获得因关税保护而形成的利润。工业成本和价格局的分析(Kelkar and Varadarajan 1989,16)得出如下结论,如果将配件的进口成本与成品个人电脑的进口价格相比较,"这些产品的国内附加值为负数"。

从国际分工的传统"产品周期"理论来看,设计和创新上的杰出成就与简单装配操作上的负附加值的反差是违和的。看似最适合低工资水平的国家的活动,没有显现出任何比较优势,而那些更具竞争力的产品却包含了自主设计和工程天才。这种违和的结果源于印度的商品生产普遍低迷。和巴西一样,印度缺乏一个能够可靠地提供优质低价零部件的密集供应商网络。比巴西还严重的是,印度缺乏管理和组织上的传统,没有能力以国际成本进行商品生产。

国家参与与印度的制造商问题及其在设计密集型活动中的优势都

---

① 对于486电脑的故事有个带讽刺意味的注释,即那个在设计单处理器的486机器上甚至将威普罗集团都打得落花流水的公司,是复兴的德里布料集团数据产品公司(DCM Data Products),它是希夫·纳达尔(Shiv Nadar)和他的同事们十五年前曾甩在身后的一家公司。

息息相关。制造业的问题因缺乏可依赖的高质量基础设施(交通、通讯、电力等)而雪上加霜,但印度在设计活动中的明显优势又归功于国家过去对教育基础设施的大量投资。

印度在低廉的工程和技术劳动力方面的优势最明显地体现在软件行业上,它无疑是本土信息产业中最具活力的部分。软件专业知识是国有企业(如 CMC 和印度电子公司)和私人硬件制造商(如印度计算机有限公司)生存的关键,但它也帮助创造新的企业。

印度软件成功的典型例子是塔塔咨询服务公司,它是已有 120 年历史、价值 40 亿美元的塔塔集团的一个分支,也是大商业家族参与信息技术最成功的例子。作为迄今为止信息产业中最老的大型私有企业,塔塔咨询服务公司在 20 世纪 80 年代末是国内软件市场最大的私有参与者、印度最大的软件出口商,并且总体而言是信息产业的第六大企业(见表 7.6)。

如果塔塔咨询服务公司诠释了一个大商业家族参与该产业的可能性,那么 L. S. 卡诺达(Kanodia)创立 Datamatics 公司则显示了软件是如何成为独立的本土企业家之崛起的一件工具。麻省理工学院的博士卡诺达,回到印度领导塔塔咨询服务公司,后来决定,相较于为一个大型集体工作,他更偏爱个人创业(*Computers Today*,1989 年 10 月 29 日)。1975 年他以 12000 美元的初始资本成立了 Datamatics 公司,到 20 世纪 80 年代末时,他已成为印度第五大软件公司的所有者兼经理人。①

有一件事将这个新的本土软件行业的所有参与者都结合在一起,即该行业生来就是国际化的。印度的软件发展迅速,尽管事实上印度的国内市场一直很小。②因此,对印度软件行业的讨论事实上归属于下一章对新国际化的讨论。在此之前,完善描述本土企业家精神的编年史需要回顾那些最成功的本土企业,那些企业出现在韩国。

韩国:利用制造能力

韩国的新兴信息产业与印度的形成了鲜明对照。在印度,软件是唯

---

① 由于 CMC 被认为是一个系统整合者而非一家软件公司,Datamatics 公司在 1989—1990 年被排到了第四位(*Dataquest* 1990,57)。关于该公司的简短介绍,见 *Dataquest*(1990,104)。

② 对于包装软件的市场,施瓦尔(Schware 1992a,146,表 1)估算,1989 年,巴西的国内市场为 3.6 亿美元,韩国的为 1.07 亿美元,而印度的为 0.9 亿美元。关于巴西的软件收入,《迪讯》(*Dataquest* 1992 年 7 月,26)估算,1989—1990 年的国内软件总销售额仅为 0.72 亿美元(10.1 亿卢比,以 14 卢比兑 1 美元的汇率进行换算),而信息与自动化政策部(DEPIN 1991,17)估算,1989 年的数额为 3.89 亿美元。

一的高科技硬通货赢家和持续出口增长的最大希望。而韩国的软件部门大约只是印度规模的三分之一,并且几乎全是国内创业企业。[1]半导体在印度经历了持续的失败,[2]却是韩国最大的出口胜利。个人电脑商品在印度是负的附加值,却是韩国外汇的一个重要来源。

毫不奇怪,在那些韩国人取得了最大成功的信息技术子部门上,国家做出了很大的推动努力。个人电脑在20世纪80年代早期是受保护及特殊的政府采购对象,到80年代晚期已成为信息产业的支柱。20世纪70年代国家对晶圆制造厂的尝试建设预示着对半导体的关注,而80年代的4兆动态随机存储器等项目强化了这种关注。[3]然而,在塑造产业过程中更为重要的是催生初始财阀的广义助产。[4]

韩国和印度的差异,就像韩国和巴西的差异一样,始于一个事实,即从韩国开始涉足信息产业时就存在一个创业结构,而且这个创业结构被先前的助产塑造成了一个应对信息生产之商品端的理想工具。在韩国,启动计算机和其他信息产品生产不需要寻找新的企业家来创办新的公司。该国的财阀已然在设备上做了大量投资,用于制造消费电子品。唯一的问题就是要说服他们将信息产品加进他们的产品清单。相比于巴西和印度,20世纪80年代韩国的主要信息公司的名单就是其主要电子公司的名单(见表7.7)。

韩国在计算机和半导体生产上的飞速增长(见表7.8)使巴西和印度的产业增长率相形见绌。在十年的时间里,韩国的计算机生产从白手起家到实现超过20亿美元的销售额。半导体生产更加了不

---

[1] 恩斯特和奥康纳(Ernst and O'Connor 1992,134-135)估算,1986—1987年,印度的软件生产值为1.6亿美元,其中出口占0.6亿美元,而韩国的总生产值仅为0.5亿美元,其中出口仅为0.063亿美元,是印度的十分之一。

[2] 没有一家私营印度企业敢投资半导体行业。作为尝试在印度半导体行业中立足的造物主,半导体复合有限公司(Semiconductor Complex Ltd.,简称SCL)是一个灾难。当1984年投入生产时,它的规模实在太小了,而在这个行业中,累计规模经济至关重要。通过对1987年印度半导体生产的研究,斯里德哈兰(Sridharan 1989,290)估算,"集成电路芯片的任何一个设备的最小规模经济都会是所生产的全部集成电路芯片总数的大约十倍"。规模不经济的缺点被朝着"追逐微米障碍而非市场"的趋势放大了(Subramanian 1989,327)。当半导体复合公司得以开发一款3微米处理器时,能够进行大规模生产的唯一产品是手表芯片(Subramanian 1989,328)。1989年2月,一场大火烧毁了半导体复合公司的晶圆制造工厂和研发区。在1988—1989年的报告里关于半导体复合公司的部分,能源部能够最终提到的只是,"正在采取措施以确保那些工作受大火影响的、受过良好培训的专业人员不至于离散,他们会继续为企业工作"(1989,46-47)。

[3] 见第5章,"温室建设和监护制度"这一节对韩国的讨论。

[4] 见Ernst and O'Connor(1992,253)和本书的第6章。

起,1988 年销售额达到 36 亿美元。到 20 世纪 80 年代末,电子业已经取代纺织业成为韩国最重要的出口部门。在电子业里,信息产品的出口日益与传统消费品如电视机拉开差距,成为韩国的主要出口政绩所在(见表 7.9)。信息产业引领驱动着高技术生产成为韩国产业秩序的支柱。

事实上,半导体生产和出口的增长,比原始数据所显示的更令人赞叹。韩国的半导体出口最初包括进口产品、在韩国包装的产品以及再出口的产品。简单来说,它们是一种低技术含量、低附加值的出口。起初,无论是外国装配公司还是本国财阀都不愿开展技术上困难的晶圆制造业务(除了相对简单的手表芯片外)。到 20 世纪 80 年代末,情形变得不同。以三星为首的财团,不仅进入了制造业务领域;它们还成为内存芯片市场的世界强权。

表 7.7　1986 年计算机行业中韩国公司的销售额　单位:百万美元

公司	总销售额
1.三星电子公司(Samsung Electronics Co.)	2229
2.金星公司	1755
3.大宇电子公司(Daewoo Electronics)	606
4.三星半导体和电信公司(Samsung Semiconductor and Telecommunications,简称 SST)	447
5.三星电子器件公司(Samsung Electron Devices)	315
6.IBM 韩国公司(IBM Korea Inc.)	222
7.金星半导体公司(Goldstar Semiconductor)	196
8.大宇电信公司(Daewoo Telecom)	152
9.东方精工公司(Oriental Precision Co.)	121
10.现代电子公司(Hyundai Electronics)	104

来源:Evans and Tigre 1989b:19[表 8]。数据最初来自《BK 电子》(*BK Electronics*),"对 1986 年排名前 300 位电子公司的介绍"1,1:(1987 年 11 月)52-63。原始的韩元数据以 878 韩元兑 1 美元的汇率转换成美元数据。

注:涵盖《BK 电子》前 200 位的韩国电子公司列表中的所有公司都将"计算机"列为其产品。销售数据是指总销售额,包含非信息产品的销售额。

表7.8　韩国计算机和半导体生产的增长情况　　单位：百万美元

年份	计算机	半导体
1981	31	342
1982	47	490
1983	207	850
1984	428	1265
1985	519	1005
1986	880	1470
1987	1655	2300
1988	2665	3678

来源：计算机方面，1981—1986年的数据来自KIIA(1987，86)；1987—1988年数据来自Ernst and O'Connor(1992，112)，原始数据来自《世界电子年鉴》(*Yearbook of World Electronics*)。这两年的数据是关于"办公自动化设备"的，一定程度上是更广的分类，因此夸大了1986—1987年的增长幅度。

在半导体方面，1981—1982年的数据来自EIAK(1987，14)(数据仅仅是指集成电路芯片)；1983—1988年的数据来自FKI(1991，592)。

表7.9　1980—1989年韩国电视机、计算机和半导体的出口额

单位：百万美元

年份	电视机	计算机[a]	半导体
1980	415	6	445
1983	624	112	812
1986	955	707	1359
1989	1355	2042	4023

来源：1980—1986年的数据来自EIAK(1987，16-18)；1989年的数据来自EIAK(1991，21，25，37)。

a 计算机包含外围设备和软件，但后者数额微不足道，1989年仅为16美元。

不足为奇的是，韩国的财阀早就应当被吸引进入这样一个产业，其竞争优势首先取决于累积起来的制造经验，然后扩展到持续投资新产能的融资能力。但所涉及的巨大风险仍然令人惊叹。20世纪80年代主导该产业的日本企业快速驱动着产品周期缩短，迫使所有生产商在更先

进的设备上做新的投资,然后努力重获收益。激烈的竞争驱使大部分独立的美国生产商离开了存储业务,但韩国的财阀仍然无所畏惧。

1984年到1988年,每年对晶圆制造厂的投资约为2.5亿美元至6亿美元,1989年达到顶峰,超过了15亿美元。①李秉喆领导的三星,最早也最多地投注于半导体,动态随机存储器很快从64K发展到256K。②到1988年年中,三星跻身于256K动态随机存储器的世界前六生产商行列,已经开始生产1兆动态随机存储器,并成为总体上排名世界前二十的半导体制造商[Electronics Korea 3(2),15]。1989年11月,得益于国家资助的4兆动态随机存储器项目,③三星得以宣布它在生产4兆动态随机存储器,仅仅在日本启动生产的六个月后,并且已建成一个新的研究院,致力发展"超大规模集成",即拥有16至256兆内存容量的芯片。最后,在20世纪90年代初,它成为继IBM和东芝(Toshiba)之后的世界第三大内存芯片生产商。

半导体彰显了20世纪70年代形成的创业结构之潜在力量。④本土半导体的大量生产有助于满足更大的国内需求⑤并为本土计算机企业提供了重要的助推力。如果没有可以生产半导体的本土企业,那么韩国在电子零件上的贸易逆差就可能和它在消费电子品上的贸易顺差一样大。⑥

最后,值得再次强调的是,韩国对发达产业强国在半导体上的挑战几乎是完全建立在本土资本的创业冲劲之上的,其背后是国家的鼓励和支持。20世纪六七十年代,在韩国涉足组装半导体的外国企业,没有一家试图投资于本土的晶圆制造厂。

个人电脑克隆业低调地重复了半导体的故事。到20世纪80年代初,个人电脑克隆成为了一种商业产品而非设计密集型产品。价格竞争也相应激烈了,这使得个人电脑成为财阀这类企业的理想产品,其优势

---

① *Electronics Korea*(3(2),16)。数据来自贸易与工业部。据说金星要投资一个价值22亿美元的晶圆制造厂,预计1996年正式生产(Ernst and O'Connor 1992, 216)。
② 拥有64K和256K存储能力的动态随机存储器(内存芯片最标准的形式)。
③ 见第6章。
④ 通常来说,在成功的风险投资中,运气也发挥了一定的作用。美日半导体协议限制了日本对美国的出口(见Prestowicz 1988;Krauss 1993),驱使价格上涨并提高了韩国在美国市场的份额,由此增加了韩国生产商的财富;有些人会说这将他们从灾难中挽救出来。
⑤ 20世纪80年代末,韩国的半导体出口额为40亿美元,同时进口额为36亿美元(EIAK 1991, 25)。数据是针对1989年的。
⑥ 1989年韩国在消费电子设备上的贸易顺差约为40亿美元(EIKA 1991, 37)。

在于电子产品可以大规模生产,只要它们能找到办法去营销它们生产的产品即可。大宇电信公司是第一家冒险进入美国市场的企业。通过让前缘公司(Leading Edge,一家小型但强势的美国经销商)营销其可靠的、配置良好的克隆机,大宇得以创造一个每年销售 20 万台机器的市场。现代更加大胆,以自己的品牌名进入美国市场。到 1988 年时,韩国以每年超过 200 万台的速度出口个人电脑。现代和大宇的产品在美国的克隆市场分别排名第六和第八,而由三宝电脑公司(Trigem,爱普生的一家较小的韩国企业,并且以爱普生自身的品牌名出售)生产的机器排名第五[B. K. Electronics 2(1),27-28]。

20 世纪 70 年代建立起来的强大的创业结构到 80 年代时已经完全致力一项目标,即将韩国转变为一个主要的信息技术生产国。然而,尽管取得了成功,韩国信息产业的发展仍有着惊人的缺陷。1986 年,在比个人电脑更大的计算机的生产上,韩国的产量不到巴西本土企业的一半(见 Evans and Tigre 1989b,12,15)。在国内市场销售大型计算机方面,财阀未能取得较大的进展,更不用说在国外。即使在生产有着更先进的处理器的个人电脑上,[1]即在 20 世纪 80 年代中期的更高的发展阶段上,财阀也无法夸口他们有着像印度和巴西公司那样喷涌出现的创新性设计。[2]

远离开发大型机器或许显现了敏锐的商业头脑,但它削弱了财阀从"制作盒子"[3](making boxes)向"销售解决方案"[4](selling solutions)转变的能力。尽管个人电脑生产在商业上取得了成功,但它无法产生像巴西的金融自动化系统制造商所实现的那种创新系统集成。系统集成的潜在回报率远高于克隆生产,它要求要有应对更强大架构的专门知识和技术指令。制造个人电脑克隆则无法提供这些。

财阀以高科技商品渗入发达国家市场的惊人成功没有改变一个事实,即以价格竞争为基础的商品销售是一种低回报的商业行为,尤其是

---

[1] 例如同期的英特尔 80386 或摩托罗拉 68030。
[2] 例如,威普罗集团的 Landmark、印度计算机有限公司的 Magnum,或计算机系统公司的 Linha X。
[3] "制作盒子"是对生产商用信息硬件的一种贬义称呼,这些硬件必须以价格竞争为基础进行出售。
[4] "销售解决方案"是另一种描述系统整合活动的方式。它是指全部的销售系统,包括硬件的和软件的,整合在一起并定制以迎合消费者信息处理需求的系统,在信息部门它是一种更复杂的、高回报的参与形式。

如果它们以"贴牌生产"①(OEM)的形式出售,而非以企业自己的名字来出售。韩国制造商显现出的竞争力常常以削减本土附加值为代价。20 世纪 80 年代末,个人电脑克隆生产中的附加值估计低至 10%[*Electronics Korea* 3(9),12],部分是因为韩国的个人电脑产品需要支付占自身收入 10%到 15%的许可费(EIAK 1991b,10)。韩国的代工生产商因它们对日本零部件和技术的依赖而尤为脆弱。②

简言之,尽管当之无愧地享誉全球,韩国的产业还需要进行自我怀疑和再思考,像巴西和印度经常做的那样。一方面,韩国不确信它是否真的构建了它所需的用于长期发展的那种产业。正如大宇研究院的全炳瑞(Jeon Byeong-Seo)所说的那样,"在简单的'螺丝刀操作'上,贴牌生产供应商倾向于从低劳动成本而非技术突破上榨取大部分的利润"[*Electronics Korea* 3(9),11]。另一方面,即便是商业上的成功也不是想当然就能获得的。1990 年,计算机出口突然下降了 36%,③无情地提醒着韩国,它的信息产业,像其他新兴工业体的同类产业一样,仍易被该产业之全球特征的变化所影响。

全球产业中的温室企业

在韩国,如在印度和巴西一样,20 世纪 80 年代中后期的本土产业全景反映了该产业发生的惊人变革。虽然在这三个国家中,那些曾经制定信息产业政策的梦想家们还无法宣称他们所有的愿望都完全实现了,但一大批本土企业及本土设计的产品之出现远远超出了 20 世纪 70 年代初持怀疑论的外界观察家的预言。

国家介入产生了丰硕的成果。大量温室企业的出现证明了助产的作用。结果更令人印象深刻,因为它们展现了那些传统分析没有提前预测到的本土资源,尤其是在印度和巴西。回顾过去,这些国家在需要专业技术人员(如工程师和软件设计师)的工作上本来就有比较优势是有道理的,但需要进行脚踏实地的实验来给出有说服力的演示。

---

① "贴牌生产"(original equipment manufacture)是一个术语,指一件产品是由其他企业生产但以自己品牌的名字来销售。例如,大宇将个人电脑卖给前缘公司,后者又冠以自己的牌子将其出售;又如,三宝电脑公司生产打印机,让爱普生公司以爱普生的品牌进行出售。
② 例如,1987 年,他们对美国的电子贸易产生了 35 亿美元的出口盈余,但对日本的贸易出现了 25 亿美元的逆差。
③ 见 EIAK(1991a,21)。对于那些被波及的公司,幸运的是,外围设备的出口量持续增长,因此计算机和外围设备的总出口额在 1989 年到 1990 年保持稳定。

国家介入并不一定要完美无瑕才会产生结果。即使在印度和巴西，由于扮演了不合适的角色而削弱了实验的效果，国家介入在推进发展方面仍然有着重大的影响。巴西和印度无法吹嘘其产业像从韩国的多种角色的融汇中诞生的产业那么强大和具有国际竞争力，但它们也表明，犯错误是可能的且仍有收获。

一些持怀疑态度的人仍然想争辩说，本土企业的崛起和国家在推进信息技术生产方面所做的努力只是巧合地相连，因此表面的关系是虚假的，而且即使国家忽略了信息技术，本土企业也会形成并快速成长。不幸的是，反驳这个反事实观点需要从比本书研究的这些国家更广阔的国家范围来收集证据。即便如此，虚假论的信徒还是会有诸多辩解。有太多的实例表明，一项政策的启动和一项投资的启动之间的关联是不可否认的。①一些本土企业不管怎样都会开动，但就此认为20世纪80年代末在这三个国家存在的信息技术产业与在此之前20年的国家介入的模式只是巧合相关，则让人难以置信。

当然，将国家介入等同于创造停滞不前的寻租天堂无法帮助解释这个证据。寻租天堂是被创造出来了，但它们不是完全停滞不前。新熊彼特式（neo-Schumpeterian）的分析比新功利主义的更为接近目标。在所有的这三个国家中，本土企业都抓住了国家提供的温室所创造的机会，从事创业与创新。并非所有本土企业都是以这样的熊彼特方式来响应温室政策，但确实有很多是这样做的。

这三个国家的信息产业都取得了重大的成功。巴西已经聚集了一批新的、多元化的信息产业生产者，他们都是本土产业领域的重要参与者。本土企业家指挥着有经验的组织，出售数十亿美元的信息产品并且雇用了数以千计训练有素的专业人员。本土的技术人员展现了他们的技术胆识，并且得以将他们的天赋转化成金融自动化部门具有国际竞争力的产品。在印度，本土硬件企业的设计成就更为杰出，在某些软件工程中实现真正的国际比较优势的愿景似乎也不完全是幻想。在韩国，信息技术产品的生产已成为国家整体产业战略的奠基石。财阀与世界领先的内存芯片公司相竞争，并成功地成为个人电脑全球市场的一股重要力量。在有机会真正地加入全球领先的产业部门方面，许多经济理论家可能都会将这三个国家断然排除在外，但结果却不可思议。

这并不是说胜利已然在手。当新的本土信息产业企业家从温室之外看

---

① 例如，迪萨的超级微型计算机执照竞争和巴西银行承诺成为超级微型生产商。

他们所面对的产业时,他们会看到这样一个产业部门,其变化速度远超过他们刚进入时的情形;他们也会看到这样一个产业,其技术变革使得依附既往的战略十分危险,尤其是那些在温室政策下行之有效的战略。

如果说 20 世纪 80 年代初的技术变革为国家产业的发展开辟了一片新天地,那么 80 年代后期的趋势则为任何追求自给自足目标的政策书写了一份讣告。这是一个令人困惑的世界,开放和标准化迫使形成跨国和跨企业的联盟。①对于新兴工业体而言,这个逻辑是不可逃脱的。生存就意味着一种基于本土和跨国资本融合的"新国际化"。

到 20 世纪 80 年代晚期,国际化成了这三个国家的主流趋势。对自给自足的渴望成为陈旧的记忆,而跨国影响和联盟才是主旋律。国际化似乎是应对快速变化的全球信息产业之唯一途径。然而,在所有三个国家中,即使是在看似最为成功地参与全球经济的韩国,国际化都问题重重。新国际化是否为扩大和深化本土信息技术产业提供了路径?它是否是个陷阱,在信息技术产业上将新兴工业体置于低回报的境地,以更巧妙的伪装重申旧的国际等级秩序?理解国家政策的后果意味着理解新国际化。

---

① 一方面,法国民族主义诉求的产物布尔电脑(Machines Bull),被认为如果不和日本电气有限公司建立更紧密的关系,它就无法生存。另一方面,苹果和 IBM 宣布在个人电脑市场上建立不可思议的战略联盟。

第八章
新国际化

1992年的冬天,印度电脑界迎来了一家不寻常的新公司。虽然名为塔塔信息系统有限公司(Tata Information Systems Ltd.,简称TISL),但它并不只是塔塔繁盛的信息技术帝国的另一个分支。它是IBM。在因无法拥有其本土业务的百分百所有权而拒绝留在印度的十五年后,蓝色巨人回来了。

早前已有产业专家预言IBM会重返印度[①],但它回归的形式仍令人惊讶,特别是对那些清楚IBM前身的人而言。TISL不是一般的合资企业;它是一个各持股50%的合资企业,这对20世纪70年代的IBM来说是不可想象的。20世纪90年代,印度的规章是允许IBM在公司中持多数股份的,而且塔塔也愿意在此基础上进行合作。从法律上来讲,IBM甚至还可以将印度方面的股权分割给几个被动投资者。但20世纪90年代的IBM对这些选项都不感兴趣。各持股50%是一个有意而为之的举动。IBM东盟地区的总经理强调,"我们将在合伙的基础上开始这种伙伴关系……各持股50%是其感性表达"(*Dataquest* 1992年3月,105)。

IBM为什么会回归?为什么以合资企业的形式回归?对IBM而言,回归有十足的理由。它的对手,数字设备公司和惠普,都已建立了新的子公司。布尔公司(Bull)和优利系统公司也是。IBM任跨国竞争对手在其缺席的情况下瓜分印度市场,是不明智的。从印度的视角来看,IBM的回归不如它可能早已出现在印度市场这个事实更重要。本土企业(以及后来的其他跨国公司)已然占据了那些本可能属于IBM的空间,特别是在下游市场。UNIX的发展速度更快。尽管如此,在整个20世纪80年代,即使没有当地子公司,IBM在印度市场也一直持续存在。

---

① 例如,1990年秋,在班加尔罗的一个研讨会上,普莱姆·施夫达撒尼(Prem Shivdasani)预言,IBM将会于1991年底之前回归印度。事实上他说对了,因为与塔塔的交易在1991年12月时已基本谈妥。

大的印度用户，包括国有企业，继续购买进口的 IBM 大型机，并且印度大部分的出口软件仍是为 IBM 的用户而编写。

现在来看，IBM 的回归是明智的，但对于 20 世纪七八十年代而言，那又意味着什么呢？它是否表明 20 世纪 70 年代的温室已经失败了？印度与国际产业的关系是否又回到了 20 世纪 70 年代初的位置？抑或 IBM 以合资企业的形式回归这一事实象征着印度政策制定者的胜利，他们曾拒绝 IBM 以全资子公司的形式存在。毕竟，从根本上来讲，IBM 是按照印度的条件回归的。

一个令人满意的解释应当不拘泥于印度案例。尽管 IBM 从未离开过巴西或韩国，但它在那些国家中的角色演变将其带到了新的位置上，并与其在印度的新角色相呼应。在韩国，它参与了三星（最大的本土计算机制造商）的合资企业。在巴西，它与伊塔乌科技公司建立了商业伙伴关系，并和 SID 成立了合资企业，这两家公司都是在 IBM 失去向巴西的下游市场进行销售的权利之后成长起来的。这些相似之处都源自这三个国家的政策中的相同因素，但同时也反映了塑造这些国家计算机行业结构的全球环境之发展趋势。

从一开始，国家推动信息产业生产的努力就受到了不断变化的全球产业的巨大影响。在行进的过程中，全球技术标准无处不在。跨国企业是全球技术影响的承受者。它们不断变化的公司战略引入了一个外部环境的强制性附加层。20 世纪七八十年代，随着本土资源、产能和利益的演变，对抗持续变化的全球技术和跨国公司战略的国内大戏在不断上演。

国际影响力的核心性质是恒定的，但国际化的特征在整个 20 世纪 80 年代发生了急剧的变化，正如 IBM 的转移策略所示。这些变化为本土企业创造了新的机会，但它们对国家介入的影响则不是那么清楚。那些助力本土企业崛起的角色是否还有意义？新国际化是否终于暗示了国家的过时？

新旧国际化

在巴巴委员会、年轻蓄须者和青瓦台团队之前，新兴工业体的信息技术就完全国际化了。巴西、印度和韩国消费着进口成品。既有的、少量的本土信息制造业受到跨国公司全资子公司的控制。出口要么是对（跨国公司）子公司施压以平衡进口同步的结果，如在巴西和印度，要么是仅限于简单的零部件和包装生产，如在韩国。那是旧的国际化。

如果研究一下政策声明的主旨,至少是在巴西和印度,人们或许会预测温室政策会将这些国家推向自给自足。但这种预测大错特错。即使是最传统的国际联系形式——进口——在温室政策施行后也在增长。刺激信息技术产业的增长促进了进口和本土生产。进口占信息产业总销售的比例可能会下降,但在绝对值上,进口量是仍在增长。

巴西就是一个很好的例子。1979年至1985年间,市场储备正在实行时,美国对巴西与计算机相关的出口额增长了2.5倍,超过了美国对世界其他国家总体的计算机出口的增长速度,而且与美国对巴西出口的整体停滞状况形成了鲜明对比(见Evans 1989c,215)。由于上游市场仍然依靠进口供给,20世纪80年代早期新增产能大部分都是进口方面的(Erber 1985,296)。总体贸易数据显示,印度和韩国也是如此。虽然本土产业的增长是为了替代进口,但也创造了新的需求,尤其是对进口部件以及超越本土企业生产范围的成品。在这三个国家中,进口增长是旧国际化持续存在的一个方面。

旧的投资也持续存在。跨国公司的全资子公司并未被驱赶,1978年IBM离开印度是一个众所周知的例外。相反,它们都在成长。在巴西,当1977年开始实行市场储备时,IBM和优利系统公司是两个最大的计算机生产商,而且到20世纪90年代初市场储备政策渐近结束时[1],它们还是两个最大的生产商。有人甚至认为巴西的市场储备结果成了IBM的市场储备。

如果说旧国际化特征的贸易和投资关系持续存在,那是什么发生了改变?本土信息产业的出现是如何改变这些国家与全球市场和国际产业的联结方式的?这里有三个主要变化。

第一个变化是,尽管进口继续在满足本土信息产业需求上占据核心地位,但本土企业成了用户和全球市场的重要中介。它们将进口部件变成成品,将进口硬件集成到系统中,并且想办法将产品的国际清单转化成本土解决方案。本土控制的企业将进口信息技术转变成一个有作为的过程。

第二个也是更为戏剧性的变化是出口的出现。本土企业既是进口商,同时也是出口商;不仅出口小部件,用于包装和再出口的进口加工,还出口成品,有时是高度复杂和精密的成品。在巴西,这一过程仅限于少数几个利基市场,但在印度和韩国,范围更广泛。在某些领域,如韩国

---

[1] Evans(1986a,802);DEPIN(1991,52)。还可见表7.3。

的半导体和个人电脑克隆或印度的软件业,即使不是绝大多数,也有很大一部分的本土产品会在国际市场上销售。这确定无疑地背离了旧国际化。

第三个变化是,本土资本和跨国资本的关系发生了转变。虽然全资子公司仍然存在,但与本土企业完全隔绝的旧式跨国资本运营方式已然过时。相反,本土信息产业越来越多地被跨国和本土资本的联盟所占据,有时是以技术或许可协议的形式,有时是以合资企业或"商业伙伴关系"的形式。本土和跨国资本的融合,如塔塔和 IBM 的结合,是新国际化的真正标志。

简而言之,旧国际化是全资子公司的世界,它们供应当地市场、进口它们销售的大部分产品并从事有限的出口。而新国际化是本土和跨国资本联盟的世界,伴有大量垂直一体化的本土制造业并且日益重视联盟和本土企业两者的出口。

新国际化不是对民族主义发展战略的简单否定。在很多方面,它都建立在那些战略所奠定的基础上。本土企业必须先求生存,而后联盟。它们必须发展自己的组织、营销技巧和客户群,以提供给潜在的跨国盟友。如果没有助产,就不会有用以结盟的本土团体。

温室政策也给了跨国公司寻找盟友的动力。这三个国家的温室规则,在巴西和印度十分明确,而在韩国比较含蓄,依照寻找本土合作伙伴的情况规定了某些种类的外资准入。这些政策是本土资本最大的单个谈判资产。回想起来,具有讽刺意味的是,民族主义温室政策创造的最大"租金"可能变成了影响产业国际化谈判的杠杆。

通过更多地激励跨国公司与本土企业谈判组成联盟,信息技术产业的全球演进使本土活力更具吸引力。在 20 世纪 60 年代 IBM360 系统的全盛时期,专利架构是最重要的资产,因此几乎不存在激励建立联盟的情况,因为那样会稀释专有租金。以进口和外商全资子公司为特征的旧国际化是全球扩张的自然形式。

随着信息技术的全球景象已从一个专有硬件租金的世界走向了一个以组件和软件为关键投入的世界,结盟变得极其重要。[①] 在这个新的世界里,即使是与以国际标准来看很小的新兴工业体中的企业结成联盟,如印度计算机有限公司或伊塔乌科技公司,也是有意义的。一些新兴工业体盟友,如巴西的计算机系统公司,拥有全国性的客户群和服务

---

① 见第 5 章"不断变化的信息技术产业"这一节的讨论。

网络,能够帮助获得一批新的客户。另外,如印度的 PSI 公司,能够提供低成本的工程师,解决那些硅谷的工程师们不再具有成本效益的问题。还有其他的盟友,如韩国的财阀,能够提供对于在价格竞争市场中立足至关重要的低成本且高制造能力。

这三个国家的本土信息技术产业的新国际化有着一些共同的特征,但在每个国家,其具体内容都和本土产业本身一样大不相同。本土企业的适应情况、参与出口以及与国际资本的融合形式,都取决于先前的国家政策以及本土企业的回应是如何塑造本土产业的。

巴西:结盟或附属

当巴西开始努力创建本土企业时,它的信息产业起初在三个国家中是最为国际化的。也因此,它的温室政策也是最具防御性的。到了 20 世纪 80 年代中期,巴西的产业可以说是最不国际化的。除了 IBM 的初始贡献外,没有显著的出口增长。合资企业不被允许。[①] 1984 年微型计算机执照竞争的技术许可协议是最为接近可接受的结盟形式了。

20 世纪 80 年代末,情况发生了变化。创业战略朝着国际主义的方向发展。然后,在 20 世纪 90 年代初,科洛尔政府修定的《国家信息技术法》为打开闸门提供了法律框架。Elebra、伊塔乌科技公司和 SID(20 世纪 80 年代中期的三大企业集团)的发展很好地诠释了这种变化。它们都在 20 世纪 90 年代初与跨国资本建立新的联系,正式将 80 年代抛到身后。

Elebra 公司的转型是突然而彻底的。1989 年,公司不再为其特许经营的 VAX750 开发本土替代品,并且获得了数字设备公司的新款 MicroVAX 的许可授权。随后在 1991 年,在科洛尔政府推行的新规则下,Elebra 公司成为一家合资企业,数字设备公司首次参股。种种迹象表明,数字设备公司将日益增强管理权重,并最终将 Elebra 公司的组织合并到数字设备公司的全资子公司中,形成一个新的企业。显然,这个新企业是数字设备公司组织的一部分,但有一些巴西的股权参与。到了 1993 年,数字设备公司控制着 Elebra 83% 的股权,这是数字设备公司所能实现的最大的控股比例,如果在新法律下 Elebra 仍是一家"巴西的"

[①] 有关合资企业的法规实际上很复杂。理论上来说,一家外国企业最多可以拥有 30% 的有表决权的资本和大量无表决权的资本,但"技术控制"也要求掌握在本土企业手中,这实际上妨碍了跨国公司设立一家合资企业以利用它专有技术的目的。

企业。①

伊塔乌科技公司的情况更为复杂。具有讽刺意味的是,该公司此前为"技术自主"做出的努力极大地丰富了其在 IBM 兼容系统方面的专业知识。② 这些努力也促使它加快在自主设计设备(如可在 IBM 系统上使用的控制器和通信设备)上的工作进度。20 世纪 80 年代末,伊塔乌科技公司利用它所拥有的专业知识以及作为巴西最大本土生产商的地位与 IBM 进行合作协议谈判,IBM 授权它制造 IBM 公司最为成功的中型计算机 AS-400(IBM 在艰难的十年中开发出的几个明显优胜的产品之一)的生产线(Meyer-Stamer 1989,46,53-55)和销售产品。③

伊塔乌科技公司的新国际化战略还有其他的元素。一方面,作为微型计算机的领头制造商,它期待着能够使用具有国际竞争力的组件。另一方面,它可以继续发挥在金融自动化方面的作用,并考虑扩张到销售点管理系统和商业自动化领域,以期打入欧洲市场。除了 AS-400 的交易,它还致力另一项交易,即成为 IBM 通信控制器的两大全球制造中心之一。④

伊塔乌科技公司一直是全套的硬件和金融自动化软件的成熟生产商。有了 AS-400 后,该公司拥有了最先进的硬件平台,为已形成的强大信息帝国增添动力。它即使不是年轻蓄须者曾经梦寐以求的独立的民族企业,也依然是一个本土拥有并管理的企业,拥有超过 2 亿美元的年销售额,并且在设计制造自己的产品上有着十年的经验。

对其他企业而言,实现新国际化无须进行理念上的调整。1988 年巴西的第二大本土硬件生产商 SID(继伊塔乌科技公司之后),认为增强国际联系是合情合理的。诞生于马赫林集团(通过与日本的夏普公司结盟,在消费电子品上赚取财富),并且受安东尼奥·卡洛斯·瑞格·吉尔(Antonio Carlos Rego Gil,一位在 IBM 工作过 22 年的老将)的领导,

---

① 在新的《信息技术法》(1991 年 10 月 23 日颁布的第 8.248 号法令,1993 年 4 月生效)下,一家企业的表决权股股票的 51%必须由居住在巴西的个人持有,但由于三分之二的所有者可以是无表决权的,因而,总的外资所有权为 83%(全部的无表决权股股票加上三分之一表决权股股票的近一半)也是合法的。见 Tigre(1993)。
② 见第 5 章和第 7 章对伊塔乌科技公司战略的讨论。
③ AS-400 不仅为 IBM 大型机构架和个人电脑提供了联系,其本身也是一条非常成功的生产线。在 20 世纪 90 年代初,伊塔乌科技公司和 IBM 建立了一家合资企业 ITEC(其中伊塔乌科技公司持股 51%,IBM 持股 49%),用以生产和营销 AS-400 并为其提供二级支持,同时,伊塔乌科技公司和 IBM 还一起做销售和提供服务。
④ 通信控制器的这项交易成果丰硕,并且在 1993 年,其业务荣获了一项 IBM 的质量奖。

SID一直因存在民族主义障碍以致无法建立国际联盟而感到沮丧。[①] 到20世纪90年代初政策开放时，SID与IBM协商成立一家合资企业，名为MC&A。这家新的合资企业的使命，和IBM与印度的塔塔合作的合资企业一样，旨在进行PS/2s的本土生产。起初，这家合资企业由SID持股51%、IBM持股49%，但后来，IBM的份额提高到了70%。

参与1984年超级小型计算机执照竞争的其他老将体现了在同一主题上的不同变化。[②]甚至在20世纪70年代作为追求技术自主之典范的那些企业，到90年代时也最终都拥抱国际化了。SCOPUS由典型的"失落的民族主义技术专家"所建立，对于它而言，认为技术自主有内在好处是一种信念。然而，它的所有者们，在经历1987年衰退的沉重打击后，被迫将控制权让与布拉德斯科银行。到20世纪90年代初时，SCOPUS和数字实验室一起，成了与日本电气有限公司（NEC）合作的一家新合资企业的一部分。[③]

只要年轻蓄须者曾梦想着"技术自主"，那么新国际化显然就与之相对立。20世纪80年代末，试图参与全球技术，而非从中实现自主，是对本土技术努力的概括。也许更令人烦恼的是，旧国际化以跨国公司全资子公司控制本土市场的形式持续存在着。

20世纪90年代初，尽管本土企业在信息产业销售额上占了大多部，但全资子公司继续主导着本土的等级秩序。在1990年，市场储备实行的十几年后，优利系统公司东山再起，拥有了自20世纪80年代以来最大的市场份额，[④]仅次于IBM（它做得更好）。1990年，IBM的全资自营

[①] 20世纪80年代中期，它试图与AT&T协商建立广泛的技术联盟，但终因美国和巴西之间的激烈争斗而将其搁浅。见Evans（1989c）；Bastos（1992）；以及本书的第6章。尽管受挫，SID最终还是成了AT&T之UNIX的早期被许可方之一，并且它的姐妹电信公司也与AT&T建立了技术联系。与此同时，SID达成了一项协议，得以生产富士通的大型磁盘驱动器。

[②] LABO继续着其与利多富（Nixdorf）[已并入西门子（Seimens）]之间自1977年微机竞争后就存在的合作关系。ABC Telematica延续着其对霍尼韦尔—布尔公司的依赖，既体现在超级小型计算机的许可上，又体现在建立一家制造大型机的合资企业上。Edisa的所有者爱奇比（Iochpe）集团加强了与惠普的关系，其方式与Elebra的母公司对待数字设备公司的方式极为相似。因为与惠普的关系在实践中更像是与一个子公司的关系（见Meyer-Stamer 1989, 56），惠普/铁西斯（Tesis）被并入了Edisa。Edisa是一家合资企业，其中爱奇比持股51%、惠普持股49%，而且该公司还被更紧密地整合进惠普的全球组织架构（Tigre 1993, 17）。

[③] 在20世纪90年代初，日本电气有限公司控制着SCOPUS 33%的股权，它试图在本土笔记本市场为自己谋取一席之地（见Tigre 1993, 17）。

[④] 1990年的份额见DEPIN（1991, 52）。早前的份额，见Evans（1986a, 802）和表7.3。

业务的收入是巴西最大的计算机企业的五倍(DEPIN 1991,52)。事实上,看一下巴西市场的结构就很清楚,市场储备在很多方面对 IBM 都十分有利。制造大型机器仍是 IBM 的强项,在巴西占有的份额比在其他市场大得多。此外,IBM 在巴西还得以出租大部分的机器,而非直接将其出售。这种做法在其他市场因竞争激烈而被迫弃用。

那么,是否可以认为新国际化失败了呢?答案是,不一定。年轻蓄须者的愿景之核心是创建一个本土产业,不仅能够回应信息技术的本土需求,而且能够在回应的过程中给予巴西人机会,承担有技术挑战性的角色。这部分愿景是否得以实现,取决于作为国家助产政策的结果而形成的企业之生存状况和未来特征。

对本土企业而言,成功地完成新国际化意味着将国际联系的多样性与自主创新相结合,提高本土附加值,为本土用户提供卓越的解决方案以及在国际市场上开拓商机。而另一种可能性是退化成跨国企业的经销商的角色,依赖外国母公司研究机构的技术能力,并且把商业利润作为回报。

20 世纪 90 年代初尚无定论。但下行趋势很明显。20 世纪 80 年代中期的三大企业集团(伊塔乌科技公司、SID 和 Elebra)的多元化进程因各自在半导体业务上的问题而被搁置。三个集团都后悔尝试进入半导体业,认为国家放弃 20 世纪 80 年代中期的抱负是对它们的背叛,因而主要都在想着如何减少损失。Elebra 公司的所有者从信息产业中撤离地更全面。除了允许数字设备公司对其计算机业务实现有效控制之外,Elebra 公司还将其电信业务出售给了一家与欧洲有关联的集团。SID 和伊塔乌科技公司看似仍在计算机业,但还不清楚它们能否顶住成为贸易商而非产业参与者的压力。

伊塔乌科技公司是这种不确定性的最好例证。该公司的研发团队有 300 多人,取得了相当大的成就。[1]但从财务上来讲,很难证明在 20 世纪 90 年代的环境里维持着 80 年代在研发上的投资水平是合理的。一个显然的替代方案,是成为 IBM 事实上的"增值零售商",专心将 AS-

---

[1] 例如,和 IBM 签署 AS-400 协议时,伊塔乌科技公司刚研发了自己的通信板,旨在将 AS-400 和个人电脑相连接。参与研发的人宣称,与现行的国际标准相比,他们的通信板外形上小了一半并且便宜很多。同时,它还是对国际联系的战略性利用的一个典型案例。它的核心是一家小型的美国企业设计的芯片。在早前的一本贸易期刊报告里看到对这种芯片的报道并意识到它的潜力后,伊塔乌科技公司就开始资助其研发,因为该公司知道它将需要这样一种通信板,而当时的法规是不允许其进口的。

400生产线的巨额潜在销售量最大化。回到从前,那时的年轻蓄须者也面临着选择,是去大学里工作还是成为IBM的销售员。

巴西的总体宏观经济问题使得选择投资变得更加困难。在一些子行业,如半导体,本土企业是以预期销售量急剧下降来开启20世纪90年代的(Tigre 1993,15)。只有在金融自动化行业,本土企业的销售量得以维持。鉴于这些趋势,产业内的大多数公司都开始再度思考自主技术努力的价值。1989年到1990年间,本土硬件企业的研发支出下降了三分之一,同时,在工业自动化和软件上的支出缩减了一半以上。本土信息企业在人员培训上的支出也显示出了相似的趋势,1990年时下降到了1989年水平的一半以下(DEPIN 1991,39,32)。①政府"构建战略领域的人力资源"的新项目发现,产业部门对参与该项目的学生的兴趣骤然下降。②

尽管存在这些不利的趋势,巴西的信息企业并不会完全垮掉。这里存在着对新国际化有适应性回应的大量证据。克劳迪奥·佛里希塔克(Frischtak 1992)记录了很多例子。这里说两个就足够了,它们都建立在将独创性和联盟相结合的基础之上。

正如所料,第一个例子来自金融自动化部门。在1990年排名前十的计算机生产商中,有一位新手PROCOMP(一个巴西计算机企业的简称),它成立于1985年并且在1988年才开始实质性的生产。然而三年后,PROCOMP不仅成了巴西的第四大本土企业(依照销售额),而且还是前四家中唯一一家宣告盈利而非亏损的企业。③它被公认为金融自动化子行业中最成功的参与者之一。PROCOMP是一个典型的系统集成商,依托数字实验室来生产硬件。在成功地将传统的金融系统发展成每年1亿美元的业务后,它正朝着销售点终端机的方向推进,据估计,这可以将处理一桩交易的成本降低到在美国办理一张支票的成本的一半。PROCOMP确信,如果能够建立适当的营销渠道,它的设备在国际市场上会具有价格竞争力。

---

① 应当注意的是,没有直接的证据表明,该产业的外资部门存在任何弥补的趋势。1989至1990年间,外国企业的培训支出下降了三分之二以上(DEPIN 1991,31)。
② 到1990年时,产业需求的研究员数目下降到比1988年水平的三分之一多一点,即从283人降为103人(DEPIN 1991,33)。
③ Tigre(1993,14),销售额和利润数据来自《计算机世界》(*Computerworld*)(巴西),1992年11月30日,21。

工业自动化系统生产商西斯特玛(Sistema)以及它的相关外围设备制造商瑞玛(Rima),是成功适应新国际化的又一个例子。瑞玛在运营上与大型信息银行(伊塔乌银行和布拉德斯科银行)息息相关,多年来与Elebra共享本土打印机市场的统治地位。终于,它认定,其自主设计的打印机之生产规模和技术能力足以与欧洲生产商的相竞争。通过与一家当地的微型计算机生产商结成联盟,瑞玛闯入了意大利市场(Frischtak 1992,179)。与此同时,西斯特玛集团决心依靠其在巴西的过程控制市场①的强势地位来进入欧洲市场。为克服向欧洲共同体出口的那些障碍,它成立了一家德国合资企业,其过程控制的销售额很快就达到了西斯特玛在巴西销售额的三分之二。和PROCOMP一样,西斯特玛基本上是一个系统集成商。它从美国瑞来斯公司(Reliance)获得技术授权。在巴西,它以其最大竞争对手之一的比利亚雷斯公司(Villares)生产的设备为硬件平台。在德国,它利用外国的硬件平台。正如佛里希塔克(Frischtak 1992,184)所言,西斯特玛的秘诀是"认准商机,使得这家巴西公司能够发挥其在软件和系统设计上的竞争力和特定的比较优势"。

在未来的几十年中,如果像PROCOMP和西斯特玛这样的企业能够成倍增加,那么巴西的信息产业将会转型成年轻蓄须者梦想的国际化版本。但另外,如果本土企业倾向于成为跨国公司的经销商,那么构建温室的艰苦过程将成为一种非常昂贵的增强本土创业团队商业潜力的方式。哪种情况会发生,至少在一定程度上取决于巴西国家能否聚集进行培育所需的体制和政治资源。

印度:软件业的模糊性

印度的本土私营部门发现,相比于巴西同行,它们向新国际化的转变并没有那么痛苦。由于捍卫技术自主的责任主要由国有企业来承担,本土硬件制造商对国际化战略的态度一直较为开放。与此同时,出口导

---

① 它占有30%的本土可编程逻辑控制器市场份额(DEPIN 1991,76-81)。

向型软件业的增长也是对国际视野的一个强有力的激励。① 通过对跨国公司的投资施压限制,巴西的监管政策最初旨在使得信息技术产业比其他先进的制造业部门国际化程度较低;而印度从管制转向推动,催生了很多盘根错节的国际联盟,并导致了跨国公司子公司的大量涌入,使得印度的信息产业在 20 世纪 80 年代远离了自给自足的工业传统。

　　印度计算机有限公司阐释了在硬件业建立国际联系的复杂性。② 早在 1981 年,它就在新加坡成立了一家子公司(远东计算机有限公司,Far East Computers Ltd.)用以测试它的微型计算机技术。③ 后来,与阿波罗的合作令印度计算机有限公司得以制造阿波罗的低端工作站并进入计算机辅助的设计与制造(CAD/CAM)市场。与明导公司(Mentor Graphics)的分销协议赋予了印度计算机有限公司一套强大的 CAD/CAM 软件,与它的阿波罗工作站相配,特别是在电子设计自动化领域。④ 通过收购另一家本土企业(国际数据管理公司),它们还与美国普瑞姆计算机公司(Prime)建立了合作关系,后者为其提供了一种高端交易处理器。⑤ 与国家先进系统公司(National Advanced Systems,简称 NAS)的协议使它们拥有了日立(Hitachi)的大型机技术,能够偶尔参与大型机市场的竞争。以上仅仅是计算机部门的国际联系。印度计算机有限公司的其他部门,如通信、仪器和复印部,都有自己的国际合作关系。

　　1989 年,印度计算机有限公司增添了一种新的国际化形式,即设立一家位于硅谷的全资子公司——印度计算机有限公司美国分公司。这

---

① 关于印度国际导向的另一个虽然短暂但很令人惊奇的激励,是 20 世纪 80 年代末(介于苏联开放市场和解体之间的那段时间)对东欧国家的硬件出口的快速发展。对东欧国家的出口包括以软货币销售个人电脑,但其组件都是以硬货币购买来的。这种交易若要合理,只能是因为印度需要卢布来换取苏联的国防设备及其他产品。较为精密的硬件,如印度计算机有限公司的 Horizon 或 Magnum,或威普罗集团的 Landmark,都被美国的出口管制政策(管制政策适用,是因为这些硬件使用了在美国生产的微处理器)排除在外,但个人电脑、ATs 和外围设备的小型生产商,尤其是那些寻求进入这些业务的新企业,如小型计算机领域的帕特克公司和外围设备领域的埃森(Essen),在苏联的市场开放上看到了前所未有的新增长源。
② 见第 7 章对印度计算机有限公司的讨论。
③ 新加坡子公司使它们能够在一个需求更广阔的市场对一款印度人设计的机器进行测试,并加以完善,然后重新引入印度。
④ 明导公司是做超大规模集成电路设计和印制电路板(PCB)布局所需工具的世界上最大的供应商(*Computers Today*,1988 年 12 月,15)。
⑤ 印度计算机有限公司还与 Tolerant 系统有限公司(Tolerant Systems)建立了合作关系,后者是韩国国家行政信息系统(NAIS)的技术供应商。

个分公司的成立初衷，是想从为印度市场而做的产品开发的投资上获得更多的回报。① 美国的业务基本上是做系统集成而非制造。②

20世纪90年代初，印度计算机有限公司的国际联系又经历了一次蜕变。整个计算机部门（除去美国分公司）与惠普新成立的印度公司合并，成为印度计算机—惠普公司（HCL-HP）。惠普的产品线和制造经验与印度计算机有限公司玩转印度市场的高超技艺相结合，无疑会使这个组合成为印度市场的有力参与者。它初期的举措之一就是在新的诺伊达工业区建立了一家最先进的③制造厂。

建立合资企业是迈向新国际化的标志，这不仅是对印度计算机有限公司而言，对惠普也同样如此。受1984年后印度市场的增长的吸引，惠普决定20世纪80年代中期在印度建立自己的制造业务。形式上，它们遵守了十多年前驱使IBM离开的外汇管制规则，将其股份限制在规定的40%上。而实践中，其他60%的股份充分分配给当地股东们了，以便惠普实现有效控制。④ 印度计算机—惠普公司的创立将其从一个相对传统的子公司变成了一个真正的联盟。⑤

印度计算机—惠普联盟和IBM与巴西的伊塔乌科技公司的联盟引发了同样的疑问。这是将印度计算机有限公司逐渐转变为印度的惠普经销商的第一步吗？抑或是该联盟的新市场力量能够让印度计算机有限公司专注于其作为系统集成商的优势及其在低成本、高素质的工程人

---

① 尤其是指它的UNIX商业套件和与之相配的Magnnum硬件平台。
② 印度计算机有限公司硬件平台的任何电路板的生产都可以由一家美国公司（SCI）来完成（颠覆了对工业化国家与不发达国家劳动分工的刻板印象）。典型的案例是它早期与一家美国的软件生产商赛贝斯公司（Sybase）签订的合同。
③ 例如，表面贴装印制板填充。
④ 最大的一部由惠普的前经销商蓝星公司（Blue Star）持有，它转型为一个不参与管理的金融合作伙伴。
⑤ 印度计算机—惠普公司（HCL-HP）的创立还与数字设备公司的战略形成了一个有趣的对比。在印度计算机—惠普公司成立之前，数字设备公司和惠普的发展似乎有着相似的轨迹。和惠普一样，该公司也以成立一家持股比例分别为40%和60%的制造企业取代旧的经销商关系，并且在新的企业里，旧的经销商是一个金融合作伙伴。就像惠普的子公司那样，本土控制的60%股份的大部分流到公众手中，由此，数字设备公司保留了管理控制权。对当时的公司来说，这本身就是一个打破成规的举动，因为（巴西是例外）它使对其产品的生产保有全部的控制权成为一项规则。到20世纪80年代末，本土的数字设备分公司已成为印度的第九大信息公司，在运营的第一年就实现了421%的增长，并且有望在几年内成为前五大公司（*Dataquest*, 1990, 79）。惠普的进展要慢一些。它的软件公司已在运营，每年向母公司返还75万美元，但它的硬件公司仍处于起步阶段。如果惠普的更加激进的新国际化战略优于数字设备公司的较为保守的战略，那么从跨国公司的视角来看，这将是对新国际化的一种维护。

才上的比较优势,从而为印度用户提供新的解决方案并扩大美国分公司在美国的销售。积极的答案将会证明新国际化是一种扩展民族主义温室政策成就的工具,而消极的答案则会使印度的温室政策失去它引以为傲的成果。

威普罗集团和 PSI 公司在 20 世纪 80 年代后期的发展轨迹以略微不同的方式提出了主题相同的疑问。两家企业的早期历史都显示了国际联系如何能够支持本土技术能力的发展。然而,两者都没有找到一条容易的路径以使有国际联系的自主创新能力转化为长期的商业成功。PSI 的例子对这点诠释的最为清楚。①

PSI 最初的运营资本是由与一家小型硅谷初创企业签订的开发合同所提供的,这家硅谷企业为建造一个基于微处理器的电传监测仪寻求帮助。后来在 1985 年,一个利用摩托罗拉 68020 处理器为一家日本公司开发样机系统的订单,使 PSI 在微型计算机领域处于领先地位。同时,微型计算机也成为 PSI 最重要的硬件平台。② 不幸的是,PSI 的技术敏锐性缺乏像推动印度计算机有限公司的那种营销能力与之相匹配。这家公司以技术创新但不善经营而闻名,1989 年宣布亏损 500 万美元。③

尽管如此,PSI 所展现的技术创新能力仍是一件重要资产。布尔电脑公司(Groupe Bull)被 PSI 的技术声誉所吸引,通过股权投资,加强了最初于 1988 年发起的成立合资企业的协议,以此应对 PSI 的财务问题。在解释为什么这么做时,布尔国际的副总裁欧维·兰格(Ove Lange)说,"相比于其营业额,PSI 的软件开发水平是全世界(包括法国在内)最高的,这是此次与 PSI 结盟的战略因素"(*Dataquest*,1990 年 4 月,98)。合资企业打算在印度组装并销售布尔大型机,而 PSI 预计将为布尔的海外业务开发软件,由此抵偿进口布尔大型机组件的硬通货成本。这些期望很快就实现了。到 20 世纪 90 年代初,PSI 三分之二的收入都来自软件出口(*Dataquest*,1992 年 7 月,111)。

威普罗集团展现出了 PSI 历史上出现的那种国际联盟和本土发展之间的协同关系。它给加州的一家小公司开发的一个处理板为它自己

---

① 见第 7 章对 PSI 公司的讨论。
② 名为天狼星(Sirius)。
③ 注意:对维纳·德什潘德(PSI 公司的创始人之一)的指责,即缺乏培育,是 PSI 的技术战略失败的根本原因,引自第 6 章。

的 Landmark386 小型计算机奠定了基础。① 国际合同使得开发本土机器的费用得到了保障。此外，由于威普罗集团的工程师们在加州致力处理板的开发工作，他们的工作邻近新组件的供应源，因而他们能够加速设计过程，确保及时推出威普罗集团的机器。

其他的国际联系增强了威普罗集团的商业地位。除自己的计算机外，与爱普生签订的许可协议使得它能够供应打印机，贡献了8％的销售额。与天腾（Tandem）和康柏斯（Convex）的合作给予了它进入大型机市场的可能性。还有其他的一些联系，提高了它进入微处理器和软件业的机会。②

到目前为止，威普罗集团最重要的国际盟友是太阳微系统公司。它谈成了一项协议，获取授权制造太阳工作站，为太阳公司做一些软件开发工作以帮助负担外汇交易成本，并且在印度推广太阳公司风险加权的新芯片和工作站（SPARC）。很快，太阳公司的产品线就在威普罗集团中端硬件的销售中占据了很大的份额（Dataquest，1992年7月，67）。

20世纪90年代初，威普罗集团在管理和股权上都还很独立，但基本问题是相同的。威普罗集团是否会逐渐沦为太阳工作站的增值零售商？抑或与太阳公司的关系能够帮助威普罗集团成为一个具有国际竞争力的系统集成商，有能力为印度市场提供新的解决方案，并时常也能将解决方案拿到国外销售？

对于那些形成第一波信息产业参与者浪潮的技术型创业先锋而言，新国际化的好处有些含糊，但对那些缓慢进入信息技术产业的大企业集团来说，它很明确地是种福音。莫迪集团（Modi Group）与好利获得公司（欧洲最大的个人电脑生产商）的联盟，是一个很好的例子。莫迪的贡献不在于信息技术的创新，它在印度经商方面有着广泛经验。鉴于莫迪—好利获得联盟的目标是提高销售量，比起莫迪的综合商业影响力和商业技能，PSI公司或威普罗集团所能提供的那种设计经验就不那么重要了。

本章开头提到的塔塔—IBM联盟是最有意思的案例。在制造方面，塔塔—IBM的交易与莫迪—好利获得合资企业以及巴西的IBM-SID合资企业类似。塔塔信息系统有限公司预计通过生产PS/2s，使IBM回归印度的个人电脑市场（Dataquest 1992年3月，98-102）。但对

---

① 由于它还对销售处理板本身收取专利使用费，这项交易有着双倍的利润。
② 威普罗集团还成了英特尔的β测试基地（这使其能更好地接触新的英特尔技术）以及欧特克（Autodesk）的计算机辅助设计系统（CAD systems）的经销商（Dataquest，1989年4月）。

于塔塔而言，其回报更可能是在软件上而非制造方面的利润上。

塔塔信息系统有限公司计划负责的软件开发，针对的是国内的 IBM 项目和主要的全球用户，必要时，其软件开发业务也分包给本土开发者。它将加入塔塔的另外两个主要的软件生产商，即塔塔咨询服务公司和塔塔优利系统公司（塔塔与优利系统的合资企业，其软件出口仅次于塔塔咨询服务公司）。[①] 作为本土软件业最大的参与者和大企业集团最突出的例外（其他集团在信息技术方面皆表现笨拙），塔塔咨询服务公司很早就实施了多元化且高度国际化的战略。

20 世纪 80 年代末，塔塔咨询服务公司四分之三的业务是面向外国客户的（*Dataquest*，1990，58，75）。在印度，它进行定制设计，推销美国著名制造商[SPSS、甲骨文（Oracle）]和莲花公司[（Lotus）等]的"包装品"（packages）[②]，并开发了一些自己的包装品，尽管，和大部分的其他印度企业一样，[③]它发现，这些包装品，无论在技术上多么出色，都无法实现足够的销售量来维持一家大公司。

塔塔咨询服务公司的大部分业务从传统的服务合同得来，即它的工程师编写代码来解决客户指定的特定问题。有了二十年的经验和质量声誉，塔塔咨询服务公司逐渐能够将近一半的工作从劳动合同转向项目管理。例如，它为一家英国银行设计了一个完整的银行系统，为花旗银行的一个在线银行应用程序设计了屏幕定义系统，以及为科威特的港务局设计了一个可立即使用的信息和管理系统。

实施高度国际化的战略，是塔塔软件帝国的特征，但这不只是大企业集团的特权。新的创业参与者如 L. S. 卡诺达的 Datamatics 公司，具有更强的国际化倾向。[④] 其 80% 的收入来自出口，其中大部分是由与美国企业的战略联系产生的。卡诺达的第一个合作伙伴是王安电脑公司（Wang）。他的公司成为王安电脑公司在美国之外的最大软件开发商。以此为基础，公司进入 UNIX 领域。它在 UNIX 上的专业知识使其得以与 AT&T 公司建立关系。20 世纪 80 年代末，它和贝尔实验室开通

[①] 见第 7 章对塔塔咨询服务公司的讨论。
[②] 相对于那些旨在满足特定用户或某些类别的用户之需求的定制软件系统，预先包装的软件是作为一项商品进行销售的。
[③] 一个显著的例子就是威普罗系统有限公司，它是一家和威普罗集团的硬件公司相对应的软件公司。威普罗系统有限公司有志于在印度开发包装品，并利用与美国企业的关系到美国进行推销。然而，它发现，打入包装软件市场极端困难，最后被迫撤回到更传统的战略上来。
[④] 见第 7 章对 Datamatics 公司的讨论。

了一条专用的卫星连线，使得 Datamatics 的研发人员能够直接在位于新泽西的 AT&T 的硬件上工作。此外，该公司还是 AT&T 授权的培训中心。为使他的战略更加全面，卡诺达决定增添一个新的关注点即 IBM 的软件，将位于圣克鲁兹特别出口加工区（the Santa Cruz special export processing zone）的设施匀出一部分从事与 IBM 相关的工作，并且购买了一些中型的 IBM 硬件用于工作。

与塔塔咨询服务公司和 Datamatics 公司的增长一样，软件出口的扩张大多建立在联盟的基础上。然而，其中一些体现了旧国际化下所有权战略的现代化复苏。即使是在 20 世纪 80 年代，外国公司也可以保留软件公司 100% 的所有权，只要它们的业务是纯出口型的。子公司，如德州仪器在班加罗尔的全资公司（率先将专用卫星连接用于软件出口），是国际化的软件业中最成功的实体之一。[1]

花旗海外软件有限公司（Citicorp Overseas Software Ltd.，简称 COSL）是全资软件子公司中最有趣的一家。1987 年成立于受到国家补贴的圣克鲁兹特别出口加工区，在运营的头三年，花旗海外软件公司的业务每年都近乎成倍地增长，直至其成为印度的第四大软件公司。该公司很好地示范了如何将出口引向高附加值的市场。通过将其国际信誉与它的印度工程师的生产力相结合，该公司已然能够积极地扩张咨询和系统设计端的业务。[2]

总体而言，印度新的软件出口切实体现了新国际化的模糊性。软件业真的是在同一个类别下集合了各种迥然不同的活动。抛开包装软件（一家公司几乎无法强行进入此业务，除非它一开始就在美国具有重大的市场影响力）不说，软件业务的定制范围从常规的编写代码（对熟练的脑力劳动的一种低收益之利用），延伸到设计和应用复杂的信息系统（本质上是种高级咨询工作，能获得相应的高收益）。与商用硬件的情况不同，每个程序员每天的高、低端收益差异比专利收益的差异还大。有的差异估计高达 15 倍。[3]

---

[1] 到 20 世纪 80 年代末，德州仪器公司（TI）的子公司在软件方面每年向母公司贡献数百万美元。

[2] 例如，在与第三世界的一家中央银行（和其他一些竞争性企业）一起为一个金融信息系统提供咨询时，花旗海外软件有限公司（COSL）说道："我们可以出 20 个人来落实我们的提案。"其他咨询公司无法给出相同的承诺，因而花旗海外软件公司获得了这项合同，而后又得到了更多高级别的任务。

[3] 显然，创造一个成功的包装软件产品（如 Lotus1-2-3 或 MS-DOS），能为专利回报形成一个扩展流，其回报要高一个数量级。

印度在低端软件业务方面有着巨大的比较优势。初级程序员的工资大约是美国初级程序员工资的 10%—15%,而在发达国家,劳动力成本仍然占到大部分低端工作的总生产成本的四分之三以上。软件业务的高收益端是另一回事。廉价的技术编程技能在抢占定制项目上只有有限的优势,因为成功的秘诀在于理解潜在用户的活动并识别从中流露出的信息需求。

少数大企业如塔塔咨询服务公司和 Datamatics 公司能够获得较高收益的项目管理合同,但相当大比例的(也许是大多数的)印度软件"出口"实际上都是脑力劳动合同的流动,也被贬称为"猎身"(bodyshopping)。印度公司与外国企业签订合同,为它们提供熟练的劳动力。这些劳动力会到外国工作以解决外国企业的软件问题,工作完成后就返回印度。印度企业家在熟练的印度程序员和外国客户之间赚取回报,这些外国客户无法以别的方式解决世界范围内对新软件的需求和软件工程师的供给之间存在的缺口问题。

猎身既无法产生专利收益,又无法对印度国内产业的组织架构或创业设施做贡献。它还加剧了印度"人才外流"的情况。在与那些挣着数倍于他们工资的外国程序员一起工作后,相当一部分(可能有 20%)印度程序员决定跳槽,成为他们曾接触过的、更有利可图的劳动力市场的直接的、永久的参与者。猎身的主要优势在于它的进入门槛很低,这就是为什么众多小企业能够基于猎身而活下来,与诸如塔塔咨询服务公司和 Datamatics 这样的大企业共存。

小的本土生产商或许除了猎身以外别无他选,但跨国硬件子公司,如数字设备公司和惠普,也被指控专注于世界市场的低收益端(且缺乏挑战性)。本土批评家指责这些企业创造"软件出口"的方式,是将他们本土的软件工程师引向那些美国的软件人员避之不及的常规工作,例如调试现有软件、延长旧操作系统的寿命或将现有的应对程序移到不同的平台。实际上,这些企业被指责为旧国际化下的低工资出口战略构建了一个无形的、高科技的版本。

国际问题专家罗伯特·施瓦尔(Robert Schware 1992a,153-154)针对低收益的软件出口问题从另一个角度提出了批评。他认为,它们吸收了很多熟练劳动力,如果将其精力用于解决国内问题,或可产生大得多的社会收益。CMC 和印度电子公司聚焦的那些软件系统在提高国内生产力上有着很大的潜力,这些系统能够改善货运运输、更有效地分配电力或者提高对季风水流的预测水平。只要参与出口的劳动力在其他情况下得不到充分利用,这样做就没有问题,但是即使在印度,对训练有素的软件工程师的需求也超过供给。将那些可用于提高印度稀少的铁路车辆之利用率的编程人才,转而致力帮助一家美国的保险公司将其数据库从宝来公司的硬件上移到 IBM 的硬件上,这可能迎合了跨国企业的利益并且无需建设更复杂的印度软件企业,但它有着巨大的社会成本。

总之,我们很难不带偏见地看待印度的软件出口。一位印度行政官员将新国际化带来的软件的国际流动描述为早期殖民贸易模式的复辟。对他来说,廉价的代码生产线的出口和昂贵的外国软件包的进口感觉很熟悉。"还是老一套,"他说,"我们出口棉花,然后买回成品布。"

也许对印度软件业的争论中最吸引人的地方是,它与另外一种完全不同的出口繁荣所产生的争论极为相似,即韩国在内存芯片和个人电脑克隆上渗入世界市场。按照某些标准,印度软件业在经济领域的位置与韩国的出口截然相反:它是基于无形资本而非制造技能的结果,由受过高等教育的白领而非蓝领无产者生产出来,由小企业和大企业共同产生。尽管如此,韩国和印度一样担心会被困在国际劳动分工的低收益端。

韩国:制造业出口的困境

韩国以一个不同于巴西和印度的视角来看待 20 世纪 80 年代后期的国际化。1989 年仙童半导体韩国有限公司的关闭之于韩国,和 1992 年 IBM 的回归之于印度一样,具有象征意义。仙童公司是 20 世纪 60 年代末到韩国设立企业的第一家外国装配公司(*Electronics Korea* 2 (9),17-18)。其运营建立在韩国的比较优势在于低工资的劳动力这一假设之上。它将韩国设想为一个简单组件而非复杂成品的来源地,因而认为与财阀的战略联盟是不必要的。到 1989 年时,它的设想被证明是不合时宜的,脱离了韩国与国际经济的新关系。

仙童公司是韩国旧国际化的典型。在韩国,全资子公司的角色与在巴西和印度十分不同。在韩国的跨国公司子公司对出口市场感兴趣,而在巴西和印度,它们对国内市场感兴趣。因此,它们把重点放在较小范围的简易产品上,它们觉得韩国更廉价的劳动力在这方面给了它们优势。

在 20 世纪 80 年代末的巴西和印度,舆论和现实都开始重新重视出口。而在韩国,出口是早期发展战略的核心,之后人们重新认识到国内市场作为增长源头的重要性。在计算机领域,到1986年,国内市场已超过6亿美元,几乎和韩国的计算机出口额一样大。鉴于出口的几乎全是低附加值的产品且经常以其他公司的品牌名称进行销售,国内市场的收益越来越有吸引力。但这个巨大的、有相对较高收益的市场的四分之三仍依靠外国进口来供应。[1]

更重要的是,出口市场的未来增长并不是理所当然的。1976年至1986年间,韩国电子产品的国内市场以比出口市场快约1.5倍的速度在增长(见Mody 1987b,131)。1988年至1989年间,电子产品的国内销售总额增长了29%,而出口增长仅为5.4%[*Electronics Korea* 3(6),6]。在韩国最成功的出口子部门半导体领域,1984至1988年间,国内市场的增长量是总产量的两倍多[*B. K. Electronics* 1(12),22]。在计算机方面,国内市场在20世纪80年代末的增长使得出口增长黯然失色。1989年至1990年间,当计算机出口开始萎缩时,国内市场仍在快速增长(见EIAK 1991a,21)。

总之,20世纪80年代末,韩国在信息技术出口市场上的经历为分析家们质疑将信息技术产业的增长建立在商品出口之上是否是明智之举提供了确凿的证据。例如,恩斯特和奥康纳(Ernst and O'Connor 1992,280)在总结他们对新兴工业体之竞争地位的分析时说:"面向主要的经合组织市场的出口导向型增长战略越来越有问题。"

本土增值的问题与出口能增长多少的问题一样令人担忧。在过去的20年里,韩国电子业一直无法大幅降低其对进口零件的依赖性。1970年时,本土制造业使用的零件有70%是进口的;1987年时,这一数字为60%[*Electronics Korea* 3(9),17]。这种因依赖而产生的令人担忧的影响在1987年表现得尤为明显,那时因在录像机市场受到韩国竞争的干扰,日本零件出口商开始对韩国竞争者实施协同限制供应[*Electronics Korea* 3(9),16]。

正如外国采购的优点在印度和巴西逐渐成为标准认知一样,韩国的分析家们指出了更加民族主义的战略的优点,称"技术和关键零件生产的自给自足是韩国电子业在世界市场日益加剧的竞争中生存的必由之

---

[1] 国内生产为8.88亿美元,出口为7.23亿美元,因而仅为国内市场留下了1.57亿美元的可用产品。进口为4.73亿美元,创造了一个总值6.3亿美元的国内市场(见Evans and Tigre 1989b,10,14,表4和6)。

路"①。韩国永远不会达到巴西和印度想要摆脱的那种自给自足的程度,就像巴西和印度永远不会像韩国那么严重地依赖出口,但依然很讽刺的是,印度和巴西在模仿它们所认为的韩国模式,而韩国却在重新思考该采取什么样的模式。

正如早期出口对韩国信息产业的重要性引导了韩国重新考虑出口战略,当涉及投资时,旧国际化下跨国公司全资子公司的非主导性地位使得韩国较为容易地支持更加民族主义版本的新国际化。经过十年的激烈斗争,巴西将信息产业中对本土公司的掌控比例从23%提高到了59%(见表7.1)。而韩国的国内生产商起初在20世纪80年代初时就控制了49%的电子业,最后占到71%,与此同时,全资子公司仅控制了电子产品总产量的9%(见表8.1)。

在20世纪80年代结束时,IBM韩国公司成为本土市场的一股重要力量,但它仍然"在做一个关于在韩国设立工厂的可行性研究",并将源自财阀的组件作为它对韩国出口所做贡献的一个主要组成部分[*Electronics Korea* 3(3),12]。20世纪90年代以来,相比于在巴西超越本土企业发展的情况,IBM在韩国快速增长的信息产业的销售额仍比金星的要小(*Wolgan Computer*,1991年5月,100,102)。没有其他外国子公司可以宣称像优利系统公司在巴西以及数字设备公司后来在印度那样,在韩国本土市场成为一股重要力量。

占主导地位的外国子公司的缺失是由来已久的,但它也反映了国家倾向于本土企业的助产政策的平稳延续。即使在对外国所有权的正式限制消失殆尽后,非正式的制约仍然很重要。在韩国的美国商会尤其不满那些"本土化的要求",它们将其描述为"在正式的和非正式的政府压力下,实行一些通常来说不成文的政策和做法,要求企业向韩国生产商转移技术和专业知识"[*Electronics Korea* 2(9),14]。例如,当长期以来一直通过经销商与韩国合作的数字设备公司决定成立一家100%的全资子公司时,它发现自己陷入了与国家官员及私营公司的艰苦谈判之中,为使这一转变合理,数字设备公司就必须证明其对本土信息能力的发展能够做出怎样的贡献。

---

① 观点引自裴正基(译音,Bae Jong-Ki)和朱大永(译音,Joo Dae-Young)[*Electronics Korea* 3,(9),17]。

表 8.1　1980—1988 年韩国电子行业中的外国企业：基于产权类型和产业子部门的生产份额

	全部电子产品			组件（包括半导体）			工业电子产品：（主要是计算机和电信）		
	本土企业	合资企业	外资企业	本土企业	合资企业	外资企业	本土企业	合资企业	外资企业
1980 年	49%	27%	4%	28%	38%	34%	38%	54%	8%
1988 年	71%	20%	9%	50%	36%	14%	72%	12%	16%

来源：韩国电子技术研究所（KIET），刊于 *Electronics Korea* 3,9（1990 年 7 月）:12。

民族主义的偏好继续存在，但投资模式还是从旧国际化转向了新国际化。传统的出口导向型的外国装配公司，像仙童公司，发现成功的工业化会使韩国的环境变得不那么支持它们的业务。在跨国公司对信息技术产业显示出新的兴趣的同时，电子业更为传统的领域中的外国主导地位在下降。表 8.1 中，在总体电子业中外国企业的比例在下降而在工业电子产品中外国企业的比例却在增加，因此很好地阐释了这种趋势。①

随着外国投资者角色的转变，新国际化的标志——本土资本和跨国公司的联盟，变得日益重要。每个财阀都维系着多个国际联盟。它们的数量和多样性在整个 20 世纪 80 年代实现了加速发展。其范围从与外国公司开办合资企业，到签订准许财阀使用外国产品技术的技术协议，到签订财阀在其中扮演低成本供应商的关键角色的贴牌生产协议（OEM agreements）。纵观三星、金星、现代和大宇的国际联系模式可以发现尽早开展联盟建设的好处。

在做了八年的惠普经销商后，三星于 1984 年成立了一家合资企业，在韩国销售惠普的产品。它与日本电气有限公司之间也有一些"合作协议"（Samsung Electronics 1985, 19）。在电信领域，除了参与自主研发的 TDX-1 项目，三星还生产了阿尔卡特（Acatel）S-1240 数字交换系统。像威普罗集团在印度一样，它与通用电气公司有一家合资企业，生产医

---

① 在电子消费品上，仅有 8% 的总生产是由含部分外资的企业控制的，而大部分都由合资企业控制 [*Electronics Korea* 3(9), 12]。20 世纪 70 年代末和 80 年代末之间，在马山（Masan）自由贸易区（简单电子装配商的理想天堂）运作的公司数目下降了近 20% [*Electronics Korea* 2(9), 16]。

学影像设备。其最初进入半导体领域是与和微米器件公司(Micron Devices)的技术联盟有关。①

最有趣的是三星与IBM的各种联系。当IBM推介它的"亚洲个人电脑"时，②三星电子设备拿到了为其生产显示器的合同(*Business Korea*, 1985年8月, 42)。1987年, 三星和IBM成立了一家名为三星数据系统的合资企业, 在韩国开发增值数据网络(*Business Korea*, 1987年8月, 69)。此外, 1989年, 三星和IBM宣布达成了一项长期的交叉许可协议, 允许各自的公司免费使用对方的与半导体器件的设计和生产相关的现有专利组合"(*Electronic Engineering Times*, 1989年3月, 1)。③

金星最重要的盟友是AT&T公司, 它既是金星半导体公司的合作伙伴, 也是半导体和数字交换的技术来源。作为本土供应商, 金星向韩国电信管理局提供AT&T的1A号电子交换系统和5号电子交换系统。金星与AT&T密切的技术关系对其开发1兆位动态随机存储容量十分重要。金星和日立在内存芯片和大型机上也有合作。④一家名为金星—日立系统的合资企业为在韩国市场销售的日立大型机开发软件。据说, 金星和日立还在专用集成电路(ASIC)技术上进行合作, 虽然与巨积公司(LSI Logic)的交易对金星从事专用集成电路的生产也十分重要。

与电子数据系统公司合作的合资企业旨在使金星进入软件和系统集成业务(*Business Korea*, 1987年8月, 69)。为推动其开展个人电脑业务, 金星开展了与好利获得公司的合作(Ryavec 1987, 10)。此外, 金星有一家与霍尼韦尔公司(Honeywell)合作用于生产控件和仪器的合资企业, 并被列为霍尼韦尔—布尔DPS-6小型机的销售商(*Computer Mind* 1988年, 210-211)。

相对于金星和三星, 现代电子公司是一个新手, 但它在建设国际连接方面同样雄心勃勃。它最先是在半导体业, 获取了华智公司(Vitelic)的授权, 生产256K的动态随机存储器。⑤后来它主要为来自德州仪器

---

① 美国的一家小公司, 尔后发现自身无法跟上芯片业务的变化节奏, 不得不退出。
② 名为IBM 5550。
③ 三星与德州仪器、摩托罗拉、飞利浦、日立和优利也签了交叉许可协议, 但它与IBM的是最广泛的, 可能也是最重要的。
④ 与日立的芯片合作协议是为日立代工生产1兆动态存储器(以及后来的4兆和6兆的动态随机存储器)[*Electronics Korea* 3(2), 16], 但根据Ernst and O'Connor(1992, 163), 这并未涉及重要的技术交换。大型机合作协议使得三星能够组装并销售M系列的大型机。
⑤ 硅谷的一家小生产商。

公司的贴牌生产半导体的大额订单而生产。它还利用与英莫斯公司（Inmos）、西部设计中心（Western Design Center）和摩托罗拉的合作关系，提高自身的半导体专业知识（Ryavec 1987,19）。为 IBM 的"亚洲个人电脑"生产中央处理器（CPU）的合同对其进入计算机生产领域很重要。与一家名为蓝芯计算机（Blue Chip Computers）的美国小公司签订的大额贴牌生产订单，是其在以自己的品牌闯入美国市场的重要一步。除此之外，现代还与太阳公司达成协议，成为其经销商。

大宇在计算机领域最重要的国际联系是它与前缘公司的营销联系（通过前缘公司，大宇成了美国个人电脑克隆的主要供应商）。它与富士通也有合作协议。在半导体领域，它从雷莫斯（Zymos，一家小型的、陷入困境的美国半导体制造商）购买了一整条生产线，并且同意为雷莫斯贴牌生产那些其已无法再生产的产品。[①]此外，大宇还是 IBM 的主要贴牌生产商，生产价值 1 亿美元的自动银行终端以及价值 100 万美元的 PS/2 显示器等。[②]

财阀的技术合作和合资企业呈现出与印度和巴西的企业努力要发展出的关系有着家庭相似性，但关键的差异在于，没有一个财阀处于要被它们的跨国公司合作伙伴吞并的危险之中。它们有着印度和巴西的本土企业家无法获得的资源。它们有制造实力，能从主要的跨国公司那赢得大型供应商合同，并利用跨国公司来增大体量和形成制造专长。长久的国际经历使得它们能够在发达国家市场直接经营，无需完全依赖跨国公司盟友引路。

财阀的国际经历并没有停留在技术合作、在母国成立合资企业以及出口上。到 20 世纪 80 年代末，它们还在发达国家设立了好多子公司。在印度和巴西的背景下，印度计算机有限公司的圣克拉拉（Santa Clara）子公司或西斯特玛的德国合作伙伴等都是具有不寻常的想象力和创业精神的典范。而对于财阀而言，设立外国子公司是一种标准战略。

一些财阀的外国子公司只生产日常消费品。1982 年因在亚拉巴马州（Alabama）的亨茨维尔（Huntsville）建设其第一个主要的美国工厂，金星成为这方面的引路先锋。这家工厂生产了一百万台彩电和五十万台微波炉，是金星的全资子公司（见 Goldstar 1987,55）。自此，其他财阀也开始在发达工业国家建立在一系列的工厂。三星在葡萄牙和新泽

---

① 根据 Ernst and O'Connor(1992,165)，大宇最后得到了雷莫斯公司的控股权。
② *Korea Herald*,May 19,1987；*Electronics Korea* 3(3),11。

西都有工厂,而金星在亚拉巴马工厂之后又在西德设立了类似的工厂。这些工厂在维持消费电子品市场方面具有重要的经济意义,但在信息产业方面,还存在一些完全不同的国外运作方式,因不同的缘由发挥着同样重要的作用。如金麟洙(译音,Linsu Kim 1991,33-34)所言,信息产业的子公司是"硅谷前哨",它充当着"感知发达国家的研究活动信息的天线,以及来自韩国的研发中心和制造业工厂的科学家和工程师们的培训场所"。大宇电子公司在东京建立了一个实验室,并"在加州圣克拉拉建立了一个名为国际设计中心(International Design Focus)的产品设计与制造研究机构"(*Korea Herald*,1987年6月7日)。除了在美国的工厂和多个营销办事处外,三星还有一家研究导向的圣克拉拉子公司——三星半导体公司(Samsung Semiconductor Inc.)(Samsung 1987,45)。金星有一个名为金星技术(Goldstar Technology)的硅谷基地[*Electronics Korea*,3(2),16]。

即使在发达国家的子公司失败了,它们仍是有价值的试验。现代对一家美国的先进半导体工厂[亦被称为现代电子美国公司(Hyundai Electronics America)]的3亿美元投资,是一次惨败,而且是"那种会将大部分公司都送向破产法庭的错误"。[1]尽管如此,工厂本身最终在仁川重生为Fab.3,利用曾经在美国工厂工作的工程师进行综合研究和生产。对于一个试图打入半导体业的后来者而言,学习的经历可能是物有所值的(*B. K. Electronics* 1(6),38-41)。[2]

财阀的企业中没有一家像印度计算机有限公司美国分公司那样富于冒险精神。它们不加掩饰地带着技术原创产品(如印度计算机有限公司的UNIX套件)进入先进的工业市场。尽管如此,与印度计算机有限公司和巴西的西斯特玛一样,财阀将国际技术联系视为对自主技术能力的补充和强化而非取代本土的努力。同样,它们也认为,自主技术能力是与跨国联盟进行谈判的一项重要资产。三星—IBM的交叉许可就是一个很好的例子。当这一消息被公布时,美国观察家们评论道,"利用三星的技术可以帮助IBM在诸如3090系列这样的产品所需的长研发周期中省下宝贵的设计和制造时间……三星的半导体专利组合被认为包含重要的表面贴装技术,这种技术在简化复杂的制造过程(例如像IBM

---

[1] 《科技纵览》(*IEEE Spectrum*),被《B. K. 电子》[*B. K. Electronics* 1(6),38]引用。
[2] 现代以相似的方式受益于和蓝芯计算机公司合作进行的代工生产(见上面)。短期来看,蓝芯的经历是个灾难。亚利桑那州(Arizona)的经销商多次缩减了其销售量,致使现代囤积了很多库存。

的大型机生产业务所需求的那样)上发挥着关键作用"(*Electronic Engineering Times*,1989年4月3日,2)。①

看着财阀在技术实力上多面出击,人们很容易得出结论:它们已经为适应新国际化的环境制定了最佳战略。但大部分韩国观察家,包括财阀本身的管理层,都认为这种乐观的看法即使不是错的,也是不成熟的。正如韩国的学术分析家们强调国家在提高附加值上遇到的困难,并且将1989年计算机市场的衰退视为出口销售的脆弱性的征兆,管理层也敏锐地意识到摆脱商品市场、从事更高收益的业务的种种困难。他们深知,韩国的信息产业不能无限期地依赖内存芯片和克隆。

韩国带着巨大的资产迎接新国际化,但它仍然应该羡慕印度的软件出口以及巴西在设计密集型系统集成上的成功。如果说韩国在20世纪80年代的经验有所启示的话,它表明,更多的国际联盟和更多的对出口的关注只是手段而非目的本身。新国际化,即使是在发展强劲的韩国版本中,也只是为在国际劳动分工的等级秩序下获得更多有益的商机提供了一个新的战斗背景。

国际化和国家介入

新国际化不是终点。跨国和本土资本的新关系以及新的出口努力都不足以令人故步自封。就像此前的民族主义温室政策一样,它们的成就模糊不清,长期影响也不好预估。

新国际化的标志——跨国连接——集中体现了这种模糊性,尤其是在巴西和印度。从联盟视角来看,它们成功了,因为它们使得本土创业团体能够利用国际技术来为本土信息产业的需求设计本土解决方案。但不太乐观的解释也同样有理。新国际化下的合作和兼并也可以被视为是以事实上的子公司来取代真正的创业实体,只致力销售和服务,而对发展本土制造业和独立的技术能力没有任何承诺。

一些联盟无疑将会沦为事实上的子公司,但在这三个国家中,一些本土企业将作为创业实体存活下来。幸存者引发了其他一系列问题。如果本土企业存活下来了,但采用了类似子公司的战略,那么"真正的联

---

① 恩斯特和奥康纳(Ernst and O'Connor 1992,163)对这种合作的看法不那么中听,他们认为,三星被选中不是因为"技术卓越",而是因为它的"平凡能力"使其成为IBM的一个很好的次优供应商。即使这种解读是对的,它仍然表明,在第三世界中,三星已经发展出了独特的能力,而且这些能力使其得以与其他公司形成一系列异常强大的国际联盟。

盟"和"事实上的子公司"之间就没有区别了。只有当对一家企业试图在全球劳动分工中为自己找寻什么样的商机产生影响时,所有权和经营控制权才是有用的。真正的问题是,本土企业(或者就此而言,子公司)如何表现。它们会对增加本土附加值感兴趣吗？它们会投资于本土技术能力以引导它们向更高收益的商机发展吗？它们会创建那种促进本土技术骨干发展的生产组织吗？

一个围绕国际联盟而建立的本土信息技术产业可以有非常不同的含义。拥有欧洲合资企业的西斯特玛和 SID-IBM 组装个人电脑的合资企业,在与世界市场的关系上就十分不同。伊塔乌科技公司是以 AS-400s 的附加值零售商的身份幸存下来,还是以一个创新的、专有销售点系统生产商的身份幸存下来,会对巴西在国际劳动分工中的地位产生截然不同的影响。做一个与国际相连的系统集成商和做一个依赖国际的装配商之间的区别,就是新国际化的积极潜力和一般产业收益之间的区别,而这样的产业正是年轻蓄须者试图逃离的。

与新国际化相关联的出口的模糊性仅次于跨国联盟的模糊性。印度的软件出口就是这种模糊性的集中体现。软件出口代表了印度跨越进入 21 世纪的全球市场了吗？或者,猎身和消费进口套装的组合意味着回归到以廉价的棉花换取昂贵的纺织品？如果猎身相当于在 21 世纪摘棉花,那么软件出口就是披着更现代的外衣的旧国际劳动分工。韩国的个人电脑业也引发类似的问题。20 世纪 90 年代初,由于技术支出和组件进口缩减了个人电脑出口的附加值,韩国人开始怀疑个人电脑是否是装扮成"高科技"产品的假发和钱包。

低收益的出口本身并不差。猎身比当一个多余的银行职员或加入受教育者的失业大军要强。在大宇为前缘公司组装低端个人电脑比当一个农民,受困于三分薄地而无法维持生计要强。然而,低收益的出口确实引发了两个问题。第一个是关于构建比较优势的老问题,即这些出口会创造技能和经验以使国家跟上不断变化的国际劳动分工的步伐吗？第二个是罗伯特·施瓦尔提出的问题,即这些出口的社会总收益比将同样的劳动力用于创造国内系统和解决方案所可能产生的收益大吗？换句话说,这种出口实现了信息技术生产商最大化地贡献于广义的"发展"(即提高国家福利的整体水平和积极的社会结构变化)了吗？

这又将我们带回到对国家角色的讨论。新国际化包含的那些变化不会以与旧的温室政策同样明显的方式从国家行动中获得动力,但国家介入的重要性不容低估。当本土企业开始尝试与跨国公司建立联盟时,旧的温室规则仍然是一个至关重要的谈判筹码。同样，还继续存在培育的案例。印度国家为了其软件生产商的利益所做的国际推广努力就是其中之一。韩国为帮助自主设计的电信产品落实外国合同而提供融资和市场支持是另一个案例。

有人认为，早期的助产和持续进行的培育的遗产都只是早期国家介入的残余，是国家介入消亡的滞后指标。他们还会认为，这种消亡是有道理的。即使信息技术部门的出现没有预示国家介入的过时，其加剧的国际化做到了。国家曾为本土企业的出现提供助产，并且看着它们成长。但当它们足以成为跨国公司的可信盟友时，国家就应当退后一步。

如果新国际化是全球劳动分工下的一种明确的实现流动性的途径，那么过时的说法将是令人信服的，但是本章对新国际化的分析不是这么认为的。鉴于新国际化所带来的摇摆不定的和矛盾的前景，在20世纪80年代末认为国家介入过时比在70年代初更没有道理。

对新国际化的研究确实加强了之前关于信息技术产业中不同角色的相对效能的论点。新国际化无疑消除了任何回归到以造物主为主导战略的可能性。新国际化还送走了可能存在于产业发展早期阶段的那种监管管制。与此同时，培育和助产在某种程度上被重新定义为联盟建设的斡旋活动，这些可能是成功应对新全球背景的持久特征。事实上，可以说，新国际化背景下的培育需要具备比以前层次更高的智慧和资源，这不仅没有减少对国家能力的需求，相反，新国际化增强了这种需求。

可以确定的是，新国际化显然使国家介入的政治活动更复杂了。一旦被卷入与跨国企业的联盟，本土企业家就无法再像在旧的温室政策下那样组成一个政治选民阵营了。他们的利益与本土需求的增长和本土生产力的提高之间的关系显然不那么密切了。分享他们的合作伙伴的全球技术和营销资产的专有租金变得日益重要。因此，嵌入性更成问题。与此同时，国家机构内允许早期的"游击"创意之政治真空已被填补。在本土企业得以立足后，该产业就不再是政治真空区了。推动该产业初始发展的那种自主行动已不可能再发生。

这个分析表明，新国际化对国家提出了新的要求，但又使其在政治上很难追求转型目标。因此，非但不是要考虑国家介入的终结，新国际化迫使我们重新思考国家角色的政治根源和经济后果。

第九章
信息产业的经验教训

随着20世纪90年代的到来,马里奥·迪亚斯·瑞普开始重新找工作。他不再是Elebra计算机公司的总裁了,这家他在20世纪80年代初期协助创立的公司,以数字设备公司强大的VAX技术实力与布拉德斯科银行和桑托斯港集团这些同样强大的巴西金融集团进行合作。后来,规则发生了变化。数字设备公司得以成为Elebra公司的股东,并希望行使更直接的管理权。瑞普认为他与旧的信息产业政策的联系过于密切,以致难以适应新的合资企业。试图回到国家机构内再做以前的职位,当一个创业型技术专家,也没有什么意义。电子数据处理统筹委员会和信息产业特别秘书处遗留下来的仅有信息与自动化政策部(Departamento de Política de Informáticae Automação,简称DEPIN),这是一个不太重要的部门,其权力被削减,前景不太乐观,以致获取发布统计公告所需的数据都很困难。

瑞普需要一个新的机遇。他对新工作的搜寻,包括试图寻找一种方式对新近可用的"开放的"技术进行创业式利用。这与巴西在全球信息技术产业中寻找一个新的机遇很相似,因而并不令人惊讶。瑞普在巴西信息产业所处的20年经常反映出政策和技术的变化趋势。从早期在空军的精英技术学院[空军技术学院(ITA)]参加工程师培训,到在伯克利获得计算机科学博士学位的那些年,再到在电子数据处理统筹委员会工作的激动人心的时光(当时信息政策正在被构建),最后到在Elebra工作的那些年,志在帮助创建一时看来似乎要成为巴西领头的信息技术集团,瑞普的发展轨迹反映了巴西参与全球信息技术产业转型的过程。

马里奥·瑞普的求职经历是否应当被简单地看作第三世界参与信息产业的愿望具有不切实际的特征的另一个证据?这样的解释本是合理的,但在世界计算机业中,其他的高层人士也陷入了同样的困境。1992年底,在造成创纪录的49亿美元亏损后,约翰·埃克斯(John Akers)被迫离开了IBM。虽然巴西在世界市场的份额不会出现20世纪80年代那样的情况,但至少也不像IBM那样削减一半。① 然而,不止IBM如此。肯尼斯·奥尔森(Kenneth Olsen),数字设备公司成长为世界第二大计算机公司背后的工程天才和创业精神,也正被迫出局。数字设备公司在1992年的亏损额只有IBM的一半,但它的未来更加缺少保障。

以第三世界的公民身份继续参与信息技术产业,需要敏锐、坚韧、定期地搜寻一个新的机遇,而作为一个领头的跨国公司,其生存也需如此。瑞普和巴西同事的故事,与印度和韩国同行的一样,都很曲折,而且在信息技术部门混乱的背景下,其叙述方式都是一样的。这些历史尽管曲折,但仍有一种逻辑贯穿始终,这种逻辑对本书开头提到的理论争论和引导我对信息产业部门展开研究的社会层面的主张都有启发意义。是时候来综合嵌入这三个信息技术部门历史中的各种特定的经验教训并得出鲜明的总体结论了。

问题是,研究信息技术部门如何能帮助我们更好地理解国家参与和产业转型之间的关系?最简单的答案是,前几章的预期普遍得到了证实。有凝聚力的、相关联的国家结构是种优势。监管政策和将国家当作造物主来依赖最终都会让位给更多重点推动。专注于助产—培育序列最行之有效。然而,这只是最简单的答案。

信息技术产业也产生了意料之外的国家与社会的互动。随着本土企业的扎根,它们向那些助产其出现的机构提供政治支持,尤其是在巴西,但巴西和印度的国家战略都不得不改变以适应这个它们曾经帮助形成的产业。而后,这三个国家的民族主义政策都以创造国际化的产业而告终。国际化使得国家的推动努力与本土企业家的战略不那么相干。政策对象与创造它们的政策的分离,不仅与围绕创租形成的互利关系而建立的一种简单的、共生的新功利主义形象相矛盾,而且还对共享目标的理念提出了质疑,而共享目标是嵌入式自主性最初构想的核心。

本章首先回顾信息技术产业中国家参与的模式。然后对本土产业的崛起和随后的国际化进行总结。在概括产业动态后,转而讨论其影响。首先,本章将强调信息技术产业的不同展开方式与新功利主义的国家与社会关系的观点相矛盾。然后,本章将探讨这些产业结果对那些引发本书全部研究的社会层面理念意味着什么。

---

① 根据《经济学人》(*The Economist* 1993,5,15)的数据,在世界计算机和软件的销售收入中,IBM在1980年所占的份额为38%,在1992年则少于19%。

信息技术产业的角色和结构

　　随着快速的技术变革对产业转型来说日益重要，对信息技术产业的深入研究并不支持国家参与变得过时这一观点。相反，弗拉姆的名言——政府介入高科技行业是必然的和普遍的——是站得住脚的，即使在技术是借来的而非发明的新兴工业体。这三个国家都进行了干预，但其方式各不相同，由此对不同形式的参与的结果做了一个"天然实验"。

　　各不相同的信息技术产业的发展轨迹首先源自国家结构和国家与社会关系的总体差异。韩国信息技术产业的非凡发展，证实了嵌入式自主性的优势。一个强健的、有凝聚力的官僚机构以及与私人产业资本的密切关系，证明了它们自身在高科技领域是一个强有力的组合，就像在其他产业领域一样。将国家和相关企业连接到一起的关系网络，对发展本土信息技术能力至关重要。韩国的优势在于一开始就拥有这些关系。通信部、电子通信研究院和财阀之间的复杂关系被用于培育科技创业，这是嵌入式自主性的典范。

　　嵌入性不足的缺陷在印度得到了最好地诠释。在实施信息政策初期，国家和产业之间淡漠的、半对立的关系与印度的官僚传统相一致，但与推动本土信息产业生产的发展相悖。到 20 世纪 80 年代末，这种淡漠的关系终于被放弃，推动软件出口成为国家和私人企业家的共享目标。

　　巴西国家与本土企业家的关系较好，但分裂的状况使得推行连贯的转型项目十分困难。个别机构能像有凝聚力的公司实体那样运作，但国家机构整体严重分化。缺乏一致性使其很难有效地利用与本土企业的关系。信息产业特别秘书处无法防止"搭便车者"利用市场储备，这将其真正的支持者变成了"傻瓜"，充分体现了巴西国家自主性的缺陷。

　　总体结构的差异反映在该产业部门扮演的角色上。嵌入式自主性使得追求助产—培育序列比较容易；而嵌入式自主性的相对缺失则使从助产向培育的转型变得困难。嵌入性的缺乏提高了造物主角色的吸引力，并夸大了监管的努力。

　　一旦采用，这些角色也产生了不同的效果。旨在取代一般商品生产中本土私人资本的直接创业型干预——扮演造物主的角色——被证明是难以维系的（虽然国有企业有时在其他方面是有效的）。促进一个新产业部门的发展的关键是实施助产，即创造条件，引导创业团队随着该产业的发展来确认他们的兴趣所在并投入资源。约束性管制在助产上发挥了一定的作用,但当细致的监管管制成为国家参与的主导形式时,国家机构的能力被埋没了。为了产生效果,国家参与不得不从助产向培育转换——激励企业在产业内向前发展并对它们的努力给予支持。这三个国家一起精彩地演绎了所有的模式。

巴西和印度展现了试图将约束性管制当作管理培植一个新产业部门的首要战略时所产生的矛盾。主要依靠监管战略会有很多问题,首先是因为它忽视了保存稀缺的官僚能力的重要性。约束性管制的有效实施所需求的国家能力比任何一个国家所能动员的都要多得多。在印度的能源部和巴西的信息产业特别秘书处,少量的专业人员被要求评估几乎数不清且多种多样的关于新产品和生产计划的提案。规则的内容本身也存在矛盾的地方。在这两个国家,管制的努力最终都与推广的努力相抵触。制定和执行规则是不可避免的,但主要依靠监管角色会适得其反,至少在信息技术行业是这样的。

在一个动态的产业(如信息技术产业)背景下,印度的产品许可和产出水平管理制度是完全不切实际的。只有在可以假定国有企业有能力提供产业所需的创业推动力的情况下,国家的监管努力才有意义。一旦明晰,作为造物主的国家无法跟上该产业的全球进步步伐,那么监管的规则就应当退居二线。

在巴西,国家超负荷的主要原因是它试图管理本土企业与跨国公司之间的技术联系。试图通过阻隔本土产业对国际技术联系的依赖来扮演一个尽职的监管者角色,但与此同时又要避免国内和国际可用技术的差距,这被证明是不可能的。信息产业特别秘书处的监管努力创造了一个激励结构,但在这一结构下,甚至那些忠于政策的人都被疏远了。"搭便车者"利用非法获得的国际技术,在一个受保护的市场中获益,留下那些真正的支持者对被要求以投资本土研究的形式付出代价而感到愤恨。用户们也抱怨无法拥有国际上最先进的信息处理能力。

直接生产之角色的矛盾与那些约束性管制的一样显而易见。缺乏灵活性和效率是问题的一部分,矛盾性的指令才是更根本的。无论是印度的印度电子公司还是巴西的计算机系统公司,都被交付一些不相称的任务。它们应当成为本土技术的圣地,应对私人企业家所无法理智应对的技术挑战,抓住每一次机会挑战本土技术可能性的极限。然而,这两家公司还应当像"普通"企业一样进行竞争。这两种角色互相削弱。对技术自主的专注使其很难以一种竞争性的方式利用市场的增长。生产商用硬件分散了它们做出潜在技术贡献的精力,而且还和本土企业形成了一种对立的关系。

当国家辅助本土企业而非试图替代它们时,它会更有效。组织里的劳动分工,如印度的远程信息处理发展中心或韩国的电子通信研究院,对技术创业承担核心责任,但放弃生产性的商业抱负更管用。这种组合释放了技术努力,不再为从常规商品市场中获利而分心,同时也有助于将技术创业与本土企业和市场的需求相连接,防止只从自身角度考虑,一味追求"最先进的"技术。

专注于技术创业并将生产和商业化留给本土企业家,不是互补的唯一形式。CMC 和印度电子公司在开发旨在针对本土问题的复杂的大型定制系统方面非常成功。鉴于这些系统的潜在社会回报,这种类型的互补所带来的可能收益是巨大的。不幸的是,造物主幻想的破灭使得探索对国有企业更有创造性的利用变得不可能。

在这三个国家中,创造一个新产业部门的核心都是说服本土企业家参与进来。赫希曼的基本观点,即诱导决策是第三世界产业转型的关键,在信息技术产业得到很好的印证。通过实施助产,使本土企业家确信这是一个他们能够并且应当参与其中的产业部门,从而对该产业产生积极的影响。这三国家都扮演了这种角色,但它们所面对的创业禀赋各不相同,这在一定程度上和它们自身过去的努力有关。

在韩国,在信息技术产业扮演助产士很容易,因为在信息技术成为一项议题之前,这种角色就已经以一种更通用的形式被扮演得很好了。随着实力雄厚的大型企业被规划进这个产业,一项临时的温室政策以及针对产业的特定财政激励和政府采购政策,很快为该产业招来了很多有实力的本地参与者。在国家相对轻松地提供助产的情况下,本土企业逐步站稳脚跟,这也使得国家更易于避免陷入管制的困境。

早前的助产未能为消费电子品领域打下基础,使巴西处于一个不利地位。先前许多具备可转移产业经验的有实力的企业都不复存在了。更糟糕的是,国内市场或多或少地被 IBM 全资子公司垄断(得到了宝来公司的一些帮助)。诚然,相对于它的起点而言,巴西助产的成就是惊人的。以 1977 年"市场储备"的形式戏剧性地制定的一套温室规则成为助产的开始。1984 年的"超小型计算机执照"竞争强化了先前的努力,吸引了一些巴西最大的资本集团坚定地进入该产业。

在印度,助产的角色最初是被勉强接受的,但温室政策仍然提供了空间,并且有本土企业出现,占据了这些空间。国家坚定不移地致力限制跨国公司的国内业务,最典型的表现是 1978 年导致 IBM 退出的那种僵局,这为本土企业提供了不断发展的庇护空间。国家自身组织富有生产和设计经验的工程师所进行的生产活动也产生了积极的溢出效应。

在这三个国家中,助产是促进转型的核心,但仍是不够的。即使在有大笔资金投入该产业后,本地企业仍面临很大的压力,以至其置身于常规的低回报的活动或沿着纯粹的商业角色的方向撤退。本土信息技术能力的持续发展需要国家进行培育。韩国能够最容易地转向这种角色,激励企业探索更具挑战性但可能有更多潜在回报的商机,降低本土技术发展的风险,并且广泛推动探索具有更高回报的增长方式。

高科技培育涉及多种技巧。在尝试更先进、制造更困难的产品方面的具体推动努力(例如韩国国家对设计新芯片、本土数字交换系统和先进的小型机的支持),与对研发和投资人力资本的普遍支持相辅相成。相比于这些努力产生的特定产品,更为重要的是它灌输了一种普遍的意识,即投资于技术能力和承担技术风险有望获得回报,既来自国家支持又来自其市场优势。韩国企业对研发的投资不断飙升,表明了这一目标的实现程度。

对高科技基础设施的投资与对知识创造的普遍支持和对新产品的具体支持相辅相成。诸如电信网络这样的高科技基础设施为运用国家采购政策来刺激高科技产品的本土生产提供了较大的可能性。由于信息技术生产商和国家本身是这些基础设施的最重要的用户,通过用户—生产商的联系也能产生很强的协作潜力。

到20世纪80年代末,人们已形成了相当大的共识,即助产和培育是提高本土信息技术能力的最佳途径。印度已经开始脱离对造物主的依赖,并且放弃其高度约束性的监管角色。巴西也已放弃了对控制本土企业与跨国公司的技术联系这样的监管成见。管制的力量在减弱。推动成为这三个国家的首要关注点。然而,无论是在巴西还是印度,过往角色的残余都留下了沉重的遗产。

当国家扮演新的角色时,过往决策的代价并未消失。在印度,国有企业仍是国家参与产业最显而易见的象征。在巴西,针对管制外国技术流入的激烈斗争遗留下一种政治文化,其中,国家参与等同于管制。现存的国家组织,从信息产业特别秘书处(现已简化为一个部)到计算机系统公司,都士气低落且有抵触情绪。在一个推动性的战略里,培育恐怕显然是下一个阶段,但被旧的战略占用的那些政治资源和体制资源无法很快或很容易地复原。

克服过去政策的负面影响不仅仅需要介入信息技术产业的那些机

构进行更多的学习。不管它们已学到了什么,信息产业机构仍一直在更大的国家结构的背景下运作,这个国家结构不仅保留了旧的缺陷,还受困于新的方式。20世纪90年代初,巴西国家在宏观经济管理不善的累积效应下蹒跚不前,无法实施重大的积极举措。印度国家虽不至跋得如此明显,但仍面临不断增大的财政压力和日益严重的政治不稳定的威胁。然而,这些都无法抹去前二十年取得的那些成就。在巴西和印度,像在韩国一样,新的本土产业被创造出来并依然存在着。

本土产业的崛起与国际化

一步一步地看,巴西、印度和韩国信息技术产业二十年的创业历程进展得顺利且合理。对这些发展轨迹的开始和末尾阶段的反思,特别是在巴西和印度,则令人觉得十分不可思议。20世纪80年代中期到晚期存在于巴西的本土所有的、价值数十亿的硬件行业,是1977年可以预测到的结果吗?几乎不可能。印度越来越多地参与国际软件市场似乎也同样令人难以置信。在韩国感受类似的断裂感,意味着要回到十年前,那时候财阀还只是雏鸟,擅长做几乎不受高科技威胁的假发、钱包和建造建筑。即便如此,十五年前预测,到1992年时三星在内存芯片领域将成为世界第三大企业,肯定是会被嘲笑的。事实表明,巴巴委员会、巴西的年轻蓄须者以及韩国的青瓦台团队的期望不单是民族主义者的妄想。

第5章开头提到的英国的案例,提醒着我们这些产业轨迹是多么的出人意料。20世纪80年代末,英国的计算机业会很羡慕韩国的计算机业。当然,作为一个年人均收入15000美元的先进工业国家,英国仍是更加成熟和密集的信息技术用户。然而,随着富士通收购国际计算机有限公司,英国已经没有大的独立硬件制造商在正常运转了,一定程度上而言,英国在信息硬件的生产中的创业参与与巴西和印度的差不多。20世纪70年代初时几乎没有一家本土控制的信息技术生产商的三个国家,现在骄傲地宣布已经拥有了一批全新的本土生产商,而与此同时,二战结束时的计算机科学的世界领导国现在却得依赖一些总部位于其他国家的企业,这让我们不得不承认,一个国家可以改变其在国际劳动分工中的地位。

改变本土产业概况的努力产生了效果,即使是在国家参与的形式只是部分近似最优战略的情况下。信息技术产业不仅出现在角色和结构都很"合适"的韩国,而且还出现在初始创业禀赋并不理想、国家结构没有形成有机整体、角色选择不那么恰当的印度和巴西。可以肯定的是,韩国国家的结构能力更强和采用的战略更适当充分体现在一个更广泛、有竞争力和有前景的产业上。尽管如此,印度和巴西实施助产的核心要素足以帮助本土产业顺利起步。

这些产业的兴起,完全背离了对比较优势理论的传统演绎。最不可思议的是,低端生产并未成为这三个国家中的任何一个的中坚力量。韩国擅长克隆,具备国际竞争力,但它在半导体制造方面做得更好,在这个领域,生产工程师而非低成本的装配工人是生存的关键。巴西和印度的工资水平较低,但却发现,它们在克隆装配等低端的、劳动密集型的活动上确定无疑地处于比较劣势。

印度最鲜明地诠释了这一观点。人均国民收入不到 300 美元,印度的比较优势应当是在生产最简单产品的劳动密集型产业上。事实并非如此。常规的装配业务不仅在国际上缺乏竞争力,它们通常还造成了"负增值"。由于缺乏适当的组织形式、管理知识、供应商网络和基础设施,低工资所赋予的那点比较优势完全被消耗掉了。

结果发现,印度的比较优势原来是具有高技能的智力劳动者,例如软件工程师,而不是像装配线操作工人这样的常规体力劳动者。一些企业能够创造出具有国际竞争力的软件;其他的则推出了各种创新性的硬件设计,如果能配有与之相称的低成本制造能力和商业网络,或许也会具有国际竞争力。

巴西证实了印度的结果。巴西最接近具备国际竞争力的地方不在商品的装配上,而在设计密集型的产品中,如金融自动化系统。大银行(金融自动化的重要用户)和新公司(生产信息处理设备)之间的密切联系,加上相对充足的高质量、低成本的工程人才,使得巴西能够生产有竞争力的系统,尽管构建这些系统的硬件组件极其昂贵。至少在这个子行业中,拥有年轻蓄须者的巴西能为设计工程师创造工作的梦想,不再像传统经济分析师曾预测的那样是一种幻想了。

韩国案例强化了这一观点。内存芯片和个人电脑克隆品是批量生产的商品,而非设计密集型的、定制的产品。然而,阿姆斯登(Amsden 1989)对韩国总体战略的评价也适用于信息产业,即生产工程师,而非廉价劳动力,是成功的真正根源。在半导体业,这一点尤为明显。在信息技术产业中,晶圆制造是是否可改为"对质量最敏感"、资本最密集的生产过程之一。工程师可能仍是生产工程师而非设计工程师,但人力资本的质量而非低工资仍是关键因素。

这三个国家共同提出了一种偏离传统观念的比较优势的观点。进入一个新的产业部门,不仅在先进工业国家,而且在新兴工业体也一样,似乎都要依靠投资人力资本和提高本土技术能力,而非依靠抑制常规的制造业工资水平。尽管新兴工业体的技术努力几乎完全都是模仿、逆向工程、改编和对现有设计的渐进式提高,其在高科技产业中取得成功的秘诀仍然与通常所认为的先进工业国家的秘诀非常相似。

人力资本的重要性和对研发的普遍支持与巴西年轻蓄须者的初始观点并不矛盾,这个观点是:有技能而无工作只能产生挫败感而非发展。韩国成功的秘诀在于对人力资本的投资和能将技术技能用于生产用途的创业组织的成长是同步的。对技术教育和研究的支持是必要的,但还不够。除非它能同时影响创业行为,否则这种努力是无效的。教育努力和产业增长之间若是没有任何联系,新兴工业体最后可能就会利用稀缺的国家资源以受过高等教育的移民的形式为美国提供"外援",一如印度多年来所做的那样。

总之,20世纪七八十年代,新兴工业体的信息技术生产的出现、生产所采取的形式和背后所具备的能力,都证实了一个观点,即为改变一个国家在国际劳动分工中的地位所做的明确努力是能结出果实的。这些故事表明,民族主义技术官僚的希望有时可能比比较优势的传统理论给出的预期更有用。然而,这并不是说,巴西、印度和韩国的信息技术产业实现了民族主义者的梦想。

民族主义的信仰与传统的理论相矛盾。至少在巴西和印度,民族主义者假定,建立本土企业和提高本土生产能力是最困难的部分。他们确信,本土企业家一旦立足,就能自行脱离对外国技术的依赖,逐步减少跨国公司对本土市场的支配程度。而实际发生的几乎与之相反。随着本土企业的成长,它们更多地而非更少地介入国际市场、全球技术和跨国资本。

随着20世纪90年代的开始,跨国资本和本土企业之间的联盟在这三个国家迅速发展。从曾经梦想着自给自足的印度开始,经由早期高喊"技术自主"口号的巴西,到一开始就认定战略联盟必要性的韩国,新兴工业体的信息技术产业聚集到新国际化的周围。

从20世纪60年代早期开始,旧国际化一直建立在全资的跨国公司子公司的基础之上,而新国际化不一样,它是围绕本土资本和跨国公司的联盟建立的。以前本土企业家只盯住国内消费者所在的那些领域,现在都将注意力更多地转移到全球市场上。

新国际化既是全球变化的结果,也是本土政治动态的结果。在全球范围内,所有企业,无论大小,都开始更多地依靠战略联盟和"网络交易"而非依靠它们的客户对特定的专有计算机体系结构的完全依赖。随着对盟友的搜索力度加大,新国际化从先进的工业国家的传播到新兴工业体。即使是像 IBM 和数字设备公司这样一直依靠全资拥有的附属企业销售其专利技术的跨国公司,也认识到如果不加入各种各样的战略联盟,它们将无法生存。基于联盟的战略为新兴工业体的企业家开辟了很多可能性,他们未曾经历过以最大限度地控制专利资产为首要战略原则的早期世界。

具有讽刺意味的是,成功创建了本土温室政策的民族主义政治,对新国际化也做出了贡献。20 世纪 80 年代,当跨国公司寻求盟友时,它们发现本土企业可以提供某些东西。本土信息企业都是经验丰富的组织,熟悉本土市场,并且在新的生产技术解决方案方面拥有实践经验。本土的管理人员和技术人员有着几十年的经验。助产为建立新国际化打下了基础。

民族主义政策不仅帮助创造了本土合作伙伴,它们还赋予了那些本土合作伙伴最重要的谈判筹码。即使是在它们日渐衰落的年代,温室政治还是为本土实业家们提供了唯一最重要的谈判优势。无论是伊塔乌科技公司与 IBM 谈判争取 AS-400 的制造权,或是印度计算机有限公司与惠普商议界定其合资企业,还是金星向 AT&T 寻求动态随机存储器技术,联盟的形成发生在这样的一个历史背景下,即对于一家有意在新兴工业体的市场中确保拥有充分公民权的跨国公司来说,本土资本是一项重要的资产。最后,温室政策变成了国际化的一种间接战略,而非逃避它的一种手段。

国际化并不像看上去的那样必然是对民族主义愿望的否定。这三个国家中的本土企业都表明,国际联系和发展自主技术能力之间的关系可以是协同的。从一开始,利用国际联系实现民族主义目标就一直是韩国战略的核心。对于印度那些最成功的企业(如印度计算机有限公司和威普罗集团)和巴西的一些后起之秀(如 PROCOMP 和西斯特玛公司)而言,在战略上这也是至关重要的。然而,新国际化也承继了一些旧国际化的负面特征。联盟退化为子公司,本土业务从工业生产降级为商业服务,以及专注于低回报的、常规商品的出口,这些都有真实的可能性。

开放本身并不能确保本土信息技术能力的积极发展。新兴工业体试图发展信息技术出口,集中体现了为在国际劳动分工中抢占更有利的地位所做的斗争。对这一努力的分析强调,持续的国家支持对于挑战国际市场的显像逻辑十分重要。

对于印度的软件业和韩国的制造业来说,陷入高科技版本的"以便宜的棉花交换昂贵的布料"的恐惧感都是真实的。即使是最有实力的财阀也面临着艰难的选择,是要在标准化商品的价格竞争性市场中奋斗,还是要尝试收益可能更高但风险更大的更具技术挑战的产品?虽然韩国信息产业的分析人士或许会猛烈抨击低附加值战略,但财阀本身对超越生产相似的产品并没有好感。新国际化能否带来在国际劳动分工中的更好位置,很可能取决于未来国家参与的质量。

积极的国家参与有助于揭示"设计密集型"生产的可能性,尤其是在印度和巴西。未来利用这种比较优势很可能需要国家主要以"高科技培育"的形式进行进一步的复杂干预。有能力像信息技术产业一样快速移动一个产业的有吸引力的利基市场,要求要有持续的提高企业能力的技术努力,特别是那些远离市场前沿的企业。支持性的国家机构无法保证成功,但它们是改变平衡的一种方式。事实上,鉴于在先进工业国家的信息技术产业中,国家参与是普遍存在的,如果这种参与在新兴工业体被视为过时,那将令人十分困惑。

未来的产业组织的形式还可能依赖于国家参与。如果没有民族主义政策提供的筹码,单个本土企业能够达成的协议将会有所不同。印度计算机有限公司、伊塔乌科技公司以及其他温室产品很可能会迫于盟友和经济的压力,朝着成为商业行为者而非产业行为者的方向发展。

尽管这些观点都赞成国家持续参与,但没有任何关于国家和产业关系的政治观点预测那些"必要的"很可能会"自然地"发生。恰恰相反,推动产业转型和维持一个政治支持群体像是越来越矛盾的目标。民族主义政策为新国际化创造了基础,但一旦达成联盟,利益就发生了转变。实际上,企业将与国家保护本土市场相关的租金和那些与它们的跨国公司盟友的专利技术和全球市场力量相关的租金进行交换。对于企业战略而言,国家支持变得不那么重要,而自由利用全球联系愈发重要。本土创业团体不再是国家努力增强本土技术能力之可靠的政治支持者。相反,他们成了为实现把"开放"作为国家参与的首要目标这一运动的潜在招募对象。

所有这一切都表明,尽管对本土产业的未来发展具有潜在重要性,国家参与还是很难维持。倾向于向旧国际化退化的政策可能不利于发展,但从政治上来讲,它们是有道理的。

在巴西，这一结果似乎在20世纪80年代结束时就得到了印证。监管冲突造成的负面政治遗产恰好与新自由主义政策配合在一起，为一种观点营造了强大的政治势头，该观点认为不妥协的"开放性"对信息技术产业而言是最佳政策。随着业界主要的创业团体将寻求国际联盟作为走向未来的关键，市民社会不再有致力支持培育战略的政治有效团体。国家的制度疲劳使得未来的年轻蓄须者们从国家内部重建一个新的政治支持群体的可能性变得十分渺茫。

在印度有更多的不确定性，但其动态性是相似的。国家参与在历史上等同于监管和造物主的组合。在向更具推进性的政策转变后，紧接着就开始强调开放性。仍有人支持培育政策，只要它可以与提高软件出口的动力相关联，但更普遍的培育政策已经失去了有效的政治支持者了。

韩国显然处于最佳状态。诚然，国家机构和它们帮助建立的企业之间的共生关系受到了类似力量的威胁，这些力量在巴西和印度削弱了未来国家行动的可能性。大财阀越来越相信，它们可以自己处理国家机构想要解决的问题，但这些问题很可能会压倒它们，从而需要国际盟友但非本土盟友的帮助。尽管如此，将一个有凝聚力的国家机构之能力集中在助产—培育序列上，无论是对于国家机构还是产业本身，都创造出了一个强大的继承者。即使韩国的信息技术产业被证明无法朝着更有技术性的复杂产品的方向维持其过去的发展势头，曾经打下的基础也不会很快消失。过去的积极遗产继续缓和当前的政治矛盾，同时，否定了新功利主义模型的国家参与带来的都是不良后果的可怕预言。

信息技术产业与新功利主义的国家观

对新功利主义关于国家与社会关系的观点的不满，是驱使我更密切地关注国家和产业转型的最初动力。在完成了仔细的研究后，有必要问一下新功利主义的预期在多大程度上与巴西、印度和韩国的信息技术产业所实际发生的情况符合。总的来说，它们不相符。新功利主义的假设使人们更难而不是更容易地去了解发生了什么。尽管有着更松散、更折中的概念框架，比较制度的视角提供了一个更好的基础来解读信息技术产业的发展轨迹。

传统的新功利主义的分析倾向于假设，通过揭示国家的创租能力和私有部门的寻租偏好，它们解开了国家政策与产业发展之间关系的秘密。它们将国家参与等同于创造机会实现自我扩张和国家官员与私人客户之间对发展有害的"交易"。国家参与的越多,"租金天堂"就越有利可图,并且人们努力创业、创造新的生产能力的可能性就越小。

如果新功利主义对国家机构性质的看法是正确的,那么与信息技术产业打交道的那些机构里的官员,特别是在巴西和印度,理应是异常腐败的。他们为一个快速增长且高度受保护的产业(一个理想的租金天堂)分配进入资格。他们拥有广泛的权力凌驾于私人"客户"之上,而这些私人客户有能力为获取有利的管制政策而向他们提供丰厚的酬劳作为回报。

事实上,以管制和推动信息技术发展为首要责任的这些组织,遵守韦伯式规范的程度令人惊讶。尽管它们的法规和决策为本土企业家授予最重要的租金是事实,但没有一个组织成为庇护主义的堡垒或个人牟利的巢穴。相反,相对于其他的国家机构,它们被公认为是极度清廉的。这些机构(诸如巴西的信息产业特别秘书处和印度的电子部等)的相对不腐败在新功利主义的概念里是说不通的。相反,它支持以下观点,即掠夺行为较少地依赖于干预的程度,而更多地取决于官僚凝聚力的缺失。对这些组织的研究甚至表明,对显性干预的积极规划能够创造出一种干劲或使命感,增强官僚凝聚力并减少腐败。

国家的技术官僚不仅比新功利主义者预测的要清廉些,他们还更灵活,当自身制定的政策显得过时时,他们愿意放弃这些政策。标准的新功利主义的假设,即官僚以干预的特定形式形成既得利益,从而变成政策变革的坚决反对者,与事实不符。国家机构有时会守卫那些已经失去效用的政策,但它们也会发起一些削减自身权力的变革。最好的例子是印度的电子部,它打破传统的监管模式,扮演推动的角色,缩小了自己的表面权力并对之前受其控制的企业更加负责。

新功利主义的视角深信国家权力的危险性,使其忽视了具有凝聚力和一致性的国家机构所拥有的可能的益处。国家能做的越少越好这一假设迫使人们不再思考国家机构碎片化的代价及其能力不足的问题。提高国家能力的好处和国家创业的可能性不再被进一步探索。

"企业家官僚"并不自相矛盾。国家机构的创业愿景作为格申克龙和赫希曼式比较制度分析视角的一部分,与信息技术机构十分契合。遵循一般性的政策法规难以促成一个新的产业部门的增长。还需要有创新性和想象力。在这三个国家中,信息技术政策的提出都依赖于那些将国家机构作为影响力中心的一小群人。印度的巴巴原子研究中心团体、巴西的年轻蓄须者和韩国的青瓦台团队有很多共同之处。这些处于战略要地的团体为该产业的未来前景提出了构想,并说服其他国家机构去实践。

创业精神并不一定意味着直接参与生产,甚至都不意味着主要如此。创业举措随处可见,从监管机构(如巴西的电子数据处理统筹委员会)到基础设施提供者(如韩国的通信部)。直接参与生产或至少试图生产商品与私有部门竞争很可能与国家提供技术创业的能力是背道而驰的。无论是计算机系统公司还是印度电子公司,在将技术创新的努力与营利性的商品生产相结合上都不成功。另外,在这三个国家涉及信息产业的,包括公立和私营在内的所有组织中,韩国的通信部是最具创业精神的组织之一,它成功地实现了该国电信基础设施的倍增和自主设计设备的开发。

国家机构内的创业行为很重要,但还不够。一小群人在推动新举措方面出奇地有效,但充分实现这些政策的潜力需要依靠与其他国家机构的关系。当整体的国家机构更多地呈现碎片化而非有凝聚力时,比如在巴西,它很难将创业举措与维持新政策所必需的官僚推动力结合到一起。

巴西最初的电子数据处理统筹委员会团体的"游击队"特征,无论对于其早期行动的远见卓识还是对于其随后的问题而言,都是很重要的。电子数据处理统筹委员会早期成功地制定了信息技术的产业政策是一个最好的例子,说明在合适的时机下,一个相对规模小且无正式权力的个人群体在国家政策的制定上能产生很大的影响。而电子数据处理统筹委员会及其后继者(即信息产业特别秘书处)随后的历史也是一个最好的例子,说明缺乏其他官僚机构的明确共识的支持而去维持政策有多困难。国家机构内部的斗争削弱了巴西随着信息技术产业全球面貌的变化来调整其信息政策的能力。信息产业特别秘书处和通信部之间的持续对立关系削弱了达成一个统一的信息技术政策的可能性。信息产业特别秘书处最后孤立于其他经济决策机构致使情况变得更糟。

同样,韩国提供了一个有益的对比,阐明了一致性和凝聚力的优势。韩国的信息技术官僚被很好地整合到一个更大的官僚结构中。虽然这种结构不可能完全没有冲突,但推动信息技术产业的政策与总体框架是一致的,而非相异的。

正如它不太关注碎片化的问题,新功利主义的视角对能力的分析也是错误的。它专注于能力过剩的问题,但信息技术产业的问题恰恰相反。信息技术机构的官僚能力从来都不足以完成需要他们做的任务。这个问题在巴西尤为明显。随着有着过度需求的监管角色被抛弃,资源从负责信息技术产业的组织中撤走使得它们无法扮演培育的角色。韩国负责信息技术产业的官僚开始时就拥有较大的能力，通过追求一种负担较轻的角色混合来增强他们的优势。相对于巴西和印度的官僚，他们面对的需求和能力之间的平衡对他们特别有利。结果是形成更有效的推动力量，而非新功利主义观所预示的更大的寻租或较差的表现。

几乎从所有方面来讲，新功利主义观都无法帮助理解信息技术产业的状况。如果不讨论国家的创业精神、碎片化问题以及能力不足的缺点，是无法清楚地阐述国家在信息技术产业中的角色的。然而，这些都是新功利主义视角语焉不详的问题。当要解释官僚和他们的私人"客户"之间的关系时，新功利主义观点的弱点甚至更惊人。

信息技术产业中私人资本和国家之间的实际关系，就像国家机构的内部特征一样，与新功利主义的预期完全相反。新功利主义对租金的执迷不得要领，因为它假定寻租必然导致停滞，所有的租金天堂都对发展有着同样的影响，租金与转型无法并存。熊彼特式视角是一个更加合适的起点。租金天堂并不都是一样的。它们源于不同的原因并且产生不同的影响。

国家政策在信息技术产业里创造租金了吗？当然。私人企业家利用国家创造的这些租金了吗？当然。这足以显示20世纪七八十年代新兴工业体的信息技术产业的发展状况吗？完全不行。一些租金天堂与停滞有关，其他的与转型有关。一些是因培植本土产业的民族主义努力而产生的，其他的是由于缺乏这种努力而产生的。

在年轻蓄须者出现之前，传统定律确保了IBM享有一系列惬意的垄断租金。巴西对最初一批本土小型机生产商的租金保护减缓了引进新技术的步伐，但也形成了对人力资本的长期投资。20世纪70年代晚期，印度对印度电子公司垄断地位的保护阻碍了对基于微处理器的机器的引进，但保护羽翼未丰的本地企业家不受进口计算机的影响有助于创建一个技术上充满活力的产业。韩国保证财阀拥有一系列初始租金，如果他们进入个人电脑行业，由此就会诞生一个有活力的克隆生产中心。分析租金天堂的形成原因是有意义的，如果它与产业转型的动力相关联。否则，就是无意义的。

在一个简单的寻租模型中，既见不到政治动态，也见不到经济动态。以新功利主义的眼光来看，国家内部的租金创造者和外部的寻租者之间是一种静态的共生关系。国家围绕有政治权力的私人客户的利益而创造出租金天堂，客户在经济上受益于国家行为并以政治支持作为回应。

静态的共生关系是国家参与的自然政治后果。

但这三个信息技术产业的历史所揭示的绝不是一种静态共生的政治情况。本土企业团体起初是淡漠的旁观者，而后是被诱惑的参与者，再之后是热心但很麻烦的客户，最终成为有其他更有吸引力的选项的前客户。随着产业转型进程的展开，私有企业团体的权力和利益发生了变化。他们与国家的关系也相应发生了变化。国家在促进产业变革上的成功，削减了其早期努力培养起来的政治选民。

信息技术政策起初的目的并不是围绕先前存在的利益来回馈政治选民。它们是为了创造利益，为了培养一批随着产业的增长而界定自身利益的企业家。企业家参与信息技术产业并不会自动地充满活力。就像赫希曼模式中的决策一样，利益需是被诱导而出的。助产的整个想法就是，创造一个新的产业意味着创造一个依据该产业的未来发展来界定自身的未来发展的社会团体。新功利主义的视角正确的一点是，它认为这意味着不仅要创造一个经济团体，还要创造一个政治选民团体。但误导的一面是，它认为选民团体对国家政策和机构的认同是稳定且自我加强的。

正如新功利主义模型所预测的那样，一旦信息技术政策成功地创造了一批将资产和利益都投进生产信息技术产品的本土实业家，获得政治支持的确是随之而来的一个结果。这点在巴西最为明显，因为信息技术是巴西的一个重要的公共议题。然而，同样明显的还有这种支持的矛盾特征。个体经济受益者的利益与政策目标只部分契合。与此同时，旨在推动本土信息技术生产商成长的政策激发了其他各种利益的增加，最明显的是用户和国际生产商被排除在一个令人感兴趣的市场之外。创造租金引发了争论，而非稳定的共生关系。

随着国际化的到来，政治动态进一步偏离新功利主义所预测的稳定共生关系。先前的客户与跨国公司结成联盟，而这些跨国公司过去一直是国家发起的约束政策的最初目标。如此一来，他们打开了创造新的租金形式的可能性，这种租金源自跨国公司的专利权而非国家管制。新功利主义的逻辑完全错了。不是国家和私人资本家之间的庇护主义关系通过形成国家参与从而阻碍了经济进步，而是侵蚀国家和本土产业之间的政治共生关系通过阻碍国家参与从而阻挠了进一步的产业转型。

不幸的是，尽管比较制度研究方法可能有助于揭示这些矛盾的政治动态，但在我对国家与社会关系的最初探讨中并没有预测到这些。我运用比较制度研究方法给出了关于国家如何影响产业转型的一些观点，但相对较少地讨论这种转型将如何改变随后的国家参与的基础。

总之，在国际化过程中，民族主义温室政策所带来的政治动态的演变与新功利主义对于寻租和创租的自我强化循环的预期完全矛盾，不过它也揭示出了我的比较制度研究框架中的一个严重缺陷。最初的解释像是一个棱镜，使我们能够关注于不同的国家参与形式及其后果，但它并未充分展现国家和产业关系的政治动态。鉴于这一缺失，在社会层面重新思考同一动态就十分合理了。

产业结果和社会影响

深入研究信息技术产业的目的是想看看我对国家如何与转型相关联的总体看法能否在特定国家机构和个别企业之间的具体关系中得到呼应。总体观点认为，与经济精英有着密切和制度化联系的、具有一致性和凝聚力的国家机构，比其他形式的国家与社会的关系，在引导产业转型上更有效。

研究的结果令人感到放心。信息技术产业的情况表明，社会层面的模式转化成了产业层面的具体角色和联系。这些反过来又与本土信息技术产业的不同活力、竞争性和稳健性相关联。产业细节印证了总体框架。

与此同时，产业细节唤醒了一个问题，在有关国家和产业转型最初的总体观点里并未被强调。回顾这三个信息技术产业的演变，就像国家的角色和战略塑造了信息技术产业一样确定，显然，该产业的发展也塑造了国家的角色和战略。有时两者相互加强，但相反的情况也发生过。部分因为国家政策而存活的团体发展出某种利益，恰恰伤害了创造条件以帮助它们形成的那些政策和机构。

如果信息技术产业中成功的国家参与有助于形成新的创业结构，而这些创业结构使得未来的国家参与越发困难，那么这对国家与社会的关系有什么一般性的启示？是否存在一个更普遍的矛盾动态，削弱对成功推动转型的国家的政治支持？

回顾过去，信息技术产业中的相互作用似乎的确与其他语境下的国家—社会关系的模式平行。例如，它与土地改革过程中纳塞尔与中农不断变化的关系相呼应，而后者是我对国家—社会关系的初步探讨的一个范例。[①]

---

① 见 Migdal(1988，204-205)，第 2 章"比较制度差异"节有讨论。

产业结果要求我们进一步探索一个想法,即转型国家帮助创造行为者,这些行为者重新创造条件,使得未来的国家参与得以发生。如果在产业层面成功的国家行为产生新的行动者和条件使其的参与难以为继,那么对总体产业转型而言为什么就不该如此呢?这一想法尤其与发展型国家有关。也许界定发展型国家特征的内部结构和国家—社会关系并不像看上去的那样有力。总之,深入研究信息技术产业迫使我们重新思考嵌入式自主性。

第十章
反思嵌入式自主性

20世纪80年代末,汉城(2005年中文名改称首尔)超现代的地铁系统成为韩国最重要的新基础设施之一,这是发展型国家效力的象征。但在1989年3月,汉城地铁很快成了另一种不同的象征或一个戏剧性的提醒,即除了基础设施和新工业实力外,国家还帮助催生了它无法一直掌控的社会力量。[1]

3月16日,6000名地铁工人罢工,致使汉城新的交通系统瘫痪、城市的早高峰时段陷入混乱。3000名工人占领了派遣地铁机车的场所——圆顶屋。工人们要求汉城地铁系统公营公司(Seoul Subway-system Public Corporation)履行公司与他们早些时候达成的协议,进行组织重组、修改付薪方式以及罢免公司总裁。这是一场针对控制和权力而非经济生存的罢工。[2]

曾担任过将军的卢泰愚所领导的政府以国家的全部力量压制回应了这次罢工。超过6000名警察蜂拥至机车圆顶屋,将超过2300名占据那里的工人带回警察局。几天内罢工就被镇压了,地铁系统恢复了正常运转时的惊人效率,但镇压罢工并不能消除其背后的社会和政治的变动。

挫败个别罢工完全在国家能力范围内,但无论是国家的压制力还是政府支持的韩国总工会(Federation of Korean Trade Unions,简称FKTU)似乎都没有能力阻止20世纪80年代晚期韩国工人暴动的发展。暴动大量涌现,像韩国的工业产出般引人注目。根据国际劳工组织

---

[1] 随后的描述基于《中央日报》(*Chungang Ilbo*)1989年3月17—19日的报道以及尹永敏(译音,Young Min Yun)的研究。
[2] 地铁工人的工会是汉城地区最大的一个当地工会。更重要的是,两年前它就决定脱离政府支持的韩国总工会(Federation of Korean Trade Unions,简称FKTU),并且成立一个超越法规的汉城地区工会委员会(Seoul Area Council of Trade Unions,简称Senohyop)。汉城地区工会委员会转而为一个超越法规的全国工会委员会(Junnohyop)提供了关键基础,后者拥有二十万会员,挑战着迄今为止都缺乏竞争的韩国总工会的统治地位。

(International Labor Organization)的数据,20世纪80年代最后三年中因罢工而损失的工作日总值超过1800万,相对于80年代的头三年而言,几乎增加了近200倍(E. M. Kim 1992,14,表4)。

到20世纪80年代末,韩国工人比据说有着更强政治实力的拉丁美洲工人看起来更有战斗力(参见Deyo 1989)。他们的战斗精神有助于重塑产业转型的进程。就像那些激烈的争吵导致摩托罗拉韩国有限公司①的关闭一样,这些罢工推动着出口战略远离原先对低工资和低附加值组件的关注。这种新的战斗精神对发展型国家也是一种挑战。它同时挑战着政治合法性和经济战略。

乍一看,崛起的工人战斗力和上两章中讨论的韩国信息技术企业的战略转移似乎不相干。事实上,它们可以说都是同一个普遍现象的一部分。在这两种情形中,国家政策帮助实现产业转型,而产业转型带着新的行动者登上社会舞台。一旦就位,这些行动者就发展出自己的议程,重塑产业转型的进程并挑战国家本身。在深入研究单个产业的动态后,是时候审视社会层面的变革逻辑了。

本章将从思索发展型国家的未来前景开始,我认为,它的成功转型威胁到了国家—社会联盟的稳定性,而这种稳定性是得以成功的前提。重新审视发展型国家意味着重新思考嵌入式自主性。在发展型国家中,联系性一直意味着与产业精英的联系。嵌入式自主性是否也可以建立在与其他团体的联系的基础上?替代性的建设比原来的版本更具政治稳定性吗?何种类型的共享目标会迎合不同种类的国家—社会联系?下一节将会探讨这些问题,利用喀拉拉邦和奥地利的奇异组合来说明嵌入式自主性的替代形式。本节的基本论点是,扩大国家—社会联系的范围去涵盖更广泛的群体和阶层,尽管实现起来非常困难,但应当会产生一种政治上更强健、更具适应性的嵌入式自主性。

在提出这一论点后,我将思考这种分析对巴西和印度等中间型国家的启示,毕竟第三世界国家的大多数是中间型国家。最后,我将简短地重新强调一下本研究对国家与产业转型之关系的分析的总体贡献,以此结束这一章。

---

① 见 *New York Times*, February 19, 1989, 3-1, 10。

发展型国家的未来

国家与社会不仅仅是联系在一起,它们相互塑造。有时它们相互强化。第3章中有过讨论,相互强化是发展型国家成功的核心。一个强大而一致的国家机构有利于组织产业资本;同时,一个有组织的实业家阶层有助于促成一个产业化的共享目标,进而给予国家和实业家合法性。

相互强化并不是唯一的可能性。国家战略也会创造出某些社会团体,其行动方案与国家的初始目标相冲突。韩国工人的战斗性和发展型国家之间的关系是这种进程的一个很好的例子,但不是唯一的。例如,塞德曼(Seidman 1994)指出,南非和巴西存在非常相似的进程。国家主导的"深化"产业发展的努力帮助建立了工厂,而这些工厂除制造产品外,还"制造战斗性"。①

这样来看,韩国国家在制造好战的工人方面的角色令人想起马克思关于资产阶级在"召唤自己的掘墓人"的观点。在马克思看来,资产阶级需要一个产业工人阶级来完成它的积累目标。因此,它别无选择,只能制造一个利益和行动方案都与自己相冲突的群体。同样的逻辑适用于发展型国家与其帮助形成的社会团体之间的关系。

成功的而非失败的转型,才会产生掘墓人。作为成功的发展型国家的韩国,比作为停滞的掠夺性国家的扎伊尔,更容易受掘墓人问题的困扰。地铁工人是国家成功地创造新的基础设施的产物,但产业发展还产生了其他掘墓人。马克思认为,掘墓人和他的创造者是成对出现的,但对发展型国家的挑战却是多重的。它们不仅包括工人——他们可能被认为是国家的转型目标的一个不经意的产品,还包括产业资本——壮大产业资本曾是国家的中心任务之一。

韩国1992年的总统竞选完美地展示了第二种挑战。作为韩国最大的财阀之一的现代的创始人,郑周永(Chung Ju Yung)是在野党总统候选人中最直率的人物之一。相比汉城地铁系统,现代的成长更显然是发展型国家转型成功的一个例子。然而郑周永并不比汉城地铁工会的领导人更多地认为自己是"国家的创造物"。相反,他明确地将自己标榜为一个掘墓人,打出"让政府退出商业"的竞选口号。

第三种挑战来自国家机构内部。20世纪80年代末,要求减少国家

---

① 与巴西有关的另一种观点,参见 Stepan(1985)。

干预的一些最强大的压力恰恰来自那些精英机构,如经济企划院,这是过去国家助力产业转型的最重要的机构。这些机构的在职官员,通常都是在美国接受学习的经济学家,完全不是"国家主义者",他们倾向于拥抱新自由主义的政策处方,即使他们不一定赞同新功利主义的国家理论。英年早逝之前就被公认为韩国最杰出的经济领域官员之一的金在益(Kim Jae-Ik),既是一个国家治理者,又是一个孜孜不倦地削弱国家角色的斗士。就像郑周永代表实业家进行挑战一样,他是内部挑战的一个典型代表。

挑战的存在并不一定意味着国家的体制特征将会改变。惯性使得难以实现快速的变化。变化可能只限于在不重构国家的内部组织或不改变它与社会之关系的根本性质时,扮演一些新的角色。尽管如此,如果国家和社会是相互塑造的,那么若要改变社会,发展型国家自身就必须发生变化。问题是国家自身的转型会采取怎样的形式。

最根本的挑战是那些旨在削减国家能力以使其难以成为一个单一独立行动者的挑战。如果成功的话,这些挑战将拆解发展型国家。似乎被拆解应当是无法实现自身使命的国家机器的宿命,就像苏联政府那样,但关于掘墓人的论点表明,成功或失败都为拆解制造了压力。我们应认真对待这一设想。

认真对待拆解说意味着要分析可能驱动这一进程的那些力量和动机。社会转型和致使拆解的压力之间的联系在社会底层最为明显。如果底层主要是由土地改革的受益者农民组成,那么就不太可能出现严重的来自下层的政治对立。随着产业工人队伍的壮大,他们的组织水平也提高了,尽管(也许是因为)存在压抑的政治气候(工业化产生于这种政治气候下)(参见 Yun and Folk 1990)。最终的结果是产生了本章开头描述的政治上激进的工会主义——20世纪80年代的最后三年出现了1800万名工人罢工的场面。

从产业工人(其数目现已超过剩下的农民)的角度来看,[①]推动拆解发展型国家是合理的。工人可能会受益于国家提供可预见的规则和提供公共品的能力,但对他们来说,国家行为的最显著的形式是镇压。国家的组织能力表现在它能瞬间聚集6000名警察。对于那些必须对付6000名警察的人而言,将国家的总体能力与镇压能力相区分是一项不太可能的智力活动。异常的镇压能力是一种负担而非收益,因而来自下

[①] 对韩国不断变化的阶层结构的详细量化分析,参见 Yun(1994)。

层的挑战希望拆解国家能力。

从底层人士的观点来看,不仅国家的内部一致性是种不利因素,它的外部网络也一样。这些网络不同寻常,不仅是因为它们的密度小,而且还因为它们的焦点集中。资本是相通的,但工人被排除在外。由政府支持的工会联合会提供的表面联系更多的是镇压式笼络的手段而非追求集体目标的渠道。[1] 从劳资冲突的视角来看,嵌入式自主性以牺牲工人为代价增强了资本的一致性。

在韩国,镇压和提高实际工资的组合有助于预先阻止拆解的压力。[2] 但成功发展削弱了这两种方式的效力。前面已经讨论过,依靠镇压的难度越来越大。实际工资的持续增长也一样难以做到(虽然在从农民经济到制造业工作,或从初始启动到资本更多和技术密集型的生产形式的转型时期是可能的)。最终必将迎来实际工资增长得越来越慢的调整期。

我们有诸多理由去预测发展型国家将面临越来越大的来自下层的压力,但国家不太可能被下层拆解。发展型国家的脆弱性与其说是来自地铁工人的战斗性,不如说是来自他们与郑周永和金在益式人物的隐性联盟。

实业家最后可能会站在拆解这一边,初看起来似乎与对发展型国家的描述相矛盾。创业群体被完全纳入嵌入式自主性的网络。发展型国家的运作毫无疑问对他们有利。他们难道不该仅仅成为忠实的支持者吗?信息技术产业的发展提供了显而易见的答案。成功的产业转型使产业资本较少地依赖国家并且提供了替代联盟的选项。

对国家和资本关系的一般轨迹的解释说明信息产业不是一个特

---

[1] 朴正熙政权时期有关纺织女工的事故为此作了绝佳的阐释。1978 年,韩国全国纺织工人工会(National Union of Textile Workers,简称 NTWU)的官方劳动节庆典场面尴尬。来自东一纺织公司(Dongil Textile Company)的八十名女工集结,抗议该公司向她们的工会重新施加一个公司操控的领导层以及在此过程中政府和全国纺织工人工会串通一气,工会领导、政府官员以及全国电视观众都被震惊了。工人的抗议得到了天主教和新教的教会领导层的支持。在仁川,圣保禄主教座堂(Dapdong Catholic Church)举行的劳动节特别弥撒活动为五十位工人开始他们的绝食抗议提供了契机,与此同时,新教的都市产业宣教会(Protestant Urban Industrial Mission)安排了第二个绝食抗议。天主教枢机主教代表抗议者会见了总统朴正熙。最终,这些工人及其支持者的努力没有得到回报。虽然朴答应让被选举的工会领导层官复原职,但那些抗议工人被公司开除并被全国纺织工人工会列入纺织业的黑名单。[上述内容来自 M. S. Kim(1987,198-202),源于 J. N. 林(Lim)的研究]。

[2] 例如,参见 Deyo(1989);M. S. Kim(1987);Yun and Folk(1990)。

例。① 甚至世界银行都指出(1993,183),在20世纪80年代末和90年代初的韩国,"政商关系越来越疏远,(他们之间的)会面不那么频繁了"。20世纪70年代初依靠国家引来外国贷款的那些企业,到80年代末时已能直接寻求外国贷款了(参见Woo 1991)。国际营销渠道和海外工厂的增加使得财阀较少地依赖国家能够控制进入的国内市场。与此同时,大企业的国内市场力量极大地扩大了。20世纪70年代中期,十大财阀的总销售额为韩国国民生产总值的15%;到20世纪80年代中期时,已达到67%了(Amsden 1989,116)。

发展型国家的特征之一的自主性是历史环境的产物而非资本与国家之间的社会契约的产物。已有充分的论证表明,35年的殖民经历和毁灭性的内战带来的本土资本的极度疲弱是发展型国家享有自主性的前提。② 若非因为这种疲弱,个体实业家们会一直偏好一个不太能侵犯其经营管理权的国家。同时,企业家们倾向于认为经济成功源于自己的品行,因而他们并不认为拆解国家能力会对积累过程造成威胁。

这并不是说资本必然反对存在一个强大的国家机构。即便企业领导人不理会国家在推动积累方面的重要性,他们也会发现国家能力在推动他们的利益优先于其他社会团体(如工人)方面的价值。发展型国家的镇压性使其对工人而言面目可憎,但恰是镇压性的一面使其对资本而言十分有用。所谓有用,也只是在传统的镇压方法奏效的情况下。一旦工人获得足够的力量使得和平取决于更复杂的产业关系形式,缺失与工人的合法关系将会是一个不利因素。自此,发展型国家可能看起来更像是个累赘而不是创业利益的宝贵守护者。③

那金在益呢?从新功利主义的视角来看,来自国家内部的挑战是很难理解的。自利的官僚应当不惜一切代价去保留国家特权。然而,金在益的行为完全符合信息技术产业所揭示的国家技术官员的特征。对于信息技术产业里的国家技术官员而言,追求一个长期的目标和增加他们的权力或额外利益一样重要。同为经济学家的技术官员,尤其是那些有美国学习经历的,很可能会认同他们的导师的信念即国家角色的最小化是促进发展的最佳方式。缩小国家参与范围对他们而言是一个长期目标,正如发起本土信息技术生产是年轻蓄须者、巴巴委员会和青瓦台团

---

① 例如,参见Amsden(1989);E. M. Kim(1987);M. S. Kim(1987);Woo(1991)。
② 参见第2章和第3章中的文献讨论,尤其是Migdal(1988)。
③ 再一次指出,这种推断与塞德曼(Seidman 1994)对下列研究内容的解释一脉相承,即在整个20世纪七八十年代的巴西和南非,实业家对国家有用性的态度的转变。

队的长期目标一样。

发展型国家的这些挑战者并不一定意在拆解国家。内部挑战者很可能认为他们推动战略性削弱国家角色是提高国家效能的最佳途径。诸如郑周永这样的实业家也可能认为他们的批评旨在减少的是国家的侵扰而不一定是其能力。甚至地铁工人也可能认为他们只是在试图降低国家压制大多数民众利益的能力。是各种挑战以及持续变化的背景的组合造成了拆解的可能性。

认为国家是多余的这种精英观念的传播,加上日益激烈的对可恶的殖民思想残余——政府凌驾于民众之上(*kwanjon minbi*)的普遍反感,削弱了在公务员体制里追求一份职业的最重要的激励因素之一:如果国家的官僚机构不是实现国家目标的一个工具,而是一个障碍,那么"官僚"就会成为耻辱而非荣誉的代名词。

社会结构变迁强化了意识形态的变化。私人资本的茁壮成长削弱了最好的和最聪明的人在政府里追求一份职业的物质激励。1989年9月,《国民日报》(*Kookmin Ilbo*)指出,"公务员和私有部门之间的(工资)差距明显扩大了"。来自韩国政府管理部的数据(MGA 1986,54)证实了这种观点,即在1986年时,高级公务员的工资已经不足大型私有企业的高层管理人员的一半。

没有了荣誉和薪酬,工作保障就成了选择公务员职业的首要激励,但它不是招募有能力制定和执行一个转型目标的个体的最佳激励。在这种情形下,发展型国家的官僚机构转变成"美国式"行政机构。官员不再是一份具有内部凝聚力的、吸引"最好的和最聪明的人"的职业,而是成为规避风险的次优选择或为了真正的私有部门职业所做的多样化的临时锻炼。

减少物质奖励还增加了腐败的可能性。至少这是《国民日报》的结论。该报推测(1989年9月25日),由于激励结构的不断变化,"高级人员拒绝加入国家官僚机构"这一趋势被加剧,并且"对公务员的腐败及其他异常行为的担忧日益成为现实"。

如果公务员的素质下降了,那么国家机构履行当前角色的能力必然随之下降。表现变差强化了那些观点,即认为国家是多余的,进而是寄生的,这会进一步降低公务员的荣誉感,使之更难找理由为了那点官僚工资而全心投入工作,并且开启一个走向拆解的恶性循环。

当然,从某些理论视角来看,这个循环并不是恶性的。相反,拆解对未来的转型是"有用的"。正如马克思所设想的那样,为了实现进一步的发展,在创造生产力上发挥了作用的资产阶级必将被抛弃,因而对发展型国家的批评或许可以假设,虽然曾为新的生产力的出现创造过条件,但为了实现进一步的产业转型,国家现在必须被拆解。

研究信息技术产业是探讨这一假说的一个很好的方法。如果存在令人信服的证据表明产业层面的国家介入已经过时的话,那么信息技术无疑是应当显现这些证据的产业。我的结论与此不同。尽管政治支持有所减少,但对本土产业的持续发展而言,国家介入依然至关重要。这一结论与那些专注于总体层面的人的看法是一致的。阿姆斯登和韦德或与他们类似的研究者的分析从未表明产业转型已经令国家介入变得过时——也许是更加困难和具有政治敏感性,但对于在全球劳动分工中寻求更理想的商机的过程而言,国家介入仍十分重要。

如果拆解是一个坏主意,那么重建则在理论议程上走在前沿。如果社会的变化太大了,以致国家无法维持不变,是否有路径可以重建国家—社会关系以避免拆解的前景？重建必须反思嵌入式自主性,特别是连接国家与社会的那些网络的性质。

嵌入式自主性的差异

对于发展型国家来说,与社会的联系就是与产业资本的联系。由于工业生产的增长是压倒一切的目标,因而这么说是合理的。事实上,在第3章中已论证过,其他类型的国家—社会关系,如巴西的与传统农业当权者的关系,损害了国家的转型能力。偏向实业家的关系使得发展型国家能够专注于产业转型的目标,保持选择性地介入并避免其官僚能力像中间型国家的那样不堪重负。尽管如此,产业转型带来的社会后果增加了与这种嵌入性相关的政治责任。排他性的联系限制了发展型国家的行为范围,并且形成了拆解的压力。

最明显的替代性方案,也是韩国目前正在尝试效仿的方案,是日本的"自由民主党(Liberal Democratic Party,简称 LDP、自民党)模式"。目的是以一个基于单一的、广泛的、保守的政党的政治网络来辅助增强连接产业和官僚机构的嵌入式自主性。这一战略反映了在与国家的关系中私人实业家的力量在增强。这种政治网络为精英发挥影响力提供了额外渠道,改变了自主性和嵌入性的相对权重。它以牺牲隔绝性为代价增强了联系性。但同时也提供了一些与非精英(尤其是农民)联系的可能性,并且减弱了来自下层的拆解压力。

自民党模式为发展型国家带来了一个较柔和的政治面孔,但它是重塑而非重建。虽然它提高了精英团体朝着反熊彼特式方向推动与国家谈判的能力,它并没有提高经济活力。由于联系性仍然更多地偏向精英行为者,它很少以增强外部监督来补偿减少的隔绝性。朝向庇护主义的退化是一个潜在的严重问题。

20世纪90年代初日本的政治和经济问题使自民党模式(以及自民党本身)名声扫地,但有人会争辩说它仍是排他性政治的唯一明确可行的替代选择。有观点认为,在一个市场社会中,国家只能与资本相连接。这样的观点是可信的。它们可能还会为大部分比较性证据提供一个描述性的精准注释。尽管如此,至少还有一些例子表明,普遍化不是法则,即嵌入性并不必然采取与创业精英结成排他性关系的形式。最好的例证来自一个意想之外的地区——印度的喀拉拉邦。[1]

喀拉拉邦

掩盖其经济贫困的社会福利水平以及极端的社会动员是喀拉拉邦出名的两大原因。两者之间的联系恰好贯穿着一种嵌入性的形式,其几乎是发展型国家的镜像。喀拉拉邦的成就反映了(嵌入式自主性的)差异。

如果发展被狭义地定义为经济增长,那么喀拉拉邦不是一个发展型经济体。它的人均收入水平,大约比印度的总体平均水平低三分之一,与乍得或布隆迪的发展程度相近。只有当发展的定义在很大程度上偏重福利水平时,喀拉拉邦才能宣告成功。婴儿死亡率不到巴西的一半或印度其他地区的三分之一,几乎与韩国处于同一水平。预期寿命也更接近韩国而非巴西或印度其他地区。出生率很低,识字率很高,尤其是女性。总之,喀拉拉邦在福利方面的成功不比东亚新兴工业体在产业转型方面的成功逊色。[2]

在大多数的解释中,喀拉拉邦的福利结果被简单地视为它历来高水平动员的结果。例如,弗兰卡(Franke)和蔡辛(Chasin)(1989,63)强调土地改革进展的出现"不单单是开明政府的结果",还需要"一大批有组织、有活动力的人,并拥有富有献身精神的领导者以及奋斗的意志"。

---

[1] 对喀拉拉邦的讨论主要参照赫林(Herring 1991)以及帕特里克·赫勒(Patrick Heller)的近期研究(1994)。

[2] 对喀拉拉邦福利成就的早期讨论,参见Bardhan(1974)。后期的统计数据参见Heller(1994)。

从 19 世纪和 20 世纪初的莫普拉人叛乱(Moplah Rebellions)到 1938 年血腥的阿勒皮(Alleppey)总罢工,马拉巴(Malabar)的农民和工人赢得了好斗的名声(见 Herring 1991,第一、二章)。国大党激进分子领导的农民协会(Kerala Karshaka Sangham,简称 KKS)成为共产主义组织,将农民"扎克雷起义"(jacqueries)的能量疏导成为实现结构变革的一种制度化运动。制度化政治动员的最终结果改变了喀拉拉邦的阶级结构。1969 年的土地改革及其他改革,如 1974 年喀拉拉邦农业工人法案(Kerala Agricultural Workers Act of 1974)改革,摧毁了旧的地主阶级,创造了一个新的自耕农阶级,并且赋予了无地劳动者新的权利。

不可否认,对于喀拉拉邦所取得的成就,动员发挥了核心作用,但喀拉拉邦也展示了为什么光有动员本身是不够的。不论抗议程度如何,如果没有足够的国家能力,喀拉拉邦的社会结构变革或新福利制度的构建都是不可能的。不论多么有战斗精神,被动员起来的支持者自己无法实现他们为之奋战的改革和服务。他们需要一个行政机构。

理解喀拉拉邦的福利成绩不能脱离其制度和行政的基础设施。较低的婴儿死亡率和较长的预期寿命依赖于邦政府在医疗卫生方面的高支出,这相应地反映了,相比于大多数第三世界国家,喀拉拉邦拥有一个更为有效的地方医疗设施网络。喀拉拉邦比印度的其他地区人均拥有更多卫生中心,农村人均住院床位是印度其他地区的 8 倍(Franke and Chasin 1989,42)。更重要的是,它有一套真正起作用的医疗卫生系统,医生在岗位上为病人服务而非在别处享受专业回报。[1]

政府组织的定额和平价商店网络支持着改善健康的另一支柱——营养补给。[2] 这些商店重新分配从较大的农场主那里征收的大米税,并且确保贫穷阶层能够获得粮食。[3] 此外,邦政府还为小学生和地方村庄育婴室里的母婴提供免费的热午餐(Franke and Chasin 1989,29)。显然,邦政府还负责提供教育设施和其他基础设施,如公路和邮局,喀拉拉邦在这些方面比印度的其他地区都富足。

---

[1] 曼切尔(Mencher 1980)指出了喀拉拉邦和泰米尔纳德邦之间的对比,在喀拉拉邦,在她所访问的那些初级卫生中心,有值班任务的医生都真正在值班,而在泰米尔纳德邦,一半她所访问的中心都没有医生,因为他们都请假了,要么去开会,要么参加培训,要么在处理个人事务(参见 Franke and Chasin 1989,45)。

[2] 有意思的是,这些商店实际上是由私人所有者在运营,这与印度惯常所强调的国家的造物主角色和依赖国有企业的做法不同。

[3] 根据一项联合国的研究(1975),在喀拉拉邦,最贫穷的 30% 人口所消费的大米和小麦的三分之二是由这些平价商店提供的(Franke and Chasin 1989,31)。

这些服务的提供,就像土地改革的最初执行一样,依赖于一个称职的官僚机构的存在。鉴于政府运作受到严格的资源约束,大多数第三世界国家可能都无法提供喀拉拉邦所提供的那样广泛的服务。人们很容易想象到,在扎伊尔征收大米税将会发生什么。即使是在墨西哥,使国营民生公司(Conasupo,其功能类似于平价商店)本身不被革命制度党(Partido Revolucionario Institucional,简称 PRI)政权的庇护主义倾向所蚕食,一直是项持久的斗争(见 Grindle 1977)。

幸运的是,喀拉拉邦将印度系统的整体特征——发展得相对较好的官僚自主性,与它自身的嵌入性特征相结合,形成了一个与众不同的组合。这种异常的"嵌入式自主性"非常适合完成旨在提高福利水平的转型目标。

在喀拉拉邦,共产主义者所领导的政权充分利用了印度文官制度形成的才能。20 世纪 50 年代初,第一次掌权时,他们因良好的地方政府管理多次受到尼赫鲁的表彰(Herring 1991,15)。与此同时,经由各种共产主义政党(以及最终还包括共产主义政党的左翼和右翼竞争对手——他们被迫认识到了拥有一个有组织的基地的优势),受到政府动员的选民与邦政府的关系变得制度化,他们迫使邦政府执行新的绩效标准。

当韩国电子通信研究院的研究员的努力被本土产业视为无效时,他们很快就察觉到了,同样,当喀拉拉邦的社会服务系统不运转时,管理它们的那些人也迅速意识到了。据一位研究人员所说(Mencher 1980),"如果一个初级卫生中心(Primary Health Center,简称 PHC)关闭几天,那么在最近的税务官公署(地区政府办公室)就会出现由当地左派领导的大规模示威游行,要求给予他们有权享受的那些服务"。同样,负责处理土地改革的那些机构里的官员向赫林(Herring 1991,V-4)公开宣称,"如果没有群众的压力和对欺诈、官僚不作为的揭露,执行工作很可能会以典型懒散和腐败的(印度)次大陆改革方式进行下去"。

"喀拉拉邦式的嵌入性"对于确保国家的表现显然是至关重要的。然而,这并不意味着喀拉拉邦政府会像"工具论者"所构想的"资本主义国家"的镜像一样,仅是一个立即响应农民和工人利益的"消极登记簿"。① 事实上,在喀拉拉邦,国家与社会的关系结构在从属的群体和精

---

① 在马克思主义理论对国家的"工具主义"论中,国家和资本家之间存在一种"委托—代理"关系,其中,后者是委托人且前者是代理人。相关讨论参见 Carnoy (1984)。

英阶层中为自主性提供了一个坚实的基础。

与从属群体有关的自主性的形成，部分源于一个事实，即官僚机构本身服从于全国官僚机构的规则和权威。中央政府资金是邦政府预算的一个重要部分。在国家部委的从属机构里，那些只做选民告诉他们要做的（而非一开始就迫于选民压力去做期望他们做的事）会发现他们自己很容易被调动，甚至理论上来说，被降级。无论是地方官僚还是左翼政治家，都不可忽视以在全国层面的影响力为主要武器的政治对手。为"腐败"罪行提供土壤有招来中央干预的风险。

正如在东亚的案例中一样，自主性也源自官僚本身的社会根源。鉴于在地方大学中左翼思想长期以来一直处于意识形态霸权的地位，招募进官僚机构的地方人士容易在思想上忠于邦政府的再分配计划，但他们本身不太可能是农民出身。至少从历史上来看，那些被招募进邦政府机构的人和那些主导地方农业结构的人之间还存在一定的社会差距，前者往往是弱势的纳亚尔人（Nairs），而后者是高级种姓的南布迪里婆罗门（Brahmin Namboodiripads）（Herring 1991, III-13）。

总体而言，喀拉拉邦的政府与社会关系体现了与构成发展型国家理想类型的特征相同的矛盾组合，即与特定的社会选民团体的亲密关系和隔绝关系的组合。鉴于喀拉拉邦的"再分配型邦政府"就是东亚的"增长型国家"镜像，这一类比是惊人的。研究国家—社会关系随时间流逝而演进的方式会发现新的比照特征。

比东亚新兴工业体更为明显的是，喀拉拉邦的政府与社会是相互构成的。一个被动员的佃农和无地劳动者阶级的存在是变革政府行动特征的前提。反过来，以土地改革为形式的政府行动改变了阶级结构。它不仅摧毁了旧的食利农业阶级，还创造了一个新的小产权所有者阶级——"前佃农"。作为政府行动的结果而出现的阶级结构，反过来改变了未来政府行为的政治条件。

像在东亚一样，成功助产的结果使得未来追求转型目标变得困难重重。赫林（Herring 1991）论证了在邦政府协助下出现的新阶级如何威胁削弱了那些起初使得阶级变革成为可能的邦政府的政治基础。出于政治目的，由佃农和无地劳动者组成的单一统一阶级变成了两个利益相冲突的独立团体。土改后，无地劳动者不再是佃农反抗地主的盟友，而成了他们在土地斗争和进一步政府干预的原则性倡议上的敌人。有利于无地劳动者的进一步再分配现在是以牺牲新的小产权所有者阶级为代价的。相应地，因政府行动而获得土地的前佃农比取得产业成果的东亚资本家更早开始确信,一个活跃的政府与他们的利益无关。

像在东亚一样,政府支持的转型削弱了那些曾受益于转型的团体的忠诚度,并且创造出了其社会和经济目标都更难得到回应的新团体。在东亚新兴工业体里,以资本积累为目标的国家为两类团体的出现提供了助产服务:一类是工业企业家阶级,他们后来逐渐偏向自行追求利润而非国家主导的积累目标;另一类是工人阶级,他们日益认定再分配的目标优先于国家支持的资本积累。在喀拉拉邦,以再分配为目标的邦政府是小产权所有者阶级的助产士。对自身地位感到放心后,小产权所有者就开始反对进行从他们到农业劳动者的再分配。

进一步再分配的范围是明确的。20世纪80年代,一般的农业劳动者每年的工作时间已经少于150天了。靠扩大耕地面积来缓解就业不足的压力将意味着加剧已然呈现的生态退化的程度。[1] 提高农业生产力被证明是困难的。前佃农一直未得到激励来进行新的、增强生产力的投资。事实上,在20世纪80年代,水稻田的生产力水平完全停滞了(见Herring 1991,表6.1)。更糟的是,与旧的地主相比,前佃农阶级是个在政治上更强大的对手,因为"在农村,他们比食利者人数更多并且相互间有着更紧密的联系"(Herring 1991,II-26)。

未来福利的改善必须以加速积累为基础,包括工业化。然而,现有的嵌入模式使得政府很难实施此计划。将积累计划加入再分配议程遇到的困难甚至比将再分配议程加入积累计划遇到的困难更艰巨。至少在发展型国家的案例中,一个新的再分配计划的潜在政治选民群体——产业工人阶级,是由旧的积累导向的战略创造出来的。在喀拉拉邦的案例中,摧毁旧的土地精英并未给工业企业家阶级的出现打开空间。此时呼吁这一群体的出现需要彻底重建邦政府与社会的关系。[2] 总之,喀拉拉邦以自身独特的方式展示了政府只与一个选民群体相关联带来的矛盾。

---

[1] 根据弗兰卡和蔡辛(Franke and Chasin 1989,39-40)的研究,在最近的25年里,喀拉拉邦的森林土地所占的比例已从27%下降到7%—10%,威胁到了喀拉拉邦的水资源供给。

[2] 这并不是说这种重建是不可能的。在某种程度上,喀拉拉邦比巴西或印度其他地区处于更好的位置。除非朝政治碎片化的方向发展的现有趋势进一步加剧,它仍然拥有邦政府的优势,有能力像一个集体行动者一样来行事。它已被证实的建设基础设施的能力也是一种优势。也许更重要的是,它还展现了创造一个超级廉价的熟练劳动力库的能力。根本的问题是,它能否创造出先进工业国家的那种资本和劳动力之间的约定,使得工业化与动员能力共存(参见Heller 1994)。对这个问题的猜测很大程度上超越了此处可能会有的合理推断。

这并不是说，喀拉拉邦版的嵌入式自主性溃败了。正如东亚的嵌入式自主性继续使其未来工业发展的前景比印度和巴西的（更不用说扎伊尔了）更为光明，与印度大部分其他邦的政府机构的退化相比，喀拉拉邦版的嵌入式自主性仍是一种巨大的改善（见 Rudolph and Rudolph 1987）。相比于 20 世纪 90 年代初印度其他一些邦的公共暴力和政治混乱的增多趋势，①尽管存在多样化的宗教和种族，喀拉拉邦一直相对平静。此外，喀拉拉邦的政治领导层在利用其与产业工人和农业劳动者的深厚的制度化联系来提高劳资和睦的水平方面取得了一些成功（Heller 1994）。像在东亚一样，不管出现怎样的偏差，有嵌入式自主性都会比没有强，但像在东亚一样，向前迈进需要重建国家—社会关系。

喀拉拉邦为探讨发展型国家的未来提供了两个重要的一般性建议。首先，它展示了嵌入性并不必然受限于与产业资本的联系。其次，它表明与一个单一群体相关联是有问题的，不论是什么群体。简而言之，喀拉拉邦的案例强化了一种观点，即重建必须对嵌入性做一个更具涵盖性的定义。②喀拉拉邦未能提供一个关于嵌入式自主性该如何建立在与拥有多元利益的选民群体的关系之上的指导。关于更具涵盖性的嵌入性如何运作的线索，可以在欧洲社会民主小国轻易寻得。彼得·卡岑斯坦（Peter Katzenstein）（1984，1985）对 20 世纪 70 年代的奥地利的描述提供了一个最佳例证。

奥地利

像东亚新兴工业体一样，奥地利有一个高度组织化的私人产业部门与国家机构密切相连。大实业家通过奥地利工业家联合会（Federation of Austrian Industrialists，简称 VÖI）团结起来，而商业家则更普遍地聚集在联邦商会（Federal Economic Chamber）的旗下（Katzenstein 1984，60）。和发展型国家模式一样，这个高度组织化的阶级面对着一个复杂的、享有特殊经济力的国家机构。

像东亚新兴工业体一样，奥地利继承了一个强大的官僚传统。在二战之后的时期，国家官僚机构稳步扩大并且技术官员的特征逐渐形成（Katzenstein 1984，63，69）。前占领国（这里是指德国和苏联对奥地利的占领）财产的国有化使得奥地利国家得以控制工业的制高点。事实

---

① 参见第 3 章的讨论。还可参见科利（Kohli 1990）对"印度的不可治理性"的讨论。
② 对于社会组织的"涵盖性（encompassing）"形式的优点有一个补充性观点，参见 Olson (1982)。

上，奥地利比它的共产主义邻国南斯拉夫的公有制水平更高。国有银行和联邦及地区政权合起来占了该国全部股份有限公司的三分之二，而本土私人资本仅占到13%。①然而，国家的生产者角色只解释了国家比私人资本重要的部分原因。

像在喀拉拉邦一样，嵌入式自主性并不必然造成从属群体的边缘化。相反，劳工和奥地利国家之间的联系就像国家和资本之间的联系一样错综复杂。奥地利总工会（Austrian Trade Union Federation，简称ÖGB）与工业家联合会全面配合，团结那些在大型企业里工作的人，代表了约60%的总劳动人口（Katzenstein 1984，36）。由此，奥地利总工会与社会党（Socialist Party，简称 SPÖ）紧密相连，不仅与更为保守的人民党（People's Party，简称 ÖVP）共享选举权，还通过其成员全面渗入官僚机构来发挥影响力（Katzenstein 1984，76）。当劳工组织与国有经济的力量相结合时，资本看起来就不那么势不可挡了，尽管它有很高的组织水平。卡岑斯坦自己的结论（Katzenstein 1984，52）是，"相比于奥地利规模庞大的国有经济及其工会，私有企业扮演着从属的角色"。

比喀拉拉邦和东亚发展型国家更加明显的是，奥地利体现了国家和诸阶级相互构成的方式。正如在发展型国家一样，在奥地利，一个统一的国家机构的存在有助于产生一个内部有组织的企业家阶级。一个同样有组织的工人阶级的存在强化了这一过程。如果工人不能被边缘化或忽视，那么为劳资双方集中谈判提供一个可靠的舞台就必不可少了。一个称职的、总体一致的国家机构提供了那样的舞台。全面组合阶级利益，不仅不会让国家变得不相干，反而会使其变得不可或缺。随着市民社会的行为者变得更有组织，一个坚实而复杂的国家机构变得更加有必要了。

与多个群体相关联确实会使国家的自主性变得模糊不清。在奥地利的案例中，这种模糊性集中体现在联合委员会（Joint Commission）上，它是政府支持的、旨在将资本和工人的利益转变成政策的一个平台。根据卡岑斯坦（Katzenstein 1984，67）的研究，大家都承认联合委员会是政策形成的关键，但关于其性质，同时存在截然相反的观点。有人将其视为"政府经济政策的一个执行机构"，而其他人认为它是利益集团政治具

---

① 这些数据由卡岑斯坦（Katzenstein 1984，50）引自拉西纳（Lacina）的研究。

体化的机构。①

一旦国家与所有主要的社会行为者相关联,那么制订自身的计划并施加于社会的独立官僚形象就变得不合情理。同时,转型目标是由国家机构独立制定的这一观念就更加难以置信。由于任何变革的战略都必须调和各种相冲突的利益,建立一个强大的斡旋机构的必要性就显而易见了。国家的独立影响力依赖于市民社会中各种力量的平衡,但这种平衡是积极建构的而不是外在僵局的结果。

但这种有趣的结构有什么好处呢？卡岑斯坦很清楚在他关注的时期里更具涵盖性的嵌入性会取得怎样的效果。20世纪70年代的奥地利,和大多数欧洲国家一样,所面临的调整问题的威胁比东亚新兴工业体当前面临的那些要严峻得多。奥地利更具涵盖性的嵌入性赋予了它对适应性回应的能力。更具竞争力的国际环境所附带的成本是以既改善该国未来的竞争力前景又不威胁到它的政治稳定的方式来承担的。

可以肯定的是,奥地利的适应性不是无代价的。根据卡岑斯坦的研究,它涉及"劳工在国内生产总值中所占相对份额的严重下降"(Katzenstein 1984,39)。然而,评判这种损失必须衡量一个事实,即在20世纪70年代初,国民收入中的资本份额"在经济合作与发展组织国家中是最低的"(49)。另外,还必须衡量另一个事实,即所采取的战略产生了如下结果:失业率只有2%,而且在"出口产品的技术竞争力、出口总额、实际年度投资、生产率、实际经济增长以及人均收入增长率"等方面实现了高增长率(34-35)。

当然,有人可能会说,卡岑斯坦描述的模型在其发源国已经过时。施特雷克和施密特(Streeck and Schmitter,1991,144)讨论过"20世纪80年代初国家统合主义消亡"的问题。大多数分析家都认同,欧洲共同体的崛起将奥地利等国的国家政治机构置于危险境地。帕图森(Pontusson 1992)给出了一个额外的观点,即工业生产的"后福特主义"演变削弱了社会民主主义的支柱——劳工团结。

所有这些可能性都是真的,但有些离题了。这里的主题是,目前在东亚发展型国家中普遍存在的偏差版本并不是嵌入式自主性的唯一可能版本。无论是拆解当前的发展型官僚机构并以一种虚弱的美国式文官机构替代它,还是由温和的自民党式降格形成庇护主义,都不是对现

---

① 卡岑斯坦对国家重要性的评价反映了这种矛盾现象。虽然他迫切希望展示国家并不以单方的形式统治该系统,但他将国家描述为"一个拥有广泛基础的政策网络"中的唯一行为者(Katzenstein 1984,64)。

状的唯一替代选择。更彻底的重建是可能的,至少在理论上如此。

如果能够重建发展型国家,毫无疑问它将采取自主创新的形式。毕竟从一开始,不可思议的制度创新就是形成发展型国家的过程的核心。二战末期,一个审慎、博学的东亚分析家可能会根据官方强制施行的英美自由民主制规范与非正式留存的传统亚洲威权主义的一种微弱混合来预测未来。市场资本主义与国家官僚主义的这种有创造性的折衷组合取而代之,只有事后看来才觉得合理。

意识到嵌入式自主性存在更具涵盖性的形式,可能会为重建发展型国家提供有用的线索,正如中国官僚制的传闻鼓舞了最早的欧洲官僚,以及对普鲁士政府的初步了解成了德川时期维新人士之新思想的来源。像过去一样,外来的灵感无疑将建立在本土的制度基础之上。未来的形式将以意想不到的方式建立在当前的制度上,就像现在的发展型国家将旧的反市场的官僚传统变成了应对全球市场挑战的出其不意的有效武器。

同样重要的是,审视嵌入式自主性主题的各种变化后,中间型国家应当得到这样的提醒:它们不能让自己的重建愿景被东亚模式所禁锢。重建是一种迫切的需要,但起点是不同的。在中间型国家出现的那些有缺陷的嵌入性和自主性的组合没有提供相同的可供建立的制度基础,而且它们没有几十年无与伦比的经济成功的历史来缓解过渡期的各种问题。那么关于不同类型的嵌入式自主性的这些论点对诸如印度和巴西等国家有什么启示呢?

对中间型国家的启示

对于巴西和印度这样的中间型国家而言,拆解情形的出现不是因为令人担忧的潜在问题汇集在一起,它是对正在进行的衰败的一种描述。恶性循环已经发生了一段时间。内部组织和社会关系的本土组合只造成了部分转型。能力跟不上要求,而且这种欠缺使得国家声名扫地。新功利主义观深信国家组织的良好运行与能力无关,这使问题变得更糟。

来自韩国的证据表明,需求和能力的不平衡不是必然的。降低要求的战略保留了较大的初始能力,使得韩国国家的要求和能力之间没有出现困扰巴西和印度国家的那种败坏名声的差距。在信息产业以及更普遍的领域都是如此。

对于中间型国家而言,复制发展型国家的嵌入式自主性将意味着向前迈进一大步。有朝一日,它们可能终将面对发展型国家现在所面对的挑战,但这些将是成功才有的问题,是巴西和印度乐于必须面对的问题。世界银行前副行长卡拉斯曼诺鲁的断言①——发展型国家在产业转型上的成功值得尝试仿效——是正确的。有待解答的问题是该如何去做。

潜在模仿者必须首先认识到完全复制是不可行的。东亚的组合有赖于特殊的历史环境。嵌入式自主性的概念是一个有用的分析标杆,而不是一个工程方案,只要做一些简单调整就能适用于其他区域或其他历史时期的国家,就像为不论处于何地的河流或峡谷所设计的吊桥方案一样。尽管如此,忽略潜在的比较经验是愚蠢的。

有些事情显而易见。选择性是合理的。决定扮演怎样的角色必须始终假定国家能力不足。在这方面,新自由主义的信仰者能够成为盟友。与此同时,提高能力必须成为一个明确的目标。即使是在严格的选择下,对中间型国家的要求都将超过其当前的能力。提高国家能力的努力必须与选择性相生相伴。具有长期追求集体目标之激励的精英吸纳和奖励机制极其重要。即使当官员是最好的和最聪明的人时,官僚机构也很难有效;当他们是无能的兄弟和子侄时,官僚机构就更不可能有效了。建设(或在某些案例中是重建)强健、统一的官僚机构对中间型国家而言是项艰巨的任务。

连接国家与社会是更困难的问题。嵌入性必不可少。有能力而无连接是不可行的。然而,当涉及植根于东亚独特历史经历的特殊类型的国家—社会联系时,发展型国家的模式最难仿效。

东亚发展型国家带着下面这些遗产开启了二战之后的时期,包括悠久的官僚传统和战前直接经济干预的大量经验。二战及其余波在太平洋地区产生了一种非常特殊的"大范围的社会混乱"。②传统的土地精英被摧毁,工业集团组织混乱且资金不足,外部资源经由国家机构转移输送。战争的结果,讽刺的是包括美国的占领,使得在东亚的行政机构相对于私人本土精英的自主性有了质的增强。历史上积累的官僚能力与时局产生的自主性的结合使这些机构处于一个特殊的位置。

与此同时,行政机构的自主性在国际背景下受到地缘政治和经济因素的制约。它们的政治领导人当然不可能按自己的选择来自由地创造历史。二战的结束使得日本、韩国被夹在两个巨人中间,一个是作为它

---

① 参见第 2 章开篇的讨论。
② 参见第 2 章中米道尔的讨论。

们的近邻强大的社会主义巨人,另一个是作为它们靠山的世界军事霸主——美国。国际背景排除了军事扩张,使得经济扩张成为支撑合法性的唯一基础。

美国霸权的实施被作为替代道路的和不断壮大的共产主义所强化,这也使得那些经济体别无选择只好依靠私人资本作为工业化的主要基础。环境共同造就了一种信念,即政权生存依赖于快速的、市场化的工业化。它们规模小且资源不足,使得提高出口竞争力的必要性尤为明显。① 致力工业化使得与本土实业家一起形成一个共享目标变得合理。起初,特殊的自主性使得行政机构能够主导与私人资本的联盟。后来,越来越多地参与国际市场帮助规训了本土实业家,并阻止他们的关系滑向庇护主义。嵌入式自主性绝不是必然的结果,但各种环境都十分有利于它的出现。

一旦接受复制那些产生发展型国家的历史模式的困难,两种传统的应对是肯定无益的。一个传统是将任何形式的仿效说成乌托邦而不予理会。这很符合传统的自由主义政策处方。既然有效的国家无法被复制,那些假定国家无效的政策就是次优选择。另一个传统是,专注于将政治排斥作为历史环境的替代物。在这种情况下,专制压迫将呈现为确保嵌入性不退化为庇护主义的一种方式。

想一想嵌入式自主性的差异有助于跳出这些无益的传统回应。喀拉拉邦和奥地利表明了嵌入式自主性如何能够从完全不同于最初的发展型国家的历史环境中成长出来。它们还提供了应对中间型国家的问题的一些具体见解。

首先,喀拉拉邦和奥地利的经验表明,对从属群体的动员可以解决外部因素造成的精英无力问题,后者在东亚的案例中对于自主性和嵌入性的平衡非常重要。如果只有资本是有组织的,那么只有类似于二战这样的特殊外部事件可能会使国家保持自主且同时与社会连接。多元的有组织的选民群体更易于平衡嵌入性和自主性的关系。

这一主张颠覆了新功利主义者对汇集劳工或其他从属群体的政治组织的标准式回应。在标准的新功利主义观中,这些组织被当成对租金感兴趣但对发展不利的"分利联盟"(distributional coalitions)摒弃(参见

---

① 环境推动了这些经济体朝着专注于工业化的方向发展。强调这些环境的详细情况很重要,以此避免得出过于简单化的假设,即在某种程度上小的规模和最薄弱的资源基础足以产生工业化。正如许多小的第三世界国家所痛苦地展示的那样,经济停滞或衰退一直都威胁着小国家。

Olson 1982)。一种更制度主义的观点认为,从属群体的组织可能是一个重要堡垒,用以对抗狭隘的国家—社会联系退化成最终对发展更具威胁的精英庇护主义。

扩大嵌入性的关注范围意味着官僚机构以及从中生成的人事网络已不足以连接国家与社会了。在喀拉拉邦和奥地利,国家与社会的连接主要是通过各种政党来进行。如果中间型国家要走这条路,它们将需要有能力为长期的集体目标提供一致性支持的政党组织。

通过强大的政党来动员从属群体可能会为嵌入式自主性提供一个替代性基础,但这种想法在中间型国家将受到质疑,因为在这些国家,选举政治通常与庇护主义和捕获国家相关联。建设拥有长期目标的政党比建设国家官僚机构更加困难。建设包容且有效的政治组织是否有任何可能性,首先取决于能否找到一个团结国家机构与其社会选民群体的"共享目标",正如产业转型的目标将产业资本与发展型国家聚集起来一样。

当特定的从属群体(如喀拉拉邦的农业劳动者)被动员起来时,共享目标就不难界定了:再分配是合理的。当动员行动包括多个群体时(在中间型国家很可能是这样),确定一个共享目标就更加困难。奥地利的案例提供了一个启示。相对于其他开放的经济体而言,维持一个开放经济体的竞争力是一个广泛的共享目标。显然,从这些角度看待产业转型,对东亚的共享目标很重要。相反,常有观点认为,像印度和巴西这种大规模的中间型国家往往因无法界定本土经济福祉而处于政治劣势,因为本土经济福祉取决于与不可控的外部世界相竞争的结果。这里再一次说明,新自由主义的思想可能是有用的,但自相矛盾的是,其用处是为有助于构建一个更具涵盖性的嵌入式自主性之共享目标提供部分理论基础。

最后,喀拉拉邦和奥地利的案例还强化了一个不断被提及的、有关发展型国家的观点。成功推动社会转型的中间型国家将必然面对一种必要性,即变革使它们获得成功的那些结构。虽然在分配的议题上,喀拉拉邦曾为世界上最成功的一次治理提供了依据,但是如果想成功地应对积累的问题,喀拉拉邦还必须扩大其嵌入式自主性版本以涵盖产业资本。虽然已成功地适应了保留竞争性开放的挑战,奥地利现在必须应对一个更强大的超国家一体化形式的挑战。在每个案例中,转型意味着寻找新的方式以利用来之不易的制度资产。如果中间型国家想要成功,它们就必须做同样的事。

掠夺者和助产士

本书开始于一个将官僚当成狮子食物的想象。余下的分析质疑了故事的前提。质疑那个前提意味着质疑简化的新功利主义国家观并且利用一种比较制度主义的方法来证实以一种不同的方式看待国家的意义。分析社会和分析产业得出了同样的信息,即产业转型是可能的而且国家起了重要作用。国家机构的特征帮助确定了各国是否改变以及如何改变其在国际劳动分工中的地位。国家机器是行动主体的潜在场所。稳固的结构更易于产生行动主体。而行动主体改变了使其成为可能的结构。

当然,我们有充分的理由去同情那个关于狮子的想象和新功利主义理论。掠夺性国家使吃人的梦想具有正当性。缺乏统一的官僚机构,国家确实会沦落为简化的新功利主义观所预测的那种恐怖形象。规则和决策都是商品,并且像其他商品一样卖给出价最高的人。没有了可预见的政治规则和决策的环境,长期投资将是愚蠢的。被用于随意攫取和浪费性消费的国家权力,削弱了私人生产能力而非提高了它们。福利和增长都会受损。

从一块萎缩的馅饼中攫取更大的份额不是实现税收最大化的最佳方法,但它也许是符合掠夺性国家生存之道的唯一方式。市民社会的无序状态是掠夺性统治者政治生存的必要条件。创造一个对产业转型感兴趣的企业家阶级几乎和推动市民社会发展的政治组织一样危险。对掠夺性国家而言,"低水平均衡陷阱"(low-level equilibrium traps)不是要去逃避的东西,而是值得珍惜的东西。

掠夺性国家是一种理想类型,但现实中存在近似的国家,如蒙博托统治下的扎伊尔。新功利主义者正确地指出了掠夺的存在;他们错在对掠夺根源的判断上。新功利主义者认为,国家权力是掠夺的原因。因而,削减国家权力是它的解决办法。掠夺性国家不是一种反常的变异;它们是理想类型的国家。如果现实中的国家权力不受限制,那么它们将靠近掠夺性理想。唯一好的国家是受到重创的那种。

发展型国家的理想类型颠覆了这种逻辑。发展型国家表明,国家能力可以作为对抗掠夺的良方。为了提供集体产品,国家必须像统一的实体那样行事。制度化的官僚权力使个体当权者免于向最高出价者兜售规则和决策。做一个统一的行为者不仅要遏制个体官员的贪婪。它还涉及创业精神。发展型国家帮助制定目标，以超越对政治上强大的选民群体之即时要求的回应。

自主性是界定发展型国家的根本，但还不够。影响转型的能力还依赖于国家与社会的关系。完全隔绝于社会的自主国家可以是非常有效的掠食者。发展型国家必须沉浸在以转型目标将它们与社会盟友绑定在一起的一个紧密的关系网络中。嵌入式自主性，而不仅仅是自主性，赋予发展型国家效力。

嵌入式自主性的力量来自起初看似相互矛盾的特征的融合。嵌入性提供那些增强国家能力的情报来源和实施渠道。自主性辅助嵌入性，保护国家免受被分散的利益捕获的影响，以防破坏国家本身的凝聚力并最终削弱其社会对话者的一致性。国家的整体一致性增强了外部网络的凝聚力，并且帮助有共同愿景的群体克服它们自身的集体行动的问题。与掠夺性国家故意扰乱社会相反，发展型国家帮助组织社会。

比较分析得出了一个与旧的新功利主义假设完全相反的观点。与这种观点相关的一些一般性命题值得在这里被重申。

首先，也是最关键的是，市民社会的命运与国家机器的强健性密切相连。国家机构的衰败很可能伴随着市民社会的混乱。维持或恢复国家官僚机构的制度完整性提高了完成越来越多的社会转型目标的可能性。

其次，第二个命题是从第一个命题中推出来的。掠夺不是国家能力的一种功能。认为摧毁国家官僚机构将会消除掠食者这种观点是错误的。相反，构建国家机器，即韦伯的积极意义上的官僚机构，应该有助于防止掠夺。

最后，光有官僚机构是不够的。如果没有与和国家分享目标的社会团体和阶级的关系网络，即使是最官僚化的、统一的国家都无法影响转型。联系性与一致性和凝聚力一样重要。

嵌入式自主性的概念很有用，是因为它将理想类型的发展型国家背后的结构关系具体化了，但它并没有完全捕捉到在不同产业和环境下国家参与形式的变化。国家扮演着一系列角色，其有效或无效取决于它们是否符合特定的目标和背景。转型依赖于将结构力量转换成对一个精心挑选的角色组合的有效执行力。

探讨信息技术产业里的角色和战略有助于充实国家如何影响产业变革这一抽象观点。研究信息产业强化了关于官僚能力后果的一般性命题，但它也使国家与社会的关系备受关注。

国家作为助产士的想法脱颖而出。国家通过协助新的社会团体和利益的出现来培育产业。助产的结果在各个国家都异常鲜明。从韩国那些与嵌入式自主性相匹配的、令人赞叹的制度构建,到巴西和印度那些往往前后不一致的战略,国家创建致力本土信息技术产业的本土创业团体的努力,都产生了成效。

这些发现鼓舞了那些愿意将国家视为转型促进者的人,但它们也令人深思。一个原因是,产业形成了,但它们不是曾经期望的产业。有些滑稽的是,其结果可以用一个古老格言的释义来概括,即国家可以创造产业,但不是它所选择的产业。民族主义的举措最终帮助形成了国际化的产业,至少对一些发起者来说,这些产业和他们曾期望的正好相反。

结果令人深思还有第二个原因。社会结构的变迁,即使只是部分地被国家本身所带动,也抛弃了那些曾创造它们的组织和政策,迫使国家本身也发生变革。国家与社会的相互塑造并不总是相互增强的。信息技术机构被改造,有时甚至被它们曾帮助形成的产业边缘化。在更普适的层次上,发展型国家的社会结构基础至少部分地被它曾帮助形成的新产业社会所削弱。

所有这些都没有否定国家将继续成为社会转型的工具这一观点。新一代的年轻蓄须者们无疑在伺机以待。国家机器将为他们的计划提供启动场所。他们会在官僚机构中寻找机遇,有时这些机遇将会提供力量使其成为助产士。他们的努力结果可能会使他们自己都感到惊讶。任何成功都会最终重新定义未来国家行动的可能性,然后这个循环又将开始。

最后,从这些复杂的分析中可吸取的经验教训是简单的。将官僚一概视为狮子的食物是不对的。轻视他们往往也是理所当然的,但国家的官僚机构也能成为有创造力的创业举措的发源地。对其进行别具一格的利用,国家也能激发社会能量的新来源。掠食者更少和助产士更多应该成为目标。

参考文献

书籍和文章

Associação Brasileira da Indústria de Computadores e Periféricos(ABICOMP). 1987. "O Mercado De Bens De Informática: Evolução Das Importações Autorizadas Em 1985 E 1986." Rio de Janeiro: ABICOMP.

――――. 1988. *Informe* 24 (June).

Abranches, Sergio. 1978. "The Divided Leviathan: The State and Economic Policy Making in Authoritarian Brazil." Ph. D. diss., Department of Political Science, Cornell University.

Adler, Emanuel. 1986. "Ideological Guerrillas and the Quest for Technological Autonomy: Development of a Domestic Computer Industry in Brazil." *International Organization* 40, 3 (Summer): 673-705.

――――. 1987. *The Power of Ideology: The Quest for Technological Autonomy in Argentina and Brazil*. Berkeley and Los Angeles: University of California Press.

Agarwal, S. M. 1985. "Electronics in India: Past Strategies and Future Possibilities." *World Development* 13, 3 (March): 273-92.

Ahluwalia, Isher Judge. 1985. *Industrial Growth in India: Stagnation since the Mid-Sixties*. Delhi: Oxford University Press.

――――. 1987. "The Role of Policy in Industrial Development." In *The Development Process of the Indian Economy*, ed. P. R. Drahmananda and V. R. Panchamukhi.

Delhi: Himalaya.

Alam, Ghayur. 1989. "A Study of India's Electronics Industry." Report Prepared for OECD Development Centre Research Project on Technological Change and the Electronics Sector—Perspectives and Policy Options for Newly Industrializing Economies. Paris: OECD.

Ames, Barry. 1987. *Political Survival: Politicians and Public Policy in Latin America*. Berkeley and Los Angeles: University of California Press.

Amsden, Alice. 1979. "Taiwan's Economic History: A Case of Etatisme and a Challenge to Dependency Theory." *Modern China* 5, 3 (July): 341-80.

――――. 1985. "The State and Taiwan's Economic Development." In *Bringing the State Back In*, ed. Peter Evans, Dietrich Rueschemeyer, and Theda Skocpol. New York: Cambridge University Press.

――――. 1989. *Asia's Next Giant: South Korea and Late Industri-alization*. New York: Oxford University Press.

――――. 1992. "A Theory of Government Intervention in Late Industrialization." In *State and Market in Development: Synergy or Rivalry*, ed. Louis Putterman and Dietrich Rueschemeyer. Boulder: Lynne Rienner.

――――. 1994. "Why Isn't the Whole World Experimenting with the East Asian Model to Develop?: A Review of *The East Asian Miracle*," *World Development*

22, 4 (April) 627-33.

Anchordoguy, Marie. 1988. "Mastering the Market: Japanese Government Targeting of the Computer Industry." *International Organization* 42, 3 (Summer): 509-43.

Anuário Informática Hoje 87/88. 1988. "Listing of Brazilian Informatics Firms." Rio de Janeiro: Informatica Hoje.

Appelbaum, Richard, and Jeffrey Henderson, eds. 1992. *States and Development in the Asia Pacific Region*. Newbury Park, Calif. : Sage.

Arrighi, Giovanni, and Jessica Drangel. 1986. "The Stratification of the World-Economy." *Review* 10 : 9-74.

Auster, Richard D. , and Morris Silver. 1979. *The State as a Firm: Economic Forces in Political Development*. The Hague: Martinus Nijhoff.

Baek, Jun Ho. 1988. "Computerization of the National Administrative Network." *Kumpyuta Jungbosa* (Computer world) (May): 46-49.

Baer, Werner. 1969. *The Development of the Brazilian Steel Industry*. Nashville: Vanderbilt University Press.

———. 1989. *The Brazilian Economy: Growth and Development*. New York: Praeger.

Baptista, Margarida A. C. 1987. "A Indústria Eletrônica De Consuma a Nível Internacional E No Brazil: Padrões De Concorrência, Inovação Tecnológica E Caráter Da Intervenção Do Estado." Tese de Mestrado, Universidade Estadual de Campinas, São Paulo.

Bardhan, Pranab. 1974. "On Life and Death Questions." *Economic and Political Weekly* 9, 32-34 (August): 1293-1304.

———. 1984. *The Political Economy of Development in India*. Oxford: Basil Blackwell.

Barzelay, Michael. 1986. *The Politicized Market Economy: Alcohol in Brazil's Energy Strategy*. Berkeley and Los Angeles: University of California Press.

Bastos, Maria Ines. 1992. "The Interplay of Domestic and International Constraints on the Informatics Policy of Brazil." UNU/INTECH Working Paper no. 6.

Bates, Robert H. 1981. *Markets and States in Tropical Africa: The Political Basis of Agricultural Policies*. Berkeley and Los Angeles: University of California Press.

———. 1989. *Beyond the Miracle of the Market: The Political Economy of Agrarian Development in Kenya*. Cambridge: Cambridge University Press.

Becker, David G. 1983. *The New Bourgeoisie and the Limits of Dependency: Mining, Class, and Power in "Revolutionary" Peru*. Princeton: Princeton University Press.

Bello, Walden, and Stephanie Rosenfeld. 1990. *Dragons in Distress: Asia's Miracle Economies in Crisis*. San Francisco: Food First, Institute for Food and Development Policy.

Bennett, Douglas C. , and Kenneth Sharpe. 1985. *Transnational Corporations Versus the State*. Princeton: Princeton University Press.

Bergsman, Joel. 1970. *Brazil: Industrialization and Trade Policies*. New York: Oxford University Press.

Bhambiri, C. P. 1986. "Bureaucracy in India." In *A Survey of Research in Public Administration*, 1970-79, ed. Kuldeep Mathur (sponsored by Indian Council of Social Science Research). New Delhi: Concept Publishing Company.

Bharat Electronics Ltd. (B) EL. 1988. *34th Annual Report 1987-88*. Bangalore: BEL.

―――. 1989. Company Brochure. Bangalore: BEL.

Biggart, Nicole Woolsey. 1991. "Explaining Asian Economic Organization: Toward a Weberian Institutional Perspective." *Theory and Society* (Fall): 199-232.

Bloom, Martin. 1989. "Technological Change and the Electronics Sector—Perspectives and Policy Options for the Republic of Korea." Paper presented at the Workshop on Technological Change and the Electronics Sector: Perspectives and Policy Options for Newly Industrializing Economies, June. Paris: OECD Development Centre.

Boli-Bennett, John. 1980. "Global Integration and the Universal Increase of State Dominance: 1910-1970." In *Studies of the Modern World-System*, ed. Albert Bergesen. New York: Academic Press.

Brenner, Robert. 1976. "Agrarian Class Structure and Economic Development in Pre-Industrial Europe." *Past and Present* 70 (February): 30-75.

―――. 1977. "The Origins of Capitalist Development: A Critique of Neo-Smithian Marxism." *New Left Review* 104: 24-92.

Brett, E. A. 1987. "States, Markets, and Private Power in the Developing World: Problems and Possibilities." *IDS Bulletin* 18, 3 (July): 31-37.

Brooke, James. 1992. "Looting Brazil." *The New York Times Magazine*, November 8, 30-33.

Brown, Martin, and Bruce McKern. 1986. *Aluminum, Copper, and Steel in Developing Countries*. An OECD Development Centre study. Paris: OECD.

Buchanan, James M., Robert D. Tollison, and Gordon Tullock, eds. 1980. *Toward a Theory of Rent-Seeking Society*. College Station: Texas A&M University Press.

Bureau of Industrial Costs and Prices, Government of India (B) ICP. 1987. *Report on Electronics*. New Delhi: Government of India.

Business Korea. 1987. *Business Korea Yearbook*. Seoul: Business Korea (published in collaboration with James Capel & Co. and Tongyang Securities Co. Ltd.).

Calder, Kent. 1993. *Strategic Capitalism: Private Business and Public Purpose in Japanese Industrial Finance*. Princeton: Princeton University Press.

Callaghy, Thomas. 1984. *The State-Society Struggle: Zaire in Comparative Perspective*. New York: Columbia University Press.

―――. 1989. "Toward State Capability and Embedded Liberalism in the Third World: Lessons for Adjustment." In *Fragile Coalitions: The Politics of Economic Adjustment*, ed. Joan Nelson. Washington, D.C.: Overseas Development Council.

―――. 1990. "Lost Between State and Market: The Politics of Economic

Adjustment in Gambia, Zambia, and Nigeria" In *Economic Crisis and Policy Choice: The Politics of Economic Adjustment in the Third World*, ed. Joan M. Nelson. Princeton: Princeton University Press.

Cardoso, Fernando Henrique. 1975. *Autoritarismo E Democratização*. Rio de Janeiro: Paz e Terra.

Cardoso, Fernando Henrique, and Enzo Faletto. 1979. *Dependency and Development in Latin America*. Berkeley and Los Angeles: University of California Press.

Carnoy, Martin. 1984. *The State and Political Theory*. Princeton: Princeton University Press.

Cassiolato, José. 1992. "The User-Producer Connection in Hi-Tech: A Case Study of Banking Automation in Brazil." In *Hi-Tech for Industrial Development*, ed. Hubert Schmitz and José Cassiolato. London: Routledge.

Castells, Manuel. 1992. "Four Asian Tigers with a Dragon Head: A Comparative Analysis of the State, Economy, and Society in the Asian Pacific Rim." In *States and Development in the Asian Pacific Rim*, ed. Richard Appelbaum and Jeffrey Henderson. Newbury Park, Calif.: Sage Publications.

Centre for the Development of Telematics (C)-DOT. 1987. *Annual Report*, 1985-86. New Delhi: C-DOT.

―――. 1988. *C-DOT DSS: Family of Digital Switches, Gateway to ISDN*. New Delhi: C-DOT.

Chase-Dunn, Christopher. 1989. *Global Formation: Structures of the World Economy*. Cambridge, Mass.: Basil Blackwell.

Chatterjee, Bhaskar. 1990. *Japanese Management: Maruti and the Indian Experience*. New Delhi: Sterling Publishers.

Cheng, Tun-jen. 1987. "The Politics of Industrial Transformation: The Case of the East Asia NICs." Ph. D. diss., Department of Political Science, University of California, Berkeley.

Cho, In-Su. 1991. "Haengmang Jujonsaki, Aproei Haenglonun" (Whither NAIS main computer?). *Kyongyongkwa Computer* (August): 158-65.

Choi, Byung Sun. 1987. "Institutionalizing a Liberal Economic Order in Korea: The Strategic Management of Economic Change." Ph. D. diss., Kennedy School, Harvard University.

Chung, Joseph S. 1986. "Korea." In *National Policies for Developing High Technology Industries*, ed. Francis W. Rushing and Carole Ganz Brown. Boulder: Westview Press.

Cline, William. 1987. *Informatics and Development: Trade and Industrial Policy in Argentina, Brazil, and Mexico* (study funded by IBM). Washington, D. C.: Economics International, Inc.

Colclough, Christopher. 1991. "Structuralism versus Neo-liberalism: An Introduction." In *States or Markets?: Neo-liberalism and the Development Policy Debate*, ed. Christopher Colclough and James Manor. Oxford: Clarendon Press.

Collander, David, ed. 1984. *Neoclassical Political Economy: The Analysis of Rent-Seeking and DUP Activities*. Cambridge, Mass.: Ballinger.

Computer Maintenance Corporation (C) MC. 1988a. *IMPRESS: Railway Passenger Reservation System*. New Delhi: CMC.

_____. 1988b. *The Possibilities Are Infinite* (*Twelfth Annual Report*, 1987-88). New Delhi: CMC.

Computer Mind. (Computer Annual). 1988. Seoul: Jusighoesa Minkom.

Costa Marques, Ivan da. 1988. "Developing Indigenous Systems Software in Latin America: The Sox Operating System Case." Paper presented at the International Symposium on Technology Policy in the Americas, December. Stanford University.

Crandall, Robert W. 1981. *The U. S. Steel Industry in Recurrent Crisis: Policy Options in a Competitive World*. Washington, D. C. : The Brookings Institution.

Cumings, Bruce. 1987. "The Origins and Development of the Northeast Asian Political Economy: Industrial Sectors, Product Cycles, and Political Consequences." In *The Political Economy of the New Asian Industrialism*, ed. Frederic Deyo. Ithaca, N. Y. : Cornell University Press.

Dahlman, Carl J. 1990. "Electronics Development Strategy: The Role of Government." Industry and Energy Dept. Working Paper, Industry series paper no. 37. Washington, D. C. : World Bank.

_____. 1992. "Information Technology Strategies: Brazil and the East Asian Newly Industrializing Economies." In *High Technology and Third World Industrialization: Brazilian Computer Policy in Comparative Perspective*, ed. Peter B. Evans, Claudio R. Frischtak, and Paulo Basos Tigre. Berkeley: Institute of International Studies.

Dahlman, Carl J. , and Claudio Frischtak. 1990. "National Systems Supporting Technical Advance in Industry: The Brazilian Experience." Industry and Energy Dept. Working Paper, Industry series paper no. 32. Washington, D. C. : World Bank.

_____. 1991. "National Systems Supporting Technical Advance in Industry: The Brazilian Experience." Ms. (revised version of the paper above) Dantas, Vera. 1988. *Guerrilha Tecnológica: A Verdadeira História da Política Nacional de Informática*. Rio de Janeiro: LTC Editora Data Communications Corporation of Korea (D)ACOM. 1987. "NAIS Project" (mimeo). Seoul: DACOM.

_____. 1988. *1987 Annual Report*. Seoul: DACOM.

_____. 1991. *1990 Annual Report*. Seoul: DACOM.

Dataquest. 1988. "The Dataquest Top Ten—1987-88." Special issue (n. d.).

Dataquest. 1989. "The Dataquest Top Twenty—1988-89." Special issue (July).

Dataquest. 1990. "The Dataquest Top Twenty—1989-90." Special issue (July).

Data Sources. 1986. *Hardware and Data Communications*, 3rd Qrt. New York: Ziff-Davis.

D'Costa, Anthony P. 1989. "Capital Accumulation, Technology, and the State: The Political Economy of Steel Industry Restructuring." Ph. D. diss. , University of

Pittsburgh, Graduate School of Public and International Affairs.

Dearlove, John. 1987. "Economists on the State." *IDS Bulletin* 18, 3 (July): 5-11.

Dearlove, John, and Gordon White. 1987. "Editorial Introduction." *IDS Bulletin* 18, 3 (July): 1-3.

Departamento de Política de Informática e Automação, Government of Brazil (D) EPIN. 1991. *Panorama do Setor de Informática*. Brasilia: DEPIN.

Department of Electronics, Government of India (D)OE. 1984. "New Computer Policy." *Electronics Information and Planning* 12, 2 (November): 89-94.

──────. 1988. *Annual Report*, 1987-88. New Delhi: Government of India. Department of Electronics, Government of India (D) OE. 1989. *Annual Report*, 1988-89. New Delhi: Government of India.

Department of Industry, United Kingdom (D) OI. 1982. "A Programme for Advanced Information Technology: The Report of the Alvey Committee." London: Her Majesty's Stationary Office.

Department of Science and Technology, Government of India (D) ST. 1989. *Pocket Data Book* 1989. New Delhi: Government of India.

Desai, Anita. 1991. "India: The Seed of Destruction." *New York Review of Books* 38, 12 (June 27): 3-4.

Deyo, Frederic, ed. 1987. *The Political Economy of the New Asian Industrialism*. Ithaca, N. Y. : Cornell University Press.

──────. 1989. *Beneath the Miracle: Labor Subordination in the New Asian Industrialism*. Berkeley and Los Angeles: University of California Press.

Doner, Richard F. 1992. "Limits of State Strength: Toward an Institutionalist View of Economic Development." *World Politics* 44 (April): 398-431.

Dutkiewicz, Piotr, and Gavin Williams. 1987. "All the King's Horses and All the King's Men Couldn't Put Humpty-Dumpty Together Again." *IDS Bulletin* 18, 3 (July): 39-44.

Duvall, Raymond, and John R. Freeman. 1983. "The Techno-Bureaucratic Elite and the Entrepreneurial State in Dependent Industrialization." *American Political Science Review* 77, 3 (September): 569-87.

Dytz, Edison. 1986. *A Informática No Brasil*. São Paulo: Editora Nobel. *The Economist*. 1993. "Within the Whirlwind." Special survey of the computer industry, 326 (February 27-March 5): 58.

Edquist, Charles, and Staffan Jacobsson. 1987. "The Integrated Circuit Industries of India and the Republic of Korea in an International Techno-Economic Context." *Industry and Development* 21 (November): 1-62.

Electronics and Telecommunications Research Institute (ETRI). 1985-87. *Annual Reports*, 1985, 1986, 1987. Daedog: ETRI.

Electronics Industry Association of Korea (EIAK). 1987. *Information Industry Annual*—1987. Compiled under supervision of Information Industry Division, Ministry of Trade and Industry. Seoul: EIAK.

──────. 1988. 1987-1988 *Electronic Industry of Korea*. Seoul: EIAK.

──────. 1991a. *Statistics of Electronic and Electrical Industries*—1990:

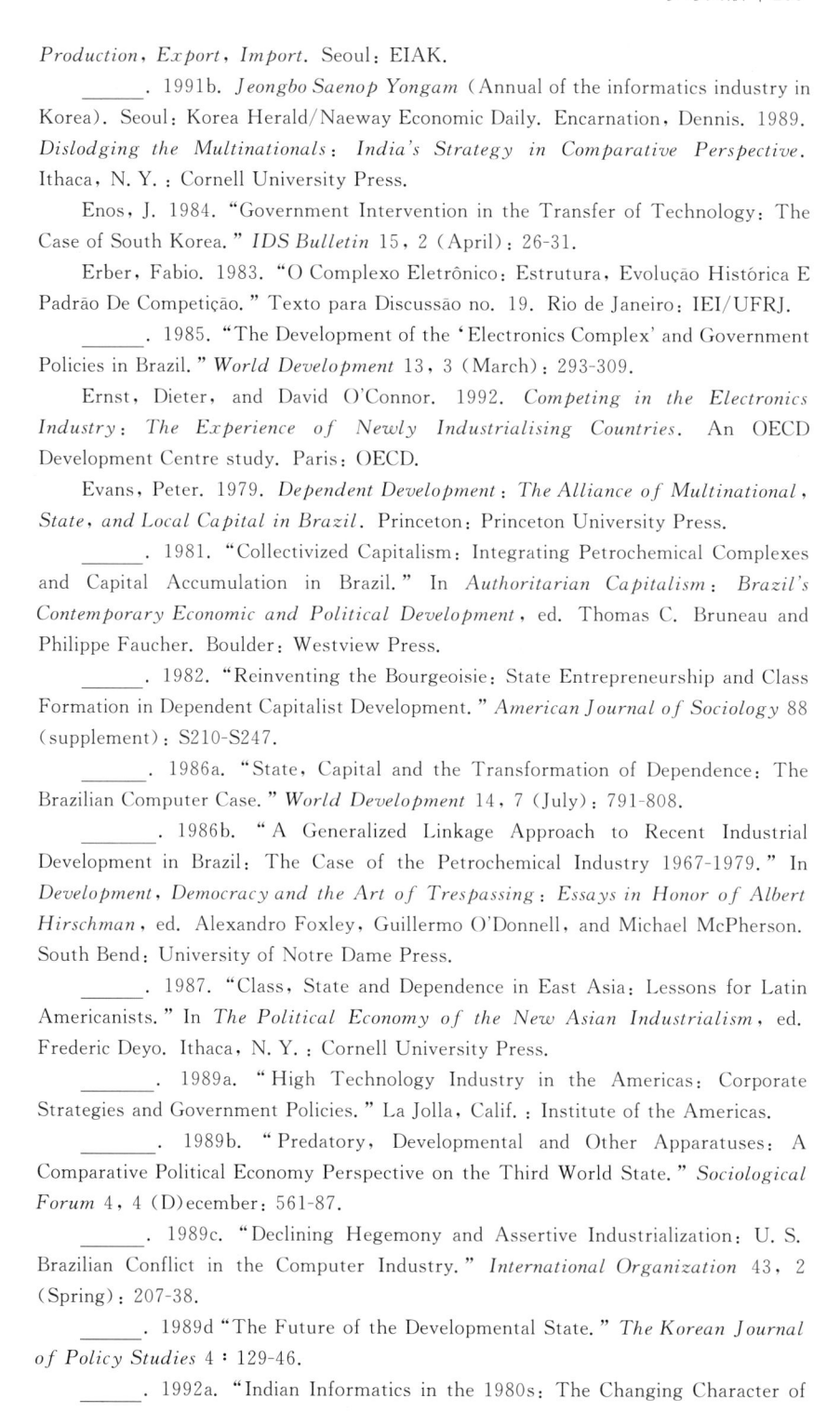

Production, Export, Import. Seoul: EIAK.

_____. 1991b. *Jeongbo Saenop Yongam* (Annual of the informatics industry in Korea). Seoul: Korea Herald/Naeway Economic Daily. Encarnation, Dennis. 1989. *Dislodging the Multinationals: India's Strategy in Comparative Perspective*. Ithaca, N. Y. : Cornell University Press.

Enos, J. 1984. "Government Intervention in the Transfer of Technology: The Case of South Korea." *IDS Bulletin* 15, 2 (April): 26-31.

Erber, Fabio. 1983. "O Complexo Eletrônico: Estrutura, Evolução Histórica E Padrão De Competição." Texto para Discussão no. 19. Rio de Janeiro: IEI/UFRJ.

_____. 1985. "The Development of the 'Electronics Complex' and Government Policies in Brazil." *World Development* 13, 3 (March): 293-309.

Ernst, Dieter, and David O'Connor. 1992. *Competing in the Electronics Industry: The Experience of Newly Industrialising Countries*. An OECD Development Centre study. Paris: OECD.

Evans, Peter. 1979. *Dependent Development: The Alliance of Multinational, State, and Local Capital in Brazil*. Princeton: Princeton University Press.

_____. 1981. "Collectivized Capitalism: Integrating Petrochemical Complexes and Capital Accumulation in Brazil." In *Authoritarian Capitalism: Brazil's Contemporary Economic and Political Development*, ed. Thomas C. Bruneau and Philippe Faucher. Boulder: Westview Press.

_____. 1982. "Reinventing the Bourgeoisie: State Entrepreneurship and Class Formation in Dependent Capitalist Development." *American Journal of Sociology* 88 (supplement): S210-S247.

_____. 1986a. "State, Capital and the Transformation of Dependence: The Brazilian Computer Case." *World Development* 14, 7 (July): 791-808.

_____. 1986b. "A Generalized Linkage Approach to Recent Industrial Development in Brazil: The Case of the Petrochemical Industry 1967-1979." In *Development, Democracy and the Art of Trespassing: Essays in Honor of Albert Hirschman*, ed. Alexandro Foxley, Guillermo O'Donnell, and Michael McPherson. South Bend: University of Notre Dame Press.

_____. 1987. "Class, State and Dependence in East Asia: Lessons for Latin Americanists." In *The Political Economy of the New Asian Industrialism*, ed. Frederic Deyo. Ithaca, N. Y. : Cornell University Press.

_____. 1989a. "High Technology Industry in the Americas: Corporate Strategies and Government Policies." La Jolla, Calif. : Institute of the Americas.

_____. 1989b. "Predatory, Developmental and Other Apparatuses: A Comparative Political Economy Perspective on the Third World State." *Sociological Forum* 4, 4 (D)ecember: 561-87.

_____. 1989c. "Declining Hegemony and Assertive Industrialization: U. S. Brazilian Conflict in the Computer Industry." *International Organization* 43, 2 (Spring): 207-38.

_____. 1989d "The Future of the Developmental State." *The Korean Journal of Policy Studies* 4 : 129-46.

_____. 1992a. "Indian Informatics in the 1980s: The Changing Character of

State Involvement." *World Development* 20, 1 (January): 1-18.

―――. 1992b. "The State as Problem and Solution: Predation, Embedded Autonomy and Adjustment." In *The Politics of Economic Adjustment: International Constraints, Distributive Politics, and the State*, ed. Stephan Haggard and Robert Kaufman. Princeton: Princeton University Press.

Evans, Peter, and Chien-kuo Pang. 1987. "State Structure and State Policy: Implications of the Taiwanese Case for Newly Industrializing Countries." Paper presented at the International Conference on Taiwan: A Newly Industrialized Country, September 3-5. National Taiwan University.

Evans, Peter, Dietrich Reuschemeyer, and Theda Skocpol, eds. 1985. *Bringing the State Back In*. New York: Cambridge University Press.

Evans, Peter, and John Stephens. 1988a. "Studying Development since the Sixties: The Emergence of a New Comparative Political Economy." *Theory and Society* 17: 713-45.

―――. 1988b. "Development and the World Economy." In *The Handbook of Sociology*, ed. Neil Smelser. Beverly Hills: Sage Publications.

Evans, Peter, and Paulo Tigre. 1989a. "Going Beyond Clones in Brazil and Korea:
A Comparative Analysis of NIC Strategies in the Computer Industry." *World Development* 17, 11 (November): 1751-68.

―――. 1989b. "Paths to Participation in 'Hi-Tech' Industry: A Comparative Analysis of Computers in Brazil and Korea." *Asian Perspective* 13, 1 (Spring-Summer): 5-35.

Fayad, Marwan, and Homa Motamen. 1986. *The Economics of the Petrochemical Industry*. London: Frances Pinter.

Federation of Korean Industries (FKI). 1991. *Hankukei Juyosanop: Hyonsangkwa Kwaje* (Major industries in Korea: Current situation and task). Seoul: FKI.

Fishlow, Albert. 1987. "Some Reflections on Comparative Latin American Economic Performance and Policy." Working Paper no. 8754. Department of Economics, University of California, Berkeley.

Flamm, Kenneth. 1987. *Targeting the Computer*. Washington, D. C.: The Brookings Institution.

―――. 1988a. *Creating the Computer*. Washington, D. C.: The Brookings Institution.

―――. 1988b. "Trends in the Computer Industry and Their Implications for Developing Countries." Paper presented at the International Symposium on Technology Policy in the Americas, December. Stanford University.

Fortune. 1988. "The International 500: The Fortune Directory of the Biggest Industrial Corporations Outside of the US." (August 1): D7-D37.

Franke, Richard W., and Barbara H. Chasin. 1989. *Kerala: Radical Reform as Development in an Indian State*. Food First Development Report no. 6, October. San Francisco: Institute for Food and Development Policy.

Frischtak, Claudio. 1986. "Brazil." In *National Policies for Developing High*

Technology Industries, ed. Francis W. Rushing and Carole Ganz Brown. Boulder: Westview Press.

―――. 1989. "Specialisation, Technical Change and Competitiveness of the Brazilian Electronics Industry." Report prepared for the OECD Development Centre Research Project on Technological Change and the Electronics Sector: Perspectives and Policy Options for Newly-Industrialising Economics.

―――. 1991. "Banking Automation and Productivity Change: The Brazilian Experience." Industry and Energy Department, Industry Series Paper no. 46, July. Washington, D. C. : World Bank.

―――. 1992. "The International Market and the Competitive Potential of National Producers of Equipment and Systems." In *High Technology and Third World Industrialization: Brazilian Computer Policy in Comparative Perspective*, ed. Peter Evans, Claudio Frischtak, and Paulo Tigre. Research Series no. 85. Berkeley: International and Area Studies.

Frischtak, Leila, 1992. "Antinomies of Development? Governance Capacity and Adjustment Responses." Draft Ms. Industry Development Division, World Bank.

Furtado, Celso. 1965. *The Economic Growth of Brazil*. Berkeley and Los Angeles: University of California Press.

Gadacz, Oles. 1987. "South Korea's Supermini Strategy." *Datamation* 1, 2 (June 1): 68.

Gaio, Fatima. 1992. "Software Strategies for Developing Countries: Lessons from the International and Brazilian Experience." In *Hi-Tech for Industrial Development*, ed. Hubert Schmitz and José Cassiolato. London: Routledge.

Gargan, Edward. 1993. "A Students Prayer: Let Me Join the Ruling Class." *New York Times* (December 6): A4.

Geddes, Barbara. 1986. "Economic Development as a Collective Action Problem: Individual Interests and Innovation in Brazil." Ph. D. diss. , Department of Political Science, University of California, Berkeley.

Gereffi, Gary, ed. 1991. *Manufacturing Miracles: Paths of Industrialization in Latin America and East Asia*. Princeton: Princeton University Press.

Gereffi, Gary, and Miguel Korzeniewicz. 1990. "Commodity Chains and Footwear Exports in the Semiperiphery." In *Semiperipheral States in the World-Economy*, ed. William Martin. Westport, Conn. : Greenwood Press.

―――. 1993. ed. *Commodity Chains and Global Capitalism*. Westport, Conn. : Praeger.

Gerschenkron, Alexander. 1962. *Economic Backwardness in Historical Perspective*. Cambridge, Mass. : Belknap.

Giddens, Anthony. 1987. *The Nation State and Violence*. Berkeley and Los Angeles: University of California Press.

Gilpin, Robert. 1987. *The Political Economy of International Relations*. Princeton: Princeton University Press.

Gold, Tom. 1981. "Dependent Development in Taiwan." Ph. D. diss. , Department of Sociology, Harvard University.

―――. 1986. *State and Society in the Taiwan Miracle*. Armonk, N. Y. : M.

E. Sharpe.

Goldar, B. N. 1986. *Productivity Growth in Indian Industry*. New Delhi: Allied Publishers.

Goldstar Group (Kumsung). 1987. *The Will to Be #1 in the Field of Consumer and Industrial Electronics*. Seoul: Goldstar.

Gould, David. 1979. "The Administration of Underdevelopment." In *Zaire: The Political Economy of Underdevelopment*, ed. Guy Gran. New York: Praeger.

Gourevitch, Peter. 1986. *Politics in Hard Times*. Ithaca, N. Y.: Cornell University Press.

Gouveia, Raul de. 1988. "Brazilian Exports of Arms: The Catalytic Role of the Government." Paper presented at Multinational Culture: Social Impacts of a Global Economy, March 23-25. Hofstra University.

Government of India. 1988. *Software India '88: Market Backgrounder*. New Delhi: GOI

Gramsci, Antonio. 1971 (1989). *Selections from the Prison Notebooks*. New York: International Publishers.

Granovetter, Mark. 1985. "Economic Action and Social Structure: The Problem of Embeddedness." *American Journal of Sociology* 91, 3 (November): 481-510.

Grieco, Joseph. 1984. *Between Dependency and Autonomy: India's Experience with the International Computer Industry*. Berkeley and Los Angeles: University of California Press.

Grindle, Merilee. 1977. *Bureaucrats, Politicians and Peasants in Mexico: A Case Study in Public Policy*. Berkeley and Los Angeles: University of California Press.

Haggard, Stephan. 1990. *Pathways from the Periphery: The Politics of Growth in Newly Industrializing Countries*. Ithaca, N. Y.: Cornell University Press.

Haggard, Stephan, and Robert Kaufman. 1992. "Institutions and Economic Adjustment." In *The Politics of Economic Adjustment: International Constraints, Distributive Politics, and the State*, ed. Stephan Haggard and Robert Kaufman. Princeton: Princeton University Press.

Hagopian, Francis. 1986. "The Politics of Oligarchy: The Persistence of Traditional Elites in Contemporary Brazil." Ph. D. diss., Department of Political Science, MIT.

―――. 1994. "Traditional Politics against State Transformation in Brazil." In *State Power and Social Forces: Domination and Transformation*, ed. Joel Migdal, Atul Kohli and Vivienne Shue. Cambridge: Cambridge University Press.

Hall, Peter. 1986. *Governing the Economy: The Politics of State Intervention in Britain and France*. New York: Oxford University Press.

Hamilton, Alexander. 1817. *The Soundness of the Policy of Protecting Domestic Manufactures* Philadelphia: J. R. A. Skerett.

Hamilton, Nora. 1982. *The Limits of State Autonomy: Post-Revolutionary Mexico*. Princeton: Princeton University Press.

Hamilton, Gary, and Nicole W. Biggart. 1988. "Market, Culture, and Authority: A Comparative Analysis of Management and Organization in the Far East." *American Journal of Sociology* 94 (supplement): S52-S94.

Hanson, A. H. 1966. *The Process of Planning: a Study of India's Five Year Plans* 1950-64. London: Oxford University Press.

Hazari, R. K. 1986. *Essays on Industrial Policy*. New Delhi: Concept Publishing Co.

Helena, Silvia. 1980. "A Indústria De Computadores: Evolução Das Decisões Governamentais." *Revista De Administração Pública* 14, 4 (October-December): 73-109.

——. 1984. *Rastro De Cobra*. 1984. Rio de Janeiro: Caio Domingues & Assocs.

Heller, Patrick. 1991. "The Politics of the State and the Politics of Society." Ms., Department of Sociology, University of California, Berkeley.

——. 1994. "The Politics of Redistributive Development: State and Class in Kerala, India." Ph. D. diss., Department of Sociology, University of California, Berkeley.

Herring, Ronald J. 1991. *Contesting the "Great Transformation": Land and Labor in South India*. Ms., Department of Political Science, Cornell University.

Hewitt, T. 1986. *Internalising the Social Benefits of Electronics: Case Studies in the Brazilian Informatics and Consumer Electronics Industry*. Brasilia: Projeto PNUD/OIT/CNRH.

Hirschman, Albert. 1958. *The Strategy of Economic Development*. New Haven: Yale University Press.

——. 1967. *Development Projects Observed*. Washington, D. C.: The Brookings Institution.

——. 1973. *Journeys Toward Progress: Studies of Economic Policy Making in Latin America*. New York: W. W. Norton.

——. 1977. "A Generalized Linkage Approach to Development, with Special Reference to Staples." *Economic Development and Cultural Change* 25 (supplement): 67-98.

——. 1981. *Essays in Trespassing: Economic to Politics and Beyond*. Cambridge: Cambridge University Press.

——. 1982. "Rival Interpretations of Market Society: Civilizing, Destructive, or Feeble?" *The Journal of Economic Literature* 20, 4 (D)ecember: 1463-84.

——. 1989. "Reactionary Rhetoric." *The Atlantic Monthly* (May): 63-70.

Hobday, Michael. 1984. *The Brazilian Telecommunications Industry: Accumulation of Microelectronic Technology in the Manufacturing and Service Sectors*. Textos para Discussão, no. 47. Rio de Janeiro: IEI/UFRJ.

Hong, Sung Gul. 1992. "State and Society in East Asian Development: Industrial Leapfrogging for Semiconductors in Taiwan and South Korea." Ph. D. diss., Department of Political Science, Northwestern University.

Hopkins, Terence, and Immanuel Wallerstein. 1986. *Processes of the World-System*. Beverly Hills: Sage Publications.

Huber, Evelyne, 1993a. "Assessments of State Strength in Comparative Perspective." Paper prepared for conference on Comparative Approaches to Latin America: Issues and Methods, July 29-31. Quito, Ecuador.

―――. 1993b. "The Changing Role of the State in Latin America." Paper presented for the conference on Rethinking Development Theory, March. Chapel Hill, N.C.

Hull, Galen. 1979. "Zaire in the World System: In Search of Sovereignty." In *Zaire: The Political Economy of Underdevelopment*, ed. Guy Gran. New York: Praeger.

Itautec. 1987. Relatório Anual—1986. São Paulo: Itautec.

International Trade Administration, U.S. Department of Commerce (ITA). 1981. "Computers and Peripheral Equipment: Korea." Country Market Survey (March). Washington, D.C.: Government Printing Office.

Johnson, Chalmers. 1982. *MITI and the Japanese Miracle: The Growth of Industrial Policy*, 1925-1975. Stanford: Stanford University Press.

Johnson, William A. 1966. *The Steel Industry of India*. Cambridge: Harvard University Press.

Jones, Leroy P., and Il Sakong. 1980. *Government, Business and Entrepreneurship in Economic Development: The Korean Case. Studies in Modernization of the Korean Republic*, 1945-75. Cambridge: Harvard University Press.

Jones, Leroy P., and Edward S. Mason. 1982. "Role of Economic Factors in Determining the Size and Structure of the Public-Enterprise Sector in Less-Developed Countries with Mixed Economies." In *Public Enterprise in Less-Developed Countries*, ed. Leroy Jones. New York: Cambridge University Press.

Joseph, K. J. 1989. "Growth Performance of Indian Electronics under Liberalization." *Economic and Political Weekly* 24, 19 (August): 1915-20.

Jun, Sang-In. 1991. "State Making in South Korea: The U.S. Occupation and Korean Development." Ph.D. diss., Department of Sociology, Brown University.

Kabwit, Ghislain. 1979. "Zaire: The Roots of the Continuing Crisis" *Journal of Modern African Studies* 17, 3: 381-407.

Kahler, Miles. 1990. "Orthodoxy and Its Alternatives: Explaining Approaches to Stabilization and Adjustment." In *Economic Crisis and Policy Choice: The Politics of Adjustment in the Third World*, ed. Joan M. Nelson. Princeton: Princeton University Press.

Kang, Mungu. 1989. "The Military Seizure of Power in 1979-80 in South Korea." Ph.D. diss., Department of Political Science, University of New Mexico.

Karl, Terry (forthcoming). *The Paradox of Plenty: Oil Booms and Petrostates*. Berkeley and Los Angeles: University of California Press.

Katzenstein, Peter J. 1984. *Corporatism and Change: Austria, Switzerland, and the Politics of Industry*. Ithaca, N.Y.: Cornell University Press.

―――. 1985. "Small Nations in an Open International Economy: The Converging Balance of State and Society in Switzerland and Austria." In *Bringing the State Back In*, ed. Peter Evans, Dietrich Rueschemeyer, and Theda Skocpol.

Cambridge: Cambridge University Press.

———, ed. 1978. *Between Power and Plenty*. Madison: University of Wisconsin Press.

Kelkar, Vijay. 1990. "India's Industrial Economy: Policies, Performance, and Reforms." Mimeo. New Delhi, India.

Kelkar, Vijay, and S. N. Kaul. 1989. "Identifying the Role of the Electronics Industry in India's Growth Strategy." Paper presented for OECD Development Centre Research Project—Perspectives and Policy Options for Newly-Industrializing Economies, June. Paris: OECD.

Kelkar, Vijay, and K. V. Varadarajan. 1989. "India's Computer Industry: Perspectives and Options for Latecomer Strategies." Paper presented for OECD Development Centre Research Project—Perspectives and Policy Options for Newly-Industrializing Economies, June. Paris: OECD.

Khanna, Sushil. n. d. "Transnational Corporations and Technology Transfer: Contours of Dependence in the Indian Petrochemical Industry." Calcutta: Indian Institute of Management.

Killick, Tony. 1986. "Twenty-five Years in Development: The Rise and Impending Decline of Market Solutions." *Development Policy Review* 4: 99-116.

Kim, Byung Kook. 1987. "Bringing and Managing Socioeconomic Change: The State in Korea and Mexico." Ph. D. diss., Department of Government, Harvard University.

Kim, Eun Mee. 1987. "From Dominance to Symbiosis: State and Chaebol in the Korean Economy, 1960-1985." Ph. D. diss., Department of Sociology, Brown University.

———. 1992. "Contradictions and Limits of a Developmental State: With Illustrations from the South Korean Case." Ms., Department of Sociology, University of Southern California.

Kim, Jong-Whan. 1988. "Kukmin Yongum Jonsan Chori Iroke Dalajinda" (New computer processing of national pension). *Kukmin Yongum* (September): 37-43.

Kim, Kwang Woong. 1987. "The Role of the State Bureaucracy in Development Policies: Cases of Selected Countries in Asia." *Papers of the ASEAN and Japan Project*, no. 21. Nihon University, Tokyo.

Kim, Linsu. 1991. "National System of Industrial Innovation: Dynamics of Capability Building in Korea." Paper presented at the National Technical System Project, Columbia University.

Kim, M. S. 1987. "The Making of Korean Society: The Role of the State in the Republic of Korea (1948-79)." Ph. D. diss., Department of Sociology, Brown University.

Kim, Y. H. n. d.. "The Role of Technical Higher Education in the Industrialization of Korea." Ms., Korean Educational Developmental Institute, Seoul.

Kim, Young-Kon, and Chang Bun Yoon. "Country Strategy for Developing the Information/Communication Technology and Its Infrastructure in Korea." *Jeonbo Sahoi Yongu* (Information Society research). (Summer): 140-88.

Kohli, Atul. 1989. "Politics of Economic Liberalization in India." *World Development* 17, 3 (March): 305-28.

―――. 1990. *Democracy and Discontent: India's Growing Crisis of Governability*. New York: Cambridge University Press.

―――. (forthcoming). "Where do High Growth Political Economies Come From: The Japanese Lineage of Korea's 'Developmental State.'" *World Development*.

Koo, Hagen. 1987. "The Interplay of State, Social Class, and World System in East Asian Development: The Cases of South Korea and Taiwan." In *The Political Economy of the New Asian Industrialism*, ed. Frederic Deyo. Ithaca, N. Y.: Cornell University Press.

Korean Electrotechnology and Telecommunications Research Institute (KETRI). 1984. *1984 Research Activities Review*. Chung Nam, Korea: KETRI.

Korean Information Industry Association (KIIA). 1987. *ASCIO (Asian-Oceanian Computing Industry Organization) Country Report on the Current Status and Policy of Information Industry*. Seoul: KIIA.

Krasner, Stephen. 1979. *Defending the National Interest*. Princeton: Princeton University Press.

―――. 1985. *Structural Conflict: The Third World Against Global Liberalism*. Berkeley and Los Angeles: University of California Press.

Kravis, Irving B. 1970. "Trade as a Handmaiden of Growth: Similarities Between the Nineteenth and Twentieth Centuries." *Economic Journal* 80, 320 (D)ecember: 850-72.

Krauss, Ellis. 1993. "US-Japan Trade Negotiations on Construction and Semiconductors 1985-1988: Building Friction and Relation-chips." In *Double-Edged Diplomacy: International Bargaining and Domestic Politics*, ed. Peter Evans, Harold Jacobson, and Robert Putnam. Berkeley and Los Angeles: University of California Press.

Krueger, Anne O. 1974. "The Political Economy of the Rent-Seeking Society." *American Economic Review* 64, 3 (June): 291-303.

Krugman Paul. 1987. "Strategic Sectors and International Competition." In *U. S. Trade Policies in a Changing World Economy*, ed. Robert M. Stern. Cambridge: MIT Press.

Kurth, James R. 1979. "Industrial Change and Political Change: A European Perspective." In *The New Authoritarianism in Latin America*, ed. David Collier. Princeton: Princeton University Press.

Laitin, David D. 1985. "Hegemony and Religious Conflict: British Imperial Control and Political Cleavages in Yorubaland." In *Bringing the State Back In*, ed. Peter Evans, Dietrich Rueschmeyer, and Theda Skocpol. Cambridge: Cambridge University Press.

Lal, Deepak. 1988. *The Hindu Equilibrium*. Vol. 1: *Cultural Stability and Economic Stagnation, India c. 1500 B. C. -A. D. 1980*. Oxford: Clarendon Press.

Lall, Sanjaya. 1987. *Learning to Industrialize: The Acquisition of*

Technological Capability by India. London: Macmillan.

Langer, Eric. 1989. "Generations of Scientists and Engineers: Origins of the Computer Industry in Brazil." *Latin American Research Review* 24, 2: 95-111.

Lee, Eung-Hyo. 1987. "Modernization Program of the Rural Telephone Network in Korea." Mimeo. Seoul: KTA.

Lee, Myung Jae. 1988. "Outline of the Development Project of Main Computer for the National Administrative Computer Network." Report presented at the Board of Science and Technology, March 25. Seoul: ETRI, Korean Information Science Association, Computer Science Study Association.

Lee, Su-Hoon. 1988. *State-Building in the Contemporary Third World*. Boulder: Westview Press.

Leipziger, Daniel, ed. 1988a. "Korea: Transition to Maturity." *World Development* 16, 1 (January).

_____. 1988b. "Industrial Restructuring in Korea." *World Development* 16, 1 (January): 121-35.

Lemarchand, Rene. 1979. "The Politics of Penury in Rural Zaire: The View from Bandundu." In *Zaire: The Political Economy of Underdevelopment*, ed. Guy Gran. New York: Praeger.

Levi, Margaret. 1981. "A Theory of Predatory Rule." *Politics and Society* 10, 4: 431-65.

_____. 1988. *Of Rule and Revenue*. Berkeley and Los Angeles: University of California Press.

Levy, Brian. 1988. "The State-owned Enterprise as an Entrepreneurial Substitute in Developing Countries: The Case of Nitrogent Fertilizer." *World Development* 16, 10 (October): 1199-1211.

Lew, Seok-Jin. 1992. "Bringing Capital Back In: A Case Study of the South Korean Automobile Industrialization." Ph. D. Diss., Department of Political Science, Yale University.

Lieten, Georges Kristoffel. 1982. *The First Communist Ministry in Kerala 1957-9*. Calcutta: K. P. Bagchi & Company.

Lim, Linda Y. C. 1993. "Technology Policy and Export Development: The Case of the Electronics Industry in Singapore and Malaysia." Paper presented at the First INTECH Research Conference, June 21-23, Maastricht, The Netherlands.

Lipton, Michael. 1991. "Market Relaxation and Agricultural Development." In *States or Markets?: Neo-liberalism and the Development Policy Debate*, ed. Christopher Colclough and James Manor. Oxford: Clarendon Press.

List, Friedrich. 1885 (1966). *The National System of Political Economy*. New York: Augustus M. Kelley.

Luedde-Neurath, Richard. 1986. *Import Controls and Export-Oriented Development: A Reassessment of the South Korean Case*. Boulder: Westview.

Mahalingam, Sudha. 1989. "Computer Industry in India: Strategies for Late Comer Entry." *Economic and Political Weekly* 24, 42 (October 21): 2375-84.

Mann, Michael. 1984. "The Autonomous Power of the State: Its Origins, Mechanisms and Results." *Archives Européennes de Sociologie* 25: 185-213.

────. 1986. *The Sources of Social Power*, vol. 1: *A History from the Beginning to A. D. 1760*. Cambridge: Cambridge University Press.

────. 1993. *The Sources of Social Power*, vol. 2: *The Rise of Classes and Nation States, 1760-1914*. Cambridge: Cambridge University Press.

Marathe, Sharad S. 1989. *Regulation and Development: India's Policy Experience of Controls over Industry*. New Delhi: Sage Publications.

March, James G., and Johan P. Olsen. 1984. "The New Institutionalism: Organizational Factors in Political Life." *American Political Science Review* 78: 734-49.

Martins, Luciano. 1977. "A Expansão Recente Do Estado No Brasil: Seus Problemas E Seus Atores." Research report to FINEP, Rio de Janeiro.

────. 1985. *Estado Capitalista E Burocracia No Brasil Pos64*. Rio de Janeiro: Paz e Terra.

Mathur, Kuldeep, ed. 1986. *A Survey of Research in Public Administration 1970-1979*. Project sponsored by Indian Council of Social Science Research. New Delhi: Concept Publishing Company.

Mencher, Joan. 1980. "The Lessons and Non-Lessons of Kerala." *Economic and Political Weekly* 15, 41-43: 1781-1802.

Meyer-Stamer, Jorg. 1989. "From Import Substitution to International Competitiveness—Brazil's Informatics Industry at the Crossroads." Berlin: German Development Institute (GDI).

────. 1992. "The End of Brazil's Informatics Policy." *Science and Public Policy* 19, 2 (April): 99-110.

Migdal, Joel. 1988. *Strong Societies and Weak States: State-Society Relations and State Capabilities in the Third World*. Princeton: Princeton University Press.

────. 1994. "The State in Society: An Approach to Struggles for Domination." In *State Power and Social Forces: Domination and Transformation*, ed. Joel Migdal, Atul Kohli, and Vivienne Shue. Cambridge: Cambridge University Press.

Ministry of Communications, Republic of Korea (MOC). 1987. *Tele-Korea Today*. Seoul: Ministry of Communications.

Ministry of Government Administration, Republic of Korea (MGA). 1986. "Wages in Public Service and Private Companies." Seoul: Ministry of Government Administration.

Ministry of Science and Technology, Republic of Korea (MOST). 1987. *Introduction to Science and Technology, Republic of Korea*. Seoul: Ministry of Science and Technology.

Mody, Ashoka. 1986. "Korea's Computer Strategy." Harvard Business School Case no. 0-686-070. Boston: HBS Case Services.

────. 1987a. "Planning for Electronics Development." *Economic and Political Weekly* 22, 26-27 (June): 1041-45.

────. 1987b. "Growth of Firms under Uncertainty: Three Essays." Ph. D. diss., Department of Economics, Boston University.

_____. 1989. "Institutions and Dynamic Comparative Advantage: Electronics Industry in South Korea and Taiwan." World Bank Industry and Energy Department, Industry and Energy Department Working Paper. Industry Series Paper no. 9 (June).

Moe, Terry. 1987. "Interests, Institutions, and Positive Theory: The Politics of the NLRB." *Studies in American Political Development* 2: 236-39.

Moore, Barrington. 1967. *Social Origins of Dictatorship and Democracy*. Boston: Beacon Press.

Moore, Jeffrey, and Bart Narter. 1988. "Senior Executive Computer Use in the Americas: A Study of the U. S., Mexico and Brazil." Paper presented at the International Symposium on Technology Policy in the Americas, December, Stanford University.

Moorthy, K. Krishna. 1984. *Engineering Change: India's Iron and Steel Industry*. Madras: Technology Books.

Moran, Theodore H. 1974. *Multinational Corporations and the Politics of Dependence: Copper in Chile*. Princeton: Princeton University Press.

Murilo de Carvalho, José. 1974. "Elite and State-building in Brazil." Ph. D. diss., Department of Political Science, Stanford University.

National Association of Software and Service Companies (NASSCOM). 1989. "Indian Software Industry, 1990-95." Background document presented at National Software Conference '89. July 14-15, New Delhi.

National Computerization Coordination Committee. 1988. *Comprehensive Collection of Documents on National Computerization*. Seoul: NCCC.

National Informatics Centre, Government of India (NIC). 1987. *Profile of Services*. New Delhi: NIC/GOI.

_____. n. d. *District Information System of the National Informatics Centre (DISNET)*. New Delhi: NIC/GOI.

Nelson, Richard R., and Sidney Winter. 1982. *An Evolutionary Theory of Economic Change*. Cambridge: Harvard University Press.

Newfarmer, Richard. 1980. *Transnational Conglomerates and the Economics of Dependent Development: A Case Study of the International Electrical Oligopoly and Brazil's Electrical Industry*. Greenwich, Conn.; JAI Press.

Niskanen, William A. 1971. *Bureaucracy and Representative Government*. Chicago: Aldine-Atherton.

Noble, Gregory. 1988. "Between Cooperation and Competition: Collective Action in the Industrial Policy of Japan and Taiwan." Ph. D. diss., Department of Government, Harvard University.

North, Douglass C. 1981. *Structure and Change in Economic History*. New York: Norton.

_____. 1986. "The New Institutional Economics." *Journal of Institutional and Theoretical Economics* 142: 230-37.

_____. 1990. *Institutions, Institutional Change and Economic Perform-ance*. Cambridge: Cambridge University Press.

North, Douglass C., and Robert Thomas. 1973. *The Rise of the Western World: A New Economic History*. New York: Cambridge University Press.

Nunes, Edson de Oliveira, and Barbara Geddes. 1987. "Dilemmas of State-led Modernization in Brazil." In *State and Society in Brazil: Continuity and Change*, ed. John D. Wirth, Edson Nunes, and Thomas E. Bogenschild. Boulder: Westview Press.

Okimoto, Daniel I. 1989. *Between MITI and the Market: Japanese Industrial Policy for High Technology*. Stanford: Stanford University Press.

Olson, Mancur. 1965. *The Logic of Collective Action*. Cambridge: Harvard University Press.

———. 1982. *The Rise and Decline of Nations*. New Haven: Yale University Press.

Öniĺ, Ziya. 1991. "The Logic of the Developmental State." *Comparative Politics* 24, 1 (October): 109-26.

Overseas Economic Cooperation Fund. 1991. "Issues Related to the World Bank's Approach to Structural Adjustment—A Proposal from a Major Partner." OECF Occasional Paper no. 1 (October). Mimeo.

Paige, Jeffrey. 1987. "Coffee and Politics in Central America." In *Crises in the Caribbean Basin*, ed. Richard Tardanico. Beverly Hills: Sage.

Pang, Chien Kuo. 1987. "The State and Economic Transformation: The Taiwan Case." Ph.D. diss., Department of Sociology, Brown University.

Pani, Narendar. 1987. "A Demographic and Economic Profile of Bangalore." Paper prepared for seminar on Bangalore 2000—Some Imperatives for Action Now. Bangalore: Times Research Foundation.

Park, Mi-young. 1991. "Kukmin Yongumei Kwalli Unyong Chegee Daihan Bunsok" (An analysis of the management of the national pension system). M.A. thesis, Korea University.

Parthasarathi, Ashok. 1987. "Informatics for Development: The Indian Experience." Paper prepared for the North-South Roundtable of the Society for International Development, Tokyo.

Pessini, J. E. 1986. *A Indústria Brasileira De Telecomunicações: Uma Tentativa De Interpretação Das Mundanças Recentes*. Disertação de Mestrado. Campinas: Instituto de Economia/UNICAMP.

Petri, Peter A. 1988. "Korea's Export Niche: Origins and Prospects." *World Development* 16, 1 (January): 35-63.

Piore, Michael J., and Charles F. Sable. 1984. *The Second Industrial Divide*. New York: Basic Books.

Piragibe, Clelia. 1983. "A Indústria de Computadores: Intervenção do Estado e Padrão de Competição." Master's thesis, Universidade Federal do Rio de Janeiro.

———. 1988. "Electronics Industry in Brazil: Current Status, Perspectives and Policy Options." Report to OECD Project on NICs and the Global Electronics Industry.

Polanyi, Karl. 1957 [1944]. *The Great Transformation*. Boston: Beacon Press.

Pontusson, Johan. 1992. *The Limits of Social Democracy: Investment Politics in Sweden*. Ithaca, N.Y.: Cornell University Press.

Porter, Michael E. 1990. *The Competitive Advantage of Nations*. New York: Free Press.

Poulantzas, Nicos. 1973. *Political Power and Social Classes*. London: NLB and Sheed and Ward.

Powell, Walter W., and Paul DiMaggio, eds. 1991. *The New Institutionalism in Organizational Analysis*. Chicago: University of Chicago Press.

Prebisch, Raul. 1950. *The Economic Development of Latin America and Its Principal Problems*. New York: United Nations.

Prestowicz, Clyde. 1988. *Trading Places: How We Allowed Japan to Take the Lead*. New York: Basic Books.

Rao, K. K. 1987. "Public Sector in Bangalore's Metropolitan Economy: The 2000 A. D. Perspective." Paper prepared for seminar on Bangalore 2000—Some Imperatives for Action Now. Bangalore: Times Research Foundation.

Ramamurti, Ravi. 1987. *State-Owned Enterprises in High Technology Industries: Studies in India and Brazil*. New York: Praeger.

Raw, Silvia. 1985. "The Political Economy of Brazilian State-Owned Enterprises." Ph. D. diss., Department of Economics, University of Massachusetts.

Reich, Robert B. 1992. *The Work of Nations*. New York: Vintage Books.

Ripper, Mario Dias. 1988. "The Structure of the Computing Industry—Opportunities for Developing Countries." Paper presented at the International Symposium on Technology Policy in the Americas, December, Stanford University.

Rodrik, Dani. 1994. "King Kong Meets Godzilla: The World Bank and *The East Asian Miracle*." Ms. prepared for the Overseas Development Council.

Rudolph, Lloyd I., and Susanne Hoeber Rudolph. 1987. *In Pursuit of Lakshmi: The Political Economy of the Indian State*. Chicago: University of Chicago Press.

Rueschemeyer, Dietrich, and Peter Evans. 1985. "The State and Economic Transformation: Toward an Analysis of the Conditions Underlying Effective Intervention." In *Bringing the State Back In*, ed. Peter Evans, Dietrich Reuschemeyer, and Theda Skocpol. Cambridge: Cambridge University Press.

Ryavec, Carole. 1987. "South Korea—A Growing Force in the World's Electronics Markets." New York: Salomon Brothers.

Samsung. 1987. *The Samsung Group Annual Report*—1986. Seoul: Samsung.

Samsung Electronics. 1985. "Samsung Electronics Today." Seoul: Samsung Electronics.

Samuels, Richard J. 1987. *The Business of the Japanese State: Energy Markets in Comparative and Historical Perspective*. Ithaca, N. Y.: Cornell University Press.

Schmitter, Philippe. 1971. *Interest Conflict and Political Change in Brazil*. Stanford: Stanford University Press.

———. 1990. "Sectors in Modern Capitalism: Modes of Governance and Variations in Performance." In *Labor Relations and Economic Performance*, ed. R. Brunetta and C. Dell'Aringa. New York: Macmillan.

Schmitz, Hubert, and José Cassiolato, eds. 1992. *Hi-Tech for Industrial*

Development: Lessons from the Brazilian Experience in Electronics and Automation. London: Routledge.

Schmitz, Hubert, and Tom Hewitt. 1991. "Learning to Raise Infants: A Case-Study in Industrial Policy." In *States or Markets?: Neo-liberalism and the Development Policy Debate*, ed. Christopher Colclough and James Manor. Oxford: Clarendon Press.

──────. 1992. "An Assessment of the Market Reserve for the Brazilian Computer Industry." In *Hi-Tech for Industrial Development*, ed. Hubert Schmitz and José Cassiolato. London: Routledge.

Schneider, Ben R. 1987a. "Politics within the State: Elite Bureaucrats and Industrial Policy in Authoritarian Brazil." Ph. D. diss., Department of Political Science, University of California, Berkeley.

──────. 1987b. "Framing the State: Economic Policy and Political Representation in Post Authoritarian Brazil." In *State and Society in Brazil: Continuity and Change*, ed. John D. Wirth, Edson de Oliveira Nunes, and Thomas E. Bogenschild. Boulder: Westview Press.

──────. 1991. "Brazil under Collor: Anatomy of a Crisis." *World Policy Journal* (Spring): 321-47.

──────. 1991. *Politics within the State: Elite Bureaucrats and Industrial Policy in Authoritarian Brazil*. Pittsburgh: University of Pittsburgh Press.

Schware, Robert. 1992a. "Software Industry Entry Strategies for Developing Countries: A 'Walking on Two Legs' Proposition." *World Development* 20, 2 (February): 143-64.

──────. 1992b. "Can Brazil's Software Industry Walk on Two Legs? Trends, Opportunities and Issues for the 1990s." In *High Technology and Third World Industrialization: Brazilian Computer Policy in Comparative Perspective*, ed. Peter Evans, Claudio Frischtak, and Paulo Tigre. Research Series no. 85. Berkeley: International and Area Studies.

Secretaria Especial de Informática (SEI). 1983. "Parque Instalado." *Boletim Informativo* 3, 11: 1-44.

──────. 1985. "Parque Computational Instalado." *Boletim Informativo* 5, 14: 1-59.

──────. 1987. "Panorama Do Setor De Informática." *Boletim Informativo* 7, 16: 1-192.

Secretaria of Science and Technology, Government of Brazil (SCT). 1990. *A Política Brasileira de Ciência e Tecnologia: 1990/95*. Brasília: Government of Brazil.

Seidman, Gay. 1994. *Manufacturing Militance: Workers' Movements in Brazil and South Africa, 1970-1985*. Berkeley and Los Angeles: University of California Press.

Senghaas, Dieter. 1985. *The European Experience: A Historical Critique of Developmental Theory*. Translated from the German by K. H. Kimmig. Leamington Spa, Dover, N. H. : Berg Publishers.

Sengupta, Ramprasad. 1984. "Technical Change in the Public Sector Steel

Industry." *Economic and Political Weekly* 19, 5 (February 4): 206-15.

Seo, Jung-jin. 1990. "Kukmin Yongum Josanmangukchuk Odikajioana" (Present situation of computer network of national pension). *Kukmin Yongam* (newsletter published by the Kukmin Yongum Kwalli Kongdan) (Summer): 38-41.

Shafer, D. Michael. 1983. "Capturing the Mineral Multinationals: Advantage or Disadvantage?" *International Organization* 37, 1 (Winter): 93-119.

———. 1990. "Sectors, States, and Social Forces: Korea and Zambia Confront Economic Restructuring." *Comparative Politics* (January): 127-50.

———. 1994. *Winner and Losers: How Sectors Shape the Developmental Prospects of States*. Ithaca, N. Y. : Cornell University Press.

Shaiken, Harley. 1989. *Mexico in the Global Economy: High Technology and Work Organization in Export Industries*. San Diego: Center for U. S.-Mexican Studies.

Shapiro, Helen. 1988. "State Intervention and Industrialization: The Origins of the Brazilian Automotive Industry." Ph. D. diss. , Department of Economics, Yale University.

———. 1994. *Engines of Growth: The State and Transnational Auto Companies in Brazil*. New York: Cambridge University Press.

Shepsle, Kenneth. 1987. "The Institutional Foundations of Committee Power." *American Political Review* 81: 85-104.

Shivdasani, Prem. 1990. "Information Technology: Heading for a Dead-end?" *The Economic Times*, July 11: 11. New Delhi.

Sikkink, Kathryn. 1991. *Ideas and Institutions: Developmentalism in Brazil and Argentina*. Ithaca, N. Y. : Cornell University Press.

Singhal, Arvind, and Everett M. Rogers. 1989. *India's Information Revolution*. New Delhi: Sage Publication.

Skocpol, Theda. 1985. "Bringing the State Back In: Strategies of Analysis in Current Research." In *Bringing the State Back In*, ed. Peter Evans, Dietrich Rueschemeyer, and Theda Skocpol. Cambridge: Cambridge University Press.

Smith, Peter H. 1979. *Labyrinths of Power: Political Recruitment in 20th Century Mexico*. Princeton: Princeton University Press.

de Soto, Hernando. 1989. *The Other Path: The Invisible Revolution in the Third World*. New York: Harper and Row.

Sridharan, Eswaran. 1989. "The Political Economy of Industrial Strategy for Competitiveness in the Third World: The Electronics Industry in Korea, Brazil and India." Ph. D. diss. , Department of Political Science, University of Pennsylvania.

Srinivasan, T. N. 1985. "Neoclassical Political Economy, the State and Economic Development." *Asian Development Review* 3, 2: 38-58.

Stallings, Barbara. 1992. "The Role of Foreign Capital in Economic Growth." In *Manufacturing Miracles*, ed. G. Gereffi and D. Wyman. Princeton: Princeton University Press.

Stepan, Alfred. 1971. *The Military in Politics: Changing Patterns in Brazil*. Princeton: Princeton University Press.

———. 1985. "State Power and the Strength of Civil Society in the Southern

Cone of Latin America." In *Bringing the State Back In*, ed. Peter Evans, Dietrich Rueschemeyer, and Theda Skocpol. Cambridge: Cambridge University Press.

Stephens, Evelyne Huber. 1987. "Minerals Strategies and Development: International Political Economy, State, Class and the Role of the Bauxite/Aluminum and Copper Industries in Jamaica and Peru." *Studies in Comparative International Development* 22, 3: 60-102.

Stephens, Evelyne Huber, and John Stephens. 1986. *Democratic Socialism in Jamaica: The Political Movement and Social Transformation in Dependent Capitalism*. Princeton: Princeton University Press.

Streeck, Wolfgang, and Philippe C. Schmitter. 1991. "From National Corporatism to Transnational Pluralism: Organized Interests in the Single European Market." *Politics and Society* 19, 2 (February): 133-64.

Suarez, Marcus Alban. 1986. *Petroquímica e Tecnoburocracia: Capítulos do desenvolvimento capitalista no Brasil*. São Paulo: Editora Hucitec.

Subramanian, C. R. 1989. "India and the Computer: A Compendium of Policies, Plans, Progress and Views." Ms., Bangalore.

Supple, Barry. 1959. *Commercial Crisis and Change in England*, 1600-42. Cambridge: Cambridge University Press.

Taub, Richard P. 1969. *Bureaucrats under Stress: Administrators and Administration in an Indian State*. Berkeley and Los Angeles: University of California Press.

Tendler, Judith. 1968. *Electric Power in Brazil: Entrepreneurship in the Public Sector*. Cambridge: Harvard University Press.

Tigre, Paulo Bastos. 1983. *Technology and Competition in the Brazilian Computer Industry*. New York: St. Martin's Press.

———. 1984. *Computadores Brasileiros: Indústria, Tecnologia, E Dependência*. Rio de Janeiro: Campus/IMPES/IPEA.

———. 1987. *Industria Brasileira De Computadores: Perspectivas Ate Os Anos 90*. Rio de Janeiro: Campus/IMPES/IPEA.

———. 1988. "Brasil: Para Onde Vai a Informática." *Ciencia Hoje* 8, 43 (June): 60-66.

———. 1993. "Liberalizaçvo e capacitaçvo tecnolōgico: O caso da informática pōs-reserva de mercado no Brasil." Paper prepared for the Project on the Current State and Future Role of Science and Technology in Brazil.

Tilly, Charles. 1985. "War Making and State Making as Organized Crime." In *Bringing the State Back In*, ed. Peter Evans, Dietrich Rueschemeyer, and Theda Skocpol. Cambridge: Cambridge University Press.

Todaro, Michael. 1977. *Economic Development in the Third World: An Introduction to Problems and Policies in a Global Perspective*. London: Longman.

Topik, Steven. 1980. "State Enterprise in a Liberal Regime: The Banco do Brasil, 1905-1930." *Journal of InterAmerican Studies and World Affairs* 22, 4 (November): 401-22.

———. 1987. *The Political Economy of the Brazilian State*, 1889-1930.

Austin: University of Texas Press.

Toye, John. 1991a. *Dilemmas of Development*. Oxford: Basil Blackwell.

_____. 1991b. "Is There a New Political Economy of Development?" In *States or Markets?: Neo-liberalism and the Development Policy Debate*, ed. Christopher Colclough and James Manor. Oxford: Clarendon Press.

Trebat, Thomas. 1983. *Brazil's State-Owned Enterprises: A Case Study of the State as Entrepreneur*. Cambridge: Cambridge University Press.

Tugwell, Franklin. 1975. *The Politics of Oil in Venezuela*. Stanford: Stanford University Press.

UNESCO. 1991. *Statistical Yearbook*, 1990. New York: United Nations.

United Nations. Department of International Economic and Social Affairs, Statistical Office. 1986, 1987. *International Trade Statistics Yearbook*. New York: United Nations.

_____. 1990. *UN International Trade Statistics Handbook*, Vol. 1. New York: United Nations.

Uricoechea, Fernando. 1980. *The Patrimonial Foundations of the Brazilian Bureaucratic State*. Berkeley and Los Angeles: University of California Press.

Venkataramani, Raja. 1990. *Japan Enters Indian Industry: The Maruti/Suzuki Joint

IDS Research Report* #16. London: Gatsby Charitable Foundation.

_____. 1988. "Developmental States and Markets in East Asia: An Introduction." In *Developmental States in East Asia*, ed. Gordon White. London: Macmillan.

White, Gordon, ed. 1988. *Developmental States in East Asia*. London: Macmillan.

Williamson, John, 1993. "The Emergent Development Policy Consensus." Paper presented at the Global Studies Research Program Conference on Sustainable Development with Equity in the 1990s, May 13-16, Madison, Wisconsin.

Williamson, Oliver E. 1975. *Markets and Hierarchies: Analysis and Antitrust Implications*. New York: Free Press.

Willis, Eliza J. 1986. "The State as Banker: The Expansion of the Public Sector in Brazil." Ph.D. diss., University of Texas, Austin.

Wirth, John. 1970. *The Politics of Brazilian Development*. Stanford: Stanford University Press.

Woo, Jung-eun. 1991. *Race to the Swift: State and Finance in Korean Industrialization*. New York: Columbia University Press.

World Bank (IBRD). 1987a. *Korea: Managing the Industrial Transition*. A World Bank country study. Washington, D.C.: World Bank.

_____. 1987b. *Vol. I, India: An Industrializing Economy*. Report no. 6633-IN. Washington, D.C.: World Bank.

_____. 1991. *World Development Report*, 1991. New York: Oxford University Press.

_____. 1993 *The East Asian Miracle: Economic Growth and Public Policy*. A World Bank Policy Research Report. New York: Oxford University Press.

Yun, Young-min. 1994. "Economic Development and Social Fluidity: Capitalist Developmental State and Class Mobility in Japan, South Korea and Taiwan." Ph. D. diss. , Department of Sociology, University of California, Berkely.

Yun, Young-Min, and Brian Folk. 1990. "Intellectuals and Working-Class Formation: A South Korean Case in the 1980s." Prepared for annual meeting of the American Political Science Association, San Francisco.

Zeitlin, Maurice. 1984. *The Civil Wars in Chile, or the Bourgeois Revolutions that Never Were*. Princeton: Princeton University Press.

Zeitlin, Maurice, and Richard Ratcliff. 1988. *Landlords and Capitalists: The Dominant Class of Chile*. Princeton: Princeton University Press.

Zysman, John. 1993. "Thinking about Institutions: Institutions and Economic Development in the Advanced Countries." Ms.

报纸和期刊

B. K. Electronics (Korea)
Business India (India)
Business Korea (Korea)
Business Latin America
Chungang Ilbo (Korea)
Computers Today (India)
Computerworld (B)razil
Datamation (United States)
Datanews (B)razil
Dataquest (India)
Economic Times (India)
Electronic Engineering Times (United States)
Electronics Korea (Korea)
Financial Express (India)
Financial Times (London)
Gin Donga (Korea)
Hanguk Kyongje Sinmun (Korea)
Korea Herald (Korea)
Kookmin Ilbo (Korea)
Kyongongkwa Computer (Korea)
Meltron Newsletter (India)
New York Times (United States)
Pioneer (India)
San Francisco Chronicle (United States)
Sematech Update (United States)
SIPA News (Silicon Valley Indian Professional Associations Newsletter)
The Times of India (India)
Wall Street Journal (United States)
Wolgan Computer (Korea)